高等学校公安学类核心课程教材

公安学基础理论

（第三版）

主编　于群

参编

（按姓氏笔画排序）

马顺成　武西锋　夏元兴

韩迎光　韩经纬　韩培培

解　冰　谭羚雁

中国教育出版传媒集团

高等教育出版社·北京

内容提要

本书内容注重反映公安学理论研究的最新成果和实践发展，体现新时代的要求。本书五编的具体内容为：总论，包括警察与警察发展、公安学、公安学基础理论三个部分；公安机关，包括公安机关的建立与发展、性质与宗旨、职能与任务、职责与权力、组织机构与管理体制五个部分；公安队伍，包括公安队伍正规化建设概述、公安队伍人事管理、公安机关人民警察的素质和职业道德、公安机关人民警察的义务和纪律、公安机关人民警察的内务制度五个部分；公安工作，包括公安工作的内容和特点、公安工作的根本原则和根本路线、公安工作的基本方针和基本政策、公安法制与公安执法、公安执法监督；第五编为公安改革。

本书既可以作为公安学类本科、研究生教学之用书，也可以作为报考公安学类硕士研究生及公安机关招录人民警察考试之复习参考书。

图书在版编目（CIP）数据

公安学基础理论 / 于群主编 . -- 3 版 . -- 北京：高等教育出版社，2025. 8. -- ISBN 978-7-04-065107-2

Ⅰ. D035. 3

中国国家版本馆 CIP 数据核字第 2025BF3779 号

GONGAN XUE JICHU LILUN

策划编辑 姜 洁 周铁男　责任编辑 周铁男　封面设计 王 鹏　版式设计 童 丹
责任绘图 黄云燕　责任校对 张 然　责任印制 耿 轩

出版发行	高等教育出版社	网　　址	http://www.hep.edu.cn
社　　址	北京市西城区德外大街4号		http://www.hep.com.cn
邮政编码	100120	网上订购	http://www.hepmall.com.cn
印　　刷	河北信瑞彩印刷有限公司		http://www.hepmall.com
开　　本	787 mm×1092 mm　1/16		http://www.hepmall.cn
印　　张	19.25	版　　次	2016 年 11 月第 1 版
字　　数	450千字		2025 年 8 月第 3 版
购书热线	010-58581118	印　　次	2025 年 8 月第 1 次印刷
咨询电话	400-810-0598	定　　价	45.00元

本书如有缺页、倒页、脱页等质量问题，请到所购图书销售部门联系调换

物 料 号　65107-00

第三版修订说明

《公安学基础理论》教材于2016年出版第一版，2020年出版第二版，被全国多所公安院校和政法院校选用，为公安政法专门人才培养和教育教学工作发挥了积极作用。近几年我国法律体系建设不断完善，特别是《中华人民共和国行政复议法》《公安机关人民警察内务条令》等法律法规的修改对调整教材内容提出了要求。基于以上考虑，教材编写组对教材进行了再次修订。此次修订主要体现在以下三个方面。

第一，本教材以习近平新时代中国特色社会主义思想为指导，将公安机关深入落实习近平总书记关于公安工作和公安队伍建设的新要求、推进公安工作现代化建设的新经验、全力提升新质公安战斗力的新举措有机融入教材知识体系；注重汲取中华优秀传统文化并推动公安学基础理论的创造性转化与创新性发展；注重总结凝练中国经验，着力提升中国警务理论的深度、广度与适用度，构建中国自主的公安学知识体系和理论体系。

第二，充实了公安改革实践的新成果。充实了公安工作和社会治安治理机制创新等方面的内容，完善了公安政治工作和公安情报指挥工作的新发展和新要求等方面的内容，增加了新质公安战斗力科学内涵、理论意义、实践路径等方面的内容，补充了公安机关不同层级的职能定位以及派出所和专业警种的职责边界等方面的内容。

第三，依据现行法律法规修订了相关内容。根据《中华人民共和国行政复议法》的最新规定，重新界定和完善了公安执法监督中的公安行政复议制度；根据最新颁布的《公安机关人民警察内务条令》，重新调整了公安机关人民警察的内务制度，新增了人民警察荣誉制度、宪法宣誓制度、警察节等内容。

教材的第三版修订工作由中国刑事警察学院九位教师通力合作，分工编写，具体编写任务的承担情况如下：韩迎光编写第一章，于群、解冰编写第二章、第三章、第四章、第五章第一节、第十章，谭羚雁编写第五章第二节、第六章、第七章，谭羚雁、韩培培编写第五章第三节、第八章，马顺成编写第九章、第十二章、第十三章，马顺成、夏元兴编写第十一章、第十九章，马顺成、武西锋编写第十七章，韩经纬编写第十四章、第十五章、第十六章、第十八章。于群负责统稿，马顺成参与了部分统稿工作。

教材的修订参考了部分专家学者的专著、教材和论文等，在此一并表示真诚的感谢。

于群

2024年10月于沈阳

第二版修订说明

在中国刑事警察学院领导和有关教学管理部门的大力支持下，在高等教育出版社的积极配合下，《公安学基础理论》教材于 2016 年顺利出版。教材除中国刑事警察学院本科教学和硕士研究生入学考试使用外，一些公安政法院校也在教学中选用，在公安政法人才培养和学科建设方面作出了一定的贡献。教材于 2020 年被评为辽宁省高等教育优秀教材。这既是对我们辛勤劳动的肯定，又是我们继续完善教材的动力。党的十八大以来，我国公安学理论研究和公安实践取得了新进展，全面深化公安改革推动各项公安工作取得了新成就。特别是党的二十大提出的中国式现代化的奋斗目标，为新时代公安工作现代化建设指明了前进的方向，提供了根本遵循。党中央对公安工作作出的重大决策、公安实践成就和公安理论研究成果亟须在教材中体现出来。同时，为与教学需求同步，教材有必要及时调整和丰富。基于以上考虑，教材于 2023 年 9—10 月进行了部分调整。此次调整主要体现在以下几个方面。

第一，进一步体现党的二十大精神，贯彻公安工作现代化建设的要求。党的二十大报告明确指出："从现在起，中国共产党的中心任务就是团结带领全国各族人民全面建成社会主义现代化强国、实现第二个百年奋斗目标，以中国式现代化全面推进中华民族伟大复兴。"公安工作是党和国家工作的重要组成部分，是国家治理体系和治理能力现代化的重要一环，公安工作现代化是中国式现代化的重要组成部分，是全面建设社会主义现代化国家的重要保障。公安机关必须紧紧围绕中国式现代化谋划推进公安工作现代化，以公安工作现代化服务保障中国式现代化。中国式现代化和公安工作现代化的理论和实践是公安理论研究和公安实践坚持正确方向的指南。

第二，进一步完善了教材的结构和体例，使教材逻辑更加清晰，结构更加合理。按照从世界到中国、从现象到理论、从宏观到微观的逻辑思路，将教材中第一编名称调整为"总论"，涵盖警察与警察发展、公安学、公安学基础理论的相关内容。这样调整，既便于读者对公安学相关的知识和理论有比较全面和系统的认识，又提高了教材内容的理论性。同时，将第一版教材第一编中有关"公安机关的建立与发展"的内容调整到第二编"公安机关"。

第三，进一步完善了教材的内容，反映公安学理论研究的新成果和公安实践的新发展，体现新时代的要求。一是按照"对党忠诚、服务人民、执法公正、纪律严明"的公安队伍建设的总要求，完善了公安队伍部分的内容；二是根据国家机构改革的决策和进展，完善了公安机关管理体制和组织机构部分内容；三是根据国家监察体制改革的情况，完善了公安执法监督部分的内容；四是按照 2016 年以来实施的有关公安工作和公安队伍建设的法律、法规，对相关的内容进行了调整和补充。

教材的修订工作由中国刑事警察学院公安基础教研部七位教师通力合作，分工编写，具体编写任务的承担情况如下：韩迎光编写第一章，于群、解冰编写第二章、第三章、第四章、第五章第一节、第十章，谭羚雁编写第五章第二节和第三节、第六章、第七章、第八章，马顺成编写第九章、第十二章、第十三章、第十七章，马顺成、夏元兴编写第十一章、第十九章，韩经纬编写第十四章、第十五章、第十六章、第十八章。于群负责统稿，马顺成参与了部分统稿工作。

教材的修订参考了国内公安院校专家学者的专著、教材和论文等，在此一并表示真诚的感谢。由于编者学识和水平有限，教材内容难免存在疏漏和不足之处，敬请同行和读者批评指正。

于群
2020 年 6 月于沈阳
2023 年 11 月修订于沈阳

目 录

第一编 总 论

第二编 公 安 机 关

第三编 公 安 队 伍

第四编　公　安　工　作

第五编　公　安　改　革

第一编　总论

第一章　警察与警察发展

第一节　警察与警察学

一、警察

（一）我国警察词义的演变

“警察”的含义从古至今经历了一个发展变化的过程。在我国，“警”“察”二字早已出现。从字义上说，“警”从敬从言。敬者，戒也。戒之以言，有言在先，不得违戒，谓之警。《左传·宣公十二年》中记载，“军卫不彻，警也”。这里的“警”，有防备之意。察，形声字，从宀（mián），祭声，本义是观察，仔细看。《说文解字》中解释为“察，复审也”。察，亦有明察、知晓，调查，考察，分辨等意。《韩非子·外储说左上》有云：“夫信不然之物而诛无罪之臣，不察之患也。”因此，我国古代“警”“察”二字长期分别使用，作为一词连用，最早出现于唐朝颜师古给《汉书》所作的注：“密令警察，不欲宣露也。”在这里，警察指戒备、监察之义。近代晚清，“警察”一词在文献资料中出现的频率较高，仅《清史稿》中就有 18 处使用了“警察”一词，多次提及“兴警察”“办警察”“警察营”“警察军”“警察队”。很明显，这时“警察”专指以警察强制力维护社会公共秩序的专门力量，包括专门警察机构和专职警察人员。这与清末他国警政制度向中国的传播有关，这时的“警察”在我国成为一个专用名词。

（二）西方国家警察词义的演变

在西方国家，“警察”一词的含义从古至今变化较大，在英语中，“警察”为 police。起初，“警察”的含义是指有序而幸福的国家。14 世纪，西方各国使用的“警察”一词，是国家政务的总称，即以全部国家政务作为警察工作。15 世纪末，“警察”传入德国为 Polizei，警察职责的范围亦包括生存保障与福利促进等内容。1530 年德意志帝国警察法，把原来的教会行政权排除在国家行政权之外，并把一切国家行政统治称为警察（Polizei），从此，“警察”意味着运用公共权力维持世俗的社会生活秩序。16 世纪以后，“警察”一词含义逐渐缩小，当时把国家的军事、外交、司法、财政之外的行政行为，都称为“警察”。17 世纪初，“警察”开始出现广义与狭义两种解释。“警察”的狭义，是“良好秩序”的意思。18 世纪初，“警察”一词的含义缩小为“内务行政”，与今日之内务行政的意义相近，除军事、财政、外交外，其他一切国家作用，皆包括在“police”观念中。18 世纪末到 19 世纪中叶，由于自然法学在西方兴盛，讲求个人自由，限制国家权力，“警察”的含义更加缩小，以内务行政为限，内务行政中以国家权力的强制方法，维护公共安宁、安全和秩序的，才称为警察。今天，西方国家的“警察”专指以警察强制力维护社会秩序和公共安全的专门力量。

（三）警察的概念

近代警察学从多种角度研究，形成了多种“警察”的含义。

从社会力量的角度来看，“警察”是指警察机关或警察人员。这种警察含义比较狭窄，用以概括作为历史范畴的警察现象是不够的。古代没有专门的警察机关，但不能说没有警察现象，那时的国家已有警察作用或警察行为。

从社会功能的角度来看，“警察”是指“警察作用”，如“警察”是国家依据法律以强制手段维护公共安全、社会秩序的行政作用。

从社会行为的角度来看，“警察”是指“警察行为”，如“警察”是基于国家统治权依法防止公共危害、维护公共安宁、指导大众生活并协助多种国家行政的行政行为。

以上三种不同角度的“警察”含义，均有其科学性。承认这一点，才不致因视角不同而发生无谓的争论。本书使用的“警察”一词，就兼容了以上三种含义。那么上述概念系列中，哪个概念更具有普遍的、首要的意义呢？显然，以“警察行为”为含义的警察概念是具有普遍意义的，可以作为警察学研究的逻辑起点。

第一，警察行为，是一种社会实践范畴。一切警察现象，都是基于警察行为的社会现象。警察的历史，主要是关于警察行为的历史。警察的科学，主要是关于警察行为的科学。警察人员是有权实施警察行为的国家公务人员。由此可见，以“警察行为”为含义的警察概念，可以成为警察研究的核心概念。

第二，以“警察行为”为含义的警察概念作为警察学的逻辑起点，可以大大拓宽警察学的研究范围。研究警察行为必然涉及警察行为者（主体）和警察行为对象（客体），研究的是关于警察行为的主体与客体的关系。较之当前一些著述多限于对警察主体（警察机关及其人员）的研究，该概念更全面、更丰富，且更具有完整性。

第三，警察学属于行为科学。与钱学森同志正确指出法学属于行为科学的道理一样，警察实质上是国家的一种职能行为。当我们说国家是不能没有警察的，根本上是指国家是不能没有警察行为的。警察学就是关于警察行为规律的科学。这也是与警察学作为对策科学的特性相一致的。否则，警察学只以警察机关为研究对象，仅作为组织科学，必然限制了警察科学的发展。

第四，警察法制是关于警察行为的法制，既是警察行为主体（警察机关）的规范，也是警察行为客体（与警察行为有权利与义务关系的对象）的规范。所以，明确以“警察行为”为含义的警察概念，对警察立法也有很重要的意义。

以“警察行为”为含义的警察概念作为警察学的逻辑起点，有利于逻辑方法与历史方法的统一，有利于主体研究与客体研究的结合，有利于以规律研究推动对策开发。

那么，以“警察行为”为含义的警察概念是什么呢？

警察，即国家按照统治阶级的意志，运用武装的、行政的、刑事的手段，以强制性实力维护公共安全与社会秩序的行为。

1. 警察是阶级专政的行为

警察按照统治阶级的意志实行统治与管理。统治阶级意志通过国家的政策与法律表现出来。国家具有的政治统治职能和社会管理职能决定了警察具有政治镇压和社会管理的双重基本职能，以打击反国家、反社会的势力，并维护公共秩序和公众利益。

2. 警察综合地体现了行政的、刑事的和武装的作用

警察属于国家行政行为，参与刑事司法，并且是具有武装性质的国家行政力量。它依靠不同

的警种和业务之间的分工合作，以行政管理、刑事司法和武装打击行为维护社会治安。

3. 警察依靠实力性强制手段

有的学者说，没有强制就没有警察。这句话是对的，但仍需进一步看到，强制不纯属于警察。各种司法与管理的行为中都有种种强制手段。但他们主要是通过“意思表示”实现的。警察则不仅如此，它更有可以依法实施人身强制的实力手段，足以克服“意思表示”的强制遇到的任何反抗。将人身强制的实力集中于警察行为，是近代警政的一个进步，可以防止国家的其他部门滥用人身强制实力手段。

二、警察学

（一）警察学的含义

警察学，也称警察科学，顾名思义，就是指研究有关警察的现象与规律的科学，是研究警察和与其职能相关的社会现象间的警务活动规律的科学，是关于如何运用警察职能维护国家安全，维护社会治安秩序，保护民众、服务民众的理论的科学。其主要研究内容包括警察发展史、现代警务理论、犯罪侦查、警务管理、公共安全管理以及犯罪防范与控制等。理解警察学概念，必须考虑以下两个因素：一是警察学的研究对象应当包括一切警察主体及其活动规律；二是作为一门科学，警察学应当包括与警察有关的概念体系和知识体系。在现代社会中，其知识体系还应当包括警察活动的各种规范，尤其是法律规范。离开规范，警察学的研究就容易出现偏差。

（二）警察学的性质和特点

警察学从总体上讲属于社会科学的范畴。警察学是一门独立的科学，有独立的研究对象，不附属于其他社会科学中的任何一门。警察学有丰富的研究内容，并已形成了较完整的学科体系，是一个庞大的学科群，现还在继续发展。警察学具有以下特点：(1) 综合性；(2) 实用性；(3) 政治性；(4) 规范性。

（三）警察学的研究对象及内容

警察学就是研究警察现象产生和发展规律的学科。它的研究对象是警察及其相关组织、管理和维护社会秩序和公共安全的社会活动规律及对策。其具体研究内容为：

1. 警察主体及其活动规律

有关警察主体的研究包括：警察的起源、本质和发展、消亡的过程；警察工作、警察制度在各个历史阶段的特点和作用；警察的性质、职能、任务、职权，与社会、阶级、国家的关系，以及警察的自身管理等。有关警察活动的研究包括：(1) 警察职能的作用对象，即客体活动的规律。警察活动涉及的客体主要有犯罪、违警行为（我国称违反治安管理行为）、违警灾害事故（即治安灾害事故）等。(2) 警察主体与客体的规律，及其相互作用的机理。具体包括：运用警察职能及其手段维护国家安全与治安秩序的规律；警务战略，即警务理论与警务改革、警务模式等；各国警察制度的比较及其发展的历史；警察学与其他学科之间的关系等。

2. 警察学的体系

(1) 警察学基础学科。主要研究有关警察工作的普遍性规律，为警察学各专业学科提供基础理论、基本对策、基本方法以及综合性的基础知识，如警察学原理、警察法学、警察史、警察心理学等。

(2) 警察专业学科。主要研究体现警察职能工作的特殊规律的学科。它们为警察工作提供专业理论、专业对策、专业技术、专业技能以及综合性的专业知识,主要有政治警察学、行政警察学(包括治安行政警察学、交通警察学、消防警察学、经济警察学等)、司法警察学(包括刑事警察学、刑事司法警察学等)、外事警察学、军事警察学(包括武装警察学、边防警察学等)以及特种警察学(包括林业警察学、铁路警察学、公路警察学、航空警察学、水上警察学等)。

(3) 警察技术技能学科。主要研究有关应用科学技术和人体技能解决警察工作问题所形成的知识体系,如警察体育、警察防暴技术等。

(4) 警察社会学科。主要研究有关警察工作的社会关系及运用警察对策对社会关系进行有效调整的知识体系,如警察社会学等。

(5) 警察综合性应用学科。它是警察学与其他学科互相结合、交叉渗透形成的综合性边缘学科。它既不能完全划入警察学,也不能全部划入其他学科,它有自己专门的研究对象和独立的学科地位。

警察学的学科体系还可以分为世界警察学(包括各国警察学和国际警察学)、中国警察学、比较警察学(警察理论、制度、方法、手段、管理等方面的比较)。

第二节 警察的起源

一、警察的起源观

(一) 警察自然起源论

警察自然起源论的主要观点有两种:一种意见认为有人类就有警察,警察是人类与生俱来的道德行为,警察将永远伴随着人类。这种观点认为警察自有人类就存在,并且是永恒的。另一种意见认为,警察起源于社会、政治、经济、文化进步的自然结果。这种观点实质上是国家自然起源论的补充,它的主要危害是用唯心主义方法的观点解释人类社会的历史,否认警察和国家都随着阶级的产生而产生,是阶级斗争的产物,为资产阶级国家永世长存制造理论根据。

(二) 马克思主义警察起源观

马克思主义认为,警察是一个历史范畴,是人类社会一定历史阶段的产物。警察和警察机关不是从来就有的,也不是永世长存的,它随着国家的产生而产生,也必将随着国家的消亡而消亡。

在原始公社时期,经济上,由于生产力水平低下,生产资料归全体氏族成员所有,人们共同劳动,平均分配劳动产品,没有剩余产品和私有财产,没有盗窃财物的犯罪行为,因而也就没有必要设置保护财物的警察。政治上,氏族公社的酋长实行选举制或禅让制,领袖是在同自然斗争过程中树立威信的人,因而也没有必要设置保护统治关系的警察。

警察是随着国家的产生而产生的。原始社会末期,由于生产力的发展,出现了私有制,氏族社会逐渐瓦解,社会分裂为对立的阶级。在阶级矛盾发展到了不可调和的时候,就产生了国家这样一种维护阶级统治的政治形式。有了国家,同时也就有了警察。国家是维护统治阶级利益的暴力组织，而警察则是这个组织中执行国家专政职能的工具。当然，警察的产生还与社会的多种矛盾相联系，如统治阶级内部，当权者为了对付政敌也直接需要警察力量。所以，决定警察必要性的直接因素是由社会矛盾引起的犯罪、对抗冲突和社会秩序问题。总之，警察是伴随着国家的产生而产生的。正如恩格斯所指出的，“警察和国家一样古老”①。

恩格斯指出：“我们已经看到，国家的本质特征，是和人民大众分离的公共权力。雅典在当时只有一支国民军和一支直接由人民提供的舰队，它们被用来抵御外敌和压制当时已占人口绝大多数的奴隶。对于公民，这种公共权力起初只不过作为警察而存在，警察和国家一样古老，所以18世纪的质朴的法国人就不讲文明民族而讲警察民族(nations policées)。这样，雅典人在创立他们国家的同时，也创立了警察，即由步行的和骑马的弓箭手组成的真正的宪兵队……不过，这种宪兵队却是由奴隶组成的。这种警察职务，在自由的雅典人看来是非常卑贱的，以致他们宁愿让武装的奴隶逮捕自己，而自己却不肯去干这种丢脸的工作……国家是不能没有警察的，不过国家还很年轻，还未享有充分的道义上的威望，足以使那种必然要被旧氏族成员视为卑贱的行业受到尊敬。”②

二、警察产生的规律与条件

（一）警察产生的规律

首先，警察和国家一样古老。没有国家，也就没有警察；有了国家，也就有了警察。警察与国家同时诞生，警察的历史同国家的历史紧密地联系在一起。

其次，国家是不能没有警察的。国家这一公共权力，最初就是被当作警察来使用的，用来压制占人口绝大多数的被压迫、被奴役者，以维护统治秩序。警察是国家机器的一部分，它与整个国家机器密切联系并一同诞生。因此，没有警察的国家与没有国家的警察是同样不可思议的。

最后，随着私有制的建立，产生了犯罪，为了维护私有制的需要而产生了警察。

（二）警察产生的条件

1. 生产力的发展、私有制的产生，是警察产生的经济条件

生产力的发展、私有制的产生，是警察产生的最基本条件。同其他上层建筑的产生一样，警察产生的终极原因是一定的经济关系的发展。当原始社会的生产力发展到劳动产品在解决个人生活需要之外还有剩余时，便出现了私人占有、商品交换。摩尔根（Morgan）在《古代社会》一书中讲到，古希腊在私有制产生以后，“财产所有权，这时已成为压倒一切的兴趣所在”。这时财产纠纷大量出现了，私人财产上的侵夺与反侵夺的矛盾越来越多、越来越尖锐。只靠原始社会那种平等、自愿的解决纠纷的办法是不行的，习惯的规范不起作用了，需要一种对全社会都有权威性的强制性力量。以警察行为保护私有财产，特别是保护奴隶主贵族的私有财产，就成为历史的需要。在雅典，每届执政官就职的时候，都要宣誓：“保护每个公民的私有财产。”古巴比伦的《汉穆拉比法典》，对侵犯财产罪规定得最多，刑罚最重，如“窃财者死”等等，这些都离不开警察行为的保障，因此私有制天然地要求强制性的保护力量。

---

① 《马克思恩格斯选集》(第四卷)，人民出版社1995年版，第116页。

② 《马克思恩格斯选集》(第四卷)，人民出版社1995年版，第116—117页。

所以，私有制和商品交换，是警察行为赖以产生的经济条件。

2. 阶级矛盾和统治阶级内部矛盾的不可调和性，是警察产生的阶级条件

进入奴隶社会以后，残酷的剥削与强烈的反抗，形成了激烈的阶级斗争。奴隶主阶级没有一支镇压奴隶起义、追捕奴隶、强制奴隶劳动、惩罚奴隶反抗的武装力量，就会丧失一切特权。警察成为奴隶主阶级维护政治统治和阶级特权的一支特殊的武装力量。

阶级统治一产生，在统治阶级内部就存在着种种不可调和的矛盾斗争。对最高统治阶级来说，最直接、最具有威胁的力量还是自己身边的那些拥有权势、拥有武装的贵族。马克思曾指出："世袭继承制只要一出现，就都是暴力（篡夺）的结果，而不是由于人民的自由的赞同。"[①] 在奴隶制国家建立之初，篡权与反篡权的斗争是十分激烈的。我国古代第一个奴隶制王朝——夏朝建立伊始，就显示了警察行为在镇压内部反对势力中的威力。《竹书纪军》中有记载："益干启位，启杀之"，夏朝的统治者启，杀了反对他的政敌伯益之后，才有了王位，后来又武装镇压了有扈氏，才巩固了自己的统治。

为了镇压奴隶的反抗活动，镇压统治阶级内部的反对派并使之臣服，警察的产生成为历史的需要。

3. 维护统治秩序与惩罚犯罪的客观需要，是警察产生的社会条件

随着原始氏族公社制社会向奴隶制国家发展，调整和约束氏族的习俗与惯例也开始向代表统治阶级意志的法律转变，原始的违反禁忌的行为演变为法律意义上的犯罪，违背统治者意志的行为也被当成犯罪行为。依靠警察行为对付犯罪行为已成为历史的需要。《尚书·吕刑》记载，"蚩尤惟始作乱，延及于平民，罔不寇贼，鸱义，奸宄、夺攘、矫虔"。此系部落联盟时期蚩尤作乱期间贫民起义的记述，其中的"寇贼""奸宄"就是侵害人身和财产的罪名。为了对付不断出现的侵犯财产、侵犯习俗的犯罪及贫民造反，变革时期的统治者规定了许多禁令和刑罚，不成文法逐渐转变为成文法。同时，统治阶级开始任命一些官吏维持社会秩序，进行某些行使社会管理职能的活动，在这些社会管理活动中，警察职能萌生了，出现了具有警察职能的官吏。因此，依靠警察行为来对付犯罪行为、惩罚犯罪，已成为历史的需要。警察的产生是以维护统治秩序和惩罚犯罪的客观需要为前提的。

4. 国家机器的形成，是警察产生的政治条件

前述三个条件，需要代表统治阶级意志的、实行政治统治和社会管理的工具，需要军队、法庭、警察、监狱、行政机关等组成的工具机器。国家作为统治阶级的政治工具，离不开警察行为的强有力的保障；警察行为是国家意志的实际体现。

恩格斯所说的"国家是不能没有警察的"，直到今天仍有许多实例证明。当今世界确有若干小国家，可以没有国防军，却不可以没有警察。也有些国家的某个地区由于突发事变，一时出现过没有警察、治安失控的状态，立刻打、砸、抢、烧肆虐，盗匪横行，给人们的生命和财产带来严重损失。这种偶然"警察真空"的现象证明，当代社会是时刻不能没有警察的。

从以上的论述可以看出，警察的产生与国家的产生有着同样的历史条件。当国家存在的历史条件消亡了，现代意义上的警察也将随之消亡。

---

① 《马克思恩格斯全集》（第四十五卷），人民出版社 1985 年版，第 453 页。

第三节　警察的发展

由于警察所赖以生存的社会条件是不断发展的,并呈现出一定的阶段性,警察的发展也随之显现出一定的阶段性。

一、萌芽时期的警察

从氏族公社向奴隶制国家过渡的过程中,氏族武装从不脱离生产的武装,逐渐向着职业的、听命于首领或贵族的、不参加生产的独立武装力量转化,氏族武装力量被用于干预本族内部关系的功能逐渐增强,这就意味着警察力量的萌生和逐渐强化。

在警察的萌芽时期,同时伴生的监禁行为,是审判行为的萌芽。原始社会没有警察,但警察萌芽于原始社会末期,这种警察萌芽指的是警察行为。1964 年,史威姿(Schwartz)和米勒(Milley)考察了人类 51 个原始文明,发现其中有 21 个存在警察行为。好贝(Hoebd)也曾对因纽特人的原始部落进行了调查研究,根据研究成果出版了《原始社会中的初级法律》一书。好贝发现,在因纽特人的部落群中,整个社会活动依靠传统禁忌和咒语来进行规范和约束,由于禁忌和咒语无法产生像法律那样强有力的约束力,因而在实际操作中难免显得有些力不从心。为了弥补这一方面的不足,某些部落中就产生了一种独特的活动——官方调解(主要是针对财产纠纷的调解),这项工作通常由部落首领来实施,这就是最初的警察行为。

中国古代警察的萌芽,始于原始社会解体和第一个奴隶制政权夏王朝的建立时期。据史书记载,舜任部落联盟的首领时,已处于原始社会的解体时期,出现了阶级和国家的雏形。在当时部落联盟议事会中设有九种官,“司徒”“士”这两种执行某些警察职能的官吏已经出现。[①]

二、古代警察

马克思主义认为警察是历史发展的必然产物,它是随着国家的产生而产生的,必然也将随着国家的灭亡而灭亡。警察从产生到现在,已经有几千年的历史了。

(一)西方古代警察

在西方的奴隶社会里,古希腊有由步行的和骑马的弓箭手组成的真正的宪兵队;古埃及的孟斐斯与底比斯等古城有类似警察的保安队;古罗马有保护州长的警卫官,他们负责执行逮捕和刑罚。进入封建社会后,在漫长的历史时期里,仍是由地方行政官兼理司法、治安和税务,有的采取地方官分派居民轮流义务值夜的方式,解决消防和治安问题。英国从中世纪开始,就在居民中实行十户为一组、十组为一个百户区的“联保”制度。伦敦被分为二十三个区,每区六人义务值夜守望。

(二)中国古代警察

从严格意义上讲,我国古代并没有专门的警察制度,地方行政、司法不分,由府、县行政长官兼管社会治安和司法审判等事宜,只是在府、县衙内设有巡守、捕快等类似现代警察职

① 参见朱健雄:《国内外警察制度溯源及警衔制度概况》,载《武汉公安干部学院学报》2008 年第 4 期。

能的人员，负责维持社会治安、抓捕犯罪嫌疑人等工作。

在西周时期，就有了从事司法审判的司寇，在此之前的夏、商时期只是有了监狱这种执法机关，西周则有了类似现在治安管理的职能分工。当时，国家设有司民(户籍)、司稽(捕盗)、司寇(刑狱与纠察事务)等相应的官职。到战国时期，各国也有自己的司法机关，秦国的最高司法官叫廷尉，楚国叫廷理，齐国叫大理，鲁国则设有大司寇一职。古代著名思想家、教育家孔子就曾担任过鲁国的司寇。

秦朝建立了中央集权统治，中央司法机关是廷尉，最高司法官是廷尉。秦实行郡县制，地方的司法机关由郡守和县令兼任。在县、乡两级，则创设了我国历史上最早的基层治安机构——亭。亭遍布全国，主要设置于交通要道处。亭本来是为军事交通设置的机构，后来逐渐演变为兼具军事交通和治安行政的基层政府机构，兼司缉捕盗贼和维护治安之职。

汉朝的中央司法机关仍然是廷尉，地方也与秦朝相同。但东汉光武帝之后，出现了尚书台这种中枢组织，尚书台内设立了执法机构，从而侵夺了廷尉的司法权。汉朝将重大案件交由中央主要官员会审，这种名为“杂治”的会审制度体现了皇权对司法权控制的进一步加强。

三国两晋南北朝除了基本继承汉朝司法制度外，也有了一些发展。北齐将廷尉改称大理寺，下属官员也增多了，扩大了司法机关的规模。更重要的一点是，死刑的复核权收归了皇帝，这是古代司法制度的一大进步。

在隋唐时期，古代的司法制度基本成熟、制度化。隋唐的司法机关是大理寺、刑部和御史台。大理寺职责是审判，刑部掌管刑狱，御史台负责监察。皇帝交办的重大案件由以上三个司法机关共同审理，这就是唐朝的“三司推事”。同时，死刑的复奏制度也明确化，死刑执行前必须再报皇帝，皇帝批准以后才能执行。

宋朝的司法机关继承了唐朝的体制，但也有些变化，如宋太宗时期设置了审刑院，侵夺了大理寺和刑部的部分职权。到神宗时撤销，职权又分归大理寺和刑部。州和县仍是司法和行政合一的，为了加强对地方司法的管理，在各路设立了提点刑狱公事来监督各州县的司法事务。宋朝还规定地方司法官必须亲自审理案件，否则处以徒二年的刑罚。从这以后，一直到明清时期，州(府)县官员都要亲自审判案件。

元朝继承了前朝的司法体制基础，在保留刑部和御史台的同时，设置大宗正府作为中央审判机构。

明代宫廷警卫由十二卫担任，其中锦衣卫的地位最为显赫，是皇帝的耳目。京城分为中、东、西、南、北五城兵马司。永乐年间设东、西厂和锦衣卫，合称“厂卫”，由宦官提督，直属皇帝，成为凌驾于治安、司法机构之上的秘密警察组织。

清代宫廷侍卫由侍卫处总管，负责京师治安的机构主要有步军统领衙门和五城兵马司。地方治安另设道员、巡检；各省还由绿营执行地方保安任务。此外，清政府为了控制和镇压人民，维护其统治秩序，还强化了保甲制度。

明朝的特务组织(如锦衣卫、东厂、西厂)也都有司法审判权，甚至还凌驾于普通三法司之上，直接受皇帝管辖，自行审判、执行。同时，明清的会审制度也完善起来，死刑案件的最高决定权在皇帝手里，中央集权在警察权方面有了集中体现。

（三）古代警察的特征

古代警察历经了奴隶社会和封建社会，呈现出以下三个显著特征：

第一，军警不分、警政合一。警察的职能尚未集中于一个统一的专门机关，而是由军队、审判机关、行政机关分别掌管。即警察还没有从军队和行政机关中完全分离出来，警察行为由军队、审判机关和行政机关共同行使，真正意义上的警察机关和警察称谓还没有产生。

第二，古代警察行使职权在法律上是极不严格的，神的意志、皇帝的或长官的意志起决定作用。皇帝是一国之君，是全国最大的警察首长，支配着全国的警察行为。而在西方，神权思想长期支配和影响着社会，宗教组织在一定程度上控制着社会的法制，支配着警察行为。欧洲中世纪是一个黑暗的时期，神权统治着整个世界，在许多国家教会就是法庭，教会的主旨就是整个社会的规范。

第三，私刑普遍存在。由于皇权和神权思想支配着警察行为，因此，行使警察职权的主体泛化，奴隶主、封建主、宗教领导人等有权阶级都可以使用私刑进行处罚，这就说明人身强制这种国家警察行为还没有集中于警察部门。

三、近代警察

（一）西方近代警察

近代警察，是指资本主义社会中的专职警察机关和专职警察人员。近代警察制度是指有成文法规范的警察机构、警察人员和警务活动的总称。近代警察是适应资本主义经济、政治和社会需要而建立起来的专门执行警察职能的机构和官吏。近代警察发端于西欧，是资本主义发展的产物，是社会生产力迅速发展和社会分工日益细化的必然结果。近代警察之所以最早产生于西欧国家，原因在于：一是在这些国家，资本使社会形成无产阶级和资产阶级两大对立阶级，资产阶级为了维护自己在政治上的统治和经济上的残酷剥削，必然要强化警察职能。二是资本主义商品经济的发展，使城市经济生活和社会生活复杂化，城市需要专业警察的有效管理。三是资本主义的生活方式毒化了社会风气，社会犯罪空前增长；城市贫民的赤贫化扩大了铤而走险者的队伍。为了维护社会秩序，对付犯罪，需要建立专职的警察队伍。四是资产阶级人权思想和法治观念、平等要求排斥古代私刑制度，要求人身强制统一地由国家的警察力量依法施行。基于上述原因，建立集中的、统一的、强大的国家警察行政力量就成为历史的必然。建立近代警察制度较早的国家是法国。1789 年，法国资产阶级革命推翻了国王路易十六的统治，建立了资产阶级政权，根据制宪会议的决定，建立了保安官制度，即实行了资产阶级共和国的警察制度。在每个县设置了保安官，负责辖区的治安秩序。这时，警察不但与军队有了区别，与审判机关也有了区别。

1790 年，法国资产阶级共和国根据《人权宣言》建立了市政警察；拿破仑执政时期于 1800 年创建了巴黎警察厅，这是近代第一个专设的警察机构。1801 年，法国又在全国各市、县建立起专门警察机关，由政府的内务部统一领导，形成全国统一的警察体系。法国作为西欧近代警政建设的创始国，对其他资产阶级国家近代警察机构的建立产生了重大影响。

1829 年，英国议会通过了内务大臣罗伯特·皮尔（Sir Robert Peel）提出的警察法案，取消分区守望制，建立专职警察。同年，罗伯特·皮尔创建了世界上最早的文职化专业制服警察——大伦敦都市警察，从而开创了西方警察历史的新纪元。大伦敦都市警察被誉为近代警察之鼻祖。继英国建立近代制服警察之后，美国仿效英国，日本仿效法国建立了本国的近代警察制度。世界各国警察，由于受英、法两国警察制度的影响，形成了两种不同的警政管理体制：地方自治制和中央集权制。地方自治制以英国为代表，警察受地方政府领导，中央政府只起监督作用；中央集权制以法国为代表，警察由中央政府统一领导。第二次世界大战以后，世界警察体制发生了剧烈的变化，逐渐形成了三种类型，即以美国为代表的分权型警察体制，以法国为代表的集权型警察体制，以英国和日本为代表的集权分权结合型警察体制。

（二）中国近代警察

中国近代警察是西方列强入侵中国之后的产物。鸦片战争以后，欧洲和日本的资产阶级“警察行政”思想开始传入中国。19 世纪末期，许多地方开始试办警政。1898 年 7 月，湖南巡抚陈宝箴等人在长沙创办了湖南保卫局。保卫局的机构完全仿照西方和日本警察机关，但由于是官绅合办机构，人员素质与西方警察差距很大。戊戌变法失败后，积极推行新法的湖南巡抚陈宝箴等人被革了职，湖南保卫局自然也随着变法的失败被裁撤。湖南保卫局是中国警察的前身，首开了中国近代警察的先河。

1900 年，八国联军攻占天津、北京后，西太后慈禧和光绪仓皇出逃，京城治安一片混乱，案件层出。八国联军为了加强社会控制，找了一些中国人临时设立“安民公所”，镇压民众的反抗，防止动荡骚乱，保证社会秩序。待联军撤出后，“安民公所”自然不复存在。但清廷见其法不错，又查列强在沪、津、汉口等地租界均设“巡捕房”，治安良好，于是开始在京城建立“善后协巡营”，后又改为“工巡总局”，直属皇帝，下设事务大臣一人专门负责，同时又下设工巡总监和副监各一人，辅助局务。总局内分为工程、巡捕二局，各设局长分管。每局之下，各有警巡、队长、巡长及巡捕若干人，负责管理警察事务和工程事务。所以，工巡总局实际上是管理市政、司法、警察的混合机构，只能算作中国警察最早之雏形，而不能算作严格意义上的警察机构。

1902 年 5 月，袁世凯在保定创设了警务总局，挑选了 500 名巡警，设了五个分局，分布在城厢内外，这是严格意义上的专门警察机构。同时，责令赵秉钧在保定开办巡警学堂，聘请洋人充当教习。保定巡警学堂也许是中国第一所警察专业学校。袁世凯之所以创办警务，与筹备接收天津有很大关系。当时，帝国主义联军照会清政府，提出条件：天津周围二十华里内不许驻扎中国军队。于是袁世凯想出了一个办法，化军队为警察。他在北洋军各镇中精选了 3 000 兵士，训练成为巡警，开进天津，这样就避开了“天津周围二十华里内驻扎中国军队”的嫌疑。

八国联军将天津重新归还中国后，袁世凯把天津控制了起来，设在保定的巡警学堂移到了天津。袁世凯的 3 000 名巡警中，1 500 名留在天津，称为“南段巡警局”，由赵秉钧担任总办；1 500 名分布在西沽、塘沽、山海关、北塘等处，称“北段巡警局”。同年冬，继保定巡警学堂，袁世凯又在天津设立了巡警学堂。次年 8 月，迁至天津的保定巡警学堂与天津巡警学堂合并，改称北洋巡警学堂。

设南、北段巡警局后，袁世凯又增添了河巡、马巡、暗巡和消防队，进一步完善了天津的巡警机构。紧接着，袁世凯又把天津的巡警制度推广到各府县及铁路，在直隶建立起了巡警网。袁世凯曾训练过新军，对西方的军警制度有一定的了解。因此，他在接收天津前，从自己的军队中选拔 3 000 名士兵，进行短期的警察训练，使之熟谙警察的职能，然后脱下军装，换上警察制服，称之为“中国警察”。

1902 年，清政府从八国联军手中接管天津后，具有现代意义的词语“巡警”正式在中国出现了，而天津则成了中国“巡警”第一个开始巡逻的地方。由于有专门警察维持社会秩序，天津社会治安一扫过去的混乱局面，成为全国各地之冠，“有六个月不见窃盗者，西人亦叹服”。于是慈禧太后下了一道谕旨，要求全国各地都要效仿袁世凯建立警察制度，使警察制度逐步推广。地方警察制度的建立，终于使致全国警察制度得以建立。

1905 年 10 月 8 日，清政府设立巡警部，统管全国警察事务。巡警部尚书由袁世凯的挚友徐世昌担任，巡警部侍郎由袁世凯的老部下赵秉钧担任。由于袁世凯在天津创办巡警成效显著，清政府号召各地效仿，于是各地纷纷办起了警政。清政府虽然主张各地建立警察制度，但并没有一个明确的指导计划和方案。所以，京师以及各地虽然积极尝试摸索，但警政建设长时间没能走入正轨。此后，清政府先后在保定、天津等地创办“巡警局”“警务学堂”“巡警学校”。1905 年，清政府为了维护其摇摇欲坠的反动统治，统一控制和领导全国的警察机构，在北京建立“巡警部”。这是清政府的中央警察机关，也是中国历史上第一个全国性的专职警察机构。

1912 年中华民国成立后，南京临时政府将“巡捕”和“巡警”改为警察。1927 年，蒋介石为了镇压革命活动，迫害共产党人和革命群众，维护国民党的反动统治，耗资扩充警察机构，设立“内政部警政司”，把各省、市、县的警察机关改为“公安局”。同时，设立了庞大的特务机构。1946 年，设立“内政部警察总署”，各省、市、县警察机关改为“警察局”。旧中国近代警察的历史，是军、警、特结合在一起，镇压革命、迫害人民的历史。

中国近代警察源起于半殖民地半封建社会，除直接服务于封建军阀的军事独裁统治外，还把扼杀民主生机和扑灭人民革命作为警察的突出任务。国民党政权的警察机关，基于其反动统治的政治需要，与宪兵、特务结成三位一体的反动势力，在镇压人民革命的过程中，紧密配合，互为一体。国民党警察与保甲互为补充，在基层形成森严的警察统治。以警察指导保甲，保甲辅助警察，二者互为补充，紧密结合，在广大农村建立起严密的法西斯统治。

（三）近代警察的特征

首先，警察行政职能在国家职能机构中独立化。一方面，军队、行政机关、审判机关不再行使警察职能。另一方面，警察机构与行使其他行政权力的国家机关，如市政、税收等也有明确的分工。警察职能主要集中于专门的警察行政机构。

其次，警察队伍组织形成一个上下统一、独立于其他组织的专门职能机构。其机构、人员数量越来越多，分工更加科学和具体，成为一个人数众多、多层次的综合军事、行政与刑事力量。

再次，强调法治。近代警察都有其特定的法律规范和章程制度，警察机关的设立、职责、职权及任务的划分和确定，都以国家的宪法和法律为依据。

最后，有统一制式的服装。为了便于行使职权，警察都穿着具有国家权力象征意义的统一的制式服装，佩戴表示管辖范围和职权的警种与衔级的徽标，并携带完善的装备。这有利于警察公开地以国家的名义执行任务，有利于群众要求警察提供保护和协助。

第四节 警察的类型

一、世界警察的分类

依照不同的分类依据，可以把警察分为不同的类型。常见的分类依据有体制、法系、职能和组织形式四种。

（一）按体制分类

警察的体制，是指警察的组织形式和管理机制。以体制为分类依据，可以把警察划分为集权型体制警察、分权型体制警察和集权分权结合型体制警察。

1. 集权型体制警察

顾名思义，这种类型的警察所突出强调的就是中央集权，也就是对警察实行集中统一管理，即有关警察制度的立法权及这些法令的执行权集中于中央政府机关，由国家统一设置中央警察机关；警察内部实行垂直领导，即下级服从上级，地方服从中央。一般来说，这种类型的国家，都存在着两种警察组织，即警察和宪兵。

采取这种警察管理体制的国家主要有法国、意大利、芬兰、以色列、泰国、爱尔兰、丹麦、瑞典等。

2. 分权型体制警察

与集权型体制警察形成鲜明对照的是分权型体制警察。分权型体制警察强调分权而治，即中央和地方实行分权。具体来讲，有关警察制度的立法权及这些法令的执行权，分别由中央政权机关和地方政权机关掌握。全国没有统一的警察组织，各级政府或各政府部门有自己的警察组织，各警察组织之间没有或仅有部分指挥监督关系。例如，美国设有联邦级、州级、县级、市级警察组织，各级组织之间没有任何行政或业务管辖关系，各级组织只有协作和合作关系。

实行分权型警察体制的国家主要有美国、加拿大、比利时、荷兰、瑞士等。

3. 集权分权结合型体制警察

第二次世界大战后，世界格局发生了巨大的变化，原轴心国成员的集权型体制警察受到战胜国分权型体制警察的极大影响，从而在某些国家中出现了地方自治与中央集权相结合体制的警察——集权分权结合型体制警察。采用这种警察体制的国家，由中央政府和地方政府共同管理警察事务。具体来说就是，中央政府主要履行监督职能，地方政府则主要履行管理职能。

实行集权分权结合型警察体制的国家主要有日本、英国、德国、澳大利亚、巴西等。以英国为例，其分为三个警备区，即英格兰—威尔士警备区、苏格兰警备区和北爱尔兰警备区。英格兰—威尔士警备区受内政部、地方警署和警察队长的三重制约，采取集权型警察体制；苏格兰和北爱尔兰两个警备区则受当地政府领导，实行分权型警察体制。

（二）按法系分类

依据各国所采用的法律制度的体系，将其划分为两大派，即大陆派与海洋派。凡采用大陆法系的国家，属于大陆派警察体制，如法国、意大利、日本；采用海洋法系的国家，属于海洋派警察体制，如英国、美国。这种划分依据与体制划分依据基本相同，因为大陆法系的一个突出特点就是中央集权，因而大陆派警察体制对应中央集权型警察体制；海洋法系的突出特点就是地方自治，因而海洋派警察体制对应的就是地方自治型警察体制。对于结合型警察体制的国家，凡中央集权性质比较突出的，就归入大陆派，如日本；凡地方自治性质比较突出的，就归入海洋派，如英国。

（三）按职能分类

如果按照警察所担负的职责进行分类，警察可分为行政警察和刑事警察。

1. 行政警察

行政警察是维护公共秩序的警察组织，即维护社会的公共安宁、公共安全和公共卫生。维护社会公共安宁指的是防止发生混乱和破坏正常生活秩序的行为的发生。维护社会公共安全是指防止意外事件的发生，包括人为的事件（如叛乱、暴乱）和自然的事件（如火灾、水灾、地震等）。维护社会公共卫生是指防止损害精神和身体健康的各种危险的发生，如防止有害食品的销售，防止色情淫秽出版物的传播等。行政警察任务的性质是预防性和管理性。除了在警察机构内部的普通行政警察外，还有专门行政警察，如渔业警察、森林警察、消防警察等。

2. 刑事警察

刑事警察是调查犯罪、查找犯罪分子并将其起诉的警察组织。刑事警察的任务性质是镇压性、惩罚性的。需要注意的是，并不是行政警察和刑事警察在执行任务时彼此不可以逾越。例如海关警察，当对过往乘客进行检查时属于行政警察；但当发现某人携带了毒品时，其进行犯罪侦查则属于行使刑事警察的职能。

（四）按组织形式分类

按组织形式可以将警察分为民事警察和军事警察。

1. 民事警察

民事警察是指那些按照国家公务员的管理体制进行管理，执行犯罪调查、交通管理、城市巡逻、户籍管理、社区保护等普通警察任务的警察组织。民事警察和军事警察的任务在某些国家有所交叉，但其组织形式是截然不同的。比如法国的国家警察和国家宪兵，两者的任务有相同之处，就是都负责治安管理，但前者主要负责 2 万人以上的城市，后者则主要负责 2 万人以下的城市。但其组织形式不同，前者属于国家公务员序列，实行上下班制；后者属于军队序列，驻扎在军营里。

2. 军事警察

军事警察是指借鉴军队的编制和人员管理方法，配备特殊武器装备，实施国家的有关法律，执行维护国内安全和秩序任务的政府武装组织。军事警察必须是中央政府或地方政府的官方组织，它由国家政府或地方政府财政养护，无偿执行维护公共安全和秩序的任务。比如法国的国家宪兵是中央政府的军事警察组织，印度的邦武装警察部队则是地方政府的军事警察组织。那些虽然是按部队进行编制和人员管理的组织，也在一定区域内维护治安，如保安公司等，但不能称其为军事警察。

二、我国警察的分类

根据我国有关法律的规定，人民警察包括公安机关、国家安全机关、司法行政机关（监狱及戒毒机关）的人民警察和人民法院、人民检察院的司法警察。由于他们各自承担着不同的职责与任务，为便于组织和指挥，他们又隶属于不同的领导机关。各个警察体系内部由于具体分管的工作有所不同，又可以进一步划分为不同的警种。以我国的公安机关为例，公安机关的警察又可划分为治安警察、刑事警察、交通警察、外事警察、网络警察等。此外，根据行业公安工作的特殊需要，我国还设立有专业公安机关的警察，包括民航公安机关的警察和海关公安机关的警察等。

1. 国家安全机关的警察

国家安全机关的警察承担反间谍工作和其他有关国家安全工作，开展隐蔽战线的斗争，承担保卫促进改革开放和社会主义现代化建设、促进祖国统一大业、加强人民民主专政、维护政治稳定，以及保障国家安全的任务。根据我国《反间谍法》[①]的规定，国家安全机关的警察在反间谍工作中依法行使侦查、拘留、预审和执行逮捕以及法律规定的其他职权。

2. 司法行政机关的警察

司法行政机关的警察包括监狱警察和戒毒机关的警察。根据我国《监狱法》的规定，监狱警察是依法管理监狱、执行刑罚、对罪犯进行教育改造的人民警察。监狱警察的角色具有多重性，是刑罚执行的落实者、罪犯的教育者、劳动改造的组织者。戒毒机关的警察是专门从事强制隔离戒毒工作的人民警察。

3. 人民法院的警察

2006 年修正的《人民法院组织法》第 40 条规定："各级人民法院设司法警察若干人。"根据最高人民法院 2012 年发布的《人民法院司法警察条例》，人民法院司法警察的职责有：维护审判秩序；对进入审判区域的人员进行安全检查；刑事审判中押解、看管被告人或者罪犯，传带证人、鉴定人和传递证据；在生效法律文书的强制执行中，配合实施执行措施，必要时依法采取强制措施；执行死刑；协助人民法院机关安全和涉诉信访应急处置工作；执行拘传、拘留等强制措施；法律、法规规定的其他职责。

4. 人民检察院的警察

1986 年修正的《人民检察院组织法》第 27 条规定，各级人民检察院根据需要可以设立司法警察。根据最高人民检察院 2013 年发布的《人民检察院司法警察条例》，人民检察院司法警察的职责有：保护人民检察院直接立案侦查案件的犯罪现场；执行传唤、拘传；协助执行监视居住、拘留、逮捕，协助追捕在逃或者脱逃的犯罪嫌疑人；参与搜查；提押、看管犯罪嫌疑人、被告人和罪犯；送达有关法律文书；保护出席法庭、执行死刑临场监督检察人员的安全；协助维护检察机关接待群众来访场所的秩序和安全，参与处置突发事件；法律、法规规定的其他职责。

第五节 警察与国家的关系及其基本职能

一、警察与国家的关系

毛泽东同志指出："军队、警察、法庭等项国家机器，是阶级压迫阶级的工具。对于敌对的阶级，它是压迫的工具，它是暴力，并不是什么'仁慈'的东西。"[②]警察有特别强的阶级性和国家性，在国家机器中有特别重要的地位和作用。

（一）警察必须与国家一致

国家要求警察必须是自己忠诚的有力工具。具体表现为：

1. 警察必须与国体一致

由哪个阶级统治国家，警察就必须成为该统治阶级的可靠工具。任何国家都对警察有

① 本书所涉之法律名称均省略"中华人民共和国"字样。

② 《毛泽东选集》（第四卷），人民出版社 1991 年版，第 1476 页。

特别严格的政治要求。

2. 警察必须与国家意志一致

警察必须忠诚地执行国家的政策与法律。一些国家允许有某些政治反对派当议员、部长，但不允许有持不同政见的警察。

（二）警察是国家机器的重要组成部分

1. 警察是国家的武装力量

它与军队一样是关系国家安危、社会稳定的重要支柱之一。

2. 警察是国家的执法和保护力量

警察既直接参与刑事司法并执行治安行政法规，又为国家的法治提供有力保障，国家的立法和司法活动受到警察的保护。它是国家的宪法和法律的保卫者，并依法协助各行政机关对抗执法过程中遇到的反抗和抵制。

3. 警察是国家的刑事侦查力量

它通过侦查手段发现和惩治犯罪。

4. 警察是国家的治安行政管理力量

它以治安行政管理手段维护社会秩序。

5. 警察是为社会提供紧急救援和安全服务的行政力量

由于警察是国家最便于指挥的、最有机动性的、最接近公众的行政力量，所以世界各国都把抢险救灾、援助公众的任务列为警察的职责。警察的服务性、公益性日趋发展。

（三）警察是有实力的国家力量

警察不仅依照和遵循政策、法律等意思表示发挥作用，而且要凭借具备优势的实力克服违法犯罪势力的实力性破坏和反抗。警察实力是由警察体力与装备相结合形成的物质力量，主要有以下四种：

1. 暴力性实力

国家权力是以有组织、有系统的暴力为后盾的，其中包括警察的暴力手段。警察暴力是对付反国家、反社会犯罪暴力的必备实力，其中包括杀伤手段和羁押手段。列宁说，"常备军和警察是国家政权的主要强力工具"①。警察和常备军一样，首先是国家的暴力工具，但它并不是唯暴力的。保持警察暴力是绝对的，使用暴力则在必要时。警察暴力，不得已而用之。

警察暴力可以发挥两种作用：一是现实作用。即以警察暴力实际地战胜犯罪。二是潜在作用。即警察显示自己拥有的暴力性实力的不可战胜性，引而不发，依靠威慑作用，不战而制服犯罪势力。以上两种暴力作用交相发挥，是警察对策中的谋略艺术。

2. 行政强制性实力

例如，以行政性拘押手段和强制约束手段，克服一般性反抗，或执行行政性处罚，等等。警察的行政强制性实力不同于警察暴力，但需要以警察暴力为后盾。

3. 刑事侦查实力

它是警察使用技术装备和秘密力量发现犯罪、查明犯罪的实力手段，既包括立案后的侦查手段，也包括未进入刑事诉讼程序的秘密调查与情报手段。

---

① 《列宁选集》（第三卷），人民出版社 2012 年版，第 116 页。

4. 防护性实力

即用于防范、保卫、救护、抢险救灾的警察实力。

国家不仅必须拥有军事实力，而且必须拥有警察实力。面对复杂的治安形势和各种灾难危害事故的威胁，必须建设具有强大实力的警察力量，参与各种保卫、抢险、救助的行动。

二、警察的基本职能

警察的职能是指警察的社会效能和作用。警察的职能具有强烈的阶级性和政治性。警察的职能是由国家的职能决定的。警察不仅是国家实行阶级专政的工具，而且是国家管理社会的行政机构。因此，警察具有阶级性和社会性相统一的特点。警察的阶级性表现在它的政治镇压职能上；警察的社会性表现在它的社会管理职能上。

警察的基本职能是政治镇压和社会管理。

政治镇压职能，是指警察使用暴力，对威胁统治阶级的政治统治与国家安全的政治势力实行镇压。警察的这一职能，具有鲜明的政治性和强烈的阶级性。

社会管理职能，是指警察运用行政管理的手段，维护一定社会制度下的社会秩序。警察的这一职能，具有广泛的社会性和群众性。

警察的政治镇压职能和社会管理职能，都是统治阶级意志的体现，两者相互依存，相辅相成。警察的政治镇压职能是社会管理职能的前提，社会管理职能是政治镇压职能的基础。但是警察的这两种职能并非处于同等地位，政治镇压职能通常置于首要地位，因为有了巩固的政治统治，才能按照统治阶级的意志行使社会管理职能。警察的政治镇压职能与社会管理职能都是统治阶级意志的体现，两者互相依存，互相渗透，互相转换。

章后思考题

1. 简述“中国警察”的词义。
2. 简述“西方国家警察”的词义。
3. 简述作为警察学逻辑起点的“警察”的词义。
4. 简述警察学的体系。
5. 请比较警察自然起源论与马克思主义警察起源观。
6. 请比较古代警察和现代警察的特征。
7. 简述世界范围内警察管理体制的区别。
8. 简述警察与国家的关系。

本章拓展阅读

第二章　公　安　学

第一节　公安学的含义及公安学的产生与发展

一、公安的词义及含义

“公安”一词包含“公”和“安”。据《说文解字》的解释，“公”即平分，与“私”相对，有共同、公正、无私之意；“安”即定，与危相背，有平静、稳定、安定之意。《现代汉语词典》把“公安”定义为：“社会整体（包括社会秩序、公共财产、公民权利等）的治安。”

早在18世纪，世界上就出现了以“公安”为名称的政治机构。例如，美国独立战争期间，法国资产阶级革命以后，新政权中都成立过“公安委员会”。直到今天，美国有些城市的警察仍称作公安员。日本内阁总理府下属的公安委员会也是其警察体制当中的重要组成部分。不过，美国现在有一种市政或城市社会工作者也被称作公安员（General Safety Officer），其职责则是防止水和噪声的污染。[①]可见，“公安员”与“警察”也不总是一个概念。

在我国，自1905年中国近代警察诞生以来，地方警察机关一度被命名为“公安局”。我党正式启用“公安”一词，是在1927年的南昌起义之后，在南昌市设立市公安局。直到新中国成立后，我国地方警察机关一直沿用“公安局”的名称。[②]

关于“公安”一词的中文含义，学界至今仍有争议。但在实际应用中，“公安”一词一般包括以下几层含义：一是指社会生活中的公共安全。这是“公安”这一概念最普遍、最一般的含义。公共安全的范围很广，地震、洪水等都会影响公共安全，由于人们对这些自然灾害尚无能力制止，只能减轻其影响。所以，我国当今实际意义上的公共安全，偏重于国家安全和社会治安秩序。二是指一种社会工作，即人们为了求得公共安全所做的努力，其主要是指专门机关的工作，也包括全体社会成员所做的安全控制及防范工作。三是指法定的专门机关和特定人员的简称，“公安”既可以表示公安机关，也可指公安机关的人民警察。

“公安”在翻译成英文时统一为public security，即公共安全。

二、公安学的含义与研究对象

（一）公安学的含义

公安学是关于我国公安工作规律和对策的知识体系，是对我国人民民主专政制度下公安工作实践经验的总结和概括。[③]公安学是所有公安学科的总称。

---

① 参见《公安学基础教程》编写组编著：《公安学基础教程》，中国人民公安大学出版社2012年版，第16页。

② 参见王明生主编：《公安学基础新论》，中国人民公安大学出版社2015年版，第77页。

③ 参见《公安学基础教程》编写组编著：《公安学基础教程》，中国人民公安大学出版社2012年版，第16页。

公安学研究公安行为这一特定社会现象及其规律。公安行为是一种调整社会关系的行为,是维护国家安全和社会治安秩序的行为,公安学正是对这样一种社会活动的总结和概括。

（二）公安学的研究对象

公安学研究的是我国公安机关在中国共产党及人民政府的领导下,依靠广泛的社会力量,保障国家安全,维护社会治安秩序的工作规律、对策及其历史与现状。[①]

公安工作规律是指与社会治安有关的诸事物之间内在的、必然的联系,是公安学研究的基本内容。我们不仅要研究社会治安自身发展、变化的内在规律,更要注重研究公安工作与社会治安现象之间相互作用所反映出来的规律性。

探求公安工作对策是公安学研究的核心。公安工作对策,是指为解决国家安全和社会治安秩序方面的问题而制定并实施的方针、政策、法令以及所采取的专业措施与手段。公安学各方面的研究,最终是为了正确地制定和有力地实施各种对策,如惩办与宽大相结合的政策、刑事侦查的各种措施、治安管理的手段。

科学地阐述我国公安工作和借鉴世界警务具有普适价值的经验和教训,也是公安学研究的重要内容。通过对这方面内容的研究,能够总结历史经验,加强与世界警察的联系,科学分析和正确把握当前的现状,推动我国公安工作的发展。

三、公安学的产生与发展

我国的公安学是伴随着我国人民公安工作的建立而产生和发展的,经历了以下三个阶段。

（一）公安学的产生阶段

此阶段是从第二次国内革命战争开始到新中国成立。1933 年 9 月,中华苏维埃共和国国家政治保卫局印发了包括《审讯术》在内的第二次国内革命战争时期肃反文件。《审讯术》是我国公安保卫工作历史上最早的专门著作,系统总结了侦查、预审工作的方法和经验。此外,这一时期还有一些供公安保卫工作人员学习的专业的教育训练材料。1942 年,中国共产党出版了第一部公安保卫工作方面的理论著作,即在延安出版的谭政文著的《审讯学》一书。在新中国成立前相当长的时间里,公安工作的总结及理论观点,多见于党政领导人的著述及公安工作文件中。此阶段虽尚未形成系统的学科理论,但为后来公安学理论的发展奠定了基础。

（二）公安学的形成阶段

此阶段是从新中国成立到改革开放前。20 世纪 50 年代,为适应公安工作形势和任务的要求,特别是大量培训公安民警的迫切需要,各公安院校编写了有关侦查、保卫、治安、劳改、警卫等方面的教材,形成了一批初具规模的公安专业系列著作,标志着我国公安学某些专业学科开始走上比较系统的发展道路。但在该阶段对公安学的研究处在零散状态,尚未形成系统完整的知识体系,公安学还未在我国社会科学体系中取得独立的学科地位。

（三）公安学的发展阶段

20 世纪 80 年代以来,公安工作特别是公安教育取得了突飞猛进的成绩,大大推动了公安学研究的发展。1983 年,中国人民公安大学的前身——中央公安学院的康大民教授首次提出“公安学”的概念。1985 年,由蔡诚主编、中国人民公安大学出版社出版的《公安学概论》

---

① 参见柳晓川主编:《公安学基础理论教程》,中国人民公安大学出版社 1995 年版,第 19 页。

第一次提出了公安学的基本学科体系。1993 年,原国家教委正式批准公安学列入我国高等教育专业目录,这标志着公安学已具有了相对独立的地位。2011 年 3 月,经国务院学位委员会和教育部批准,公安学被列为国家一级学科,公安学的学科地位得以提高,这既是对公安学学科建设成绩的认可,也为推动公安学的深入发展搭建了广阔的平台和创造了良好的条件。目前,公安学还不是一个大的学科门类,在国家学科目录设置中只是法学门类中的一级学科,但从公安学的学科体系及内涵来看,它在很多方面与法学学科存在一定的不同。不断丰富和完善公安学,促进建成一个独立的学科门类,应是公安学研究努力的方向。

第二节　公安学的性质与学科特点

一、公安学的性质

公安学的性质,即公安学的学科属性。从总体上来说,公安学属于社会科学的范畴,并且是一门相对独立的、综合性很强的社会科学。[①] 这可以从以下三个方面来理解:

第一,从公安行为来看,公安行为是一定历史条件下的社会现象,它通过对社会关系的有利调整,解决国家安全和社会治安秩序问题,实现改造社会、净化社会的目标。而公安学正是对这种社会现象及其规律进行总结和概括形成的知识体系。

第二,从公安学的研究对象来看,公安学的研究对象离不开公安工作要解决的社会矛盾。公安工作实际上就是运用警察职能维护国家安全和社会治安秩序,保护公民的合法权益。为此,公安机关就要同违法犯罪和治安灾害事故作斗争,在斗争过程中必然会涉及社会矛盾的各个方面。公安学研究这些矛盾运动的规律,虽然既有社会属性,又有自然属性,但其主要方面是社会性的,即通过调整社会关系的行为,解决国家安全和社会治安秩序问题。

第三,公安学作为一门学科的知识体系,在内容上具有相对独立性,充分反映了公安学研究领域的特殊性。作为一个专门学科,公安学具有十分广阔的研究领域,是其他任何学科无法代替的。

二、公安学的学科特点

公安学作为一门新兴的学科,具有其自身的特点,主要反映在以下几个方面:

第一,阶级性。公安学属于社会科学的范畴,因而它具有阶级性。公安学的阶级性与公安工作的阶级性是完全一致的。我国是人民民主专政的社会主义国家,公安工作作为国家专政工具的重要体现,必须代表工人阶级和广大人民的意志和利益,具有鲜明的阶级性。而作为研究公安工作理论的公安学,当然也就具有这一鲜明的特点。这里要说明的一点是,公安学中的技术科学是没有阶级性的。某些具体的业务知识、管理知识也不都是具有阶级性的。对于其他阶级性质的警察学中的科学精华,亦应吸收和消化,并加以借鉴,以此来丰富和发展我国的公安学。

第二,对策性。在公安学诸子学科中,不管是基础理论学科,还是应用学科,都是直接或间接地为公安工作服务的,以获得对公安现象更深层次的认识,寻求预防、控制违法犯罪的

---

① 参见柳晓川主编:《公安学基础理论教程》,中国人民公安大学出版社 1995 年版,第 19 页。

有效途径和手段。

第三,中国特色。我国的公安学具有鲜明的中国特色。由于不同社会制度的国家代表着不同阶级的意志和利益,因此,制定法律和建立公安体制的立足点也有着根本的区别。如上所述,既然公安学的阶级性和对策性都很强,各国的警察学在为本国的警察工作服务时体现出本国特色就是必然的。我国的公安学是在人民公安工作不断实践的基础上建立和发展起来的,是对马克思主义基本原理与中国公安工作具体实际相结合的理论概括和不断发展。长期以来,我国人民公安工作形成了优良的传统和自身的特色,这必然使公安学理论形成鲜明的中国特色。

三、公安学与有关学科的关系

(一)公安学与政治学的关系

政治学是研究政治这种特殊社会现象及其发展规律的科学。国家政权、政府机构、行政管理、暴力机构、人事干部制度、党政和群众团体、政治思想、战略等内容既是政治学研究的内容,也是公安学研究中应涉及的内容。政治的核心是国家政权,国家政权的维护依靠国家暴力。公安机关(警察机关)是国家机器的重要组成部分,是实现阶级专政的重要工具之一,是统治阶级意志和利益的体现。研究公安学必须以对政治学的研究为前提,研究政治学离不开对公安学的研究。

(二)公安学与社会学的关系

社会学是从社会系统整体出发,通过人们的社会关系和社会行为来研究社会的结构、功能及其发展规律的一门综合性的社会科学。其研究领域涉及社会群体、社会制度、社会活动及其变化、社会问题及其解决办法等。

公安学和社会学都把现实中的具体社会问题纳入研究范围。社会学研究的现实社会问题,有些也是公安学研究中所要涉及的有关内容,如对社会控制、青少年犯罪等问题的研究,两者目的是一致的。社会学要解决现实中的具体社会问题,必然要依赖于国家政权力量,而公安学研究的内容之一,就是充分发挥公安机关的职能作用,有效地解决现实中的具体社会问题。社会学研究推动了现实的具体社会问题的解决,必然为国家政治制度的巩固、政治统治的强化起到推动作用;公安学的研究成果也必然有助于一些政治问题、社会问题的解决,有利于社会稳定、和谐发展。

(三)公安学和法学的关系

法学也属于社会科学的范畴,它是以法这种社会现象具有的矛盾特殊性为研究对象的学科。法学研究的是与法律现象有关的问题,公安学研究的是与国家安全、社会治安有关的问题。国家安全、社会治安是统治阶级维护其政治统治的首要问题,国家安全、社会治安的维护既要有警察等强制力,又要有法律的威慑力。公安学与法学的产生和存在都是同阶级、国家相联系的,二者都是统治阶级进行统治的工具,都体现着统治阶级的意志,二者具有交叉作用。公安机关的强制力是法律的后盾,法律的有效性是公安机关权力的来源。二者虽然互相依存、互相渗透,但不能相互替代,各有自己的研究对象,各自发挥着自己的独特作用。公安机关在依法行政的过程中,通过对行政法规的实施,又丰富和发展了法学的内容。

(四)公安学与管理学的关系

管理学是以有效管理社会公共事务为目的,以系统研究行政管理现象的规律为内容的一门科学。它从操作方法、作业水平的研究，向科学组织和现代管理技术、方法的研究扩展，是以提高效率为目的的知识体系。公安学研究以公安机关及其工作为对象，无论是对其工作对象实施对策的研究，还是对公安机关自身的研究，都自然地把通过管理提高效益放在一定的位置。两者在研究目的上有一定的同一性。管理学的许多研究成果对公安学研究有指导意义；公安学关于管理理论方面的研究，对管理学理论又有丰富、充实其内容的客观作用。

（五）公安学与警察学的关系

公安学与警察学之间既有区别又有联系。两者的区别是：公安学研究人类社会安全问题的性质、原因、变化及其解决的途径、手段等，是对社会安全问题本身的研究。警察学研究的只是实现人类社会安全的一种途径——警察。公安学对保障人类社会安全之途径或手段这一问题的研究要广于警察学。因此，社会治安综合治理这一类的理论本质上应该属于公安学，而不属于警察学。

公安学与警察学之间的联系是：公安学是警察学的基础学科，公安学为警察学提供理论上的准备。另外，警察学对人类社会安全的实现途径展开的重要具体研究是对公安学研究的延伸和深入。所以，警察学是公安学的延展性学科，警察学理论有助于将公安学知识真正运用于保障人类社会安全的行动中。

公安学与警察学的区别不是公安学与警察学这两个学科的名称在文字上的区别，也不是共产党政权的公安机关与其他性质政权的警察机关在阶级性质、政权性质、法律性质或其他性质上的不同，而是这两个学科在自身的性质和内容上存在的实实在在的差异。公安学与警察学的联系也不是形式上的，不是因为公安机关实际上是警察机关或警察机关被命名为公安机关，也不是因为人民警察是公安人员或公安人员被命名为人民警察，而是因为这两个学科内容上有重要联系，在具体的研究中应该互相依托，同时也可以互相促进。

我们在学科名称上之所以采用公安学，而没有采用警察学，是因为以下三点原因：第一，在研究范围上，我们主要是围绕我国公安工作理论与实践展开的，称之为公安学更符合我国的传统和国情。第二，从世界趋势来看，警察的作用已突破了对违法犯罪“警之于先，察之于后”的传统含义，救护性、服务性、公益性、福利性的警务内容日益增多。在中文词意上，“公安”比“警察”有更宽的外延和更广的适用性。第三，从名称含义上看，公安指公共治安，更符合社会治安的含义，并可适应日益广泛的公众参与的趋势。

目前，公安学研究的内容，一般未涉及司法警察、国家安全机关警察等的职能和工作范围。

由于公安学是一门综合性的学科，在它的研究过程中还吸收了许多与之有关的其他社会科学、自然科学和信息科学的研究成果，作为公安学研究的理论基础。所以，公安学还与许多其他学科有着十分密切的关系。

第三节 公安学的学科体系与理论基础

一、公安学的学科体系

2011 年，自公安学被确立为一级学科以来，公安学学科体系研究取得了较大进展。采用从抽象到具体的纵向研究方法构建公安学体系，可以将公安学学科划分为理论公安学、部门公安学与实务公安学三部分。这一逻辑结构使上下位阶体系呈现金字塔状，理论公安学、部门公安学与实务公安学这三大部分抽象程度越来越低，所能覆盖的领域越来越窄，内容越来越具体。理论公安学是最为抽象的概括，是对公安学基本问题与一般规律的提炼和总结，是公安学体系构建的基石，位于金字塔结构的顶端；部门公安学是较为具体的理性认识，是理论公安学抽象规定的丰盈再现，通过加入具体元素可以使各部门公安学内涵更为丰富，位于金字塔结构的中间；实务公安学是公安工作的经验总结及常识研究，是部门公安学及理论公安学的储备素材，是理性思维对公安实践的初级加工，位于金字塔结构的底部。

（一）理论公安学

公安学研究公安现象，但不同学科的研究角度、层面、领域各不相同。从认识论视角看，理论公安学是关于公安这种社会现象最基本、最一般、最抽象化的学科。它以揭示公安学基本原理为目标，与具体应用的公安知识相区分，是公安学的基础学科、一般理论及方法论。理论公安学可划分为公安学基础理论、公安史学、公安法学等。

（二）部门公安学

部门公安学依据不同标准可以划分为不同的子学科体系。按照公安机关职责的不同可以将部门公安学划分为治安学、侦查学、国内安全保卫学、边境防卫管理学、警卫学、公安指挥与战术学、涉外警务学等。这实际上是对运行中的公安关系进行的动态划分。按照公安工作范围的不同又可划分为公安管理学、公安制度学、公安业务学、公安后勤保障学。这实际上是对以不同形态存在的公安关系进行的静态划分。

（三）实务公安学

实务公安学是对公安实践经验的总结研究，如群体性事件处置、信息网络安全等，具有直观性、微观性、可操作性、灵活性、变动性等特点，不能简单归类到部门公安学中，但也不排除随形势变化上升为部门公安学的可能。

公安学学科体系可以由表 2–1 概括：

表 2–1 公安学学科体系表

<table>
<tr><td>理论公安学</td><td colspan="4">公安学基础理论、公安法学、公安经济学、公安史学、公安社会学、犯罪学、比较公安学等</td></tr>
<tr><td rowspan="9">部门公安学</td><td colspan="2">体系 I</td><td colspan="2">体系 II</td></tr>
<tr><td>治安学</td><td>治安管理学、户政管理学、公共安全管理学、犯罪预防学、特种行业管理学、危险物品管理学</td><td rowspan="3">公安管理学</td><td rowspan="3">公安文化学、公安政治工作学、警察公共关系学、公安组织行为学、公安领导学、公安队伍建设学</td></tr>
<tr><td>侦查学</td><td>刑事侦查学、经济犯罪侦查学、禁毒学</td></tr>
<tr><td>国内安全保卫学</td><td>国内安全学、反恐学、反邪教组织学</td></tr>
<tr><td>边境防卫管理学</td><td>边境管理学、边境指挥学、边境检查学、边境勤务学</td><td>公安制度学</td><td>公安体制、制度及其发展规律</td></tr>
<tr><td>警卫学</td><td>保卫特定场所或个人安全</td><td rowspan="2">公安业务学</td><td rowspan="2">公安职能工作及其相关规律</td></tr>
<tr><td>公安指挥与战术学</td><td>公安指挥学、公安战术学、公安情报学及公安教育训练学</td></tr>
<tr><td>交通管理学</td><td>公安交通管理业务</td><td rowspan="2">公安后勤保障学</td><td rowspan="2">公安后勤活动及其规律</td></tr>
<tr><td>涉外警务学</td><td>涉外公安业务</td></tr>
<tr><td>实务公安学</td><td colspan="4">对公安实践经验的总结研究，如群体性事件处置、信息网络安全等</td></tr>
</table>

二、公安学的理论基础

公安学具有综合性的特征，因此它所涉及的理论基础也是多元的。在政治方面，马克思列宁主义、毛泽东思想是其理论基础。在社会科学方面，社会学、法学、行政学、行为科学等方面的许多原理对公安学有关专业学科都有重要指导意义。在公安技术方面，自然科学的各门学科基础理论也对其有指导意义。此外，公安学各个学科也都需要掌握和应用信息论、控制论和系统论等横断科学。

其中，马克思主义国家学说和人民民主专政理论，是公安学最重要、最直接的指导思想。马克思主义国家学说科学地阐明了国家的产生、发展和消亡的过程以及国家的本质、职能和无产阶级专政等问题。以此为指导，才能正确认识警察在国家中的地位和作用并正确认识警察机关的产生、发展和消亡的问题，才能划清无产阶级警察观与资产阶级警察观的界限。人民民主专政理论是以毛泽东同志为代表的中国共产党人对马克思主义无产阶级专政学说的发展。邓小平同志从我国社会主义现代化建设新时期的特点出发，坚持、捍卫和发展了人民民主专政思想。人民警察是人民民主专政的重要工具之一。公安学必须坚持在人民民主专政的基本原理指导下，科学地阐明我国公安机关的性质和任务，科学地阐明正确区分和处理两类不同性质矛盾的总政策和其他公安政策。在公安学研究中，要以人民民主专政思想为指导，科学地阐明在公安工作中辩证地全面发挥专政职能和民主职能的问题，为社会主义现代化与社会主义市场经济服务的问题，保障社会主义精神文明建设的问题，竭力维护社会稳定的问题，加强公安法制的问题，坚持党委领导下的群众路线的问题等。总之，要以人民民主专政思想为指导，揭示公安工作规律，提出正确的公安理论与对策，建设和发展有中国特色的公安学。①

第四节　公安学的研究方法

公安学是一门应用性很强的学科，为了更好地为现实公安工作服务，要有科学的研究方法。公安学主要有以下几种研究方法：

第一，系统研究法。系统研究法是一种整体分析研究的方法，它从全方位、多角度的宏观层面研究事物。公安学研究重视系统研究法，一方面要求把公安学置于上层建筑中，纳入政治制度、经济制度、法律制度、社会制度等语境中进行研究；另一方面要求加强公安学内部结构和构成部分的研究，在本系统中充分发挥各个组成部分的最佳作用，以把握公安学的本质。

第二，比较研究法。比较研究法就是对物与物之间和人与人之间的相似性或相异程度的研究与判断的方法。比较研究法是理论研究的重要方法。在公安学的研究中运用的比较研究法主要有两种：一是横向比较，即将我国公安学的现状与外国相关的警察学现状进行比较研究，以发现、总结我国与其他国家在公共安全管理方面存在的异同，努力借鉴国外先进的研究成果；二是纵向比较，即用历史的眼光和思路来审视我国警察发展和公安工作的实际情况，总结经验、汲取教训，为公安学研究提供方向。

第三，实证研究法。所谓实证研究，是指通过科学手段采集、分析资料，然后得出可以验

---

① 参见柳晓川主编：《公安学基础理论教程》，中国人民公安大学出版社 1995 年版，第 26 页。

证的结论的方法。它是社会科学理论与客观实际之间的桥梁，是从实际情况中概括出来理性认识，再从理性认识上升到对具体问题具有指导性的一般理论。公安学只有从公安实践活动中总结经验，并上升为一般理论，才能得到丰富和发展。

第四，分类研究法。分类研究法通过描述事物的特征或特点并进行区分来再现事物的整体形象，因此，类型体系存在的基础是事物所含特征的异同。例如，采用分类研究法对部门公安学进行细化，按实现职能的不同可以将其划分为公安管理学、治安学、侦查学、国内安全保卫学、边境防卫管理学、警卫学、消防学等；按性质的不同可以将其划分为公安政治学、公安决策学、公安警务保障学及公安教育训练学等。

第五，经验研究法。经验研究法一般是指通过现场观察、访问和社会调查来搜集经验资料的研究方法。公安实践中有价值的经验，对于公安学的完善具有十分重要的意义。公安工作是一个实践性很强的活动，这些丰富的实践活动产生了大量具有借鉴意义、可参考的宝贵经验，公安学应对这些经验进行全面分析和总结，使之反过来指导公安实践。

章后思考题

1. 公安的含义是什么？
2. 公安学的研究对象是什么？
3. 简述公安学的性质。
4. 试述公安学的学科特点。
5. 试述公安学与有关学科的关系。
6. 试述公安学的学科体系。
7. 试述公安学的理论基础。
8. 试述公安学的研究方法。

本章拓展阅读

第三章　公安学基础理论

第一节　公安学基础理论的研究对象和研究内容

一、公安学基础理论的概念

公安学基础理论与其他各部门公安学科是一般与个别、抽象与具体、普遍与特殊、总论与分论的关系。公安学基础理论是在对我国公安实践经验进行纵向、横向的总结和概括的基础上，阐述公安工作一般规律和基本对策的理论体系。这种总体的概况，从纵向上看，是我国公安工作长期历史经验的总结；从横向上看，是我国各项公安专业工作共同经验的总结。公安学基础理论属于公安学学科体系中的公安基础学科和公安社会学科。

任何一门学科都有其自身的基本理论，否则便失去根基。所谓基础理论，是指本学科最普遍、最基本的范畴和原理组成的有机整体，反映了学科最本质的规定性，是学科理论的基石。在庞大的公安学学科体系中，存在许多分支学科，它们都有一些共同性的问题需要研究，有一些共同性的原理、原则需要概括总结，这就必须有一个承担研究这些共同性问题的学科，这就是基础理论的学科定位和存在价值。

二、公安学基础理论的研究对象

公安学基础理论以公安现象、公安工作的基本规律和基本对策为研究对象，具体研究在人民民主专政体制下的公安现象中的基本关系，着重研究其中的一般规律与基本对策。

三、公安学基础理论的研究内容

公安学基础理论研究的主要内容涉及公安的历史、公安的本质、公安的价值、公安的运行、公安的关系等方面。

公安学基础理论的研究对象决定了该学科研究的主要内容：(1)警察的一般原理和基本理论，主要包括警察的起源、历史发展、本质和职能等一般规律与特殊规律，可以延伸到各国警察的历史与现状。(2)公安机关的基本属性、承担的基本任务、法定的义务和可以行使的权力。(3)我国公安工作的基本内容和特点，即总结公安工作经验教训，解释公安工作的一般规律。(4)公安工作的基本原则、方针、政策与法制，着重研究在新的历史条件下，加强党的领导、贯彻群众路线的重要性、必要性及其途径。(5)公安队伍建设，侧重研究公安民警的核心价值观和职业道德、义务和纪律及其组织管理。

第二节 公安学基础理论的学科地位与研究意义

一、公安学基础理论的学科地位

在公安学体系中,公安学基础理论是理论公安学中的一个专门学科。它具有特定的研究领域和研究对象,形成了比较完整的学术体系,充分发挥了对其他专业学科和公安实践工作的理论指导作用。因此,公安学基础理论具有十分重要的基础地位。

当然,我们在肯定公安学基础理论为各部门公安学科提供基础理论的同时,还应该认识到公安学基础理论与其他公安学科的紧密联系。公安学基础理论需要依赖部门公安学科提供实践素材和理论根据,同时各部门公安学科只有应用公安学基础理论,才能更好发挥作用。从根本上说,公安学基础理论的发展过程以部门公安学科的发展为基础,它们在相互作用的过程中推动了整个公安学的发展。没有部门公安学科的发展,公安学基础理论就没有了产生的条件。当然,公安学基础理论学科产生后,还可以独立地运用有关学科的理论和方法实现自我发展。显然,这种研究常常具有超前性,有利于发挥其理论上的先导作用。因此,只有辩证地处理好这个关系,才能加快公安学基础理论的发展步伐,更好地发挥其应有的作用。

二、公安学基础理论的研究意义

第一,公安学基础理论为公安学研究和公安工作提供理论基础。它揭示的是公安现象所涉及的基本关系在研究中所发现的一般规律,并由此提出基本概念和基本原理。它可以为公安学其他学科的研究工作提供理论基础,并成为制定公安对策的理论根据。

第二,公安学基础理论对公安学研究和公安工作起到指导作用。公安学基础理论所揭示的一般规律寓于公安工作各种具体规律之中。掌握了反映一般规律的基本原理,就找到了解释复杂多样的具体规律的方向和方法。那些反映普遍的、必然的、稳定的、内在的关系的理论,告诉人们只要具备某些条件,预期的结果就一定会发生,从而发挥理论的预见性。

第三,公安学基础理论把众多的公安学子学科联结为有机的学科体系。在公安学基础理论形成之前,先后形成的公安学子学科分别有自己发展的道路,处于一定的彼此游离的分散状态,甚至不可避免地出现依附其他学科的现象。例如,刑事侦查学被列入法学的分支学科,治安管理学被列入管理学的分支学科。这是它们那时候只能借助其他学科的基础理论作为指导的结果。那时,人们更多地看到了公安学子学科的个性,难以揭示它们的普遍联系和共性。而公安学基础理论从它们共有的研究对象和共有的理论基础上,把公安学子学科有机联系起来,形成彼此依存、相互促进、共同繁荣的内在关系。

第四,公安学基础理论的研究是公安学一级学科建设和完善的需要。公安学基础理论解释了公安行为的特殊性,明确了公安学专有的研究对象,展示了内在关系密切、有共同理论基础的公安学学科群。尽管政治学、法学、行政学、军事学等与公安学有交叉关系,但它们都不能包容公安学的研究对象和学科体系,更不能为公安学提供完整的基础理论。长期以来,公安学基础理论自身的研究成果和公安学子学科的研究成果都证明了其他学科的研究都不能包括或替代公安学的独立研究。

第五，学习公安学基础理论，有助于公安机关人民警察树立科学的人民警察观。人民警察观是公安人员职业观念的总和，包括以下观点：关于人民警察的历史观、本质观、职能观，关于人民警察的性质观、职权观、群众观、政策观、法制观、伦理观等。这些观点有助于形成对公安事业的系统和科学认识。树立这些观点，有助于公安机关人民警察在工作中坚持正确的立场，保持良好的作风，运用科学的方法。科学的人民警察观是决定人民警察职业行为的根本性因素。所以，公安学基础理论，不是公安业务基本知识的简单综合，而具有很强的政治性、思想性，对于公安机关人民警察坚持正确的立场、观点、方法具有不可替代的重要作用。

章后思考题

1. 简述公安学基础理论的研究对象。
2. 简述公安学基础理论的研究内容。
3. 简述公安学基础理论的学科地位。
4. 简述公安学基础理论的研究意义。

本章拓展阅读

第一编即测即评

第二编　公安机关

第四章 公安机关的建立与发展

第一节 新中国成立前的公安机关

公安工作有着光荣的历史，其产生与发展是同中国共产党领导的新民主主义革命和社会主义建设紧密联系在一起的，经历了一个由创建到不断壮大的发展过程。在新民主主义革命时期，因应党的组织、人民军队和革命政权的建立和对敌斗争的需要，组建了我党的公安保卫机关。本节主要介绍从第一次国内革命战争时期公安机关的创建到解放战争时期公安工作的发展。

一、公安保卫组织的萌芽

第一次国内革命战争时期，在中国共产党领导下的工农革命运动中，建立了具有革命民主政权性质的革命组织。

1. 工人纠察队

工人纠察队作为我党领导的工人运动的武装组织形式，在大革命的各种政治、经济斗争中发挥了重大作用。“马日事变”以后，各地工人纠察队对反动统治者的大屠杀政策进行了英勇的反抗，后来成为各地工农武装起义及工农红军的骨干力量之一。

例如，1925 年，上海工人运动不断高涨，“五卅运动”中，上海总工会因帝国主义收买流氓冲砸会所，为保卫自己，而组织了上海工人纠察队，于 1927 年 2 月和 3 月两次进行起义。根据中央指示，由军事委员会负责领导工人武装组织，下设纠察队。此外，上海总工会下设“上总纠察队委员会”，专门负责领导上海总工会下属的各工会的纠察队。纠察队内设有总指挥部、区队、大队、中队和小队。第三次起义中，上海工人纠察队全部占领上海，分布在上海各区，执行保卫工会组织和革命政权的任务。

在湖北，大革命时期全省工人武装高层领导机构完全掌握在我党手中。1926 年 10 月，湖北全省工团联合会改组为湖北全省总工会，仅武汉的工会组织就发展到了 158 个，会员达 20 万人。各级工会随即建立了工人纠察队。全省总工会设工人纠察总队，总队长为项英。各产业总工会设纠察大队，分工会设纠察分队，支部设纠察支队。为了培养纠察队领导骨干，从 1926 年冬起，中共地方党组织在武昌和汉口两地先后开办工人运动讲习所速成班，对学员进行军事训练。

2. 农民运动梭镖队

在领导工人运动的同时，我党领导的农民运动也迅猛开展。1926 年 11 月，中共中央成立了由毛泽东任书记的中央农民运动委员会(简称农会)。1927 年 1 月 4 日至 2 月 5 日，毛泽东到湖南考察农民运动，写成著名的《湖南农民运动考察报告》。到 1927 年 3 月底，农会组织已遍及粤、湘、鄂、赣、豫、陕、皖、川、闽、浙、苏、直、鲁、桂、冀、察、绥等省，有组织的农民达800万人。

在我党领导的农民运动中，农民协会是广大农民团结起来维护自身权益的新型政治组织，并在其中设立了梭镖队。梭镖队在农民协会的组织下，保卫农会和农民运动，维护革命秩序，积极开展禁烟、禁赌等活动，负责看管、押解土豪劣绅，实质上充当了当时农民运动的地方治安保卫力量。

上述我党领导的工农革命运动中建立的工人纠察队和农民运动梭镖队等，尽管存在的时间并不长，组织机构也不够健全，但其所行使的职能，特别是所代表以及维护的阶级利益，是与任何剥削阶级的警察机关完全不同的，是人民公安机关的萌芽。

二、公安保卫组织的创立

中国共产党的保卫组织，是在大革命失败、共产党人以及革命群众遭到残酷镇压的情况下开始建立的。

（一）工农民主政权建立前的保卫组织——中央特科

中国共产党中央特别行动科（简称中央特科），是中国共产党建立的一个情报和政治保卫机关。中共中央赋予中央特科的职责是保卫中共中央领导机关和领导人的安全，收集情报掌握敌人动向，营救被捕人员，镇压特务叛徒，建立秘密电台，向革命根据地通报敌情等，任务神圣而艰巨。

1. 中央特科成立的历史背景

中国共产党在建立初期，没有设立专门的保卫组织。1927年，蒋介石、汪精卫先后发动“四一二”“七一五”反革命政变，大肆镇压革命运动，屠杀共产党员和革命群众，妄图把中国共产党扼杀在摇篮之中。据统计，从1927年蒋介石发动“四一二”反革命政变到1928年上半年，被杀害的共产党人和群众达31万余人。从1927年到1932年，全国至少有100万名共产党员和革命群众被杀害。面对国民党反动派的白色恐怖，中国共产党为了生存、发展，把革命进行到底，必须有自己的保卫力量。

1927年12月，在特务工作处的基础上，中央特科在上海建立。科长顾顺章，由时任中央军委书记的周恩来同志分管。中央特科下设4个科：

特一科（总务科）成立于1927年11月，历任科长洪扬生、欧阳钦。总务科主要是以合法身份在上海市区内活动，包括：为中共中央开展活动提供场所，如1930年9月保卫党的六届三中全会，选址上海法租界；以娱乐活动为掩护，以合法途径保释尚未暴露身份的中共党员，以经济手段买通或者通过律师辩护手段使不少尚未暴露身份的中共党员获得无罪释放或轻判，如两次使任弼时无罪释放；开办多种工商经营业务，以合法的途径为党筹集活动经费，同时掩护党的相关活动和人员，安置共产党员家属，抚恤牺牲或负伤的共产党员家属；等等。

特二科（情报科）成立于1928年4月，历任科长陈赓、潘汉年、王世英，主要负责在国民党、租界工部局的巡捕房等敌对机关内发展内线，采取“打进去”“拉出来”的办法了解敌情，向中央和苏区提供敌人的特务活动情报和军事情报。根据现有资料的披露，情报科的活动可以说相当成功，有不少国民党及租界的人士被情报科收买，其机构也被情报科渗透。例如，1928年年底，中央特科派遣钱壮飞打入了国民党中央“党部调查科”，任特务头子徐恩曾的机要秘书。这样，呈送徐恩曾的电文，首先看到的往往是钱壮飞，钱壮飞利用这一便利条件，获取了大量机密情报。1931 年 4 月，中共中央政治局候补委员、中央特科工作的主持人顾顺章在汉口被捕叛变。由于工作关系，顾顺章掌握我党的大量机密，对中央机关和中央领导人的情况可谓了如指掌。顾顺章叛变后，武汉国民党特务很快便把这一消息电告南京最高特务机关。正在“党部调查科”值班的钱壮飞截获此情报后，立即通过秘密交通报告给党中央，周恩来等果断采取紧急措施，包括消除顾顺章的关系，转移中央和江苏省委领导同志，改变原先的工作方式，使党中央避免了一次灭顶之灾。

特三科（行动科）成立于 1927 年 11 月，又名红队，中央特科内部自称“打狗队”。历任科长顾顺章、谭余保、赵容、邝惠安、王世英，成员主要来源于上海工人和红军中的神枪手。其主要负责武装保卫、镇压叛徒。行动科曾经多次实施武装劫囚车、劫狱、劫法场等行动，也多次采用暗杀的方法惩处造成严重危害的中共叛徒，如处决白鑫。白鑫原任中央军委秘书长，后叛变，出卖中共高层彭湃、杨殷等。由于白鑫告密有功，国民党极力保护，试图将其送往意大利，就在临行前，行动科在上海将其处决。

特四科（交通科）成立于 1929 年，历任科长李强、张沈川等，后转属中共中央书记处直辖，主要负责与各苏区和共产国际的无线电联系，派员护送中央要员进入各苏区，接各苏区人员出入各大城市。自 1929 年 10 月起，在上海首次筹建中共第一个秘密无线电台，周恩来亲自编制第一本密码，1931 年 9 月，利用在反“围剿”中缴获的电台，取得了与上海中央台的联络。其工作方法为派交通员陪同，由各地情报点、交通站护送，直至将目标人物送入苏区，或者送入大城市为止。特四科后更名为无线电通讯科，专职负责与各苏区以及共产国际的无线电通讯。

2. 中央特科的历史功绩

中央特科作为中共的第一个政治保卫和情报特工机构，在中共党史上有特殊地位及影响。由于中央特科的高效率工作，中共中央长期置身于上海这个国民政府的统治中心和外国势力有极强影响之地区，非但没有遭到毁灭性的打击，还能有效地指挥全国的共产党活动。上海中央特科还派人在北京建立了特科，北京特科直接由中央特科指挥，不和北京市委发生关系，后被国民党破获。

因顾顺章叛变，党中央和中央特科失去了在上海生存的条件。1933 年 1 月，党中央迁往江西中央苏区，中央特科也终止了工作。中央特科存在的时间不长，可在我国公安保卫史上写下了光辉的第一页：第一，开创了我党安全保卫工作，积累了安全保卫经验，培养了一批隐蔽工作干部。第二，保卫了中共中央机关和中央领导同志的安全，使中国革命有了可靠的领导保证。第三，收集了大量有价值的情报，在对敌斗争中，特别是在“反围剿”斗争中发挥了重要作用。

（二）工农民主政权建立后的保卫组织——国家政治保卫局

1. 国家政治保卫局产生的历史背景

从 1927 年秋收起义到 1930 年，在全国先后创立了十几个革命根据地。在各根据地建立之初，一般都建立起肃反委员会，它的主要任务是维护根据地的社会治安秩序，镇压敌人的破坏活动，巩固革命政权。它是党领导的与中央特科同时存在的保卫组织，行使了一定的警察职能，但还不是正式的公安机关。随着革命根据地的扩大，统一的工农民主政权的建立，需要加强和完善专政机关的建设。

1931年11月，中华苏维埃第一次全国代表大会产生了以毛泽东为主席，项英、张国焘为副主席的中央执行委员会，宣告了中华苏维埃共和国的诞生。同年同月的27日，中央执行委员会召开第一次全体会议，决定下设人民委员会，由外交、军事、劳动、财政、土地、教育、内务、司法、工农检察九个人民委员部和国家政治保卫局组成，时称“九部一局”。

2. 国家政治保卫局的建立及其职责

国家政治保卫局的前身，是1931年夏在江西中央苏区成立的中共苏区中央局政治保卫处。中共苏区中央局常委、宣传部部长王稼祥兼任处长。同年9月间，中共闽粤赣临时省委书记邓发调任中共苏区中央局委员，并接任中共苏区中央局政治保卫处处长一职。1931年9月底，中共苏区中央局政治保卫处随红军总部等机关从兴国迁驻叶坪村。1931年11月“一苏大会”召开后，中共苏区中央局政治保卫处改为中华苏维埃共和国国家政治保卫局（简称国家政治保卫局）。12月1日，毛泽东、项英、张国焘签署《中华苏维埃共和国中央执行委员会第二号布告》，任命邓发为国家政治保卫局局长。从此，人民公安机关诞生了！该局成立后，“在苏维埃境内依照中华苏维埃共和国宪法之规定，在临时中央政府人民委员会管辖之下，执行侦察、压制和消灭政治上经济上一切反革命的组织活动、侦探捕盗匪等任务”，“经常、系统执行抵抗检举和消灭一切公开的尤其是秘密的暗藏的反革命的组织和行动，以保卫和巩固苏维埃政权”。

在组织机构设置方面，1932年1月颁发的《中华苏维埃共和国国家政治保卫局组织纲要》对国家政治保卫局的机构、组织原则等都作了明确的规定：“在侦察部下应有极精密、极复杂的工作网，执行部下应有自己的武装组织。”侦察部由邓发兼任部长，主要负责建立健全工作网路，开展跟踪侦察，检查过往邮件和白区的书报杂志。执行部由李克农任部长，负责管理拘留、审问及处理罪犯，同时还担负领导保卫队，签发护照、通行证、路条等任务。秘书处主要管理局内事务，由欧阳毅任秘书长。政治保卫大队由吴烈任大队长，海景州任政委。1932年夏，根据革命战争形势的发展，又增设了红军工作部和白区工作部，由李克农兼任红军工作部部长，张国焘任白区工作部部长，秘书处改为总务处，欧阳州任处长。

国家政治保卫局在苏区中央政府所属的省、县及红军中建立国家政治保卫局的分局，区以下设特派员。国家政治保卫局及所属分局内部一律实行上下对口的原则，分别建立侦察部、执行部、总务部。侦察部下设侦察科和检查科，执行部下设执行科和预审科。在侦察部下有其严密的工作网，在执行部下设政治保卫队。国家政治保卫局很快就形成了自上而下的纪律严明、组织严密的工作系统。

国家政治保卫局的工作人员，大多从各部队精心挑选而来，并经过各种诸如“保卫干部训练班”“侦察干部训练班”“游击区保卫干部训练班”“县保卫局长科长班”等的严格训练。同时，训练班还十分重视培养学员纪律，要求保卫干部必须做到服从命令听指挥，一切要服从组织决定，随时准备牺牲个人的一切；严守秘密，严守党的纪律、保卫工作纪律，党组织交代的秘密，不能说的绝不说，允许一个人知道的就只能让一个人知道；工作要积极、认真、负责，保证按时完成任务；坚决与非无产阶级分子划清界限，与地富出身的亲友不能有任何来往；不能违法乱纪，生活作风严肃，行为端正，经济上要分明；等等。

在职责方面，按照《中华苏维埃共和国国家政治保卫局组织纲要》的规定，国家政治保卫局担负四方面的职责：一是镇压特务、叛徒等各种反革命的活动，配合反围剿军事斗争开展情报工作；二是侦探稽捕盗匪；三是查禁卖淫、赌博、吸毒等社会丑恶行为；四是开展苏区户口、出入境、经济活动秩序等方面的治安管理。

3. 国家政治保卫局的业务工作

随着革命根据地建设的发展，国家政治保卫局相继开展了侦察、执行、检查、情报、预审、治安、警卫保卫、劳动改造等专门工作。

(1) 侦察工作。当时的侦察工作，一是在革命根据地内部对付暗藏的反革命分子的破坏活动，发现和破获敌人的侦探。在政治保卫局、分局的侦察部（科）内，设侦察员若干人，担负侦察任务。同时，在社会上以及内部建立工作网（有的根据地叫政治保卫员），作为秘密侦察力量。二是派遣谍报（情报）人员进入敌区。收集敌区军事、政治、经济等方面的情报，了解敌人进攻和破坏根据地的阴谋，掌握土豪劣绅的活动情况，策动敌军起义，及时向根据地内通报敌情，以防范敌人的突然袭击，打击敌人的破坏活动，保卫根据地的安全。但是，侦察工作作为公安机关的一项专门工作，当时只是刚刚起步，还很不成熟。同时，由于实行独立系统、垂直领导，导致侦察工作神秘化，在建立工作网方面，内外界限也没有划清，由此给公安保卫工作造成了一些困难和问题。

(2) 执行工作。当时的执行工作包括三个方面：一是"办理拘捕、处置、递解、管理人犯等事宜"。各级政治保卫局都设有一两个看守所（拘留所），关押逮捕的未决犯。二是办理预审人犯、整理口供、提供审讯处置意见，送交法庭事宜。国家政治保卫局和各省分局，一般都在执行部内设立预审科，专门负责这项工作。为了做好审讯工作，国家政治保卫局于1933年编写了《审讯术》，比较具体地讲述了审讯工作的性质、审讯人员的条件和审讯工作的方法。三是管理政治保卫队的计划编制、教育训练、装备供给等。

(3) 检查工作。主要是对进出边界的人员和物品进行检查。对检查工作应注意的事项以及检查人员应遵守的纪律等，都有明确规定。国家政治保卫局及省分局侦察部设检查科，在靠近边界的水陆交通路口设检查站和检查员。主要任务有：防止反革命侦探间谍混入苏区刺探军政活动；杜绝奸商将现洋运往白区（检查现金出境登记证）与防止反革命制造伪币（纸票、现洋）混入苏区；检查来往赤白交界之行人和出境护照及一切军用违禁品；检查各种反革命活动材料，如文件书信等。对进入苏区的邮件、印刷品等，有的也实行公开检查。

(4) 警卫、保卫工作。主要是保卫首长安全，担负领导机关的警戒、重大集会活动的警卫等；同时还为党政军领导干部训练配备警卫人员。这项工作主要由政治保卫队负责。在中央革命根据地召开的几次重要的党的会议和两次中华苏维埃代表大会，都是由国家政治保卫局政治保卫大队负责警卫安全工作。一些工厂、学校内部的安全保卫工作，也开始出现。在湘鄂赣革命根据地鄂东南的彭杨军事学校，就规定了严格的门卫制度。在川陕革命根据地的一些重要工厂，国家政治保卫局还派出了保卫人员。国家政治保卫局的工作，一直持续到红军长征后，党中央迁到延安成立陕甘宁边区政府，为陕甘宁边区政府保安处所取代。

4. 对国家政治保卫局的评价

国家政治保卫局是中国历史上第一个代表人民大众利益的公安保卫机关，具有鲜明的新民主主义国家政权专政工具的性质，它从本质上完全区别于一切反动政权的警察机关，是我国有史以来警察职能的一次历史性转变，具有划时代的历史意义。它从诞生之日起，面对国民党反动派不惜用尽一切卑鄙手段施行的阴谋破坏，针锋相对地在隐蔽战线开展一系列卓有成效的斗争,取得了赫赫战绩,为粉碎国民党军队对苏区的进攻,保卫苏维埃政权,起到了重要的作用。国家政治保卫局开创了人民公安保卫事业,并为保卫革命根据地作出了重要贡献。

但是我们还应看到,由于当时根据地初创,公安保卫工作缺乏经验,国家政治保卫局有两方面的历史教训:

一是在领导管理体制上,照搬苏联国家政治保卫局的机构设置和组织原则,实行“独立系统,垂直领导”。国家政治保卫局及其分局与特派员享有一定的特权,同级党政军领导无权过问。国家政治保卫局成了失去监督和制约的特殊机构,成为凌驾于党政军各机构之上的“钦差大臣”。

二是犯了肃反工作扩大化的错误。国家政治保卫局主持苏区的肃反工作,取得了一定的成绩,清除了一些反革命分子,保卫了根据地的各项建设工作。但由于夸大敌情,怀疑一切,破坏革命法治,大搞刑讯逼供,把错误的“肃反”路线和干部政策中的宗派主义纠缠在一起,使党和红军、苏维埃的许多领导人以及干部、战士被杀害,给党和革命带来了难以估量的损失。

三、公安保卫组织的发展

在抗日战争时期,民族危机日益严重,中国共产党安全保卫工作一方面以日寇为主要敌人,以锄奸反特、巩固抗日民族统一战线为主旨。另一方面又同国民党反共、反人民的阴谋进行了坚决的斗争,逐步形成了具有中国特色的公安管理体制,积累了许多新的经验。

(一) 公安保卫组织机构的发展变化

1935 年 10 月,中共中央率红一方面军长征到达陕北。11 月成立中华苏维埃共和国中央政府西北办事处,西北政治保卫局就以原中央苏区和红二方面军中的政治保卫局干部为基础,在瓦窑堡正式成立,负责西北苏区和红军中的肃反、保卫工作。

1. 陕甘宁边区政府保安处

抗日战争全面爆发后,国共合作,共产党领导的陕甘宁抗日根据地改为国民政府下的边区政府。国家政治保卫局改为陕甘宁边区政府保安处(简称边区保安处),负责陕甘宁边区的锄奸、肃特、保卫工作。1937 年 10 月 8 日,陕甘宁边区政府发布第一号委任令,任命保安司令部副司令员周兴兼任边区保安处处长。保安处机关设三部:一部(曾称局、部、科)负责保卫,二部负责侦查,三部负责地方(后为审讯),另设有干部处、办公室。边区保安处下辖各县保安科。保安科实行双重领导,既服从县委县政府的领导,又服从边区保安处的领导。保安科下属的保安队,又是县政府的唯一武装力量;保安科管理的看守所,又是县级的监狱。陕甘宁边区下辖有 5 专区、22 县、1 市,到处都有保安力量。

为了加强地方保安工作,1941 年年底,在边区保安处之下又设立四个保安分处,即关中分处、陇东分处、三边分处、绥德分处。

边区保安处在 14 年的斗争历程中,为保卫党中央和边区政府机关安全,保卫红色政权,锄奸肃特,巩固、扩大陕甘宁边区,解放大西北作出了重要贡献,在斗争实践中积累了非常丰富的经验,为新中国培养、储备了大批公安、政法领导干部和业务骨干。陕甘宁边区的公安保卫工作是人民公安工作走向成熟的一个里程碑。

2. 延安市公安局和延安市警察队

1937年1月,毛泽东率中共中央机关进驻延安。抗日战争全面爆发后,中国共产党人从国家和人民的利益出发,高举抗日救国的大旗,号召全国人民团结起来共同筑起抗日民族统一战线。在国共双方停止内战、走上联合抗日的道路后,延安不仅是中共中央和边区政府的所在地,还驻设着国民党的高级联络机构和国民党地方政府。国民党到延安进行考察的各种考察团,到延安采访的众多中外记者,更有无数投奔到延安的青年学生和爱国志士,使这座古城显现出欣欣向荣的景象。为保证中央和地方党政军机关的安全,1937年10月,建立了延安市公安局。

面对比较复杂的情况,1938年5月,中共中央决定,为保证延安能有一个良好的秩序和环境,从中央保安处特务队等单位抽调36名精英干部、战士,编成3个班,组建延安市警察队——第一支人民警察队伍,全称"陕甘宁边区人民警察",简称"边警"。警察队从属于延安公安局,统一着装,衣帽颜色均为黑色。帽子的样式与八路军的军帽相同,没有帽徽。领章是用铝合金特制的,镌有"边警"二字,其含义是"陕甘宁边区人民警察"。警察队的主要任务有三大项:第一,在市区各街道,特别是在十字街口设置警察哨,维持秩序,调解纠纷,保证交通畅通;第二,配合公安局治安科查户口、查旅店;第三,负责中央机关、边区政府举行的各种报告会、群众大会、文艺晚会等会场的安全警戒。

1947年春,国民党将对解放区的全面进攻改为向陕北、山东两翼发动重点进攻。3月中旬,中共中央和毛泽东撤出延安,警察队也随之撤销,建制性地编入了战斗部队,担任掩护中央机关的重任。全体警察队员都脱下了黑色警服,重新穿上了灰军装。至此,第一支人民武装警察部队——延安市警察队,圆满完成其历史使命。

3. 中共中央社会部

1939年2月,中共中央发出《关于在党的高级组织内成立社会部的决定》,决定建立中共中央社会部,部长康生、副部长李克农。该决定指出,目前日寇汉奸及顽固分子用一切方法派遣奸细,企图混入我们的内部,进行阴谋破坏活动,为了保障党组织的巩固,中央决定在党的高级组织(党中央和各中央局)内,成立"社会部"。其任务一是系统地与汉奸敌探作斗争,防止他们混入党的内部,保证党的政治、军事任务的执行和组织的巩固;二是有计划地派遣同志和同情分子,利用一切可能、一切机会打入敌人的内部,利用敌人中一切可能利用的人,通过加强针对敌人内部的工作达到保卫自己的目的;三是搜集敌探、汉奸、奸细活动之具体材料和事实教育同志,提高同志的警惕性;四是管理机要部门的工作,保障秘密工作的执行;五是选拔和培养可以做此种工作的人才。

中共中央社会部建立后,成为各抗日根据地锄奸保卫工作和敌区情报工作的领导机关。其机构在党内自成体系,下设侦查、治安、情报、干部保卫和中央警卫团等机构,同时从中央到地方层层设立。县社会部之下,设区社会部、乡保卫委员会、保卫小组。中共中央的重视和中共中央社会部的建立,推动了党政军各系统、各抗日根据地锄奸保卫工作的开展。

(二)公安双重领导体制的形成与公安工作方针政策的确立

1. 公安双重领导体制

抗日战争时期,中共中央认真总结第二次国内革命战争时期国家政治保卫局实行"独立系统""垂直领导"造成的严重危害和"肃反"扩大化错误的深刻教训,明确要求各级党委和政府要把公安保卫工作作为自身工作的一个重要组成部分来抓，把各级公安机关作为同级政府的组成部分来管，明确要求各级公安机关在向上级公安机关报告工作的同时，要向同级党委和政府报告工作。这样就正确地解决了公安机关与各级党委和政府以及上级公安机关的关系问题，形成了后来我国公安机关一直坚持的“条块结合，以块为主”的双重领导体制。

2. 公安工作方针政策

抗日战争时期，公安保卫工作逐步成熟的另一个标志是探索出专门机关与群众工作相结合等公安工作的方针政策。

(1) 专门机关与群众工作相结合的成功经验。抗日战争时期，日本帝国主义和国民党反共顽固派不断派遣汉奸和特务潜入边区，进行渗透、策反、情报、暗杀等破坏活动。从 1941 年到 1944 年，陕甘宁边区周围密布敌特机关 53 个，特务据点 57 个，特务训练班 2 个，边区内有特务据点 14 个，潜入边区的职业特务和发展的特务共 700 多人。为了彻底肃清汉奸、特务对边区的阴谋破坏活动，边区政府一方面强化各项公安专业工作，另一方面开展了轰轰烈烈的群众锄奸运动，建立起了从乡到村、由群众广泛参与的锄奸组织和网络。陕甘宁边区在 1939 年建立了 700 多个乡锄奸委员会、9 000 多个锄奸小组，出色地保卫了边区革命政权的安全，创造了专门机关与群众路线相结合的成功经验。

(2) 防奸工作的“九条方针”。1943 年 8 月，毛泽东针对社会部部长康生在审干运动中搞“抢救运动”的错误，为保证“整风运动”的健康发展，提出了著名的“首长负责，自己动手，领导骨干与广大群众相结合，一般号召与个别指导相结合，调查研究，分清是非轻重，争取失足者，培养干部，教育群众”的“九条方针”。此后，为了防止发生错案，毛泽东提出“少捉不杀”的原则。

这些方针、政策，概括了我党领导的公安保卫工作长期积累的经验教训，是我党公安保卫工作趋于完善和成熟的标志，对我国公安保卫工作的健康发展具有深远的影响。

3. 抗日战争时期公安工作的主要成就

抗日战争时期，中国共产党领导的公安保卫工作继承了中央苏区的优良传统，创造性地执行了党的公安保卫工作的路线、方针和政策，在锄奸、肃特、警卫、侦察、审讯、看守、治安管理、干部培训等方面积累了丰富的经验，为新中国培养了一大批优秀公安、政法干部和业务骨干。在抗战各个时期，中国共产党的安全保卫工作各有侧重。

(1) 抗战全面爆发初期的公安保卫工作。在中国共产党的领导下，抗战全面爆发初期安全保卫工作以锄奸反特、保卫抗日民主政权、巩固抗日民族统一战线为中心任务。

在这一时期，为了保卫抗日民主政权，我们党的锄奸保卫工作的重心是在党的领导下，动员民众集中主要力量，严厉镇压日本特务和汉奸分子，打击他们的破坏活动，巩固抗日根据地，保卫党和根据地军民的安全。同时，配合抗日武装力量，剿灭政治土匪，镇压破坏抗战的反动会道门头子，维护根据地的治安。

(2) 相持阶段的公安保卫工作。抗日战争进入相持阶段，锄奸保卫工作面临着许多前所未有的考验，各抗日根据地的锄奸保卫机关和广大锄奸保卫干部，在党政军一元化的领导下，根据当时军事形势的变化，把锄奸保卫工作同军事斗争紧密结合，粉碎敌人武装进攻，保卫根据地，进行英勇斗争，作出了重要贡献。

首先,为适应严酷环境,加强对锄奸保卫工作的领导,普遍地建立锄奸保卫委员会,实行统一领导,就地指挥。同时,实行精兵简政,为适应斗争形势的变化,除留下少数同志随领导机关行动,保障安全,领导锄奸保卫工作外,大多数干部和公安武装人员,都深入群众,同地方武装和自卫军(民兵)紧密结合,在反"扫荡"、反"蚕食"、反"清乡"的斗争中,开展锄奸保卫工作。

其次,不同地区锄奸保卫工作的形式和内容也不同。在敌占区,锄奸保卫人员转入地下活动,主要任务是了解敌人动向,向根据地通报敌情,秘密锄奸,为反对敌人的军事进攻、服务游击区,采取半公开半隐蔽的形式,宣传和依靠群众,锄奸反特,反对敌人的蚕食。在根据地,则开展侦察、保卫工作,保障领导机关和人民群众的安全,开展反"扫荡"斗争。

最后,加强侦察、情报工作。根据地的锄奸保卫机关,从实际出发,开展敌情和社会情况的调查,一方面强调通过侦察、调查,发现暗藏的敌人,制止敌特的破坏活动;另一方面强调要经过缜密的侦察,掌握敌特活动的罪证,准确地打击敌人。在边区保安处统一指挥下,侦察破获的国民党军统局汉中训练班派遣特务案,就是一个比较成功的案例。同时,锄奸保卫部门也加强情报工作,重点是对付日本特务、汉奸以及国民党特务的破坏活动,配合武装斗争从而保卫根据地的安全。

(3) 抗战后期的公安保卫工作。抗战后期的公安保卫工作是在对内的审干运动与对外的反特斗争两条战线中同时展开的。由王实味案、"轻骑队"、张克勤案引发了延安审干运动,从积极作用来看,审干运动与整风运动提高了干部的理论水平和政治觉悟,对外的锄奸保卫工作由于加强了思想、作风、组织及业务建设,也取得了长足发展。从消极影响来看,特别是在"抢救运动"阶段扩大化错误较为突出,党中央及时甄别,加以补救。抗战后期,各项公安业务建设都得到了强化。在侦察、情报工作上,加强了深入敌人内部的工作,推动了侦察破案,进一步掌握了敌情。在治安工作上,随着一些大城市的收复,进行了城市治安管理的探索。在预审、看守工作上,通过贯彻"九条方针",纠正刑讯逼供现象有了长足的进步,明确了工作原则,健全了工作制度,改进了工作方法。

总之,抗战期间的人民公安工作,在实践中不断发展、前进,既加强领导又相信群众,既大胆行动又勇于纠错,既尊重共产国际更注重独立自主,既关注对外锄奸反特又重视内部队伍纯洁,面临困境而不畏难,身陷复杂而不失措,其在此工作上的轻重有分、缓急有别、张弛有度,在一定程度上反映了中国共产党崇高的爱国主义民族情怀,对局势驾驭能力的提高及政治上的日益成熟,为在抗战胜利以后迎接新的斗争、夺取新的胜利,奠定了坚实的基础。

四、解放战争时期的公安组织

抗日战争胜利后,中国革命进入了全国解放战争时期。在这个时期,国内阶级矛盾上升为主要矛盾。为建立新中国而奋斗,是中国共产党在这个时期的基本任务,也是全国人民的共同目标。为此,公安工作的重心转变为保卫解放区,稳定后方,同时坚持腹地斗争,以策应解放军正面战场的作战。

(一) 各解放区公安机关的组织机构

解放战争时期,时间较短,进展很快,随着夺取一个个大城市和全国解放,公安机关的组织机构变化较大。例如,在东北解放区,1946 年 4 月,苏军撤走,我军进驻哈尔滨建立人民政权，成立哈尔滨公安局，这是最早的中心城市的公安机关。1946 年 9 月，东北建立公安总处，领导全东北各省市公安工作。1949 年 1 月，辽沈战役结束后，东北公安总处改为东北公安部，各省设公安厅。

其他各解放区公安机关的组织机构演变与东北解放区大同小异，在解放区设公安部，各省设公安厅，城市设公安局。

（二）解放区的公安工作

解放战争时期，公安工作的重心在战略防御和战略进攻阶段侧重点有所不同。

1. 战略防御阶段的公安工作

为了保卫和巩固解放区，有效地配合和策应解放军正面战场作战，各解放区的公安机关以反特斗争为重点，加强了侦察、保卫工作。

一是加强侦察和情报工作。在国民党进攻前和进攻中，集中自身侦察力量，并广泛动员社会力量侦破各种特务案件，给特务分子以严厉镇压。同时，各级公安保卫机关还选派得力干部，加强外线侦察工作，掌握铁路沿线、大中城市中的国民党军、警、特的情况。同时，各级公安机关均在可能的条件下广泛建立了情报网。在解放区，特别是边沿地区，主要是设置各种流动或固定的情报站、网，以此来打击国民党特务机关对解放区腹地的情报活动。在敌占区，强化内线侦察和情报工作，广泛地利用外围和一切可以为我所用的关系获取国民党军政机关内部高层次的情报。内线侦察及情报工作在进入战略进攻阶段后发挥了巨大作用。

二是加强内部的保卫工作，强化解放区的治安管理，巩固基层政权。在解放区的生产部门以及党、政、军机关所在地，实施重点保卫，防止敌特分子混入进行破坏，为发展生产、支援前线创造有利的条件。中小城市的公安机关，还建立了户口登记、迁居、转移等管理制度，并经常清查。对于交通要道、车站、码头及公共场所，实施治安管理。社会秩序的维护，基本上由治安警察及军警联合纠察队负责。

2. 战略进攻阶段的公安工作

这一阶段，公安工作的重心从农村转向城市。其主要任务是配合部队军管城市，接管国民党警察机关，改造旧警制度、旧警察人员，清查户口，稳定社会秩序。这一阶段，公安工作的实践为新中国成立后全国统一公安机关的创建提供了经验借鉴和范式选择，而新成立的中央军委公安部直接成为中央人民政府公安部的前身和筹备机构。

(1) 接管国民党警察机关，改造旧警察。接管国民党警察机关，代之以公安机关，是我们接管城市的一项重要工作。对国民党警察机构的接管和对旧警察人员的改造工作，分两个步骤完成。

第一个步骤是迅速接收城市国民党警察机构。对国民党警察机构及其包括武器弹药、电台、档案、车辆、房地产等在内的公共资产进行全盘接收。要求旧警察人员限期报到登记，以示宽大，安定人心。同时，责令他们“放下武器，徒手服务”，等待处理。这些做法有利于社会秩序的恢复，一方面，可解决我公安机关初进城警力不足、业务生疏而可能出现的空隙；另一方面，也利于我们了解旧警察的政治思想、工作状况，为处理旧警察提供依据。

第二个步骤是进行旧警察人员的安置、处理和改造工作。按照中共中央的指示，各地公安机关在对国民党警察局实施接管后，对旧警察人员的处置，采取区别对待的政策。对有一技之长的消防警、交通警察一般全部留用;对特务、警官、反动党团骨干集中审查惩处;对其他无明显劣迹的旧警察人员发给一定数目的生活费,予以遣散或另行安置。这样分别进行处理,对留用人员进行了教育改造,从而彻底摧毁了国民党旧警察机关,壮大了公安机关。

(2) 肃清敌特分子。随着人民解放战争的迅速发展,解放区也迅速扩大,大中城市相继解放,国民党特务组织在城市普遍采取了应变措施,有计划地布置潜伏下来一批特务组织,并配有电台及大量武器弹药和经费。此外,其他残余反革命分子也在进行疯狂破坏和捣乱。公安机关进城后必须坚决摧毁这些势力。“肃特”斗争采取了专门机关与广大群众相结合的方针,坚决打击、镇压和取缔了反动党团及一切特务。公安机关在这场尖锐的斗争中取得了重大胜利。新中国成立前半年,据华北、东北、西北、华中四大区大中城市不完全统计,破获敌特 11 个站、6 个室、160 个组,逮捕特务分子 4 046 人,缴获电台 666 部及大批武器,保卫了新生的城市人民政权,有力地配合了全国解放战争。

(3) 开展城市治安管理。各新收复的城市公安机关都根据中央社会部 1948 年 8 月总结介绍的哈尔滨市治安管理的十条经验,开展各项城市治安管理工作,包括整顿城市交通秩序,发动群众清查全市户口,恢复消防队伍,建立特种行业管理制度,都取得了很大的成绩,为新中国成立初期全国社会的稳定和进步作出了重要贡献。

总之,新民主主义革命时期的公安工作在中国共产党领导下,以马克思列宁主义、毛泽东思想为指导,在保卫农村根据地、抗日根据地和解放区,支援革命战争,打倒日本帝国主义,推翻蒋介石反动统治,建立和保卫人民民主政权的斗争中发挥了极其重要的作用。

第二节　新中国成立后到“文化大革命”结束的公安机关

新中国成立后,公安保卫工作不断发展,公安保卫工作的组织结构、队伍建设和工作体系逐步完善。

一、新中国成立后 17 年公安机关的建设和发展

新中国成立后 17 年间,我国的公安保卫工作取得了辉煌的成就,保证了党的路线、方针、政策的贯彻执行,保障了社会主义革命和社会主义建设的顺利进行。

(一) 全国公安机构的建立与完善

新中国成立后,在全国范围内建立健全了公安组织机构,并明确了工作任务。

1. 中央公安机构的建立

1949 年 3 月,中共中央社会部随党中央进入北平,在党的统一安排下,开始了政权暴力工具的机构建设工作。同年 7 月,中央决定取消中共中央社会部,分别建立公安部和情报部。不久,中共中央社会部和华北局社会部负责情报等工作的第一室合并成立情报部,新中国成立以后改为政府的情报总署。7 月 6 日,中共中央华北局社会部改为中央军委公安部,任命罗瑞卿为部长。中共中央社会部负责保卫工作的第二室并入中央军委公安部。

1949 年 10 月 1 日,中华人民共和国成立,根据《中央人民政府组织法》的规定,建立中央人民政府公安部,任命罗瑞卿为部长、杨奇清为副部长。10 月下旬,在北京召开了第一次全国公安工作会议。会议确定了全国公安机关的组织机构方案。11 月 5 日,罗瑞卿

主持召开了中央人民政府公安部成立大会，这次大会标志着人民政府公安机构的中央机关正式建立。在中央人民政府公安部（以下简称中央公安部）的领导下，公安机构开始系统地构建完善起来。

1949 年 11 月 16 日，中央公安部首先设置了一厅六局，即办公厅和政治保卫局、治安行政局、经济保卫局、边防保卫局、武装保卫局、人事局，不久又设立警卫局。1952 年 10 月，借鉴人民解放军和人民公安部队的经验，第五次全国公安会议通过了《关于建设公安部门政治工作的决议》，在公安机构建立政治工作部门，中央公安部设立政治部。我国社会主义初期建设阶段，公安部逐步强化公安具体业务领导，先后从政治保卫局中分建了文化保卫局，从治安行政局中分出了刑事案件侦察局和预审局，从经济保卫局中分建了交通保卫局，以后又将经济保卫局划分为基建、工业、财贸三个保卫局，陆续设立了消防局、劳动改造局、人民防空局、武装警察局等部门。公安机构的中央机关初步建立。

2. 地方公安机构的设立

新中国成立前各革命老区已经相继建立了形式不同、具有公安性质的部门，如社会部、保安处、公安管理处、保卫部或上述机构合署等组织形式。中央公安部建立以后，拟定了组建公安机构的方案，对各级公安部门的设置作了统一规定，大区设置公安部、中央直辖市设公安局、省设公安厅、专署设公安处、县设公安局、区设公安助理员、村设公安员。但从全国范围看，地方的机构体制还是因地制宜，各有差异。在解放较早的区域，相继经历了社会部、社会部与公安部门合署、公安部门等阶段的转制过程；在新解放的区域，特别是西南地区，一般直接建立公安机构。1954 年下半年，中央取消大区建制，大区公安部相继取消，以后也一直没有恢复。

3. 公安部队的组建

中共中央进入北平以后，立即建立了公安武装。1949 年 9 月，中央军委发布命令，将第四野战军 207 师改编为公安一师，中央警备团扩编为公安二师，组建成中国人民公安纵队。1950 年 9 月，中央军委和中央公安部决定，以中央公安纵队、地方公安武装和部分野战部队为基础，组建中国人民公安部队，由罗瑞卿任司令员兼政委。同年 10 月，在天津将解放军第二十兵团司令部改为公安部队领导机构。同时，中央、西北、西南、中南、华东、东北和铁道建立公安部队司令部。1951 年，罗瑞卿提出整编全国公安部队的建议，截至该年年底，全国公安部队形成了正规公安部队（20 万人）、地方公安部队（32.2 万人）和边防公安武装的体制。随后，全国公安部队统一整编为中国人民解放军公安部队，负责边防、内部保卫和地方治安工作。

4. 司法惩戒机构的接管和建设

新中国成立初期，老解放区的公安保卫机构也担负了大量关押监管人犯的任务。20 世纪 50 年代初，随着全国大部分地区解放，全国司法系统的监狱划归公安机关。1952 年，中央公安部设置劳动改造局，随后各个大区和省市公安部门也建立了相应的部门。全国陆续建立了一大批劳改场所，配置了监管组织机构和部队，对近 4/5 的在押犯人执行了劳动改造。

此外，在铁道、交通、民航、林业及军队内部等部门设立专门性的公安保卫机关，在机关、团体、企事业单位也设立了保卫机构。它们在业务上受公安部或所在地公安机关的领导或指导，在行政上受本部门的领导。在基层政府和派出所领导下还建立了街道、城镇和农村治保委员会，协助公安机关维护社会治安秩序。

（二）新中国成立后 17 年公安工作的成就

从 1949 年到 1966 年，全国共召开了 14 次全国公安工作会议，及时传达中央对公安工作的指示，研究贯彻党为公安工作制定的路线、方针、政策，布置各个时期公安工作的重要任务，总结交流公安工作的经验。17 年间，我国的公安保卫工作取得的成果具体表现如下：

1. 取得镇压反革命运动的伟大胜利

新中国成立初期，新生人民民主政权面临着同各种反革命势力的严重斗争形势：国民党溃散武装（政治土匪）200 万人、各种特务分子 60 万人、反动党团骨干 60 万人。他们同外部反动势力勾结，进行疯狂的破坏、捣乱。

1950 年 1 月至 10 月，全国共发生以颠覆新生政权为目的的反革命武装暴乱 816 起。1950 年，仅据东北、华东、西南、中南四个地区不完全统计，在工矿企业、财经部门就发生破坏事故 1 255 起。破坏铁路、桥梁，袭击车站、列车的事件也时有发生。仅 1950 年 7 月、8 月、9 月三个月，全国就发生破坏铁道桥梁事件 14 次，北京一台 2.5 万千瓦的发电机被敌特破坏，黄河大桥、钱塘江大桥、淮河大桥、松花江大桥分别发现了敌人的爆破阴谋。台湾特务机关曾派出北京行动组，妄图行刺毛泽东、朱德等党和国家领导人；还派出号称“行动能手”的特务刘德全潜入上海，企图刺杀陈毅、潘汉年等市政府领导和彭德怀、贺龙等高级军事领导，国民党革命委员会主席李济深和起义将领程潜等也被国民党特务列为暗杀对象。由于防范严密、及时侦破，敌人的这些阴谋未能得逞。基层干部遭匪特暗害的情况则更加严重。另外，还有破坏土地改革、造谣、诬蔑、蛊惑人心等，无不反映了反革命势力的严重存在。逃到台湾的蒋介石集团，一心想反攻大陆。1950 年，美军入侵朝鲜，战火烧到鸭绿江边，我国大陆各地残余的反革命分子以为时机已到，加强进行各种破坏活动，气焰十分嚣张。

反革命的破坏活动，引起了毛泽东以及党中央的高度重视。1950 年 10 月 10 日，《中共中央关于镇压反革命活动的指示》，即著名的《双十指示》下达。从这时起，在全国范围内发动了一场镇压反革命运动。1951 年 2 月 21 日，中央人民政府颁布了《惩治反革命条例》，它使惩治反革命的政策具体化、法治化，明确了对反革命罪治罪量刑的标准，成为广大干部、群众同反革命破坏活动作斗争的法律武器。1951 年的镇压反革命运动取得辉煌战果，大批人犯需要处理，群众情绪高涨，一些干部头脑开始发热，以毛泽东为首的党中央果断地作出收缩休整的决策，以巩固成果，防止偏差，从而保证了镇反运动的健康进行，稳、准、狠地打击了敌人。到 1952 年夏，镇压反革命运动胜利结束。

2. 取得整顿社会治安的辉煌业绩

旧中国留下的是犯罪严重，黄、毒、赌盛行的社会烂摊子。新中国成立初期，很多地方尤其是解放较晚的城市，社会治安相当混乱，赌博、烟毒、娼妓泛滥，抢劫、偷盗现象严重。所以，打击各种刑事犯罪，清除各种社会丑恶现象，稳定治安秩序，关系到人民民主政权的建立与巩固，也关系到人民群众的安居乐业。据此，全国公安机关进行了一系列整顿社会治安的活动：第一，严厉打击惯盗、破坏金融财贸和其他严重危害社会治安的犯罪分子。第二，禁绝烟毒、取缔妓院、查禁赌博。第三，建立户口、交通、特种行业、危险物品等治安管理制度并加强管理。

经过几年的整治，各种违法犯罪得到了有效遏制，犯罪率大大降低，只有万分之三，社会风气及治安面貌焕然一新。

3. 成功地改造了大量战争罪犯和一大批刑事犯罪分子

公安机关在党的正确路线指引下,对日本战犯、国民党战犯、伪满战犯、伪蒙疆战犯及其他犯罪分子进行政治思想改造。改造的方法是:强制劳动;进行思想教育,揭露犯罪根源,指明出路;给予人道主义待遇。改造工作取得了巨大成功。人民政府将经过改造的日本战犯全部遣送回国。对国民党战犯、伪满战犯,从1959年开始分批特赦,到1975年全部特赦释放;到1982年,对在押的原国民党县团级以下军政特人员全部宽大释放。各类犯罪分子中的绝大多数被改造为自食其力的新人。

(三)新中国成立后17年公安工作的经验

新中国成立后17年,公安工作能取得显著的成效,概而言之,基本经验有三条:

1. 党中央的集中统一领导

中央公安部建立以后,向中央政务院呈报了组建省和直辖市以上公安机构的方案。这个方案规定了各地、各级公安部门的设置办法,确立了从中央到地方的公安体制和领导体制。

党的社会部撤销以后,各级公安部门负责同志均在各级党委担任委员或常委,并参加政府党组,以加强党的领导。各级公安部门实行党组制,公安部门的党组受同级政府党组领导,各级公安部门接受同级政府领导,在方针、政策、业务上接受上级公安部门领导。公安部队划分为两级部队,实施党委制。业务上,中央和战略区的公安部归中央公安部和战略区公安部指挥,省以下的二级公安部队行政事宜委托省级公安厅领导。1952年,各级地方公安机关相继设立政治工作部门或设立兼职政治工作人员。罗瑞卿在《政治工作是完成公安工作任务的保证》中指出:“政治工作要保证党的路线、政策在我们公安系统中执行,在我们系统中实现。”

2. 严厉地打击犯罪分子

解放初期的各种犯罪现象,无一不是在严厉的打击下才得到控制的。事实证明,只有采取强有力的铁腕手段,才能对罪犯起到震慑作用;只有进行严厉的打击,才能压制罪犯的气焰,匡扶社会正义。当然,对犯罪分子的教育、感化也是非常重要和必要的,但是只有在严厉打击的基础上,教育感化才能起作用。正邪关系历来是此消彼长,对犯罪分子打击不力,必然会助长其嚣张气焰。

3. 充分发动群众共同治理社会

各项公安工作都少不了人民群众的大力支持与配合,解放初期我国公安机关之所以能取得整治社会治安的辉煌业绩,正是充分动员组织人民群众参与的结果。事实证明,人民群众才是维护国家安全和社会安定的真正铜墙铁壁。

二、“文化大革命”对公安工作的冲击

1966年5月,在“左”倾方针指导下,“文化大革命”在全国范围内全面发动,给国家和民族带来了难以估量的损失,也使公安工作遭受了重大冲击。

1967年8月,公安系统内部的“造反派”与社会上的“造反派”相配合,夺取了公安机关的领导权。1968年,公安机关实行军事管制,领导权又为军管干部把持。

“文化大革命”期间，林彪、江青反革命集团为了篡党夺权的需要，全面否定新中国成立17年来的公安工作和公安队伍，煽动彻底砸烂公安机关，造成了严重的后果。一是彻底“砸烂”公安机构，残酷迫害公安干警；二是人为地割断了公安部与地方公安机关的联系，上下互不通气，不相隶属，各自为政，使整个公安系统陷于瘫痪状态。公安机关被砸烂，打、砸、抢成风，流氓、强奸、抢劫、凶杀等犯罪为害甚烈，社会治安严重失控，出现了空前混乱的局面。

1970年12月，公安部召开了第十五次全国公安工作会议。周恩来总理传达了毛泽东主席“对公安工作要一分为二”的指示，肯定了新中国成立后17年的公安工作是毛泽东思想占主导地位的，绝大多数公安干警是好的、比较好的，公安干警备受鼓舞，公安工作出现转机。1972年以后，一批领导干部和业务骨干被陆续调回公安部门，一些公安专业，诸如消防监督、车辆检验、特种行业管理、刑事技术侦查等得到肯定、重视和发扬。

1976年粉碎“四人帮”以后，公安系统进行全面清查整顿，调整了各级公安机关领导班子，消除派性和“左”的思想影响，平反冤、假、错案，通过拨乱反正，各项公安业务逐步得到恢复和加强。

第三节 改革开放以来的公安机关

1978年党的十一届三中全会作出了将全党工作重心转移到社会主义经济建设上来的战略决策，全国公安机关也随即把公安工作的重点迅速转移到保卫社会主义现代化建设上来，实现了公安工作指导思想的战略性转变。1992年邓小平“南方谈话”后，公安工作的发展目标是建立与社会主义市场经济相适应的公安工作运行机制、队伍管理体制和警务保障机制。党的十六大确立了“三个代表”重要思想的指导地位，作出了全面建设小康社会的重大战略决策，公安机关进一步明确了新世纪、新阶段担负的巩固共产党执政地位、维护国家长治久安、保障人民安居乐业的重大政治和社会责任。通过开展“立警为公、执法为民”讨论和实践活动，进一步打牢人民警察的宗旨意识。党的十七大提出了科学发展观、构建社会主义和谐社会的战略思想，公安机关按照这一思想，结合公安执法实践，集中开展了社会主义法治理念教育活动，有力地推进了新时期公安工作和队伍建设的步伐。党的十八大进一步提出了新的历史条件下推进中国特色社会主义建设、全面建成小康社会和全面深化改革的战略目标，公安机关认真贯彻这一精神，坚持以依法治国、执法为民、构建和谐警民关系、提高履职执法能力为目标，开展了一系列有利于公安工作和队伍建设的活动。党的十九大提出决胜全面建成小康社会，夺取新时代中国特色社会主义伟大胜利，公安机关积极适应深化全面依法治国实践新形势，聚焦建设法治公安目标，着眼解决执法突出问题，持之以恒深化执法规范化建设，在推进全面依法治国中展现出担当和作为。党的二十大提出高举中国特色社会主义伟大旗帜，为全面建设社会主义现代化国家而团结奋斗，公安机关要把党的二十大精神贯彻落实到治安管理工作的各方面、全过程，切实担负起以新安全格局保障新发展格局的使命任务，为全面建设社会主义现代化国家、全面推进中华民族伟大复兴营造良好的社会治安环境。

根据2015年中共中央办公厅、国务院办公厅印发的《关于加强社会治安防控体系建设的意见》,全国公安机关主动作为,加快创新完善社会治安防控体系建设,织密防控网,提升动态化、信息化条件下驾驭社会治安局势的能力,进一步增强人民群众的安全感和满意度。党的十九大以来,根据国家治理能力和治理体系现代化建设的要求,加强公安治理的现代化的建设步骤,推动建立适应新时代要求的体制、机制,按照"对党忠诚、服务人民、执法公正、纪律严明"的总要求,推动公安组织建设。

(一) 建立适应新时期和新任务要求的公安组织结构和管理体制

1. 深化公安组织结构改革

(1) 组建中国人民武装警察部队。1982 年 6 月 19 日,中共中央决定将中国人民解放军担负内卫执勤任务的部队移交公安部门,同公安部门原来实行义务兵役制的边防、消防等警种统一组建为"中国人民武装警察部队"。武装警察部队由国务院、中央军委统一领导。

2009 年 8 月 27 日,第十一届全国人民代表大会常务委员会第十次会议通过了《人民武装警察法》,对武装警察的任务、职责、义务和权力等,通过法律形式予以明确和规范。武装警察的安全保卫任务共有八项:①国家规定的警卫对象、目标和重大活动的武装警卫;②关系国计民生的重要公共设施、企业、仓库、水源地、水利工程、电力设施、通信枢纽的重要部位的武装守卫;③主要交通干线重要位置的桥梁、隧道的武装守护;④监狱和看守所的外围武装警戒;⑤直辖市,省、自治区人民政府所在地的市,以及其他重要城市的重点区域、特殊时期的武装巡逻;⑥协助公安机关、国家安全机关、司法行政机关、检察机关、审判机关依法执行逮捕、追捕、押解、押运任务,协助其他有关机关执行重要的押运任务;⑦参加处置暴乱、骚乱、严重暴力犯罪事件、恐怖袭击事件和其他社会安全事件;⑧国家赋予的其他安全保卫任务。

2017 年 12 月,《中共中央关于调整中国人民武装警察部队领导指挥体制的决定》印发,该决定明确自 2018 年 1 月 1 日零时起,武警部队由党中央、中央军委集中统一领导,实行中央军委—武警部队—部队领导指挥体制,武警部队归中央军委建制,不再列国务院序列。2018 年 3 月,根据中共中央印发的《深化党和国家机构改革方案》,将列武警部队序列、国务院部门领导管理的现役力量全部退出武警,将国家海洋局领导管理的海警队伍转隶武警部队,将武警部队担负民事属性任务的黄金、森林、水电部队整体移交国家相关职能部门并改编为非现役专业队伍,同时撤收武警部队海关执勤兵力,彻底理顺武警部队领导管理和指挥使用关系。

(2) 成立国家安全机关。1983 年 6 月,由原中共中央调查部、公安部政治保卫局以及中共中央统战部的部分单位、国防科工委的部分单位合并组成国家安全部。国家安全部作为国务院组成部门,是我国政府的反间谍和对外情报机关,是维护国家主权和利益的国务院职能部门,可以行使宪法和法律规定的公安机关的侦查拘留、预审和执行逮捕的职权。省级国家安全厅(局)由国家安全部与省委省人民政府双重领导,实际上以国家安全部的领导、管理为主。市、县两级国家安全机关由省级国家安全厅(局)垂直领导管理。县一级主要是在沿海沿边设县国家安全局,或者设市国家安全局驻某县工作站。

(3) 监狱、劳改、劳教的管理工作移交司法行政部门。1983 年 6 月,中央决定将公安机关的监狱、劳改、劳教的管理工作移交给司法部,各省、市、自治区公安厅(局)的劳改、劳教局(处),转入省、市、自治区司法厅(局)。各省、市、自治区和大、中城市劳改、劳教机关所属的全部单位,整建制原封不动地移交。2013 年 12 月 28 日闭幕的全国人大常委会通过了关于废止有关劳动教养法律规定的决定,这意味着已实施 50 多年的劳教制度被依法废止。

(4) 道路交通管理工作移交公安机关。1986 年 10 月 7 日,《国务院关于改革道路交通管理体制的通知》印发,规定"改革城乡道路交通管理体制,应以不增加编制、经费为原则,由公安机关负责组建全国统一的交通管理机构","实行由公安机关统一负责全国道路交通的管理体制"。

公安机关对全国城乡道路交通依法管理,包括交通安全宣传教育、交通指挥、维护交通秩序、处理交通事故和车辆检验、驾驶员考核与发牌发证、路障管理以及交通标志、标线等安全设施的设置与管理等。任何单位和个人未经公安机关批准,不准占用道路摆摊设点、停放车辆、堆物作业、违章建筑和搞集市贸易等。除公安机关外,其他部门不准在道路上设置检查站拦截、检查车辆。公安机关对于车辆检验、驾驶员考核,可委托给有设备和技术条件的单位,按照标准和公安机关的要求代行办理。

(5) 建立缉私警察。1998 年 7 月,党中央、国务院决定组建由海关和公安双重垂直领导、以海关领导为主的海关缉私警察队伍,实行"联合缉私,统一处理,综合治理"的反走私斗争新体制。1999 年 1 月 5 日,海关总署走私犯罪侦查局正式挂牌办公。随后,各地海关设走私犯罪侦查分局。2003 年 1 月,海关总署走私犯罪侦查局更名为海关总署缉私局,全国各海关走私犯罪侦查分局同时更名为缉私分局。缉私警察既是海关的一支专职缉私队伍,又是公安部门的一个警种。国家赋予缉私警察侦查、拘留、逮捕和预审职责,缉私警察按照海关对缉私工作的统一部署和指挥开展工作、执行任务。缉私警察不承担维护社会治安、打击其他刑事犯罪的职责。2013 年,国家海洋局及中国海监、公安部边防海警、农业部中国渔政、海关总署海上缉私警察的队伍和职责整合,重新组建国家海洋局,以中国海警局名义开展海上维权执法,接受公安部的业务指导。

(6) 企业事业单位公安机构划入公安机关。2001 年 8 月 21 日,《国务院办公厅关于抓紧做好企业事业单位公安机构体制改革工作的通知》(已失效)发布,加快推进企业事业单位公安机构体制改革工作。2002 年,企业事业单位公安机构体制改革完成,从此,企业事业单位公安机构统一划入国家公安机关。

截至 2024 年,如期完成公安现役部队改革任务,实施行业公安机关管理体制调整,在一些重点领域和关键环节上取得重大突破。

2. 改进公安管理体制及警务机制

1991 年以来,公安机关本着"转变职能、理顺关系、精兵简政、提高效率"的原则,先后对县市公安机关内设机构、企事业单位公安机构体制、公安边防检查体制、公安部内设机构及职能进行了调整和改革。在改革的实践中,经济犯罪侦查、证券犯罪侦查和网络监管、反恐怖、边防、禁毒、国际执法合作等一批新的职能应运而生,并不断得到加强。2003 年,第二十次全国公安会议进一步明确,省、市、县三级公安机关主要领导由同级党委常委或政府副职兼任,城市公安分局、公安派出所由上级公安机关直接管理。2006 年,国务院颁布《公安机关组织管理条例》,进一步明确了上级公安机关对下级公安机关的领导指挥关系。

改革开放以来,我国公安机关主要从以下几个方面加强了警务机制建设:

一是实行社会治安综合治理。综合治理是解决我国社会治安问题的一个战略方针。

1982 年 8 月，中共中央批转全国政法工作会议纪要，分析了社会治安形势，初步总结了部分地区社会治安综合治理经验。1991 年 3 月，《全国人民代表大会常务委员会关于加强社会治安综合治理的决定》指出，社会治安综合治理必须坚持打击和防范并举，治标和治本兼顾，重在治本的方针。1997 年 9 月，党的十五大报告指出，加强社会治安综合治理，坚持打防结合，预防为主。2022 年 10 月，党的二十大报告指出，完善社会治理体系，健全共建共治共享的社会治理制度，提升社会治理效能，建设人人有责、人人尽责、人人享有的社会治理共同体。

二是在大中城市建立快速反应机制。1995 年，公安部在第十九次全国公安工作会议上提出要建立“以指挥中心为龙头，以巡警为骨干，统一指挥，各警种配合，快速反应，全天候控制的动态力量体系”，建立起警察巡逻与指挥中心 110 报警服务相配合的机制。

三是调整公安派出所的工作重点。20 世纪 90 年代中期，将派出所的工作重点由侦查破案调整为治安防范，不再把破案率作为考核派出所工作的指标。

（二）推进公安工作创新发展

2003 年 8 月，公安部在户籍管理、交通管理、出入境管理、消防管理等方面推出了 30 项便民利民措施。2005 年，公安部在全国范围内组织开展了公安局长大接访活动，并建立了以首长接访制度为核心的信访工作长效机制，有效地维护了群众的合法权益，公安行政管理工作实现了由重管理轻服务向管理与服务并重的改变。根据 2014 年 7 月印发的《国务院关于进一步推进户籍制度改革的意见》，公安部积极开展、实施居住证制度，研究制定管理规则，建立、完善信息系统，推进部门信息共享。根据公安部、交通运输部《关于推进机动车驾驶人培训考试制度改革的意见》，公安部几次修改《机动车驾驶证申领和使用规定》，促进驾驶培训市场开放竞争、驾驶考试公平公正、服务管理便捷高效。2016 年，《公安部关于加强公安机关窗口单位规范化建设的指导意见》出台，提出积极适应建设法治政府和服务型政府要求，从解决群众反映强烈的突出问题着手，进一步提升窗口单位管理服务水平，着力实现场所设置合理化、内部管理制度化、办事流程规范化、管理服务精细化、工作方法多样化，努力把公安机关窗口单位打造成展示良好形象、人民群众满意的窗口。在改革和完善公安行政管理工作的同时，公安机关在维护社会稳定和社会治安秩序中发挥了重要作用，圆满地完成了国庆安保、奥运会安保、世博会安保等重大安全保卫工作，为建设平安中国、法治中国创造了良好的社会环境。2023年公安工作创新则表现在四个方面：一是在“互联网＋政务服务”领域。审核发布各地公安机关上报的业务办理事项 5.89 万个，其中 37.7% 实现了全程网办；鼓励各地公安机关创新推出开具无犯罪记录证明、重名查询等 52 项便民应用；不断优化“公安一网通办”APP 和小程序等移动端办事体验，方便企业群众快速精准定位所需服务。二是在户籍管理领域。会同有关部门持续深入推进户籍制度改革，城区常住人口 300 万以下城市的落户限制基本取消，300 万以上城市的落户条件有序放宽；组织全面实施高频户政业务“跨省通办”，全国范围已实现首次申领居民身份证、户口迁移和开具户籍类证明“跨省通办”。三是在交通管理领域。围绕群众交通出行全过程，分批次推出“10+5+8”项改革措施，惠及群众 1 000 多万人次。其中，全面推行二手车转让登记“一证通办”和摩托车登记省内一证通办，80 多万名车主享受到简化手续的便利。四是在移民和出入境管理领域。有序恢复中国公民出国旅游、访友普通护照审批等业务，推出内地居民赴港澳地区探亲、工作、学习证件“全国通办”，480 万余人次内地居民享受便利。出台支持福建建设两岸融合发展示范区 10 项出入境政策措施，为深化两岸各领域融合发展提供有力支撑。

（三）加强公安队伍建设

1. 思想政治建设

2000 年年初至 2002 年年初，在全国公安机关、全体民警中开展了以“全心全意为人民服务的宗旨教育，实事求是的思想路线教育，严格、公正、文明执法的法制教育”为主要内容的“三项教育”，取得显著效果，公安队伍面貌发生了可喜变化，提高了民警队伍的思想素质，一些丧失立场和原则、涉黑涉恶的民警被清除出公安队伍。2013 年，公安部党委决定在党的群众路线教育实践活动中，组织全国公安机关深入开展“为何从警、如何做警、为谁用警”大讨论活动，进一步以群众工作推动公安工作发展，以公安工作发展更好地服务人民群众，着力提升新形势下做群众工作的能力和水平，着力提升人民群众的安全感和满意度。2022 年，将抓好党的二十大精神学习宣传贯彻作为首要政治任务，通过召开部党委理论学习中心组学习（扩大）会议、全国公安机关电视电话会议，组织全国公安机关领导干部政治培训班等方式，部署全警学习宣传贯彻工作。公安部举办主题教育政治培训班 10 期、参训民警 2 170 余人，讲授专题党课 100 余场。习近平总书记给中国人民公安大学在读英烈子女回信后，部署开展以“弘扬英烈精神、铸牢忠诚警魂”为主题的学习宣传贯彻活动，着力传承红色基因、赓续红色血脉。

2. 纪律作风建设

按照从严治警、依法治警的要求，公安机关加强了纪检监察机构建设，推出了“五条禁令”“三个严禁”等一系列整顿整风的重大举措。1997 年，国务院发布《公安机关督察条例》（2011 年修订），公安机关督察制度和督察队伍走上正规化道路。与此同时，公安机关积极主动地开展社会监督工作，通过开门评警、大走访、特邀监督员等一系列配套的监督制约机制，全面加强对公安队伍的监督，有力地提高了公安队伍的执行力。2010 年 6 月，《公安机关人民警察纪律条令》施行，全面推动了人民警察的纪律建设。通过实施社区和农村警务战略、提出便民利民措施、建立警风监督员、群众推选最喜爱的人民警察、努力构建和谐警民关系、树立亲民爱民先进典型等形式，不断巩固和扩大了公安工作的群众基础。1999 年，公安部制定了《公安部党风廉政建设责任制实施办法》，要求公安部机关及直属单位和各级公安机关认真分析查找在党风廉政建设方面存在的突出问题和薄弱环节，采取有效措施加以解决，真正把党风廉政建设的各项要求落实到各项公安业务工作之中。2018 年强化“12389”受理举报投诉督察，及时依法核查督办。各部门、各警种结合自身特点，加强对执法问题的整改，如经侦部门针对接报案立案、强制性措施、涉案财物处置等重点执法环节，开展执法巡查、个案评查、信访核查和专项整治的“三查一治”工作；交管部门开展“大警示、大排查、大整改”专项活动，部署各地深刻吸取黑龙江哈尔滨部分交警滥用职权为“疯狂大货车”充当“保护伞”案件教训，深入排查整改队伍建设和执法管理突出问题等。

3. 专业化和职业化建设

第一，实行警衔制度。新中国成立之初，我国曾酝酿过在人民警察中实行警衔制。但由于当时警察队伍刚刚组建，时机不成熟而搁置。1956 年公安部起草了《人民警察条例》和《人民警察警衔条例》，但在提交到全国人大常委会审议时，由于有意见分歧，《人民警察警衔条例》的议案被撤了下来。1983 年月,公安部向中共中央及国务院提出了在人民警察中实行警衔制的报告,但由于考虑到军队尚未实行军衔制,决定在军队实行军衔制后,再实行警衔制。1988 年 6 月 27 日,国务院总理办公会议听取公安部汇报《关于加强公安工作更好地为建设商品经济新秩序服务》的情况,同意实行警衔制度,并指示公安部可同有关部门制定方案。至此,在人民警察中实行警衔制被确定下来。

1992 年 7 月 1 日,第七届全国人民代表大会常务委员会第二十六次会议审议通过了《人民警察警衔条例》(后于 2009 年修正)。警衔制度的建立,是人民警察队伍建设的一件大事,标志着依法治警、从严治警进入了一个新的阶段。

第二,推广完善目标岗位责任制。各级公安机关在年初同所属各部门及个人签订工作目标责任书,年终进行考核验收,根据考核结果严格奖惩兑现。目标岗位责任制,大大提高了广大人民警察的工作责任心,并激发了其工作积极性。

第三,公安教育训练不断创新发展。1995 年,公安部颁布实施了《公安机关人民警察培训暂行规定》,要求人民警察上岗、授衔、晋升警衔和晋升职务都必须经过培训。2001 年,公安部颁布实施了《公安机关人民警察训练条令》(2014 年修订),把教育训练与人民警察的使用、晋升挂钩,实现了教育训练的制度化。2003 年以来,全国公安机关普遍推行了人民警察上岗和首任必训、职务和警衔晋升必训、基层和一线人民警察每年实战必训的“三个必训”制度,组织开展了全警大练兵和抓基层、打基础、苦练基本功活动,进一步健全了人民警察教育训练机制,为积极构建具有公安特色的大教育、大培训工作体系奠定了基础。2008 年 8 月,公安部按照中央关于司法体制改革的总体部署,启动了公安民警招录培养体制改革试点工作,为公安机关特别是基层和边远地区公安机关招录和培养了一批专业化人员。2011 年 4 月 6 日,公安部政治部印发《关于加强公安院校和训练基地建设的指导意见》,对进一步加强公安院校和训练基地建设提出了工作要求,确定了当下和今后一个时期加强公安院校和训练基地建设的目标要求,即建立统一领导、分工明确、布局合理、功能适用、优势互补、资源共享、管理规范,与公安事业发展相适应,符合大教育大培训工作体系要求的部、省两级公安院校和部、省、地(市)、县四级训练基地体系。2015 年 11 月,《人力资源社会保障部、公安部、国家公务员局关于加强公安机关人民警察招录工作的意见》实施,2016 年 1 月《人力资源社会保障部等六部门关于公安院校公安专业人才招录培养制度改革的意见》实行,为从源头上提升公安队伍整体素质和战斗力提供了重要保障,必将推动公安队伍专业化建设进入新阶段。2023 年,不断加强执法主体能力建设,着力锻造高素质过硬公安铁军。健全完善常态化练兵机制,深化“最小作战单元”现场处置训练,推广“红蓝对抗”训练,部署开展比武演练,有力提升全警应对复杂情况的能力水平。2023 年,共举办各类专业培训 140 余期、参训民警 1.5 万余人,比武演练活动 12 个、参加民警 2 100 余人。

(四)完善公安法制建设

1995 年,《人民警察法》颁布实施,为全面实现公安工作和队伍建设的法制化奠定了良好基础。进入 21 世纪,随着全面依法治国基本方略的深入实施,公安立法工作进程进一步加快,《道路交通安全法》《治安管理处罚法》《居民身份证法》《禁毒法》等一批涉及公安工作的重要法律法规相继出台。2008 年,公安部制定了《关于大力加强公安机关执法规范化建设的指导意见》,推动各级公安机关积极探索规范执法行为的有效途径,对公安机关办理刑事案件、治安案件和实施行政管理的程序进行了规范，逐步构建起覆盖各执法领域和执法环节的执法规范体系。2015年《公安部关于改革完善受案立案制度的意见》印发，进一步规范受案立案工作流程，提高信息化应用水平，强化监督管理，使受案立案工作更加规范、高效、便民、公开，不断提升公安机关执法公信力和人民群众对公安工作的满意度。2018年，公安部组织修订《公安机关办理国家赔偿案件程序规定》《公安机关办理行政案件程序规定》，出台《公安机关互联网安全监督检查规定》《公安机关维护民警执法权威工作规定》，为开展各项工作提供了法律支撑。2022年，一是强化执法办案管理中心使用管理。截至2022年年底，全国公安机关共建成执法办案管理中心3 049个，完成计划建设任务。组织选树建设应用成效突出的执法办案管理中心，通报各地学习借鉴。组织召开全国公安机关推动执法办案管理中心提质增效视频推进会，围绕"安全、规范、集约、智能、高效"目标，充分发挥其执法办案、监督管理和服务保障功能，大力推动执法办案管理中心提质增效。二是深入推进执法监督管理机制和执法责任制改革。推进常态化防范治理受立案问题，深化刑事案件法制部门统一审核统一出口机制改革，会同最高人民检察院推进构建新型公检协作配合和监督制约机制。深入推进公安执法责任制改革，努力构建职责明晰、权责统一、监管有效、保障有力的公安执法责任体系。全面总结并大力宣传推广推进执法监督管理机制改革的方法举措、成效经验。三是深化执法信息化建设。推动全国执法办案、监督管理数据汇聚融合和智能应用，完善电子签名和电子指纹捺印、电子卷宗、远程示证等功能，有效提升网上办案整体质效。推动执法大数据深度应用，分析执法数据，总结执法规律，为辅助决策、服务实战提供支撑。四是加大执法突出问题整治力度。针对执法办案关键环节和群众反映强烈的突出问题开展专项督察和专项整治，开展不规范冻结资金账户问题排查整治攻坚战，持续推动防止干预司法"三个规定"等制度落地见效。深入核查群众举报投诉，依法及时办理信访事项和复议应诉案件，总结分析执法问题，指导各地进一步规范执法行为。

（五）严厉打击违法犯罪活动，创造稳定的社会环境

公安机关在党委和政府的领导下开展了严厉打击严重刑事犯罪活动（简称"严打"），活动宗旨是依法"从重从快"严厉打击严重刑事犯罪活动。改革开放以来，公安机关先后依法开展了四次"严打"活动。第一次在1983年8月到1987年1月期间。此次"严打"的打击对象：一是流氓团伙分子；二是流窜作案分子；三是杀人犯、放火犯、爆炸犯、投毒犯、贩毒犯、强奸犯和重大盗窃犯；四是贩卖妇女、儿童的人贩子，强迫、引诱、容留妇女卖淫的犯罪分子；五是有现行破坏活动的反动会道门分子；六是服刑逃跑犯、重新犯罪的刑满释放分子和解除劳教人员以及其他通缉在案的罪犯；七是书写反革命标语、传单、挂钩信、匿名信的现行反革命分子，以及有现行破坏活动的林彪、"四人帮"反革命集团残余分子。这场战役严厉打击了严重危害社会治安的犯罪分子，扭转了社会治安的非正常状况，在国家政治、经济、社会、思想等诸多方面和领域，产生了积极作用和深远影响。第二次在1996年4月到1997年2月期间。此次"严打"的重点对象是严重暴力犯罪、抢劫犯罪，特别是涉枪犯罪和涉黑的团伙犯罪。此次"严打"取得明显效果，刑事案件特别是重大刑事案件数量大幅下降。第三次在2001年2月至2002年年底期间。此次"严打"的对象：一是有组织犯罪、带黑社会性质的团伙犯罪和流氓恶势力犯罪；二是爆炸、杀人、抢劫、绑架等严重暴力犯罪；三是盗窃等严重影响群众安全的多发性犯罪。在2001年"严打"中，除了强调要依法"从重从快"以外，

还强调“稳、准、狠”，强调打防结合，治标与治本结合。根据构建和谐社会的需要，党中央提出了宽严相济的刑事政策，以最大程度增加和谐因素，最大程度减少不和谐因素。第四次从2010年6月开始，为期7个月。此次“严打”的对象有两类：一类是个人极端暴力犯罪，涉枪、涉爆犯罪，黑恶势力犯罪等；另一类是群众深恶痛绝的犯罪类型，如电信诈骗、拐卖妇女儿童、“黄赌毒”、“两抢一盗”等。此次严厉打击有效遏制了刑事案件的高发势头，使一些严重暴力犯罪、新型诈骗犯罪和拐卖妇女儿童犯罪受到应有打击，切实维护了社会政治大局稳定，保障了人民群众安居乐业，为全面深化改革创造了良好的治安环境。此外，进入21世纪以来，为维护国家主权、领土完整，公安机关按照党中央的统一部署和要求，对危害国家安全的犯罪活动予以严重打击，彰显了人民民主专政的强大威力。2023年深入打击电信网络诈骗犯罪，破获案件43.7万起，推动缅北相关地方执法部门向我方移交犯罪嫌疑人4.1万名。依托“净网2023”专项行动，侦办网络谣言类案件4 800余起，查处造谣传谣人员6 300余名；查处网络暴力违法犯罪案件110起，刑事打击112人。持续开展“昆仑2023”专项行动，破获食品药品安全犯罪案件1.9万起，抓获犯罪嫌疑人2.8万名。扎实开展禁毒“清源断流”等专项行动，侦破毒品案件3.9万起，抓获犯罪嫌疑人6.6万名。

（六）着力提升公安机关战斗力

1.“三基”工程建设

进入21世纪以来，公安机关不断强化公安工作的各项基础建设，在2006年开展了“三基”工程建设。“三基”工程建设，简而言之就是“抓基层、打基础、苦练基本功”。抓基层指的是以派出所、刑警队、交警队等公安基层所队为重点，从政策、制度、机制上，从待遇、经费、装备等方面，切实向基层一线倾斜，实现公安工作重心下移、保障下倾、警力下沉，进一步增强基层实力，激发基层活力，提高基层战斗力。打基础指的是紧紧抓住人口管理、信息化应用和创新警务机制三个环节，全面带动各项公安基础工作，切实做到底数清、情况明，管理严、控得住，实现对违法犯罪活动的精确打击和有效防范。苦练基本功指的是每一名民警都要以应知应会的基本知识、基本技能、基本体能为重点，立足本职、勤学苦练，具备胜任岗位、履行职责、完成任务所必需的基本素质、基本能力、基础水平。通过“三基”工程建设，全国公安机关进一步健全了公安基层组织，完善了基层单位的管理体制和工作机制，基层的警力得到很大加强，基层的工作条件和保障水平有了明显改善，公安基层更好地发挥了战斗队和服务队的作用，有力地推动了公安机关履行职能和公安工作的发展。

2.“三项建设”

在2009年组织全国公安机关开展“三项建设”活动，是公安部党委在深入总结公安机关“三基”工程建设的基础上，为推动公安事业长远发展作出的一项重大战略决策，包括警务信息化建设、执法规范化建设和和谐警民关系建设。警务信息化建设是把信息化技术与日常基层基础工作有机地结合起来，提升基层基础工作的质量和水平，借助现代化技术，加快推进动态社会环境下社会治安防控体系建设和治安防控网络的覆盖，加快实现由传统的被动型警务模式向现代化高科技警务模式的转型，从而提高基层公安队伍的综合实战能力。执法规范化建设是为实现公正、文明、严格、高效的执法目标，在法律的框架内，对公安执法活动进行程序化与标准化建设，提高公安队伍的执法能力。执法规范化建设要求公安机关要树立执法为民理念，要建立、健全、完善执法制度，理性、平和、文明规范执法，要加强执法监督，增强执法透明度。和谐警民关系建设是要求公安机关增强宗旨意识，切实提高群众工作能力，并严厉打击违法犯罪，切实增强群众安全感。同时，要加强公安队伍建设，推进警民关系和谐建设。公安机关警务信息化建设、执法规范化建设、和谐警民关系建设三者之间关系密切。其中，信息化建设是手段、平台，为整个三项建设提供支持，是公安工作与时俱进的体现；和谐警民关系建设是目的，要求公安工作以科学发展观为指引，坚持不懈实现和谐社会的目标；执法规范化建设是核心，是本质需要，只有加强执法规范化建设才能实现和谐警民关系。

3. “四项建设”

2014 年，公安部党委在认真总结有益经验、深入分析公安工作发展态势基础上，作出加强“四项建设”的重大决策部署，也是当前和今后一个时期公安工作的重心。四项建设包括基础信息化、警务实战化、执法规范化、队伍正规化，是一项复杂的系统工程，涉及公安工作和队伍建设的方方面面，涉及公安机关和各部门、各警种。基础信息化是整个公安工作的重要支撑，必须在深化建设、深度应用、反哺基层、服务实战上下工夫；警务实战化重在从优化警力机制、创新勤务模式、完善扁平化指挥体系上着手；执法规范化的重点是在坚定法治信仰、增强专业能力、完善追责制度上想办法；队伍正规化要从创新教育训练机制、完善管理制度上求突破。“四项建设”横向到边、纵向到底，需要各级公安机关上下协同、整体联动。在基础信息化建设方面，基础信息采集这一“源头活水”问题更多靠基层一线的主动作为，但资源共享整合主要靠上层机关整体谋划。在警务实战化建设方面，基层一线发挥着执法办案、维稳处突主力军作用，但领导机关在体制机制改革、勤务模式调整、警务资源整合上负有更大责任。在执法规范化、队伍正规化建设方面，执法形象、纪律、作风要通过每个民警展现，但执法制度、管理机制建设需要领导机关抓好顶层设计。

4. 加快形成和提升新质公安战斗力

2022 年 8 月，公安部在全面深化公安改革推进会上提出，按照“党委领导、部级抓总、省级主责、市县主战、派出所主防”原则，加快构建职能科学、事权清晰、指挥顺畅、运行高效的警务管理运行机制。这既是上级公安机关的战略决策，也是积极适应当前治安形势的需要，更是推动新时代公安工作现代化，加快形成和提升新质公安战斗力的必然选择。

2024 年 1 月 14 日召开的全国公安厅局长会议强调指出，“加快形成和提升新质公安战斗力，忠实履行维护国家安全和社会稳定、守护人民幸福和安宁的神圣职责，奋力推进公安工作现代化，为扎实稳健推进中国式现代化贡献公安力量”。由此，全国公安机关开始了加快形成和提升新质公安战斗力的改革创新和积极推进公安工作现代化的路径探索。理解新质公安战斗力的科学内涵，需要运用系统辩证的思维方法来认识“新”“质”与“战斗力”：“新”是工作起点，“质”是目标追求，“以新促质”为核心要义，而“战斗力”是关键落脚点。新质公安战斗力是公安机关为防范与治理新时代社会治安风险而催发、形成的公安战斗力。新质公安战斗力的行动逻辑表现为：从社会治安新形势及新要求出发，以新质公安战斗力为手段和载体，以公安工作现代化为追求目标，从而实现从“新”出发、以“战斗力”为介质、以“质”为目标。需要以“思想政治、社会治理、队伍建设、创新发展”等重要能力提升为实践路径，加快形成和提升新质公安战斗力，从而为奋力推进公安工作现代化提供强大动力，支撑与服务中国式现代化建设。

2024年5月,公安部召开专题新闻发布会,通报公安改革实现系统性重塑、整体性变革。如期完成公安现役部队改革任务,实施行业公安机关管理体制调整,在一些重点领域和关键环节取得重大突破。深入推进公安机关人民警察招录培养机制改革,公安队伍整体素质和战斗力不断提升。按照“党委领导、部级抓总、省级主责、市县主战、派出所主防”原则,坚持“做精机关、做优警种、做强基层、做实基础”鲜明导向,积极稳妥推进公安部机关机构改革和地方公安机关机构编制管理改革,加快构建职能科学、事权清晰、指挥顺畅、运行高效的公安机关职能体系。建立完善“专业+机制+大数据”新型警务运行模式,大力推进“情报、指挥、行动”一体化运行机制,全面推行“两队一室”“一村(格)一警”等机制模式,加快形成更加协同高效的警务运行生态系统。截至目前,全国派出所警力占县级公安机关警力、社区民警占派出所警力基本实现“两个40%”标准。深入推进“我为群众办实事”实践活动,以“互联网+公安政务服务”为载体,深化公安行政管理服务改革,研究推出一系列便民利企新举措,惠及亿万群众。

改革开放以来,公安工作取得了巨大成绩,也积累了宝贵经验,这些经验概括起来,主要是九个必须始终坚持:第一,必须始终坚持党的绝对领导,听从党的指挥;第二,必须始终坚持围绕中心,服务大局;第三,必须始终坚持立警为公,执法为民;第四,必须始终坚持打防结合,预防为主;第五,必须始终坚持专群结合,依靠群众;第六,必须始终坚持科教强警,素质强警;第七,必须始终坚持从严治警,依法治警;第八,必须始终坚持强基固本,夯实基础;第九,必须始终坚持解放思想,改革创新。

章后思考题

1. 请对中央特科的历史功绩作评价。
2. 试述国家政治保卫局产生的历史背景。
3. 请对国家政治保卫局作评价。
4. 公安保卫组织的发展阶段有哪些?
5. 试述抗日战争时期公安工作的主要成就。
6. 试述新中国成立后17年公安工作的成就。
7. 试述新中国成立后17年公安工作的经验。
8. 试述“三基”工程建设的含义。
9. 试述“四项建设”的含义。
10. 试述新质公安战斗力的含义。

本章拓展阅读

第五章　公安机关的性质与宗旨

第一节　警察的本质

本质是指事物本身所固有的根本属性，是构成事物各要素之间相对稳定的内在联系，认清事物的本质就可以把握事物发展的规律性、必然性。警察的本质，是指警察这一事物的内在联系，是由警察本身所包含的特殊矛盾性所决定的，是通过警察在社会活动中的职能作用这一特殊社会矛盾现象表现出来的，是警察这种社会历史现象自身所固有的内在规律性和根本性质。

在不同的社会历史阶段、不同的国家中，警察具有各自的特点，然而其共同的本质并没有变化。警察具有行政管理性质、刑事司法性质、武装性质，但其本质特征表现在它的阶级性上。警察的行政管理性、刑事司法性、武装性是由其阶级性派生出来的，即由阶级性所决定的。[①]

一、警察是统治阶级专政的重要工具

从警察产生的历史可以看出，作为国家机器的组成部分，警察是阶级社会统治阶级实现专政的重要工具之一。国家是阶级矛盾不可调和的产物和表现，是掌握政权的统治阶级进行阶级统治的暴力工具。统治阶级要实现对被统治阶级的专政，必然要借助国家这个工具，而军队、警察等国家机器是国家的重要组成部分。警察的设置及警察行为是按照统治阶级的意志和利益，以国家为后盾实现的，马克思将其称为“最驯服的工具”。

二、警察是国家机器的重要支柱

列宁指出，“常备军和警察是国家政权的主要强力工具”[②]。毛泽东同志指出：“军队、警察、法庭等项国家机器，是阶级压迫阶级的工具。”[③]国家机器是由军队、警察、法庭、监狱等共同组成的，每一部分都起着不同的作用，从而保证国家这部机器的正常运转。在国家事务中，警察又有着其他国家机器组成部分无法替代的重要地位和作用。在当今世界，所有国家都十分重视警察，虽然有的国家不设军队，但没有国家不设警察。

三、警察是武装性质的暴力力量

国家的阶级统治要靠暴力来实现。正如列宁所指出的：“如果没有一个能够强制人们遵守权利准则的机构，权利也就等于零”[④]。国家权力具有高度的强制性，其权力行使是以暴力

---

① 参见周章琪主编：《公安学基础理论》，中国人民公安大学出版社 2013 年版，第 23 页。

② 《列宁选集》（第三卷），人民出版社 2012 年版，第 116 页。

③ 《毛泽东选集》（第四卷），人民出版社 1991 年，第 1476 页。

④ 《列宁选集》（第三卷），人民出版社 2012 年版，第 200 页。

强制为基础的,这是国家实行阶级统治的物质保证。

四、警察是保卫国家安全和维护社会秩序的行政力量

国家安全与社会秩序稳定是统治阶级巩固自己统治、维护自己利益的最基本的保证和条件。在保卫国家安全方面,警察的职责主要是保卫统治阶级政权和国家主权不受侵犯。在维护社会秩序方面,警察的职责主要是保障统治阶级所要求的经济秩序、文化秩序、生活秩序等不被破坏。警察任务的广泛社会性是警察的重要特征。

需要注意的是,各国警察的本质虽然相同,但各国警察的阶级性并不相同。不同社会制度或不同阶级专政的国家,警察的阶级性质是不同的。

第二节 公安机关的性质

性质,是指事物所具有的特殊属性,是一种事物区别于其他事物的根本属性。在公安学基础理论研究中,公安机关的性质是关系到公安工作实践方向与价值取向的重要问题,是所有公安学问题认识的出发点,它对公安机关及其人民警察树立宗旨意识、正确履行职责和行使权力,提高公安工作水平具有重要意义。

公安机关的性质,是指公安机关特有的属性,也是公安机关与其他国家行政机关相区别的根本属性。认识公安机关的性质是确定公安机关职能、任务、职权等问题的重要根据。公安机关的性质体现在公安机关的一切公安实践之中,体现在全体公安民警执行公安任务、行使公安职权的行为之中。历史和实践的经验表明:对公安机关性质的认识模糊不清,往往会导致公安工作的原则性失误。

根据《人民警察法》的相关规定,我国公安机关的性质可以从两个方面理解:一方面,公安机关是人民民主专政的工具。公安机关是我国国家政权的组成部分,《宪法》第 1 条第 1 款规定:“中华人民共和国是工人阶级领导的、以工农联盟为基础的人民民主专政的社会主义国家。”宪法规定的国家性质,决定了公安机关是人民民主专政的重要工具之一。另一方面,公安机关是武装性质的国家治安行政力量,同时具有刑事侦查、执行刑罚等职能,是国家刑事执法力量。

我国 2007 年 1 月 1 日施行的《公安机关组织管理条例》对公安机关的性质进一步予以明确。该条例在总则中的第 2 条规定:“公安机关是人民民主专政的重要工具,人民警察是武装性质的国家治安行政力量和刑事司法力量,承担依法预防、制止和惩治违法犯罪活动,保护人民,服务经济社会发展,维护国家安全,维护社会治安秩序的职责。”这是关于公安机关性质的明确的法律依据。根据这条规定,可以明确:公安机关的性质是人民民主专政的重要工具,是武装性质的国家治安行政力量和刑事司法力量。以上表述也反映了公安机关的阶级属性和组织属性:公安机关是我国人民民主专政的重要工具,体现了公安机关的阶级属性;公安机关是具有武装性质特点的治安行政和刑事司法专门力量,体现了公安机关的组织属性。以上也充分表明公安机关与我国其他国家行政机关具有明显的区别。

一、公安机关的阶级属性

公安机关是人民民主专政的重要工具,这是公安机关的阶级属性,也是公安机关的根本

属性。因为它表明了公安机关的阶级本质，是公安机关性质的核心内容和本质特征。

（一）公安机关具有鲜明的阶级性

所谓阶级性，是指在有阶级的社会里人所必然具有的阶级属性。这种特性是由人的阶级地位决定的，反映着本阶级的特殊利益和要求。[①]

马克思主义认为，国家的本质就是一个阶级对另一个阶级的专政。这个专政就是统治阶级凭借暴力强迫被统治阶级服从自己的意志并维护和发展有利于统治阶级的秩序。在任何一个社会中，警察机关都是国家机器的重要组成部分，是统治阶级维护统治的暴力工具，所以体现统治阶级意志的国家的性质决定着警察机关的性质。

公安机关是我国国家政权的组成部分，我国《宪法》第 1 条第 1 款规定："中华人民共和国是工人阶级领导的、以工农联盟为基础的人民民主专政的社会主义国家。"人民民主专政的国家政权，清楚地表明了我国的阶级性质和政权的广泛基础。公安机关作为人民民主专政的重要工具，必须坚持对人民实行民主，保护人民的利益；对极少数危害国家安全、危害人民利益的敌对势力、敌对分子实行专政。

（二）公安机关在国家政权中占据重要地位

统治阶级为了实现自己的阶级统治，必须建立强有力的政治组织，即国家机器。国家的本质和职能是通过国家机器来实现的。[②]公安机关作为国家机器的重要组成部分，在维护国家政权稳定中占据重要地位。列宁曾说，"常备军和警察是国家政权的主要强力工具"[③]。毛泽东同志早在 1949 年就指出："我们现在的任务是要强化人民的国家机器，这主要地是指人民的军队、人民的警察和人民的法庭，借以巩固国防和保护人民利益。"[④]周恩来同志在我国公安机关成立之初就曾指出："国家安危公安系于一半。"[⑤]由此可见，公安机关在我国政权中具有特殊地位，肩负维护国家安危的重要使命，责任重大。

（三）公安机关是国家意志的忠实执行者

我国是人民民主专政的社会主义国家，人民当家作主，工人阶级和广大人民群众的意志就是国家意志。公安机关是依据广大人民群众的意志建立的重要国家机器，公安机关必须以国家政策和法律为全部活动的依据，以国家赋予的任务为公安工作的总目标，忠实地执行人民的意志和国家的意志。因此，公安机关是国家意志的忠实执行者。

二、公安机关的组织属性

公安机关是具有武装性质的国家治安行政力量和刑事司法力量，这是公安机关的组织属性。《中共中央关于进一步加强和改进公安工作的决定》对公安机关的性质、职责和任务作出了明确的规定，强调公安机关是人民民主专政的重要工具，是武装性质的国家治安行政力量和刑事司法力量，肩负着打击敌人、保护人民，惩治犯罪、服务群众、维护国家安全和社会稳定的重要使命。公安机关的组织属性是由公安机关的阶级属性决定的。

---

① 参见马建文主编：《公安学基础理论》，中国人民公安大学出版社 2007 年版，第 15 页。

② 参见马建文主编：《公安学基础理论》，中国人民公安大学出版社 2007 年版，第 16 页。

③ 《列宁选集》（第三卷），人民出版社 2012 年版，第 116 页。

④ 《毛泽东著作专题摘录》，人民出版社 1964 年版，第 1168 页。

⑤ 《刘复之回忆录》，中央文献出版社 2010 年版，第 139 页。

(一)公安机关具有武装性质

在我国,警察和军队、法庭、监狱一样,是国家的暴力工具,而这种暴力工具主要是通过其武装性质体现出来的。因此,警察是国家重要的暴力工具之一,警察如果没有武装暴力作支撑,就没有强大的实力。

公安机关作为我国政权的暴力工具,其武装性主要表现为公安机关是具有武装性质的纪律部队,执行武装性质的任务,配备武器装备的国家行政机关。例如,每年公安机关都要进行射击、搏击等战术训练,做到战训合一,使警察具有良好的军事素养。公安机关有集中统一的领导和指挥、严格的组织纪律和机动快速的反应能力,并根据国家的统一装备标准,配备警用武器、警械以及其他武装设施,身着制式警服。此外,公安机关还担负着平息暴乱、应对恐怖事件、追捕暴力犯罪等武装任务。[①] 概括来讲,公安机关人民警察具有武装性,其实质是指人民警察的军事性、暴力性和强制性。

1. 军事性

公安机关拥有国家按统一标准配备的武器、警械和装备、设施,拥有国家法律赋予的依法使用武器、警械权,具有独特的组织机构与管理体制;公安机关拥有一套严格考核选用、业务培训、任职、衔级、监督、保障、抚恤等制度,其内部的部门设置及管理、指挥体制与其他政府部门不同,便于执行武装性质的任务。

2. 暴力性

公安机关是国家政权中的暴力工具。警察用武装手段维护国家安全和社会秩序,用警察暴力对付犯罪暴力,是法律规定并受法律制约的。公安机关担负武装战斗、平暴、警卫、反恐、处突、押解、戒严等任务。

3. 强制性

公安机关依法拥有实施行政强制措施和刑事强制措施的权力。治安行政强制措施,是公安机关为了维护社会治安行政秩序和实施治安管理,预防和制止危害社会治安秩序的行为的发生和存在,依照法律和法规规定,针对特定公民、法人和其他组织的人身、财产进行临时约束或处置的限权性强制行为。例如,盘查、约束、查封、扣押、强制治疗、强制戒毒、强制传唤、强制检查等。刑事强制措施,是国家为了保障侦查、起诉、审判活动的顺利进行,而授权刑事司法机关对犯罪嫌疑人、被告人采取的限制其一定程度人身自由的方法。例如,拘传、拘留、逮捕、取保候审、监视居住等。

公安机关的暴力性通过武装性体现。公安机关担负武装性质的战斗任务,与人民军队同为我国人民民主专政的柱石。但公安机关与军队的武装性是有区别的:一是性质不同,军队是国家的一支军事力量,公安机关是国家的一支行政力量;二是分工职责不同,公安机关的职能主要是对付国内外各种敌对势力、敌对分子的颠覆破坏活动和各种违法犯罪活动,军队的职能主要是应对国外侵略和国内可能发生的反革命暴乱和动乱;三是完成任务的手段不同,公安机关主要通过打击、防范、管理、教育、改造等多种手段来完成任务,军队主要通过军事与战争手段来完成任务。

明确公安机关的武装性质具有十分重要的现实意义。公安机关不是一般的行政机关,

---

① 参见马建文主编:《公安学基础理论》,中国人民公安大学出版社 2007 年版,第 18 页。

这就要求公安机关必须实行不同于一般行政机关的领导管理体制、组织结构设置和队伍管理模式。同时，必须明确，公安机关的武装性与暴力性是明显的外在特征，其武力的使用是为了维护广大人民群众的根本利益。警察暴力的实施是必要的，但又不能唯暴力。

（二）公安机关是治安行政力量

在我国，公安机关是国务院和地方各级人民政府领导下的行政职能部门，是国家行政机关的重要组成部分。按照宪法和法律规定，国家的行政管理活动包括国防行政、外交行政、内务行政、治安行政、经济行政、教育行政等。不同于其他普通的行政机关，公安机关是掌管社会治安，行使国家治安管理权的专门机关。

公安机关作为我国一支重要的治安行政力量，其治安行政管理的主要任务包括：防范和控制犯罪活动，预防和查处各种违反治安管理的行为，同各种治安灾害事故作斗争，以维护社会治安秩序，保障公共安全，保护公民、法人和其他组织的合法权益，为社会主义现代化建设服务。

与此相适应，国家赋予了公安机关不同于其他普通行政机关的各种强制手段，以使其依法进行治安行政管理工作，为其他行政机关的行政管理工作提供坚强后盾和保障。

（三）公安机关是刑事司法力量

在我国，公安机关不是单纯的行政机关，而是兼有刑事司法属性的行政机关。根据我国《宪法》和《刑事诉讼法》的规定，公安机关是国家的刑事侦查机关，依法承担刑事侦查、预审、采取或执行拘留、逮捕等刑事强制措施，羁押看管犯罪嫌疑人和执行部分刑罚等任务。公安机关以刑事侦查和刑事强制措施等手段，预防、制止和打击危害国家安全和社会治安的各种刑事犯罪，在刑事诉讼中与人民检察院、人民法院分工负责、互相配合、互相制约，共同完成惩罚犯罪的任务。因而，公安机关是我国刑事司法体系的重要组成部分，是国家的刑事司法力量。

1\. 公安机关具有刑事司法职能

根据我国《刑事诉讼法》的规定，刑事诉讼程序分立案、侦查、起诉、审判和执行五个阶段，这些都属于刑事司法范畴。在整个刑事司法活动中，公安机关主要承担立案、侦查和部分刑罚执行的任务。公安机关通过立案，使刑事案件开始进入刑事诉讼程序；对已经立案的刑事案件，进行侦查，收集、调取犯罪嫌疑人有罪或者无罪、罪轻或者罪重的证据材料，对犯罪事实清楚、证据确凿、充分的案件，向人民检察院提出起诉意见；对被拘役、剥夺政治权利的罪犯执行刑罚。

2\. 公安机关在刑事司法活动中具有重要地位

公安机关的刑事司法工作同检察院、法院系统的刑事司法工作一脉相承，工作性质一致。《宪法》第 140 条规定："人民法院、人民检察院和公安机关办理刑事案件，应当分工负责，互相配合，互相制约，以保证准确有效地执行法律。"《刑事诉讼法》第 7 条规定："人民法院、人民检察院和公安机关进行刑事诉讼，应当分工负责，互相配合，互相制约，以保证准确有效地执行法律。"《刑事诉讼法》第 19 条第 1 款规定："刑事案件的侦查由公安机关进行，法律另有规定的除外。"在刑事诉讼活动中，除人民检察院、国家安全部门、监狱等侦查的案件外，绝大部分刑事案件是由公安机关进行侦查的。公安机关处在同犯罪作斗争的第一线，在刑事诉讼活动中处于第一道环节，关系到整个刑事诉讼任务的顺利完成。

公安机关承担刑事执法任务，也是刑事执法机关。根据《刑事诉讼法》的规定，公安机关在刑事诉讼案件中行使立案权、侦查权、刑事强制权、刑罚执行权等。立案是我国刑事诉讼的一个独立程序,是刑事司法活动的开始。只有经过立案,公安机关的侦查活动才有合法的依据,才能行使侦查权力。公安机关有权行使讯问、询问、勘验检查、搜查、扣押、鉴定、侦查实验、通缉等侦查权;对犯罪嫌疑人有权采取拘传、取保候审、监视居住、拘留和执行逮捕等刑事强制权;依照《刑法》和《刑事诉讼法》的规定,对被判处拘役、剥夺政治权利的罪犯执行刑罚。

总之,公安机关是治安行政力量和刑事司法力量,是国家政权的重要支柱之一。马克思主义认为,国家是阶级矛盾不可调和的产物和表现,警察是国家机器的重要组成部分,是有组织的强力机关,是国家特殊的公共权力。当今世界,无论什么性质的国家,警察都是维护统治阶级的根本利益和统治秩序,实现阶级压迫的工具。没有警察,就不可能维护其统治。我国作为人民民主专政的社会主义国家,为了维护工人阶级及其领导下的广大人民群众的统治地位,也必须依靠警察作为自己政权的支柱。公安机关的许多权力都带有突出的警察暴力和行政、刑事方面的强制力的特点,它可以依法限制、剥夺权力行为对象的人身自由甚至性命。它负责涉及国家安全、社会治安秩序和公民合法权益的治安行政管理、刑事执法及刑事司法工作,对案件、事件、矛盾纠纷的处理直接关系到国家、社会、公民的根本利益,关系到和谐社会的公平、正义,关系到党和政府的形象和在人民群众中的威信。

三、正确认识公安机关性质的意义

第一,正确认识我国公安机关的性质,是树立科学的人民警察观的基础。公安机关的性质是公安机关诸规定性因素中的决定性因素,是确定公安机关任务、职责、权力的依据,是制定公安工作的路线、方针、政策的依据,是制定公安队伍建设基本方针的依据。正确认识公安机关的性质是正确理解公安机关宗旨、职能、任务、职权、体制、机构、工作、政策、法制、业务等规定性因素的前提。

第二,明确公安机关的性质,有利于维护公安机关的形象。一切公安工作都应以符合公安机关的性质为出发点,所有人民警察的言行都应以符合公安机关的性质为标准。各项公安工作均要坚持党和政府的领导,取得各部门及广大人民群众的配合支持,接受人民的监督,保持公安队伍的纯洁性,维护公安机关的形象。

第三,明确公安机关的性质,有利于公安机关正确行使职权。地方各级党委和政府只有明确公安机关的性质,才能避免出现要求公安机关从事超越职权范围活动的情况,才有利于公安机关正确行使职权;公安机关及其人民警察只有正确明确公安机关的性质,才能自觉遵守职业纪律和职业道德,更好地行使职权。①

第三节 公安机关的宗旨

所谓宗旨,就是从事某项工作主要的意旨、目的。全心全意为人民服务是中国共产党的根本宗旨,也是公安机关的根本宗旨。

---

① 参见蔡炎斌主编:《公安学基础理论》(第三版),中国人民公安大学出版社 2020 年版,第 73 页。

一、全心全意为人民服务是中国共产党的宗旨

新中国成立前，为人民服务这一思想，就已是毛泽东思想的重要组成部分。早在1944年9月，毛泽东同志为了纪念为革命而牺牲的张思德同志，专门写了一篇题为《为人民服务》的文章，对为人民服务的思想作了重要的阐述。1945年4月，党的七大在延安召开。毛泽东同志在这次大会上作了《论联合政府》的报告，并明确指出："紧紧地和中国人民站在一起，全心全意地为人民服务，就是这支军队的唯一宗旨。"并将全心全意为人民服务这一根本宗旨写进了《中国共产党章程》。

新中国成立后，"为人民服务"写入新中国的《宪法》，成为国家机关及其工作人员的法定义务。1954年新中国第一部《宪法》第17条规定："一切国家机关必须依靠人民群众，经常保持同群众的密切联系，倾听群众的意见，接受群众的监督。"第18条规定："一切国家机关工作人员必须效忠人民民主制度，服从宪法和法律，努力为人民服务。"后来，《宪法》虽几经修改，但"全心全意为人民服务"的宗旨从未改变。①

改革开放后，中国共产党历届领导人不断丰富并发展了"全心全意为人民服务"的宗旨和思想。在改革开放的新时期，邓小平同志进一步发展了为人民服务的思想。党的十一届三中全会以后，邓小平同志反复强调，全心全意为人民服务是中国共产党人的根本立场，是必须永远坚持的宗旨。他明确指出，人民满意不满意、人民高兴不高兴、人民赞成不赞成，应当成为检验我们一切工作的标准。②

2000年2月，江泽民同志在广东考察工作时站在党和国家发展的历史高度，提出了"三个代表"的重要论述，强调"因为我们党是代表最广大人民群众的根本利益的，所以全党同志的一切工作都是全心全意为人民服务的，都是为了实现好、发展好和维护好人民的利益，任何脱离群众、任何违反群众意愿和危害群众利益的行为，都是不允许的"③。

2011年7月1日，在庆祝中国共产党成立90周年大会上，胡锦涛同志就曾指出，"我们党保持和发展马克思主义政党先进性的根本点是：……坚持为了人民、依靠人民，诚心诚意为人民谋利益，从人民群众中汲取智慧和力量，始终保持党同人民群众的血肉联系"④。此外，胡锦涛同志反复强调：党员干部一定要做到权为民所用、情为民所系、利为民所谋……能不能坚持全心全意为人民服务的根本宗旨，是衡量一名党员是否合格的根本标尺。

进入新时代，习近平总书记多次阐发了"以人民为中心"的发展思想，凸显了人民在新时代坚持和发展中国特色社会主义中的主体地位，筑牢了"为人民服务"的宗旨意识。习近平总书记强调指出："人民对美好生活的向往，就是我们的奋斗目标。"⑤党的十九大报告强调，"新时代中国特色社会主义思想……必须坚持以人民为中心的发展思想"；"使人民获得感、幸福感、安全感更加充实、更有保障、更可持续"；"人民是历史的创造者，是决定党和国家前途命运的根本力量"。2021年7月1日，在庆祝中国共产党成立100周年大

① 参见王明生主编：《公安学基础新论》，中国人民公安大学出版社2015年版，第105页。

② 参见马建文主编：《公安学基础理论》，中国人民公安大学出版社2007年版，第26页。

③ 中共中央文献研究室编：《十五大以来重要文献选编（中）》，人民出版社2001年版，第1140页。

④ 胡锦涛：《在庆祝中国共产党成立90周年大会上的讲话》，人民出版社2011年版，第9—10页。

⑤ 中共中央文献研究室编：《习近平关于社会主义社会建设论述摘编》，中央文献出版社2017年版，第4页。

会上，习近平总书记首次科学总结了伟大的建党精神，“不负人民”是伟大的建党精神的重要内容，强调“中国共产党始终代表最广大人民根本利益”[①]，永远不可分割，永远不能背离。党的二十大报告深刻指出：“江山就是人民，人民就是江山。中国共产党领导人民打江山、守江山，守的是人民的心。”可见，全心全意为人民服务是我们党一贯坚持的核心思想。

二、公安机关要自觉确立全心全意为人民服务的宗旨

（一）全心全意为人民服务是时代发展对公安机关的总体要求

新中国成立后，公安机关就把全心全意为人民服务作为公安机关的宗旨确立下来。中华人民共和国人民警察建立之初，为统一警察名称，周恩来同志批示各种警察一律通称“人民警察”，赋予警察为了人民利益，保护人民、打击犯罪的重要职责。1950 年 12 月，公安部第三局发出“统一人民警察名称”的通知。自此，“人民警察”这一划时代的称谓载入了中国警察史册。

1957 年全国人民代表大会常务委员会第七十六次会议通过的《人民警察条例》（已失效）规定，“中华人民共和国人民警察属于人民”；“人民警察必须依靠人民群众，经常保持同群众的密切联系，倾听群众的意见，接受群众的监督，必须严格遵守宪法和法律，努力为人民服务”。现行《人民警察法》第 3 条规定：“人民警察必须依靠人民的支持，保持同人民的密切联系，倾听人民的意见和建议，接受人民的监督，维护人民的利益，全心全意为人民服务。”从而以立法的形式明确了公安机关为人民服务宗旨的重要地位。

在贯彻落实党的十六大战略部署，进一步加强和改进公安工作新的历史条件下，2003 年下发的《中共中央关于进一步加强和改进公安工作的决定》明确提出，“立警为公、执法为民”和“人民公安为人民”是公安机关执法思想的核心。该决定指出：在各项执法工作中，公安机关和人民警察要真正把人民群众的呼声作为第一信号，把人民群众的需要作为第一选择，把人民群众的利益作为第一考虑，把人民群众的满意作为第一标准，带着对人民群众的深厚感情去执法、去工作，坚决维护人民群众的合法权益。这既是党中央在新世纪对公安机关宗旨的进一步强调，也是对公安机关坚持为人民服务宗旨提出的具体要求。

2017 年 5 月，习近平总书记就加强新时代公安工作和公安队伍建设作出重要指示，要求必须坚持党对公安工作的领导，牢固树立“四个意识”，坚持人民公安为人民，全面加强正规化、专业化、职业化建设，做到对党忠诚、服务人民、执法公正、纪律严明。该指示深刻揭示了公安机关的政治属性、人民属性以及公安队伍的职业特点、价值追求，为新时代建警、立警、从警、治警等一系列带有根本性、原则性、方向性的重大问题指明了前进方向。2019 年新时代全国公安工作会议上，习近平总书记进一步强调了公安工作坚持人民为中心的重要导向。会议指出，要“维护群众利益，引导群众依法表达诉求……充分发动群众、组织群众、依靠群众，努力让人民群众在每一起案件办理、每一件事情处理中都能感受到公平正义……着力解决好群众办事难、办事慢、来回跑、不方便等突出问题，让人民群众有更多更直接更实在的获得感”。2020 年 8 月 26 日，习近平总书记向中国人民警察队伍授旗并致训词，强调在新的历史条件下，我国人民警察要对党忠诚、服务人民、执法公正、纪律严明，全心全意为增强人民群众获得感、幸福感、安全感而努力工作，坚决完成党和人民赋予的使命任务。

---

① 习近平：《在庆祝中国共产党成立 100 周年大会上的讲话》，人民出版社 2021 年版，第 11 页。

因此,新时代的公安工作必须坚持人民主体地位,坚持立党为公、执政为民,践行全心全意为人民服务的根本宗旨。

(二) 全心全意为人民服务是公安机关性质的必然要求

公安机关是人民民主专政的重要工具,是一支重要的国家治安行政和刑事司法力量,担负着打击犯罪、保护人民的重要职责。人民是国家的主人,国家的一切权力属于人民。公安机关是人民的公安机关,公安机关的权力是人民赋予的,公安机关和人民警察必须执行人民的意志,维护人民的利益。因此,全心全意为人民服务是公安机关性质的必然要求。

公安机关作为人民民主专政的重要工具,要完成好自己担负的神圣职责,就必须坚持走群众路线,把人民群众满意不满意、赞成不赞成、答应不答应,作为衡量公安工作的最高标准。公安工作具有广泛的社会性和群众性,涉及社会生活的各个领域。人民群众的支持,是公安工作最大的政治优势,是公安队伍不断发展壮大的源泉,是做好公安工作的根本保证。没有人民群众的理解、关心、支持和帮助,公安机关警力再多,装备再好,也难以真正保质保量地完成公安工作任务。

三、新时期公安机关践行全心全意为人民服务宗旨的要求

公安机关作为维护国家长治久安的重要力量,坚持全心全意为人民服务的宗旨,主要是通过完成法律赋予的各项任务和神圣职责来体现的。因此,维护国家安全,维护社会治安秩序,保护公民的人身安全、人身自由和合法财产,保护公共财产,预防、制止和惩治违法犯罪活动,管理社会和服务人民,就是公安机关坚持全心全意为人民服务的主要内容。

公安机关的最大社会优势是密切联系群众。公安机关的生命力来源于人民群众,能否坚持执法为民,从根本上决定着公安工作的盛衰,关系着我们国家的长治久安,关系着中国特色社会主义事业的成败。无论是解决当前公安执法工作和队伍建设中的突出问题,还是推动公安工作和队伍建设开拓新局面,都必须坚持全心全意为人民服务的宗旨,把执法为民根植于广大人民警察头脑之中,贯穿于公安执法活动的每个环节,落实到公安队伍建设的各个方面。在新的历史时期, 公安机关坚持全心全意为人民服务的宗旨,就是要求做到以下五个方面:

(一) 牢固树立为民服务的宗旨意识

牢固树立宗旨意识,是全心全意为人民服务的思想基础。公安机关要摆正自己的位置,明确公安机关的权力是人民赋予的,一切权力来源于人民。公安机关人民警察要切实增强自身的公仆意识,真正理解公仆的含义,自觉摆正自己的位置,端正对人民群众的态度,坚决革除以管理者自居的特权思想,不断改进工作方法,完善服务态度,提高办事效率,更好地为人民群众办事,树立起人民警察一心为民的公仆形象。要从思想上认识人民群众的巨大作用,在行动上真心实意地为人民群众谋利益。

(二) 坚持以人民群众的利益为出发点和落脚点

全心全意为人民服务,一个最基本的要求就是要坚持一切从人民群众的根本利益出发。我们每做一项工作,都要注意听取人民群众的意见,反映人民群众的心声,满足人民群众的要求。只有想人民群众之所想,急人民群众之所急,才能赢得人民群众的信赖,才能真正成为人民利益的忠诚卫士。

（三）强化守土有责意识，认真履行公安工作职责

公安机关和人民警察坚持全心全意为人民服务的宗旨，就是要在本职工作中恪尽职守，爱岗敬业，高质量地做好本职工作。依法严厉打击刑事犯罪，依法严格治安管理，保护国家、集体的财产安全和人民群众的切身利益，维护良好的社会治安秩序，努力完成法律赋予的各项任务。

（四）坚持改革创新和与时俱进的作风，不断提高服务质量

公安机关和人民警察面对新形势和新任务，要高度重视和加强公安队伍建设，努力适应形势发展的要求，积极进取，与时俱进，努力开展多方面、高质量的便民、利民活动，改善服务态度，扩大服务领域，为人民群众提供更多、更好的服务，让人民群众满意。

（五）自觉接受人民群众的监督

只有人民群众满意，才是我们做好公安工作的标准。公安机关要增加工作的透明度，依法办事，廉洁勤政，听取群众的意见和批评，严格执法，把公安工作置于人民群众监督之下。进一步扩大警务公开，及时主动地组织新闻发布工作。针对影响群众安全感的、群众关注的重大案件、重大事故、重大群体性事件等，及时进行新闻发布，及时回应群众关切，有效宣传公安工作，便于广大人民群众更多地了解公安工作，监督公安工作，支持公安工作，改进公安工作。

章后思考题

1. 警察的本质是什么？
2. 公安机关的性质是什么？
3. 公安机关的根本属性是什么？
4. 公安机关的组织属性是什么？
5. 试述公安机关的宗旨及其践行要求。
6. 新时期公安机关践行全心全意为人民服务宗旨的要求有哪些？

本章拓展阅读

第六章　公安机关的职能与任务

第一节　公安机关的职能

职能，是指一定的人员、事物和组织机构所具有的功能和应起的作用。公安机关的职能，是指公安机关在维护公共安全过程中所具有和发挥的社会效能或作用。公安机关的职能是国家本质和国家职能的内在要求与具体表现，国家本质和国家职能的性质决定了公安机关职能的性质、基本内容和实施方式。

公安机关作为国家机器的重要组成部分，在实施国家的政治统治职能和社会管理职能中发挥着至关重要的作用。一方面，它是国家打击犯罪的重要手段之一；另一方面，它是国家管理和维护社会公共安全事业的专门职能系统，它对社会治安秩序的管理和对刑事犯罪的侦查控制，能够为经济社会发展和人民安居乐业创造稳定的治安环境。它拥有国家法律赋予的权力，在一般的行政手段不足以解决矛盾时，公安机关以其强制性的力量来保障国家统治与管理活动的顺利进行。从社会调控的角度而言，公安机关作为国家调控机制中的重要组成部分，始终按照国家的意志行使调控社会的基本职能。

公安机关的性质是公安机关职能的根据，公安机关的职能则从社会作用上反映了公安机关的性质。从不同的角度看，公安机关的职能有不同的分类：(1) 从调整国家根本政治关系的作用看，公安机关具有专政职能和民主职能；(2) 从处理国家的内外关系来看，公安机关的职能可分为对内职能和对外职能；(3) 从公安机关业务工作手段来看，公安机关有侦查职能、保卫职能、武装职能、治安行政管理职能等；(4) 从公安机关担负的任务来看，公安机关有打击犯罪、维护治安、行政管理、服务人民的职能；(5) 从社会控制的角度来看，公安机关具有执行法律、维持秩序和公共服务三个方面的职能。

尽管从不同角度出发，对公安机关职能的表述不尽相同，但考察这些职能的内容，它们之间或意思相近，或具有交叉、包含的关系。其中，公安机关的专政职能和民主职能，从根本上体现了公安机关的性质，是对其他职能表述的高度概括，而从不同角度表述的职能又都是对专政和民主两个职能的展开与具体化。因此，公安机关的基本职能，是指从政治关系角度认识的专政职能和民主职能。

一、公安机关的专政职能

公安机关的专政职能，是指公安机关在中国共产党的领导下，团结和依靠广大人民群众，依照国家宪法和法律，对危害国家安全的敌对势力、敌对分子和严重危害社会治安秩序的犯罪分子进行镇压、制裁、改造和监督，以巩固人民民主专政的国家政权，维护人民群众利益的社会作用与效能。

公安机关的专政职能是由国家政治统治职能决定的，其任务是解决有关国家安全和社会治安中的敌我矛盾，其实质是代表国家和人民对敌人实行政治统治。在社会发展的不同阶段，公安机关的专政对象不同，它是随着历史发展和阶级关系的变化而不断变化的。现阶段公安机关的专政对象是国内外蓄意破坏和推翻社会主义制度、严重危害人民利益的敌对势力、敌对分子；危害国家安全和严重破坏、扰乱社会治安秩序的刑事犯罪分子。

现阶段公安机关的专政对象较为复杂，主要有以下特征[①]：(1) 他们采取的敌对性行为威胁国家、社会、人民和民族的安全、生存、完整与发展，属于对抗性的敌我矛盾，具有最大的危害性。这决定了同他们斗争的尖锐性。(2) 他们反国家、反人民、反社会、反民族的行为具有蓄意性，有处心积虑、长期蓄谋的思维特征。其犯意不是偶发的、过失的，而是顽固的。这决定了同他们斗争的不可妥协性。(3) 面对强大的政权和群众，除了疯狂行动者，他们大多采取潜伏性、伪装性手段，有的甚至采用长期隐蔽的战略，培养继承力量。这决定了同他们斗争的长期性。(4) 他们除了发展组织之外，力求社会化，蒙蔽群众，作群体性扩展（如反动会道门组织、"法轮功"等邪教组织）。对敌对势力的斗争往往涉及部分群众，政治的斗争又连带了社会问题，形成了两类不同性质矛盾的交叉。这决定了同他们斗争的高度复杂性。(5) 积聚和发展破坏性手段。当代，特别是具有危害性、扩张性的犯罪组织，极力发展其犯罪的手段和装备。大规模杀伤性武器也被恐怖犯罪集团利用。一些大规模的犯罪组织网罗人才，注意尖端科技的发展动向，实现"犯罪现代化"。(6) 具有严重的腐蚀性。那些严重的贪污腐化分子、严重的经济犯罪分子以及黑社会性质组织不但是社会的"蛀虫"，而且以腐朽意识毒化社会，因此在意识形态领域存在尖锐的斗争。

公安机关承担的专政职能是公安机关性质的必然体现。公安机关专政职能的削弱，就意味着国家专政职能的削弱，这必将影响国家的安全和社会的安定，关系到人民民主专政国家政权的巩固与否。在现阶段，虽然国家的工作重心是发展经济，阶级斗争已经不是我国社会的主要矛盾，但这并不意味着公安机关的专政职能可以削弱。近年来，境内外各种敌对势力和敌对分子的颠覆、分裂、破坏活动依然存在，严重的刑事犯罪案件数量居高不下，犯罪的动态化、组织化、职业化和智能化的趋向越来越明显，新的犯罪形式和犯罪手段不断出现，直接威胁到国家安全和社会稳定。面对严峻的斗争形势，公安机关必须增强敌情观念和专政意识，强化专政职能，充分发挥打击犯罪、巩固政权、维护国家安全和社会稳定的作用。

总之，公安机关专政职能的具体内容可以概括为：从专政的目的来说，是保卫人民民主专政的国家政权，巩固社会主义制度；从专政的对象来看，是对敌对势力、敌对分子和严重刑事犯罪分子实行打击；从专政的手段来说，是打击、制裁、改造与监督并用。

二、公安机关的民主职能

公安机关的民主职能，是指公安机关依照国家政策和法律，对人民的民主、安全和合法权益进行保护的社会职能。公安机关必须服从人民的意志，全心全意为人民服务，密切联系和依靠人民群众，调动人民群众的积极性，正确处理有关国家安全和社会治安方面的人民内部矛盾。

---

① 参见康大民：《公安队伍应当把学习人民民主专政理论提上重要日程》，载《公安学刊（浙江警察学院学报）》2008年第2期。

建设高度的社会主义民主，是我国政治文明建设的重要目标。社会主义民主，在本质上是实现人民当家做主。社会主义民主要通过整个国家机关的职能表现出来，其中包括公安机关的职能。作为人民民主专政的重要工具，公安机关的专政职能反映的是公安机关与敌人的关系，民主职能反映的是公安机关与人民的关系。因此，民主职能是我国公安机关性质的又一个具体体现。在现阶段，充分发挥公安机关的民主职能，有助于密切党和政府与人民群众的关系，调动人民群众参与治安工作的积极性，进一步加强对敌专政的职能，确保国家法治建设的健康发展。

公安机关民主职能的主要内容包括[①]：

第一，依靠人民。人民群众是社会主义现代化建设的主力军，也是保卫国家安全和维护社会治安的基本力量。公安机关要发动和组织人民群众参与治安管理、与违法犯罪作斗争，要建立健全维护社会治安的民主机制，包括参与机制、监督机制、群防群治机制等，这是公安工作的基础。

第二，保护人民。公安机关要依法充分运用各种公安专业手段，打击敌人，惩治犯罪，处罚违法，防治群体性事件及治安事故，保护人民的人身权利、民主权利和财产权利，做人民的忠诚卫士。

第三，教育人民。公安机关要采取多种形式，对人民群众进行公安政策和公安法制的宣传教育，普及法律知识，增强责任意识。通过调解纠纷、对一般违法犯罪分子进行教育挽救等，教育人民遵纪守法。用民主的方法、说服教育的方法调整人民内部关系，解决人民内部矛盾。

第四，管理社会公共安全事务。在社会治安方面，公安机关通过执法、宣传、预防、监督、控制、协调和服务等多种行政管理活动，为人民群众的生产、工作、学习、科研、娱乐等社会生活创造正常的秩序和良好的环境。

第五，服务人民。公安机关要真正把人民群众的呼声作为第一信号，把人民群众的需求作为第一选择，把人民群众的利益作为第一考虑，把人民群众的满意作为第一标准，要满腔热情地为人民群众提供优质高效的服务，全心全意地服务于人民，当好人民的公仆。

在我国建设社会主义政治文明的历史新时期，广大人民群众的民主意识不断提高，对公安机关的民主职能提出了越来越高的要求。公安机关要想更好地履行民主职能，必须增强公安机关人民警察的民主意识，切实保障公民的合法权益，加强公安队伍的正规化建设，密切与人民群众的关系。

三、公安机关专政职能与民主职能的关系

公安机关的专政职能与民主职能是对立统一的关系，它们之间既有区别，又有联系。

（一）专政职能与民主职能的区别

所谓区别，是指公安机关的专政职能和民主职能都有各自的特定对象和特定方法。公安机关专政职能与民主职能的区别主要表现在两个方面：

第一，对象不同。对谁专政，对谁民主，这是一个根本立场和政治原则问题，是关系到公

---

① 参见蔡炎斌主编：《公安学基础理论》（第三版），中国人民公安大学出版社 2020 年版，第 81 页。

安机关性质和公安工作成败的首要问题。公安机关专政的对象是敌对势力、敌对分子和严重刑事犯罪分子,而民主的对象是人民。二者之间有着原则性区别,绝对不能混淆。

第二,方法不同。由于公安机关专政和民主的对象不同,处理的方法也就有所区别。对敌人使用镇压、制裁、改造和监督等专政手段,而对人民实行教育、说服、批评与自我批评等民主的方法。也就是说,要针对不同的对象,采取不同的方法,解决不同性质的矛盾。

(二)专政职能与民主职能的联系

所谓联系,是指公安机关的专政职能与民主职能是互相依存、互相渗透、互相促进的关系。对敌人专政与对人民民主这两种职能渗透于公安机关活动的整个过程和各项业务工作之中,两者紧密结合、不能分割。具体来说,这种联系表现在:公安机关专政职能是民主职能的基本保障,民主职能是专政职能的社会基础。只有保障绝大多数人享有高度的民主,才能对极少数敌人实行专政;只有对极少数敌人实行专政,才能够充分保障大多数人的民主权利。因此,公安机关对敌人的专政越有力,人民的民主、安全等合法权益就越有保障;公安机关对人民的民主实现得越充分,对敌人专政的社会基础就越深厚。

有必要特别强调的是,民主对于专政具有主导决定意义:人民民主的原则决定了专政的方向和作用,专政不能背离人民民主原则,绝不允许把专政的矛头指向人民民主制度和对付人民内部矛盾。公安工作的任务常常概括为"打击敌人、保护人民",就是对公安工作的民主职能与专政职能相结合的完整体现与原则界定。这种基本关系决定了公安机关的民主职能与专政职能必须紧密地、正确地结合起来。[①]

第二节 公安机关的任务

公安机关的任务,是指公安机关在国家法律所确定的管辖范围内,为实现一定的目标所承担的工作内容。公安机关的任务是由公安机关的性质和职能决定的。公安机关的任务是一个多形式、多层次的系统,从宏观到微观,依据不同的部门、不同的专业、不同的时间和空间,可以对公安机关的任务作出不同的划分。从时间上划分,有目前任务和长远任务;从范围上划分,有局部任务和全局任务;从层次上划分,有基本任务和具体任务。

公安部召开的第二十次全国公安会议指出:在新的历史时期,公安机关的总任务是维护国家安全和社会稳定。《人民警察法》第2条第1款规定:"人民警察的任务是维护国家安全,维护社会治安秩序,保护公民的人身安全、人身自由和合法财产,保护公共财产,预防、制止和惩治违法犯罪活动。"基于此,公安机关的基本任务包括以下五个方面。

一、维护国家安全

国家安全,是关系到一个国家领土完整、主权独立和政权巩固的根本大事。邓小平同志指出:"国家的主权和安全要始终放在第一位。"[②]维护国家安全,就是要保卫我国人民民主专政政权和社会主义制度不受侵犯,保卫我国的国家主权和领土完整不受侵犯。《国家安全法》

---

① 参见蔡炎斌主编:《公安学基础理论》(第三版),中国人民公安大学出版社2020年版,第82页。

② 《邓小平文选》(第三卷),人民出版社1993年版,第347页。

规定：国家安全机关、公安机关、有关军事机关根据职责分工，依法搜集涉及国家安全的情报信息，在国家安全工作中依法行使侦查、拘留、预审和执行逮捕以及法律规定的其他职权。依据公安机关的专政职能，公安机关在维护国家安全工作中负责防范、打击敌视和破坏我国社会主义制度的敌对势力和敌对分子，民族分裂势力和民族分裂分子，利用宗教进行破坏活动的敌对势力和敌对分子，以及其他敌对势力和敌对分子。公安机关按照国家规定的职权划分，要明确自身的工作任务和范围，承担维护国家安全的神圣职责。

随着我国政治、经济形势的发展，维护国家安全的工作更加复杂和艰巨，影响我国国家安全和社会稳定的因素不断增加。当前，传统安全威胁因素和非传统安全威胁因素相互交织，恐怖主义危害加剧，民族宗教问题日显突出，成为危及我国社会和谐稳定的重要隐患。国际上的敌对势力采取“和平演变”战略对我国进行渗透、破坏和颠覆活动，分裂与反分裂的斗争复杂、尖锐；国内一些对人民民主专政政权心存不满的犯罪分子也与境外敌对势力遥相呼应，妄图推翻我国的社会主义制度。对此，公安机关决不可掉以轻心，要始终坚持对敌斗争的坚定性和主动性，高度重视打击和积极防范危害国家安全行为的发生，运用法律武器和管理手段同敌对势力进行坚决的斗争，切实担负起维护国家安全的使命。维护国家安全主要包括三个方面的内容：

第一，积极防范危害国家安全的违法犯罪行为的发生。要严密防范境内外敌对势力的渗透颠覆活动，坚决打击和防范民族分裂势力、宗教极端势力和暴力恐怖势力的破坏活动。要对公民和组织进行教育，增强他们的国家安全意识，以自觉维护国家安全，同危害国家安全的违法犯罪行为作斗争。此外，还要堵塞工作和制度上的漏洞，使国内外的敌对势力无机可乘。

第二，及时发现和制止危害国家安全的违法犯罪行为，将其遏制在萌芽状态，以避免造成危害国家安全的严重后果。加强情报、侦查、控制和网上斗争，增强预见性、敏感性，提高发现、控制和处置能力，紧紧把握斗争的主动权。

第三，坚决打击和惩治危害国家安全的违法犯罪分子，使境内外敌对势力和敌对分子的渗透颠覆活动，民族分裂势力、宗教极端势力、暴力恐怖势力及其他非法组织的破坏活动得到严惩，同时也对其他不法分子形成有效威慑。

二、维护社会治安秩序

社会治安秩序，是指由警察法律法规所确认和维护的有关维护国家安全、社会安全和公民权益的社会秩序，包括工作秩序、劳动生产秩序、教学秩序、公共场所秩序以及家庭生活秩序等。维护社会治安秩序是维护整个社会秩序的重要保障，同时，良好的社会治安秩序、稳定的社会局面也是进一步深化改革、扩大开放、加快社会主义现代化建设的前提和保证。社会稳定是指在人民民主专政条件下，社会主义建设事业按照客观规律并遵循社会主义法制轨道协调发展的和谐状态。社会稳定包括政治稳定、经济稳定、思想稳定、生活稳定和治安稳定。上述任何一个方面的不稳定，往往通过治安秩序问题表现出来，治安方面不稳定的问题也可能引起其他方面的不稳定。我国当前刑事犯罪活动呈现出动态化、组织化、职业化和智能化等复杂多变的形势，治安问题呈现出长期性、复杂性和反复性的特征。因此，维护社会治安秩序和社会稳定是公安机关的重要任务。社会治安稳定工作要坚持做到“两个坚决”，即坚决遏制刑事犯罪的高发势头，坚决扭转少数地方治安混乱的局面；实现“两个确保”，即确保社会治安大局稳定，确保人民群众安全感不断增强。当前，维护社会治安秩序和社会稳定的工作主要有以下四个方面的内容：

第一，积极防范和制止危害社会治安秩序的违法犯罪行为。对公民进行法制宣传，增强公民的法律意识，使他们自觉地同危害社会治安秩序的违法犯罪行为作斗争。充分发挥公安机关的职能作用，调动社会各方面力量，运用各种手段进行社会治安综合治理，增强整个社会的防范机制。人民警察对于已经发生的危害社会治安秩序的违法犯罪行为，应当行使法律赋予的职权，坚决予以制止。

第二，坚决惩治危害社会治安秩序的违法犯罪分子。公安机关要依法坚决打击、制裁那些扰乱、破坏社会公共秩序、生产秩序、工作秩序、教学科研秩序和人民群众生活秩序的违法犯罪行为，维护社会稳定，营造和谐、稳定氛围，切实增强人民群众的安全感。

第三，全力维护社会稳定，积极预防、妥善处置群体性事件，依法化解社会矛盾和群众纠纷，巩固和发展安定团结的政治局面。近年来，由人民内部矛盾引发的群体性事件已成为严重影响社会稳定的突出问题，群体性事件参与人数多、社会影响大，对社会稳定的冲击更大。如果不能妥善处置，个别问题、局部问题就可能演化为全局问题，非对抗性问题可能转化为对抗性问题，造成严重的社会影响。

第四，依法进行维护社会治安秩序的行政管理，创造良好的社会环境。治安行政管理，是指公安机关及其人民警察，代表国家执行有关法律，进行维护社会秩序和公共安全、保护国家利益和公民生命财产不受非法侵害的各种组织活动。根据《人民警察法》第 6 条规定，公安机关的行政管理职责包括：公共秩序，公共安全，户政，国籍，入出境，边防，集会、游行、示威活动，特种行业，道路交通，消防监督，计算机信息系统的安全保护，枪支弹药，危险物品，安全警卫等管理工作。打击一切危害治安行政管理的违法行为，是保护国家、集体利益和公民的合法利益不受侵犯，有效维护社会秩序和公共安全的重要手段。

三、保护公民的人身安全、人身自由和合法财产

（一）保护公民的人身安全

公民的人身安全包括公民的生命权、健康权。保护公民的人身安全，就是保护公民的生命权、健康权不受侵犯，依法惩治杀人、伤害、抢劫、绑架、强奸、强迫妇女卖淫和拐卖人口等侵犯公民人身权利的违法犯罪活动。

（二）保护公民的人身自由

公民的人身自由包括公民的身体自由、人格尊严、住宅、通信自由和通信秘密。保护公民的人身自由，就是保护公民的身体自由（狭义的人身自由）、人格尊严、住宅、通信自由和通信秘密不受侵犯。我国《宪法》第 37 条规定：“中华人民共和国公民的人身自由不受侵犯。任何公民，非经人民检察院批准或者决定或者人民法院决定，并由公安机关执行，不受逮捕。禁止非法拘禁和以其他方法非法剥夺或者限制公民的人身自由，禁止非法搜查公民的身体。”第 38 条规定：“中华人民共和国公民的人格尊严不受侵犯。禁止用任何方法对公民进行侮辱、诽谤和诬告陷害。”第 39 条规定：“中华人民共和国公民的住宅不受侵犯。禁止非法搜查或者非法侵入公民的住宅。”第 40 条规定：“中华人民共和国公民的通信自由和通信

秘密受法律的保护。除因国家安全或者追查刑事犯罪的需要,由公安机关或者检察机关依照法律规定的程序对通信进行检查外,任何组织或者个人不得以任何理由侵犯公民的通信自由和通信秘密。”公安机关保护公民的人身自由,就是要同各种侵犯公民人身自由、人格尊严、住宅、通信自由和通信秘密的违法犯罪行为作斗争。同时,公安机关作为保护公民人身自由的主要国家机关,在执法过程中,要严格遵守有关法律、法规及相关制度的规定,做到文明执法,尊重各民族信仰和地方性的风俗习惯,严禁利用职权侵害公民的人身自由。

(三)保护公民的合法财产

合法财产是公民通过合法途径取得的个人财产,我国《宪法》第 13 条明确规定,公民的合法的私有财产不受侵犯。公民个人的合法财产是我国法律保护的对象,因为它们是保障我国公民生存和发展的物质基础,也是我国进行社会主义现代化建设的物质保障。公安机关要依法保护个人合法财产,预防、制止非法侵害、毁损公共财产和公民个人合法财产的不法行为,严厉打击各类经济犯罪活动。同时,公安机关还要开展相关的宣传教育活动,增强公民的自我防范意识,自觉地同侵害公民合法财产的违法犯罪行为作斗争。

四、保护公共财产

公共财产是国家的财富资源,是社会主义经济建设的基础和主要力量,是我国社会主义经济基础的主要组成部分。我国《宪法》第 12 条规定:“社会主义的公共财产神圣不可侵犯。国家保护社会主义的公共财产。禁止任何组织或者个人用任何手段侵占或者破坏国家的和集体的财产。”

公共财产是国家和集体的财产,包括国家自然资源,生态环境,公共设施,国有企业、国家机关和事业单位的财产,集体所有财产以及中外合资、中外合作企业的公共财产。保护社会主义的公共财产,是国家赋予公安机关的重要任务。公安机关要做好以下工作:保护国家的、集体的各种财富不受侵占、分割;严禁任何组织和个人采用任何手段占有和破坏公共财产;保护社会主义市场经济的正常运行秩序;依据《刑法》《刑事诉讼法》及《治安管理处罚法》等法律法规的规定,坚决打击以各种手段侵犯公共财产的违法犯罪行为,积极挽回损失。同时,在发生火灾、地震等治安灾害事故和自然灾害事故时,公安机关要积极组织参加抢险救灾,保护公共财产的安全。

五、预防、制止和惩治违法犯罪活动

违法犯罪活动是危害国家安全和侵犯公民权利、威胁社会稳定和破坏公私财物的行为,同时也是危害社会制度和统治秩序的行为。国家通过法律确认了违法犯罪行为,反映了统治阶级意志,违法犯罪是为社会制度和统治秩序所不容的。预防、制止和惩治违法犯罪活动,是公安机关及其他司法机关共同承担的重要任务。新时代新征程公安机关面临着如何有效地预防和打击敌对势力、敌对分子的破坏活动,积极防范和严厉打击各种严重刑事犯罪的新形势和新挑战。

第一,要通过依法打击严重刑事犯罪活动,不断提高打击犯罪的针对性、主动性和实效性,形成有力威慑。公安机关在强化打击的同时,要努力加强预防和控制工作,加强基层基础工作,建立健全群防群治的治安防控体系。

第二，进一步强化多警种相互配合的快速反应机制，形成社会联动体系，提高侦破各类刑事案件、抓获现行犯罪分子、处置突发事件的能力。对各类刑事犯罪分子，必须依法予以打击惩治，并进行教育改造，使他们弃恶从善，改邪归正。对于那些已经重新回归社会的刑满释放人员，要会同相关单位部门，继续进行关心帮教，提高矫治成功率，降低重犯率。

第三，要在全社会进行广泛、深入的法治宣传教育，使法治理念深入人心，使知法、尊法、守法观念深入人心，加强经常性治安管理，实行社会治安综合治理，提高公民自觉守法意识和治安责任意识，形成全社会的治安防控体系。

章后思考题

1. 公安机关专政职能和民主职能的含义分别是什么？
2. 公安机关专政职能与民主职能的区别与联系是什么？
3. 公安机关的基本任务是什么？
4. 维护国家安全的主要内容是什么？

本章拓展阅读

第七章　公安机关的职责与权力

公安机关的任务是通过履行职责和行使权力来实现的。公安机关人民警察的职责和权力是国家以法律的形式对其责任和管辖范围的界定。公安机关人民警察的职责与权力是相互联系、相互作用、辩证统一的关系。警察职责确定警察权力的目的与范围，是警察权力的基础。警察权力是实现警察职责的措施和手段，是警察履行职责的保障。

第一节　公安机关的职责

一、公安机关职责的概念和特点

（一）公安机关职责的概念

职责，是指职务上应尽的责任，即职业责任。公安机关的职责，是公安机关依法在管辖范围内应承担的责任和义务。公安机关的职责，是由公安机关的性质和任务所决定的，是国家依法确定的公安机关的管辖范围和工作责任。公安机关的职责是公安机关职能和任务的具体化。公安机关的职责主要包含以下几层含义：

第一，公安机关的职责是由国家的法律、法规所确定的，具有法定性。公安机关的职责是由《人民警察法》《治安管理处罚法》等有关法律、法规明文规定的，具有严格的法定性，要求人民警察必须严格遵照法律规定，认真履行职责，秉公执法，不得超越法定的职责范围；在履行职责时，不受其他机关、团体和个人的干涉；必须切实保障人民、单位和社会组织的合法权益，自觉接受国家和人民的监督，对国家和人民负责。

第二，公安机关的职责是由公安机关的性质和任务决定的，是人民警察任务的具体化。《人民警察法》第 2 条第 1 款规定："人民警察的任务是维护国家安全，维护社会治安秩序，保护公民的人身安全、人身自由和合法财产，保护公共财产，预防、制止和惩治违法犯罪活动。"公安机关人民警察依法在管辖范围内承担的职责正是以上五大任务的具体化。人民警察职责履行的效果，直接关系到人民警察任务的完成。同时，公安机关的职责也是公安机关实行对人民民主、对敌人专政的具体体现。

第三，公安机关的职责明确了人民警察在法律上应承担的责任和义务。公安机关的职责不仅确定了人民警察的工作范围，而且确定了公安机关对国家和人民在法律上应当承担的责任和应尽的义务。公安机关人民警察必须严格以法律为行为准则，以高度的责任心和事业心，认真履行法律、法规所赋予的职业使命，公平、公正地做好各项执法工作。人民警察不依法履行职责，或者在履行职责过程中违法而侵害公民、法人的合法权益，必须承担相应的行政和法律责任。

（二）公安机关职责的特点

公安机关的职责具有法律性、政治性、行政性、有限性和责任性特点。法律性，即公安机关的职责是由国家法律和法规所确认的。政治性，即公安机关的职责体现国家政权的根本属性。行政性，即公安机关的职责反映了国家行政管理的部分职能。有限性，即公安机关的职责是有范围的，超过范围就是越权。责任性，即公安机关及其人民警察必须依法履行职责，如不履行职责或滥用职权，就要受到纪律甚至法律的追究。

二、公安机关职责的内容

公安机关的职责是国家赋予公安机关人民警察的任务，是通过制定及实施警察法律法规加以规范的，既是向国家承担的一种法律义务，也是一种法律责任。

根据《人民警察法》第 6 条规定，以及结合目前公安机关机构改革的实际情况，公安机关的人民警察按照职责分工，依法履行以下 13 项基本职责[①]：

（一）预防、制止和侦查违法犯罪活动

预防违法犯罪，就是人民警察和有关机关、团体、企事业单位以及人民群众密切配合，进行综合治理，铲除违法犯罪的因素和根源，防止违法犯罪活动发生。制止违法犯罪活动就是人民警察依法采取强制措施，制止违法犯罪人员继续进行违法犯罪活动。侦查违法犯罪活动就是人民警察依法收集证据、揭露、证实犯罪和查获犯罪人的活动。

（二）维护社会治安秩序，制止危害社会治安秩序的行为

社会治安秩序是由法律所规定的维持社会安定的基本秩序，包括社会秩序、生产秩序、工作秩序、教学科研秩序和人民群众的生活秩序，以这五种秩序为主要内容的社会治安秩序，同国家安全、现代化建设和人民群众的生命财产安全密切相关。人民警察作为国家的社会治安力量，对维护社会治安秩序，制止危害社会治安秩序的行为，保证社会稳定，具有不可推卸的责任。

（三）维护交通安全和交通秩序，处理交通事故

交通安全是指人们走路和车辆行驶不出现事故。人、车、道是涉及交通安全的三大要素。交通秩序是指依据交通法律法规，通过交通管理人员对道路参与人的管理所形成的有条不紊的交通状态。交通秩序包括行车秩序、停车和候车秩序、占用道路施工或摆摊、设点秩序以及行人走路秩序。交通事故是指车辆驾驶人员、行人、乘车人以及其他在道路上进行与交通有关活动的人员，因违反有关道路交通安全法律法规的行为，过失造成人身伤亡和财产损失的事故。

（四）管理枪支弹药、管制刀具和易燃易爆、剧毒、放射性等危险物品

公安机关管理的危险物品是指具有杀伤、爆炸、毒害或放射性等性能，在管理失当的情况下，易引起重大伤亡和物质严重损毁，并导致公众心理恐惧，危害公共安全和社会秩序的物品。目前，列入公安机关管理范围的主要危险物品包括：一是枪支弹药；二是管制刀具；三是民用爆炸物品；四是剧毒物品；五是易燃化学物品；六是放射性物品与核材料。

（五）对法律、法规规定的特种行业进行管理

特种行业是指所经营的业务性质和内容，易于被违法犯罪人员利用，进行落脚藏身、伪造

---

① 《人民警察法》第 6 条关于公安机关人民警察基本职责的规定中，第 4 项为“组织、实施消防工作，实行消防监督”。鉴于目前公安机关机构改革，消防部门及其职责已归入应急管理系统，故此处将涉及消防工作与消防监督的职责删除。13 项基本职责的具体解释参见王明生主编：《公安学基础新论》，中国人民公安大学出版社 2015 年版，第 114—117 页。

证件、印信,销赃、盗窃、诈骗、走私、贩毒等违法犯罪活动,由公安机关对其实行治安行政管理的行业。当前,归公安机关管理的特种行业包括:一是旅馆业,包括旅馆、旅社、客栈、车马店和住客的饭店、浴室、茶社以及对外营业的宾馆、招待所等;二是刻字业,包括刻字店、刻字社、刻字摊;三是旧货业,包括信托寄卖商店、收购生产性废旧金属站点等。此外,各地根据实际需要,认为有必要列入管理的行业,经省、市、自治区人民政府批准,也可列入治安行政管理范围。例如,有的省把大牲畜交易列入特种行业管理。

(六)警卫国家规定的特定人员,守卫重要的场所和设施

对国家规定的特定人员和重要场所和设施进行特殊保卫是公安机关人民警察的重要职责。公安机关的人民警察警卫的特定人员包括:党的最高领导机关的成员、国家最高领导机关的成员、全国人民代表大会常务委员会的领导成员、中央军委的领导成员、全国政协的领导成员、最高人民法院院长、最高人民检察院检察长以及与国内同级别的外国来宾、重要政府部长和按上述规格接待的其他外宾。人民警察守卫的重要场所和设施包括:中央首脑机关,省、自治区、直辖市党、政、军领导机关,重要会议和重大集会场所,国家科研部门,卫星发射基地,重要的桥梁、隧道、水利设施,大型发电厂等。

(七)管理集会、游行、示威活动

人民警察管理集会、游行、示威,目的是保障我国宪法规定的公民行使集会、游行、示威的权利,并维持社会安定和公共秩序。具体包括五方面的工作:一是受理公民依照《集会游行示威法》的规定提出的集会、游行、示威的申请;二是依法决定许可或不许可公民举行集会、游行、示威,并书面通知申请人;三是对于依法举行的集会、游行、示威,维护交通秩序和社会秩序,保证集会、游行、示威的顺利进行,防止任何人以暴力、胁迫或其他非法手段扰乱、冲击和破坏依法举行的集会、游行、示威,防止不法分子乘集会、游行、示威之机,进行违法犯罪活动;四是依法处理非法举行的集会、游行、示威;五是依法处理在集会、游行、示威活动中违反《治安管理处罚法》的人,对构成犯罪的,依法追究其刑事责任。

(八)管理户政、国籍、入境出境事务和外国人在中国境内居留、旅行的有关事务

户政管理是指户口的管理和居民身份证的管理。户口管理包括常住、暂住、死亡、迁移、变更等登记制度和调查、统计等管理事务;居民身份证管理包括居民身份证的制作、签发、换发、补发、收回、收缴、查验等工作。国籍管理是指中华人民共和国国籍的加入、退出、恢复、确认等事务。外国人入境出境管理主要是对外国人和无国籍人的入境、出境、过境等事项的管理;中国公民出入境管理主要是对中国公民(包括华侨及港、澳、台同胞)出入境所实施的审批和管理。管理外国人在中国境内居留、旅行的有关事务,是指对外国人、无国籍人在中国境内居留、旅行及设置机构,违法犯罪活动的查处,人身财产权利的保护等事务的管理。

(九)维护国(边)境地区的治安秩序

国(边)境管理工作是具有武装性质的边境安全保卫工作,是国家安全保卫工作的一个重要方面,是公安保卫工作的重要组成部分,具有执行人民民主专政和处理边境涉外事务的职能。国(边)境管理的基本任务包括:在沿边、沿海地区,依照国家法律和政策,通过专门机关和广大人民群众相结合的途径,武装警卫国(边)界,加强治安管理和对敌斗争,防范和打击潜入潜出的敌人和其他犯罪活动,正确处理边境涉外事务,维护边境地区的社会秩序,维护国家主权、领土完整,保卫国家安全,保障国家社会主义现代化建设顺利进行和边疆民族地区的经济发展[①]。

（十）对被判处拘役、剥夺政治权利的罪犯执行刑罚

拘役是指短期剥夺犯罪人的人身自由，就近强制实行劳动改造的刑罚方法，是介于管制和有期徒刑之间的一种较轻的刑罚，由人民法院判决。被判决拘役的犯罪人交由公安机关人民警察在拘役所执行，刑满释放。剥夺政治权利即剥夺犯罪人参加国家管理和政治活动权利的刑罚方法。对于被判处拘役、剥夺政治权利而又交由公安机关执行的犯罪人，公安机关应严肃认真执行刑罚工作。

（十一）监督管理计算机信息系统的安全保护工作

计算机信息系统的安全保护范围分为三部分：一是物理组成部分的安全，即保障计算机及相关配套的设施、设备的完好，运行环境安全，从而保障计算机系统资源不受自然和人为因素造成事故的危害；二是信息安全保护，即保障信息的完整性、可用性，防止泄露；三是功能安全保护，即保障计算机信息系统的控制力和恢复能力，防止非法存取信息，防止系统故障影响信息处理的正常工作。公安机关人民警察对计算机信息系统安全工作的监督管理，其具体内容包括：一是监督、检查、指导计算机信息系统的安全保护工作；二是查处危害计算机信息系统安全的违法犯罪案件；三是履行计算机信息系统安全保护工作的其他监督管理职责。

（十二）指导和监督国家机关、社会团体、企业事业组织和重点建设工程的治安保卫工作，指导治安保卫委员会等群众性组织的治安防范工作

公安机关人民警察指导和监督上述单位治安保卫工作的内容包括：做好治安保卫的组织工作，指导制定和落实治安保卫制度，指导对内部职工开展法制和治安保卫的宣传教育，开展群众性的治安防范工作，指导对内部经常违法犯罪人员的帮教工作，指导单位保卫部门协助公安机关对被判处刑罚监外执行的犯罪分子的监督考察，指导内部保卫部门协助公安机关查处治安案件和刑事案件，指导协助公安机关管理本单位的暂住人口和外来人口，保卫要害部门的安全，严格保密管理等。重点建设工程要严防违法犯罪和治安灾害事故的发生。

（十三）法律、法规规定的其他职责

《人民警察法》第 6 条对人民警察的职责作了详细的规定，具体列举了以上职责。但是，考虑到随着形势的不断发展变化，社会政治、经济、文化等方面还会面临许多新的问题，公安机关的职责内容也会相应地增加和调整，又增加了一个概括性条款，即“法律、法规规定的其他职责”。这里的“法律”，是指全国人民代表大会及其常务委员会制定的法律。“法规”包括行政法规和地方性法规两种，其中行政法规是指由国务院颁布或者批准的规范性文件；地方性法规是指省、自治区、直辖市人民代表大会及其常务委员会通过的规范性文件。这一概括性的规定为公安机关职责范围的扩充及调整提供了弹性空间与法律上的依据。

除了规定上述法定职责外，《人民警察法》第 19 条还规定，人民警察在非工作时间，遇有其职责范围内的紧急情况，应当履行职责。这一规定一方面指出人民警察在遇到职责范围内的紧急情况时，即使在非工作时间也必须履行职责，不得借口不在工作时间而逃避履行职责；另一方面也确认了人民警察在非工作时间对紧急情况履行职责的合法性。

《人民警察法》第 21 条还规定了公安机关人民警察在救护、扶助、调解等社会公益方面

---

① 参见蔡炎斌主编：《公安学基础理论》（第三版），中国人民公安大学出版社 2020 年版，第 92—93 页。

的责任义务。要求人民警察遇到公民人身、财产安全受到侵犯或者处于其他危难情形，应当立即救助；对公民提出解决纠纷的要求，应当给予帮助；对公民的报警案件，应当及时查处。人民警察应当积极参加抢险救灾和社会公益工作。

三、公安机关主要警种的职责

警种是依据警察职位及工作特征对人民警察作出的类别划分。依据公安机关人民警察承担的工作任务和工作内容，公安机关人民警察可以划分出若干类别。基于公安机关任务的广泛性和多样性，公安机关各警种间的分工与协作是各警种正确履行职责不可或缺的条件。公安机关各警种的职责表现为：

（一）治安警察的职责

治安警察是负责维护社会治安秩序，保障公共安全的人民警察。其主要职责是：依照国家有关法律、法规进行社会治安管理，维护社会治安秩序；处理治安案件；管理特种行业；查禁违禁物品；预防犯罪；了解并掌握社会治安动态；预防和处理治安灾害事故；进行治安巡逻；发动群众参与维护社会治安秩序等。

（二）刑事警察的职责

刑事警察简称“刑警”，是负责刑事案件侦破工作的人民警察。刑事警察包括刑事侦查人员和从事刑事科学技术的法医、化验员、鉴定员、警犬训练员等。其主要职责是：依法进行公开的、秘密的专门调查和运用刑事科学技术，揭露和打击刑事犯罪；运用公开管理手段、秘密力量和群众联防控制社会上的复杂场所，限制和缩小犯罪分子的活动空间；研究犯罪分子的活动规律，防范刑事犯罪活动。

（三）交通警察的职责

交通警察简称“交警”，是负责维护交通安全和交通秩序，处理交通事故，进行交通安全管理工作的人民警察。其主要职责是：依照国家有关交通安全管理的法律、法规，对道路、行人、车辆和驾驶人员进行管理；防止和处理交通事故；开展交通安全的宣传教育；维护交通秩序，保障交通安全和道路畅通。

（四）出入境警察的职责

出入境警察，指的是对我国公民因私出境入境、外国人入境出境、外国人在我国境内停留居留进行管理的人民警察。依照国家有关出入境管理的法律、法规，在省、市、县公安机关设立出入境管理机构，管理、受理签发公民因私出入国（境）证件，实施外国人来华停留居留和永久居留的日常管理，签发口岸签证及其他相应的证件，查处出入境违法犯罪活动等。通过规范出境入境管理，维护我国的主权、安全和社会秩序，促进对外交往和对外开放。

（五）边检警察的职责

边检警察，指的是在对外开放口岸组织实施出入境边防检查、边民出入境检查、临时入境许可和边境地区出入境通行证签发管理的人民警察。对外开放口岸设立出入境边防检查机构，依法实施出入境人员和交通运输工具的查验管理、口岸限定区域管理，防范查处非法出入境活动等；组织指导边境地区边防管理工作；组织实施边控工作。

（六）巡逻警察的职责

巡逻警察简称“巡警”，是指在一定路线或一定地段用巡逻方式进行勤务活动的人民警察。其主要职责是:维护辖区内的治安秩序,预防和制止治安案件和突发性事件;预防和制止犯罪行为;参加处置灾害性事故;维护交通秩序;接受公民报警;劝解、制止公共场所发生的民事纠纷;为社会和公民提供救助和服务等。

(七) 督察警察的职责

督察警察是对公安机关的人民警察执行法律、法规,遵守纪律的情况进行监督的人民警察。其主要职责是对下列事项进行监督:重要的警务部署、措施、活动的组织实施情况;重大社会活动的秩序维护和重点地区、场所治安管理的组织实施情况;治安突发事件处置的情况;刑事案件、治安案件的立案、侦查、调查、处罚和强制措施的实施情况;治安、交通、户政、出入境等公安行政管理法律、法规的执行情况;使用武器、警械以及警用车辆、警用标志的情况;处置公民报警、请求救助和控告申诉的情况;文明执勤、文明执法和遵守警容风纪规定的情况;组织管理和警务保障的情况;履行职责、行使职权和遵守纪律及其他情况。

(八) 网络警察的职责

网络警察是依据法律法规管理互联网络,维护网络空间安全的人民警察。由于网络技术具有高速发展的特点,现行法律、法规还不能及时解决网络世界日新月异出现的新问题,因此,网络安全管理就显得尤为重要。网络安全保卫部门的人民警察依据法律规范管理网络,保护网民利益不受危害,维护网络空间的安全在当前形势下任务艰巨。网络警察的职责可以简单概括为:依法维护网络安全,保护网民的利益,打击网络犯罪。网络警察的具体任务是依法加强信息网络安全监督管理,监督、检查互联网安全管理制度和安全保护技术措施的落实,维护信息网络安全秩序;防范和查处针对信息网络的违法犯罪和主要违法犯罪行为在信息网络中实施的其他违法犯罪,协助查处利用信息网络的违法犯罪;开展互联网信息巡查和处置,及时发现、处置危害国家安全和社会稳定,损害人民群众利益的有害信息;监督、检查、指导重要信息系统的信息安全等级保护工作,承担国家网络与信息安全的信息通报任务。

(九) 特种警察的职责

特种警察简称"特警",其主要职责有:处置突发事件,包括处置严重暴力犯罪事件;处置暴乱、骚乱事件;处置大规模流氓滋事事件等重大治安事件;处置对抗性强的群体性事件;担负重大活动的安全保卫任务;担负特定的巡逻执勤任务等。

(十) 监所警察的职责

监所警察主要是指负责公安机关管理的看守所、拘留所管理的人民警察。其主要职责是看守、管教,即看住在押人员,防止意外事件等发生,管束在押人员,制止"牢头狱霸",教育其好好改造,争取宽大处理。

(十一) 特勤警察的职责

特勤警察指的是公安队伍中从事某些特殊勤务的执行人员,其主要职责有:依法警卫国家规定的特定人员,守卫重要的场所和设施。

虽然公安机关内部作了警种上的划分,然而人民警察是个整体,其战斗力取决于各警种协同作战、整体作战的能力。因此,各警种之间的分工是根据各警种的任务、职责、权限的不同而划分的,其目的是便利日常工作。这种分工是相对的,在发生重大事件或突发性事件时,往往是各警种联合作战,在需要履行职责时,不允许人民警察借口不属其职责范围而拒绝履行。

随着社会形势的发展和变化,公安机关内部警种的划分及各警种的职能内容也会随之进行相应调整,如为了满足打击违法犯罪及维护社会治安的需要,增设或减少一些警种。在全面深化公安改革的背景下,现行警种分工过细,各警种之间职能交叉重叠等问题比较突出,常出现职责不清甚至互相推诿的现象,容易出现重复劳动。改革警种,弱化部分警种概念,一警多能成为现实需要。

从国际上的情况来看,西方很多国家警种上的划分,没有交警、治安警、刑警等说法,无论什么警种,都肩负着打击违法犯罪的使命。警种的划分,固然可以明确分工,但随着社会的进步和经济的发展,警种的划分越来越呈现出诸多弊端:警种划分得越细,工作中越容易出现空白点;警种越多,越容易造成互相推诿扯皮。为有效解决公安机关特别是基层公安机关内部多警种、机关化问题,一些地方公安机关进行警务改革,打破警种划分,淡化警种概念,把警察职责全方位化,整合有限的警力资源,最大限度地把警力摆上街面,加强街面打、防、管、控工作,增强动态治安控制水平。

四、明确公安机关职责的重要意义

公安机关的职责是公安机关基本任务的具体化,明确了公安机关的职责也就明确了公安机关及其人民警察对国家、对人民在法律上应当承担的责任义务,这对公安机关在其管辖范围内行使权力、完成公安工作任务具有重要意义。[①]

第一,明确公安机关的职责,有利于公安机关及其人民警察在管辖范围内依法执行任务,尽职尽责做好本职工作,防止失职行为的发生。公安机关职责明确规定了公安机关及其人民警察的工作范围,以及在其工作管辖范围内应做的工作内容,公安机关及其人民警察只有明确了公安机关的具体职责和工作内容,才能认真有效地承担起责任义务。公安机关及其人民警察应当履行职责而不履行的以失职论,要予以警纪查处,情节严重触犯法律的,追究法律责任。

第二,明确公安机关的职责,有利于公安机关及其人民警察在管辖范围内依法行使权力,防止公安机关及其人民警察应当行使权力而不行使权力,或者越权行为的发生。公安机关的职责是公安机关行使权力的前提,明确职责有利于防止越权行为的发生,主要防止以下两种越权行为:一种是防止公安机关及其人民警察在非职责管辖范围内行使权力。公安工作具有广泛的社会性,工作中与其他工作有一定的交叉与配合,公安机关要防止跨行业行使权力。另一种是防止在公安机关内部职责分工上的越权行为。公安机关内部有不同的警种分工,每个警种都有各自的职责,每个警种的人民警察都要根据法律法规的相关规定履行自己的职责,不能超越职责范围行使权力。

第三,明确公安机关的职责,有利于公安机关及其人民警察明确自己应当承担的法律责任义务,避免因不正确履行职责引起的行政诉讼。公安机关的职责是法定的责任义务,是公安机关依照法律规定必须做的、应该做的,不同于公民的责任义务,公民的责任义务是道义上的责任义务。公安机关及其人民警察应依法履行责任义务,承担应当承担的职责义务,全心全意为人民服务。公安机关及其人民警察未尽到法律责任义务的,要承担因此引起的法律责任。

第四,明确公安机关的职责,有利于公安机关坚持全心全意为人民服务的宗旨。《人民

① 参见王明生主编:《公安学基础新论》,中国人民公安大学出版社 2015 年版,第 120—121 页。

警察法》在确定人民警察法定职责之外，还规定了公安机关在救助、扶助、调解等公益方面的职责，把全心全意为人民服务这一宗旨以法律的形式明确化和具体化，要求公安机关在具体的工作中，贯彻落实全心全意为人民服务这一根本宗旨。公安机关明确自己的职责，有助于坚持全心全意为人民服务的宗旨，也有利于贯彻执法为民的思想。

五、新时代公安机关的政治和社会责任

2019 年 5 月 7 日，习近平总书记在新时代全国公安工作会议上发表重要讲话，从党和国家事业发展全局的高度，全面总结了党的十八大以来公安工作取得的成就、积累的经验，科学回答了新时代公安工作走什么路、向着什么方向发展、怎样发展等一系列具有方向性、原则性、根本性的重大理论和实践问题。习近平总书记强调，公安机关要坚决捍卫国家政治安全、全力维护社会安定、切实保障人民安宁。这是党和人民赋予公安机关的新时代使命任务。全国公安机关要正确把握职责定位，全力推进建设更高水平的平安中国。

（一）捍卫国家政治安全

坚持把防范政治安全风险放在首位，严密防范、严厉打击境内外敌对势力捣乱破坏活动。全面贯彻新时代党的治疆治藏方略，深入推进反恐怖反分裂斗争，确保民族地区持续稳定。深入开展打击整治邪教专项行动，最大限度压缩其活动空间。

（二）维护社会安定

紧紧围绕打好防范化解重大风险攻坚战，全力做好矛盾排查调处和风险化解工作。坚持和发展新时代“枫桥经验”，弘扬新时代“漳州 110”精神，加强和改进公安机关基层社会治理，构建共建共治共享的基层社会治理格局。牢固树立安全发展理念，加强公共安全风险管理，深化安全风险隐患排查整治，严防发生重特大安全事故。

（三）保障人民安宁

始终把人民放在心中最高位置，紧紧围绕人民群众反映强烈的突出治安问题，创新完善打击犯罪新机制新手段，常态化推进扫黑除恶，深入开展专项打击整治行动，严厉打击电信网络诈骗、跨境赌博、涉枪涉爆、非法集资，以及“黄赌毒”“食药环”“盗抢骗”等违法犯罪活动，健全完善立体化信息化社会治安防控体系，切实保障人民群众生命财产安全。

习近平总书记在 2019 年新时代全国公安工作会议上的重要讲话是习近平新时代中国特色社会主义思想的重要组成部分，是新时代公安工作科学发展的强大思想武器和行动指南。新的历史条件下，公安机关要坚持以习近平新时代中国特色社会主义思想为指导，坚持总体国家安全观，坚持以人民为中心的发展思想，坚持稳中求进工作总基调，坚持政治建警、改革强警、科技兴警、从严治警，切实履行好党和人民赋予的新时代职责使命，为实现第二个百年奋斗目标、以中国式现代化全面推进中华民族伟大复兴创造安全稳定的政治社会环境；要处理好维稳和维权的关系，既要解决合理合法诉求、维护群众利益，也要引导群众依法表达诉求、维护社会秩序；要围绕影响群众安全感的突出问题，履行好打击犯罪、保护人民的职责；要抓住关键环节，完善执法权力运行机制和管理监督制约体系，努力让人民群众在每一起案件办理、每一件事情处理中都能感受到公平正义；要严格规范公正文明执法，把打击犯罪同保障人权、追求效率同实现公正、执法目的同执法形式有机统一起来，努力实现最佳的法律效果、政治效果、社会效果。

六、公安机关履行职责中存在的问题与解决途径

(一) 公安机关履行职责中存在的问题

在市场经济社会转型时期，“人、财、物”流动频繁，利益冲突导致各种矛盾突出，各类违法犯罪活动猖獗，社会秩序较为混乱，这使得各级公安机关人民警察，尤其是基层公安机关维护社会治安稳定、打击违法犯罪活动的责任空前加重。

1. 职责泛化现象突出

公安机关曾经大力宣传“有困难找警察”的口号，还向社会公开承诺“有警必接，有难必帮，有险必救，有求必应”的“四有四必”，这在履行全心全意为人民服务的宗旨、树立人民警察的良好形象、密切警民关系等方面确实发挥了重要作用。但随着群众打 110 的意识不断增强，公安机关接处警的频率越来越高。邻里纠纷、打架斗殴、夫妻矛盾、停电停水，甚至生病求诊、忘带钥匙、厕所堵塞等生活琐事的 110 报警求助此起彼伏，让民警应接不暇。有些需要向政府其他部门反映的事情也都涌向 110 报警中心，要求解决。一些“借权维权”的行为，即公民、法人或者其他组织在自己合法权益受到侵害时，出于经济利益考虑，借助公安机关的公权力来维护其私权益的现象也越来越多[①]。从报警的内容与公安业务的联系程度看，报警可以归纳为两大类：一类是与公安业务工作紧密相连的报警，称为警务类报警；另一类则是与公安业务工作间接发生联系甚至毫无联系的报警，称为求助类报警。在实际工作中，求助类报警占很大的比重，而且在处理此类报警时，民警所付出的精力大大超出警务类报警。这些都使得人民警察的职责范围模糊不清。

然而，公安机关是众多政府职能部门之一，它的职权范围是法律法规所确定的。在纷纭复杂的社会生活中，它不是万能的。就公安机关人民警察每一个个体而言，他们不仅在职权范围方面受法律法规的约束，而且受知识面和分析解决问题能力的限制，不是什么问题都能解决的。因此，在实际工作中就形成了人民群众对 110 的高期望值与公安机关人民警察职责权力法定和解决问题的能力有限之间的矛盾。每当群众遇到困难求助，公安民警虽倾尽全力仍无法达到群众要求时，有人便抱怨 110，觉得 110 提出的“四有四必”是唱高调，没有把全心全意为人民服务落到实处。其结果是民警的良好形象在老百姓心目中受到损害，民警的工作积极性和自尊心受到严重影响，致使公安机关处境越来越尴尬。

2. 行政不作为现象时有发生

一方面，由于人民警察法定职责范围不断被扩大，警力资源有限，导致没有兑现承诺的不作为现象出现。此类不作为影响了公民对公安机关的信赖，有损公安机关的形象。另一方面，由于警力不充足、警用装备落后、传统执法思想的掣肘，法定职责与现实条件形成矛盾，使各地基层公安机关在执法中不同程度地存在各种行政不作为现象。轻微的不作为违法行为，如基层公安机关出警超过承诺时限、处警不力、查处案件不及时等不能很好地履行职责的现象。严重的不作为违法行为，如有警不接、有警不出、有案不查等拒绝履行职责的行为。此类行政不作为违法现象的出现，侵犯了公民、法人和其他组织的合

---

① 参见金伟胜:《现代法治社会中警察职责探究》,载《公安教育》2005 年第 6 期。

法权益，降低了人民警察在人民群众心目中的威信，破坏了公安机关在人民群众心目中的形象[①]。

3. 非警务活动现象普遍

公安机关的非警务活动，是指公安机关及人民警察所从事或参与的超越法定职权范畴的各种活动。根据非警务活动的结果，可以将非警务活动区分为积极非警务活动与消极非警务活动两种基本类型。积极非警务活动，是指公安机关及人民警察的活动虽然超出了其职权范围，但其结果对社会和公众是有益的，是符合公安机关全心全意为人民服务的宗旨的。因此，不能简单笼统地予以否定。消极非警务活动，则是指公安机关及人民警察的活动不但超出了其职权范围，而且给国家、社会和公众带来了危害，是必须予以遏制、禁绝的活动。[②] 由于我国人民警察职责界限不够清晰，部分警察在执法过程中出于不正当的目的或不良动机，插手经济纠纷、民间纠纷，或者在执法时考虑了非直接的相关因素，违反了平等对待原则，导致处理结果有失公正。有的甚至在执法时背离执法目的，出现滥用职权、徇私舞弊、贪污受贿等违法犯罪现象。

（二）公安机关履行职责中问题的解决途径

1. 准确把握公安机关的职责作用

公安机关人民警察在维护社会治安中具有重要作用，但是从社会控制的多元化和犯罪原因的复杂性来看，公安机关人民警察必须和其他各种社会力量结合，充分运用多种手段，以最大限度地实现警察的社会价值，更好地发挥维护国家安全和社会治安秩序的作用。

第一，纠正维护社会治安要由公安机关“包打天下”的模糊认识。公安机关在努力做好本职工作的同时，要克服“关门主义”“神秘主义”倾向，让公安工作走向社会、走向群众，充分发挥人民警察在维护社会治安和打击犯罪方面的重要作用。

第二，要打防并举，以防为主。打击固然是公安机关的重要职能，但不是唯一职能。警察在整个社会控制系统中不仅要起到消极控制（制裁）的作用，更要发挥积极控制（预防）的作用。

第三，要与社会控制的其他社会力量密切协作，积极配合。既然社会控制的力量和组织是多元化的，为了达到维护社会治安的根本目的，就必须与其他社会组织（如其他政法部门，以及社会、学校、企业等）形成合力，以期最有效地实现社会控制。

2. 科学界定公安机关职责范围，为警察减负

第一，通过《人民警察法》对警察职责法定化。《人民警察法》可以采用列举式与概括式相结合的方式，明确界定公安机关人民警察的法定职责，借鉴国外的先进经验，将保障人权的具体措施列入其中，将与警察职责无关的服务排除在法律之外；按照公安机关的职能，从体制上将人民警察分为刑事警察与行政警察，并分设不同的管理层级；为加强人民警察的合法权益保护，克服当前法律对警察权益保护不力的弊端，尤其要明确界定侵犯人民警察职权，如辱警、袭警行为的法律责任；《人民警察法》要分别明确规定人民警察违反法定职责与法定义务的法律责任；详细规定刑事警察所负有的打击犯罪的具体法定职责，明令禁止各级

① 参见金伟胜：《现代法治社会中警察职责探究》，载《公安教育》2005 年第 6 期。

② 参见马亚雄：《消极非警务活动：形式、危害、原因与遏制》，载《中国人民公安大学学报》2003 年第 3 期。

公安机关擅自扩大警察职权。如果因为社会的发展和新生事物的出现需要警察承担新的职责，必须通过立法的途径予以确定[①]。

第二，重新规划部门职责，缩小公安机关职责范畴。首先，将可以由其他部门管理的部分职责从现行警察职责中划出。例如，将户籍管理划归民政部门，从而有效地发挥民政部门的管理职能，节省公安人力资源；将看守所划入司法行政系统，以防刑事警察滥用审讯权，加强审讯监督，保障在押犯罪嫌疑人的权利；将交通巡逻、社区巡逻职能划入政府组织，成立群众性的群防群治机构。其次，根据警察法定职责，实行机构分离，在我国公安机关实行行政警察与刑事司法警察分立的制度。单独设立刑事侦查局，打击各类刑事犯罪活动，在组织体制上实行垂直领导，直属公安部。将行政警察的职责重新定位为从事各类与社会治安秩序相关的行政事务管理。最后，减少机构层级，警力下沉基层。

第三，构建社会联动机制。公安机关由"保护神"变身"万能神"，职责泛化，其重要原因是服务职能的泛化。在当前警力紧缺的情况下，应将报警、处警和社会救助服务结合起来，重构完整的110。通过110的桥梁作用，建立以公安机关为龙头、各职能部门为依托的社会服务工程，把社会各职能部门的力量联合起来，对于警方职能范围以外群众求助的非警务事项，完全可以由110负责转交其他专门的职能机构去做，形成社会化的救助服务体系，走社会化的道路。这样才能拓宽服务内容，保证服务水平和服务质量，使群众生活中的困难得到及时解决，而警方也能专职于抢险解难之中。[②]

3. 为有效履行职责提供完善的物质保障

物质保障包括经费保障和其他实物条件保障。经费保障是公安工作的基础，经费缺乏保障，会极大降低公安机关履行职责的效率，甚至会因经济利益驱动导致人民警察的执法行为发生严重偏差。此外，人民警察还承担了大量的社会服务和救助工作，在工作量大增、工作难度加大而执法物质保障无法跟上的情况下，很难保证执法质量，也很难防止不作为与迟延作为的产生。因此，切实解决经费问题，加强执法的物质保障是公安机关人民警察正确和有效履行职责的重要决定因素之一。

第二节　公安机关的权力

一、公安机关权力的概念和特点

（一）公安机关权力的概念

公安机关权力，是指由国家宪法、法律赋予公安机关为履行职责，在进行警务活动时依法采取的权威性措施和手段。由于公安机关的权力是在法定职责限度内行使的，并受相应的制约，故又称公安机关的权限。

公安机关权力是我国社会主义国家权力的重要组成部分，其性质是由我国国家性质决定的，体现着广大人民群众的根本利益和意志。公安机关的权力是一种执行权，在具体形式

① 参见金伟胜：《现代法治社会中警察职责探究》，载《公安教育》2005年第6期。

② 参见毛瑞明、邹润宇：《110的功能与警察的服务职能》，载《经济与社会发展》2005年第11期。

和适用对象上，既有行政管理性质，又有刑事司法性质，体现了国家的刑事司法职能和行政管理职能。公安机关作为我国政府的重要职能部门，是我国行使行政权力的主要机关之一，公安机关权力是国家行政权力的重要组成部分。

（二）公安机关权力的特点

公安机关权力作为一种国家权力，具有如下特点：

1. 严格的法定性

公安机关的各项权力，都是由国家法律和法规规定的，反映国家的意志。公安机关的各项权力都是通过我国《人民警察法》及其他法律、法规形式赋予公安机关的，而且法律、法规对各项公安机关权力的适用条件、适用程序及适用范围都作了明确、具体的规定。公安机关行使权力是一种执法行为，必须在法定权限内依照法定程序行使，不得超越法定权限范围和滥用职权。公安机关行使权力时除了要接受公安机关内部监督部门、法制部门、纪检部门等内部监督机关的监督以外，还要受到来自公安机关外部的国家权力机关、司法机关和人民群众的制约和监督。

2. 特殊的强制性

任何国家权力作为公权，都具有强制性，而公安机关的权力属于国家的行政权，同国家其他行政权力相比，则具有特殊强制性。所谓特殊强制性，一是指公安机关权力以暴力性实力为后盾，可以使用警械、武器等强制性制服手段；二是指公安机关可以使用限制人身自由的强制性措施和手段，同时能够采取行政的、刑事的强制手段和措施，特别是对违法犯罪嫌疑人员，可以采取人身方面的强制措施，而公安机关权力的实施对象只能服从。

3. 主体的特定性

法律规定的公安机关权力，只能由公安机关及其人民警察行使，其他任何机关、团体和个人均无权行使这些权力。即使是受委托（包括法律委托和行政委托）而履行部分警察职责的组织，也只能在授权范围内行使特定的权力，但其并不是行使公安机关权力的法定主体。近年来，我国各地出现的不同形式的治安辅助力量，如治安员、联防队员及辅警等，他们在不同程度上配合和帮助公安机关维护社会治安，但他们并不具有法定权力，也不具有法定的行使公安机关权力的主体资格。

4. 手段的多样性

公安机关作为国家的行政机关，可以行使一般意义上的行政权力，如警告、许可、取缔、罚款等。同时，公安机关承担着刑事司法方面的任务，拥有侦查、讯问、拘留、执行逮捕等刑事司法方面的权力。公安机关由于任务的特殊性，还拥有一些特殊的权力，如可以使用枪支、警械等武装方面的权力，以及在紧急状态下可以使用的紧急征用权、管制权等紧急处置方面的权力，还有在特殊情况下可以使用的技术侦查权力等。

5. 方向的单方性

公安机关权力的行使，是指公安机关以国家名义并代表国家行使预防、制止和惩治违法犯罪的权力，是国家意志的单向性表示，不必征求对方当事人的同意，其行为效力的发生也不必以当事人的意志为转移。

以上特点表明，公安机关权力是一种特殊的国家权力。了解和掌握这些基本特点，有助于认识公安机关权力的重要作用和特殊规律性，并在公安实践活动中正确行使权力，履行职责,更好地体现公安机关的性质和职能,为保卫社会主义现代化建设服务。

二、公安机关权力体系的构成

公安机关权力由若干基本权力组成,而公安机关的各项基本权力又由若干层次的具体权力组成,从而构成公安机关多层次的权力体系。总体上讲,公安机关有四大方面的基本权力,即治安行政管理权,刑事司法权,警械、武器使用权,紧急状态处置权,如图 7-1 所示。

- 公安机关权力
  - 治安行政管理权
    - 治安行政处置权
    - 治安行政处罚权
    - 治安监督检查权
    - 治安行政强制权
  - 刑事司法权
    - 立案权
    - 侦查权
    - 刑事强制权
    - 刑罚执行权
  - 警械、武器使用权
    - 依法对警卫、守卫、守护目标采取武装保卫措施，以确保绝对安全
    - 采取武装追捕、押解、看押、巡逻措施
    - 运用武装力量进行边防检查、边境守卫
    - 依法使用警械
    - 遇有拒捕、暴乱、越狱、抢夺枪支或其他暴力行为的紧急情况，依照国家有关规定可以使用武器
  - 紧急状态处置权
    - 紧急优先权和紧急征用权
    - 紧急排险权
    - 管制权
    - 戒严执行权

图 7-1　公安机关权力体系

（一）治安行政管理权

1. 治安行政处置权

治安行政处置权是指公安机关在公共场所管理、道路交通管理、消防管理、危险物品管理、特种行业管理和出入境管理等治安行政管理活动中,为维护社会治安秩序和公共安全,依法对特定的人、物、事、场所采取的命令、取缔、许可等权力运行行为。

(1) 命令,又称警察命令,是公安机关为维护社会治安秩序和公共安全,依法向负有特定义务的人发出的“作为”或“不作为”的命令。

作为命令,是指公安机关要求人们应当做出某一行为。例如,交通管理中,公安机关有权依照相关交通法规的规定,要求车辆和行人遵守交通规则。

不作为命令,是指公安机关要求人们不得做出某种行为。例如,依照游行示威法的规定,未经公安机关许可,不准任何公民举行集会、游行、示威,不得违反治安管理法规,不得进行违法犯罪活动等。

警察命令的行使,一种是通过发布告、通告,规定什么事允许做,什么事不准做;另一种是对违反治安法规的公民个人或法人发出口头或书面的警告,限期整改,否则就要依法处理。

(2) 取缔,即禁止和制裁,是指公安机关依法对某些违反治安管理、扰乱社会治安秩序、妨害公共安全的行为宣布禁止,予以取缔,并依法对违禁者予以制裁。国家基于维护社会秩序和公共安全的需要,制定有关法律和法规,规定人们对某些行为负有不作为的义务,称为"禁止"。对于违禁者,依法给予法律制裁。在我国,一切违法行为都属禁止之列,这是广义上的禁止。广义上的禁止,并不全部属于公安机关的职权范围。对某些于人民利益、社会治安秩序有特殊危害的特定行为和特定物品,国家制定专门的法律、法规,明令禁止,属狭义上的禁止。狭义上的禁止,属于公安机关的职权范围。例如,禁止利用封建迷信手段进行扰乱社会治安秩序或骗取财物的活动;禁止赌博或为赌博提供条件;禁止制作、复制、出售、出租或传播淫秽书刊、淫秽录像和其他淫秽物品;禁止卖淫、嫖娼;禁止制造、贩卖、偷运及吸食鸦片及其他毒品;等等。

(3) 许可,是指公安机关在行政管理中,对公民、法人或者其他组织的请示依法允许或者否定的一种权力。这种权力通常通过审核批准、决定、登记、颁发证照、指挥等形式表现出来。凡是国家法律法规规定在任何条件下均不可能解除其禁止的,是绝对禁止。对于绝对禁止事项,公安机关不得许可,如秘密结社、卖淫嫖娼等。某些行为未必会危害社会治安秩序,但如果由于人、场所、设备、时间或其他方面的因素失去控制,则会危害社会秩序和公共安全,因此国家法律法规在规定一般禁止的同时,又规定了例外的许可权,即对特定事项,依一定程序并由当事人申请,由公安机关许可。这是公安机关在对民用爆炸物品、特种行业、枪支和集会、游行、示威等管理活动中经常行使的一项权力。

2. 治安行政处罚权

治安行政处罚,又称治安管理处罚,是指公安机关依法对不履行治安法规所确定的义务或者危及社会治安秩序,情节轻微,尚不属于刑事违法的行为,依照治安管理的法律和法规规定实施的行政处罚。治安管理处罚是我国行政处罚的一种。根据《治安管理处罚法》的规定,治安行政处罚的种类有警告、罚款、行政拘留、吊销公安机关发放的许可证。对违反治安管理的外国人,可以附加适用限期出境或者驱逐出境。治安行政处罚不同于刑事处罚,是以公安行政强制力实施的行政处罚。

(1) 警告。即公安机关对违反治安管理法规的行为人进行强制性谴责的一种处罚。警告的适用对象,一般是偶尔违反治安管理法规又情节轻微的人。

(2) 罚款。即公安机关对违反治安管理法规的行为人的一种经济制裁性质的处罚,以达到警戒、教育的目的。

(3) 行政拘留。即公安机关对于违反治安管理的行为人,剥夺其在一定时间内人身自由的行政处罚。

(4) 吊销公安机关发放的许可证。对于违反出入境管理、道路交通管理、枪支管理、管制刀具管理、危险物品管理等法规的行为人,根据其情节,公安机关可以依法扣留或吊销其出入境证件、驾驶执照和许可证件。

(5) 限期出境和驱逐出境。即公安机关对外国人违反入境、出境管理法而实施的处罚。外国人非法入境、出境的,在中国境内非法居留或停留的,未持有效旅行证件前往不对外国人开放的地区旅行的,伪造、涂改、冒用、转让入境或出境证件的,公安机关可以处以限期出境或者驱逐出境。

3. 治安监督检查权

治安监督检查，是公安机关依法对应负治安责任的社会团体、组织及个人履行治安责任、预防治安问题的发生所进行的监督检查。通过治安监督检查，发现违章、违法行为，依法予以处置或制裁；发现治安隐患，要求监督对象限期整顿改正，预防治安问题的发生，增强其自治、自防、自卫的能力，创造安全的生产和生活环境。

监督检查权的适用范围比较广泛，如公安机关在执行任务时，查验公民的居民身份证；治安部门对特种行业的经营单位治安情况与对民用爆炸物品的安全管理情况进行监督检查；交通管理部门对车辆、驾驶人员依法进行管理检查；公安机关按照"谁主管、谁负责"的原则，对企业、事业单位的安全保卫工作落实情况进行监督检查；等等。

4. 治安行政强制权

《行政强制法》第2条规定："本法所称行政强制，包括行政强制措施和行政强制执行。行政强制措施，是指行政机关在行政管理过程中，为制止违法行为、防止证据损毁、避免危害发生、控制危险扩大等情形，依法对公民的人身自由实施暂时性限制，或者对公民、法人或者其他组织的财物实施暂时性控制的行为。行政强制执行，是指行政机关或者行政机关申请人民法院，对不履行行政决定的公民、法人或者其他组织，依法强制履行义务的行为。"由此可知，治安行政强制是指公安机关在依法进行治安行政管理和实施治安行政处罚时，为达到使行为人履行法定义务或接受处罚的目的，对不履行法定义务或不服从治安行政处罚的人所采取的人身和物品的强制手段。例如，强制传唤、强行带离现场和强制拘留、强制隔离、约束特定的人、盘问检查等。

(1) 强制传唤。公安机关在办理治安案件时，需对行为人传唤讯问，一般使用传唤证，当场发现违反治安管理行为人也可口头传唤。不论用哪种传唤方式，行为人都必须服从，没有正当理由传唤不到场或者逃避传唤的，可以强制传唤。这种强制传唤属于强制执行手段，实施时须经公安派出所所长以上的领导批准，并记录在案。当场实施的，事后应补办批准手续，也要记录在案。

(2) 强行带离现场和强制拘留。《人民警察法》第8条规定："公安机关的人民警察对严重危害社会治安秩序或者威胁公共安全的人员，可以强行带离现场、依法予以拘留或者采取法律规定的其他措施。"

(3) 强制隔离、约束特定的人。这是指公安机关对精神病人、醉酒人和企图自杀的人，在他们本人有危险或对社会秩序和公共安全有威胁时而实施的限制其人身自由的强制措施。这种强制措施是出于维护社会秩序和公共安全及对本人保护的目的，而不是制裁措施。当危及社会治安秩序和自身安全的因素消除时，这种强制措施即告停止。《人民警察法》第14条规定，公安机关的人民警察对严重危害公共安全或者他人人身安全的精神病人，可以采取保护性约束措施。需要送往指定的单位、场所加以监护的，应当报请县级以上人民政府公安机关批准，并及时通知其监护人。《治安管理处罚法》第15条规定，醉酒的人违反治安管理的，应当给予处罚。 醉酒的人在醉酒状态中，对本人有危险或者对他人的人身、财产或者公共安全有威胁的，应当对其采取保护性措施约束至酒醒。

(4) 盘问检查。《人民警察法》第9条规定："为维护社会治安秩序，公安机关的人民警察对有违法犯罪嫌疑的人员，经出示相应证件，可以当场盘问、检查；经盘问、检查，有下列情形之一的,可以将其带至公安机关,经该公安机关批准,对其继续盘问:(一)被指控有犯罪行为的;(二)有现场作案嫌疑的;(三)有作案嫌疑身份不明的;(四)携带的物品有可能是赃物的。对被盘问人的留置时间自带至公安机关之时起不超过二十四小时,在特殊情况下,经县级以上公安机关批准,可以延长至四十八小时,并应当留有盘问记录。对于批准继续盘问的,应当立即通知其家属或者其所在单位。对于不批准继续盘问的,应当立即释放被盘问人。经继续盘问,公安机关认为对被盘问人需要依法采取拘留或者其他强制措施的,应当在前款规定的期间作出决定;在前款规定的期间不能作出上述决定的,应当立即释放被盘问人。"

(二)刑事司法权

1. 立案权

立案是我国刑事诉讼的一个独立程序,是刑事诉讼活动的开始。只有经过立案,公安机关的侦查活动才有合法的依据,才能行使侦查权力。公安机关应根据《刑事诉讼法》的有关规定,按照刑事案件的管辖范围,行使立案权。刑事案件的立案,是指公安司法机关对自己发现的案件材料和接受的控告、举报、报案、自首等材料以及自诉人的起诉材料,通过审查,认定有犯罪事实,需要追究刑事责任,符合刑事案件的立案标准,并且属于本身的管辖范围时,经履行法定手续,将其确立为刑事案件的工作过程。

任何单位和个人发现犯罪事实或者犯罪嫌疑人的,有权利也有义务向公安机关报案或者举报。被害人对侵犯其人身、财产权利的犯罪事实或者犯罪嫌疑人,有权向公安机关报案或者控告。公安机关对于报案、控告、举报,都应当接受,并按照管辖范围,迅速进行审查,认为有犯罪事实需要追究刑事责任的,应当立案;认为没有犯罪事实,或者犯罪事实显著轻微,不需要追究刑事责任的,不予立案。对于不属自己管辖的,应及时移送主管机关处理。

2. 侦查权

侦查是指公安机关、人民检察院等具有侦查职能的机关在办理刑事案件的过程中依照法律进行的专门调查工作和采取的强制性措施。公安机关的侦查权由下列具体权力组成:有权收集证实犯罪嫌疑人有罪或者无罪、犯罪情节轻重的各种证据;有权讯问犯罪嫌疑人(包括传唤犯罪嫌疑人);有权依法询问证人(包括通知证人到公安机关提供证言);有权对与犯罪有关的场所、物品、人身、尸体进行勘验或检查;有权依法进行侦查实验;有权依法为搜集犯罪证据和查获犯罪人进行搜查;有权依法查封扣押物证、书证(包括犯罪嫌疑人的邮件、电报);有权依法查询、冻结犯罪嫌疑人的存款、汇款、债券、股票、基金份额等财产;有权依照法律程序对刑事侦查对象的通信进行检查;有权依法对涉及的专门性问题指派、聘请有专门知识的人进行鉴定;有权依法通缉应当逮捕而在逃的犯罪嫌疑人等。

《人民警察法》第16条规定:"公安机关因侦查犯罪的需要,根据国家有关规定,经过严格的批准手续,可以采取技术侦察措施。"

3. 刑事强制权

刑事强制权是为了保证刑事诉讼的顺利进行,由公安机关对犯罪嫌疑人、被告人行使的强制权力。刑事强制权由下列具体权力组成:有权依法对犯罪嫌疑人拘传、取保候审、监视居住;有权依法对犯罪嫌疑人、被告人实行拘留和逮捕。

(1) 拘传。公安机关、人民检察院、人民法院依法强制犯罪嫌疑人、被告人到指定地点接受讯问的一种强制措施。

(2) 取保候审和监视居住。取保候审，是在刑事诉讼中公安机关、人民检察院、人民法院为防止犯罪嫌疑人、被告人逃避侦查和审判而责令其提出担保人或者交纳保证金，并出具保证书，保证其随传随到，对其不予羁押或暂时解除羁押的一种强制措施。监视居住，是指公安机关、人民检察院、人民法院在刑事诉讼中限令犯罪嫌疑人、被告人在规定的期限内不得离开住处或者指定的居所，并对其行为加以监视、限制其人身自由的一种强制措施。人民法院、人民检察院和公安机关对犯罪嫌疑人、被告人取保候审最长不得超过 12 个月，监视居住最长不得超过 6 个月。

(3) 刑事拘留。刑事拘留是指，在侦查过程中，遇到法定的紧急情况时，对于现行犯或者重大嫌疑分子所采取的临时剥夺其人身自由的强制方法。公安机关拘留人的时候，必须出示拘留证。拘留后，应当立即将被拘留人送看守所羁押，至迟不得超过 24 小时。除无法通知或者涉嫌危害国家安全犯罪、恐怖活动犯罪通知可能有碍侦查的情形以外，应当在拘留后 24 小时以内，通知被拘留人的家属。有碍侦查的情形消失以后，应当立即通知被拘留人的家属。公安机关对被拘留的人，应当在拘留后的 24 小时以内进行讯问。在发现不应当拘留的时候，必须立即释放，发给释放证明。

(4) 提请和执行逮捕。对有证据证明有犯罪事实，可能判处徒刑以上刑罚的犯罪嫌疑人、被告人，采取取保候审尚不足以防止发生社会危险性的，应当予以逮捕。公安机关要求逮捕犯罪嫌疑人的时候，应当写出提请批准逮捕书，连同案卷材料、证据，一并移送同级人民检察院审查批准。必要的时候，人民检察院可以派人参加公安机关对于重大案件的讨论。逮捕犯罪嫌疑人、被告人，必须经过人民检察院批准或者人民法院决定，由公安机关执行。

4. 刑罚执行权

执行，是法定机关将人民法院已经发生法律效力的判决、裁定付诸实施的活动。依照《刑法》和《刑事诉讼法》的规定，公安机关有权依照人民法院的判决，负责以下刑罚的执行：

(1) 短期有期徒刑执行。对被判处有期徒刑的罪犯，在被交付执行刑罚前，剩余刑期在 3 个月以下的，由公安机关代为执行刑罚。

(2) 拘役和剥夺政治权利执行。

(3) 驱逐出境执行。

(三) 警械、武器使用权

公安机关依法享有使用警械、武器实施管理、守卫、保护、制服和杀伤的权力。它由下列具体权力组成：有权依法对警卫、守卫、守护目标采取武装保卫措施，以确保其绝对安全；有权采取武装追捕、押解、看押、巡逻等措施；有权运用武装力量进行边防检查、边境守卫；为制止严重违法犯罪活动的需要，公安机关人民警察依照国家有关规定可以使用警械；遇有拒捕、暴乱、越狱、抢夺枪支或者其他暴力行为的紧急情况，公安机关人民警察依照国家有关规定可以使用武器。

在上述权力行使的过程中，使用武器进行枪杀，用警械进行镇压，属于公安权力范畴，与公民依《刑法》所享有的正当防卫权利有根本性区别。

1. 使用警械、武器的原则

(1) 由轻到重的原则。《人民警察使用警械和武器条例》第 2 条规定：“人民警察制止违法犯罪行为,可以采取强制手段;根据需要,可以依照本条例的规定使用警械;使用警械不能制止,或者不使用武器制止,可能发生严重危害后果的,可以依照本条例的规定使用武器。”

(2) 以制止违法犯罪行为,尽量减少人员伤亡、财产损失为原则。《人民警察使用警械和武器条例》第 4 条规定:“人民警察使用警械和武器,应当以制止违法犯罪行为,尽量减少人员伤亡、财产损失为原则。”《人民警察使用警械和武器条例》第 6 条规定:“人民警察使用警械和武器前,应当命令在场无关人员躲避;在场无关人员应当服从人民警察的命令,避免受到伤害或者其他损失。”

(3) 依法使用的原则。《人民警察使用警械和武器条例》第 5 条规定:“人民警察依法使用警械和武器的行为,受法律保护。人民警察不得违反本条例的规定使用警械和武器。”

2. 警械使用权

警械是指人民警察按照规定装备的警棍、催泪弹、高压水枪、特种防暴枪、手铐、脚镣、警绳等警用器械。《人民警察使用警械和武器条例》第 7 条规定:“人民警察遇有下列情形之一,经警告无效的,可以使用警棍、催泪弹、高压水枪、特种防暴枪等驱逐性、制服性警械:(一)结伙斗殴、殴打他人、寻衅滋事、侮辱妇女或者进行其他流氓活动的;(二)聚众扰乱车站、码头、民用航空站、运动场等公共场所秩序的;(三)非法举行集会、游行、示威的;(四)强行冲越人民警察为履行职责设置的警戒线的;(五)以暴力方法抗拒或者阻碍人民警察依法履行职责的;(六)袭击人民警察的;(七)危害公共安全、社会秩序和公民人身安全的其他行为,需要当场制止的;(八)法律、行政法规规定可以使用警械的其他情形。人民警察依照前款规定使用警械,应当以制止违法犯罪行为为限度;当违法犯罪行为得到制止时,应当立即停止使用。”

《人民警察使用警械和武器条例》第 8 条规定:“人民警察依法执行下列任务,遇有违法犯罪分子可能脱逃、行凶、自杀、自伤或者有其他危险行为的,可以使用手铐、脚镣、警绳等约束性警械:(一)抓获违法犯罪分子或者犯罪重大嫌疑人的;(二)执行逮捕、拘留、看押、押解、审讯、拘传、强制传唤的;(三)法律、行政法规规定可以使用警械的其他情形。人民警察依照前款规定使用警械,不得故意造成人身伤害。”

3. 武器使用权

武器,是指人民警察按照规定装备的枪支、弹药等致命性警用武器。《人民警察使用警械和武器条例》第 9 条规定:“人民警察判明有下列暴力犯罪行为的紧急情形之一,经警告无效的,可以使用武器:(一)放火、决水、爆炸等严重危害公共安全的;(二)劫持航空器、船舰、火车、机动车或者驾驶车、船等机动交通工具,故意危害公共安全的;(三)抢夺、抢劫枪支弹药、爆炸、剧毒等危险物品,严重危害公共安全的;(四)使用枪支、爆炸、剧毒等危险物品实施犯罪或者以使用枪支、爆炸、剧毒等危险物品相威胁实施犯罪的;(五)破坏军事、通讯、交通、能源、防险等重要设施,足以对公共安全造成严重、紧迫危险的;(六)实施凶杀、劫持人质等暴力行为,危及公民生命安全的;(七)国家规定的警卫、守卫、警戒的对象和目标受到暴力袭击、破坏或者有受到暴力袭击、破坏的紧迫危险的;(八)结伙抢劫或者持械抢劫公私财物的;(九)聚众械斗、暴乱等严重破坏社会治安秩序,用其他方法不能制止的;(十)以暴力方法抗拒或者阻碍人民警察依法履行职责或者暴力袭击人民警察,危及人民警察生命安全的;(十一)在押人犯、罪犯聚众骚乱、暴乱、行凶或者脱逃的;(十二)劫夺在押人犯、罪犯的;(十三)实施放火、决水、爆炸、凶杀、抢劫或者其他严重暴力犯罪行为后拒捕、逃跑的;(十四)犯罪分子携带枪支、爆炸、剧毒等危险物品拒捕、逃跑的;(十五)法律、行政法规规定可以使用武器的其他情形。人民警察依照前款规定使用武器,来不及警告或者警告后可能导致更为严重危害后果的,可以直接使用武器。”

《人民警察使用警械和武器条例》第10条规定:“人民警察遇有下列情形之一的,不得使用武器:(一)发现实施犯罪的人为怀孕妇女、儿童的,但是使用枪支、爆炸、剧毒等危险物品实施暴力犯罪的除外;(二)犯罪分子处于群众聚集的场所或者存放大量易燃、易爆、剧毒、放射性等危险物品的场所的,但是不使用武器予以制止,将发生更为严重危害后果的除外。”第11条规定:“人民警察遇有下列情形之一的,应当立即停止使用武器:(一)犯罪分子停止实施犯罪,服从人民警察命令的;(二)犯罪分子失去继续实施犯罪能力的。”

(四)紧急状态处置权

紧急状态处置权,是指公安机关为维护国家安全和社会治安秩序,对突发的重大暴力犯罪、重大治安事件和重大治安灾害事故依法采取非常措施的权力。紧急状态处置权由下列具体权力组成:

1. 紧急优先权和紧急征用权

公安机关人民警察因履行职责的紧急需要,经出示相应证件,可以优先乘坐公共交通工具,遇交通阻碍时,优先通行。公安机关因侦查犯罪的需要,必要时,按照国家有关规定,可以优先使用机关、团体、企业事业组织和个人的交通工具、通信工具、场地和建筑物,用后应当及时归还,并支付适当费用;造成损失的,应当赔偿。根据紧急处理暴力犯罪或重大治安灾害事故、追捕逃犯、抢险救灾的需要,公安机关依法可以征用急需的人员、物资和场所。

所谓紧急需要,是指人民警察紧急追捕人犯,抢救公民生命、财产等紧急情况。人民警察在侦查犯罪过程中,遇到追捕人犯或抢救公民生命、财产等紧急情况时,可以依照有关规定优先使用机关、团体、企业事业组织和个人的交通工具、通信工具。企业事业组织和个人的交通工具、通信工具,是指电台、电话、手机等。场地包括文化娱乐场、体育场、影剧院等。建筑物包括房屋、桥梁等。

(1) 优先乘坐公共交通工具权。优先乘坐公共交通工具权,指公安机关人民警察为履行职责的紧急需要,经出示相应证件,可以优先乘坐供公众乘用的运输工具,包括旅客列车、飞机、公共汽车、电车、地铁列车、旅游客车、出租汽车、索道缆车以及水上航运船只等公共交通工具。

(2) 优先通行权。公安机关人民警察为履行职责的紧急需要,经出示相应证件,可以优先通过交通阻碍的区域。公安机关人民警察必须是为履行职责的紧急需要,如需要紧急抢救公民的生命、财产,需要追捕、搜查逃犯,查证重大案件的有关线索或者证据,紧急赶赴刑事案件或者治安案件现场,紧急调运侦破刑事案件或者突发事件的武器、装备、物资等,才能优先通行。

(3) 优先使用权。公安机关人民警察在刑事诉讼中,因侦查工作的需要,必要时可以优先使用机关、团体、企业事业组织和个人的交通工具、通信工具、场地和建筑物。行使优先使用权应注意及时归还,应根据具体情况支付适当费用,实行有偿使用。警察人员因优先使用造成财物所有人经济损失的,公安机关应予经济补偿。

2. 紧急排险权

紧急排险，是指公安机关在紧急处置重大灾害事故或平息叛乱时，在不得已的情况下所采取的非常措施。例如，在扑救重大火灾、处置重大爆炸事故时，为防止火势蔓延和事故波及面扩大而拆除同火灾、事故现场毗连的建筑物，或者在平息叛乱中炸毁暴徒盘踞的建筑物和借以顽抗的设施等。凡在紧急排险中需拆除的建筑物、毁坏的其他设施的所有者，必须无条件地服从公安机关现场指挥员的指挥，履行拆除的义务。

3. 管制权

县级以上人民政府公安机关，为预防和制止严重危害社会治安秩序的行为，可在一定的区域和时间，限制人员、车辆的通行或停留，必要时可以采取相应的交通管制措施。县级以上人民政府公安机关，经上级公安机关和同级人民政府批准，对严重危害社会治安秩序的突发事件，可以根据情况实行现场管制。人民警察可以采取必要手段强行驱散，并将拒不服从的人员强行带离现场或者立即予以拘留。

(1) 交通管制权。交通管制权，是公安机关为了预防和制止严重危害社会治安秩序的行为，而采取的在一定区域和时间内限制人员、车辆的通行或者停留的强制性措施。《人民警察法》第 15 条规定："县级以上人民政府公安机关，为预防和制止严重危害社会治安秩序的行为，可以在一定的区域和时间，限制人员、车辆的通行或者停留，必要时可以实行交通管制。"

实行交通管制的决定机关是县级以上人民政府公安机关。限制通行或停留的职务行为是法律赋予公安机关及人民警察的"禁止权"。所谓相应的交通管制措施主要是指公安机关现场人民警察可以根据当时的环境和情况，采取相应的交通管制措施。例如，发布交通管制的通告；布置管制的警力，疏导行人和车辆；为避免车辆堵塞，禁止大型客、货车或机动车辆在某一路段或时间的通行等。管制的原因消除，应当及时解除管制，恢复正常的交通秩序。

交通管制权的行使针对的对象主要是重特大刑事案件、治安案件的现场处置，突发性的暴力事件，打砸抢事件，非法集会、游行、示威等严重危害社会治安秩序的违法犯罪活动。交通管制权的行使应十分慎重，要按严格的适用条件和程序决定。

(2) 现场管制权。《人民警察法》第 17 条规定："县级以上人民政府公安机关，经上级公安机关和同级人民政府批准，对严重危害社会治安秩序的突发事件，可以根据情况实行现场管制。"赋予公安机关及人民警察紧急状态处置权，为人民警察采用现场管制、实施强行驱散的行为提供了法律依据及保障。依照《人民警察法》的规定，现场管制权的主体只能是县级以上人民政府公安机关。

根据有关法律、法规的规定，现场管制权的适用对象是严重危害社会治安秩序的突发事件，即治安紧急事件。所谓治安紧急事件，是指那些由于各种社会矛盾和部分人员的情绪引发的集体上访、游行、示威、静坐、请愿、罢工、罢市、罢课以及冲击党政机关、阻塞交通，甚至打、砸、抢、烧等严重扰乱社会治安秩序的事件。《人民警察法》规定公安机关及人民警察对突发事件，可以依法采取迅速平息事态、恢复社会治安正常秩序的现场管制、强行驱散权，是十分必要的。现场管制权的适用，对维护国家政治稳定和社会治安秩序具有重要作用。

4. 戒严执行权

戒严，一般是指战时或平时面临重大紧急事件，为了维护政治稳定所采取的非常措施。

我国《戒严法》第 2 条规定,在发生严重危及国家的统一、安全或者社会公共安全的动乱、暴乱或者严重骚乱,不采取非常措施不足以维护社会秩序、保护人民的生命和财产安全的紧急状态时,国家可以决定实行戒严。视戒严涉及地区的大小,分别由全国人大常委会或国务院作出决定,由人民警察执行,必要时由中央军委决定,派出人民解放军协助执行。公安机关对戒严地区实行治安控制。戒严期间,可以在戒严地区采取交通管制、宵禁等特别管理措施。出入戒严地区的人员、车辆必须持有本人身份证件和戒严实施机关签发的特别通行证,按指定的时间、路线出入,不得自由行动。《戒严法》第 14 条规定,戒严期间,戒严实施机关可以决定在戒严地区采取交通管制措施,限制人员进出交通管制区域,并对进出交通管制区域人员的证件、车辆、物品进行检查。第 15 条规定,戒严期间,戒严实施机关可以决定在戒严地区采取宵禁措施。宵禁期间,在实行宵禁地区的街道或者其他公共场所通行,必须持有本人身份证件和戒严实施机关制发的特别通行证。

三、公安机关权力实施的基本要求

公安机关权力是国家为了保证国家安全和维护社会秩序而赋予公安机关的,是公安机关为了履行职责、完成任务所必需的。公安机关权力具有特殊强制性,可以使用暴力,但必须正确行使才能有效打击敌人,惩治犯罪,保护人民。因此,公安机关行使权力必须做到以下基本要求。[①]

(一) 合法

合法,这是对公安机关行使权力在法律上的要求。任何公共权力都是应受制约的,公安机关的权力应受到监督和制约,公安机关的一切活动都应当被纳入社会主义法制的轨道。公安机关在行使权力时必须符合法律规范和法律程序的要求。第一,行使权力必须在法定管辖范围和等级权限内;第二,依据有效的法律行使权力;第三,行使权力必须严格遵守法定的方式、步骤、顺序等要求;第四,公安司法文书必须合乎法律规范。公安机关行使权力是否合法是其能否产生相应法律效力的关键,如果公安机关行使权力不符合法律规定,就不能产生相应的法律效力,还要承担相应的法律责任。所以,公安机关及其人民警察要严格遵守法律,依法用权,严格执法,克服特权思想,严禁法外用权。

(二) 准确

准确,这是对公安机关行使权力在认定法律事实和使用权力适度上的要求。准确地认定法律事实和掌握权力适度,是公安机关准确行使权力的前提和基础。公安机关的各项权力都有其特定的适用对象和范围,不同权力的性质和严厉程度都有严格的区别,公安机关在使用权力时不能过轻也不能过重,过轻过重都起不到应有的作用。同时,公安机关的各项权力又有紧密的、内在的联系,在办案的不同阶段有时要交替使用或配合使用,但不同的权力不能互相代替使用,如不能以罚代刑,不能以审代侦等。因此,当某一法律事实发生后,公安机关必须准确掌握违法犯罪的具体事实、性质、情节和社会危害程序,根据法律相关规定,适当使用权力。只有准确认定法律事实并适度运用公安机关的权力,才能做到准确打击惩治违法犯罪,保护公民权益,充分发挥公安机关权力和法律的威力。同时,公安机关只有准确

---

① 参见王明生主编:《公安学基础新论》,中国人民公安大学出版社 2015 年版,第 144—145 页。

地使用权力，才能使违法犯罪分子心服口服，认罪服法，达到惩治和教育的目的，也才能取得社会各界对公安工作的理解、认同和支持。

（三）及时

及时，这是对公安机关行使权力在时间上的要求。公安机关行使权力要严格遵守法定时限，及时打击违法犯罪活动。第一，法律规定公安机关在办案时有时限上的要求，《刑事诉讼法》和《治安管理处罚法》对公安机关的办案都有时限上的要求，如《刑事诉讼法》规定，对犯罪嫌疑人逮捕后的侦查羁押期限一般不得超过 2 个月。公安机关及时行使权力，是严格执行法律规定的办案程序，否则就是违法行为。第二，从对违法犯罪分子的惩戒和震慑作用来说，要求公安机关办理案件、实施权力必须做到及时。特别是对于与严重刑事犯罪作斗争，党和国家规定了依法“从重从快”惩处的方针，公安机关在刑事诉讼过程中处于第一线，行使权力及时，才能发挥更好的社会效益。第三，从社会群众的安全感来说，及时行使权力能够有效打击违法犯罪活动，可以增强人民群众对公安机关的信任，有利于公安机关开拓群防群治的新局面。

（四）适度

适度，这是对公安机关行使权力在范围和程度上的要求。公安机关在行使权力时，要做到权力手段与违法犯罪行为相适应，恰如其分。

四、公安机关权力配置的原则

公安机关权力配置问题是当前公安理论研究中的一个重要问题。目前，公安机关权力配置仍存在一些问题，比如公安机关权力及其配置的法律依据不足、公安机关权力主体混乱、公安机关权力手段不完备、公安机关权力保障不充分等。为进一步优化公安机关权力配置，应当遵循以下原则。

（一）国家授权原则

国家授权原则上要解决的是公安机关人民警察权力的来源或根据问题，即公安机关与国家权力机关的关系问题。由于人民警察的权力属于政治权力，因此，人民警察的权力配置必须坚持国家授权原则：一是要有国家级全国性立法机关的授权，或者由全国性立法机关依法授权的立法机关授权；二是要通过法律文件的形式授权。

（二）与公民权平衡原则

与公民权平衡原则即保护人权原则。公安机关是实施人权保障的重要部分，人民警察权力的价值取向应以保障人权为主导，即人民警察权力的配置在考虑维护公共安全与保障公民权益之间的选择上，应以保障公民基本权益为基点。与公民权平衡原则是指导人民警察行使公权与保障私权关系的基本准则。

（三）权力制衡原则

警察权作为行政权的一种，具有扩张性，同时具有不可避免的负效应。因此，在人民警察权力配置中必须强调权力制衡原则，以防止警察权力行使的异化。一是内部制衡，即要实现公安机关权力系统自身在结构和功能上的相互制约；二是外部制衡，即通过其他行政权力、司法权和军事权等制约公安机关人民警察的权力。

（四）结构与功能比例原则

公安机关人民警察的权力配置需要考虑结构性配置，以实现权力发挥的最大功效。权力的结构性配置主要包括：一是纵向公安机关不同层级的权力配置合理性，在加强高层权力集中统一性的同时，也要确保基层权力的自主性。二是横向公安机关不同部门之间的权力配置合理性，尽管公安机关不同部门所承担的职责各异，然而在部门规模、部门影响力等方面应尽量均衡，而不能出现某些部门权力过大的现象，以防因权力过大而带来信息及资源的垄断。

（五）与社会经济水平和文明程度均衡原则

公安机关人民警察权力是在一定政治制度、文化背景、历史传统和经济水平条件下存在和发展的。因此，人民警察权力的配置也必须与一定社会的经济发展与文明程度相协调，既不应落后于社会经济水平与文明程度，也不能过于超前。否则，人民警察权力的行使就会出现权力功能障碍或阻滞。

章后思考题

1. 公安机关职责的含义是什么？
2. 公安机关主要警种的职责有哪些？
3. 公安机关的权力构成有哪些？
4. 公安机关权力实施的基本要求是什么？

本章拓展阅读

第八章　公安机关的组织机构与管理体制

2006 年 11 月 13 日，国务院颁布《公安机关组织管理条例》，该条例自 2007 年 1 月 1 日起施行。这是我国第一部规范公安机关组织管理的行政法规，也是第一部规范人民政府职能部门组织管理的行政法规，是公安队伍建设走向科学化、正规化、法制化的重要里程碑。根据《人民警察法》和《公安机关组织管理条例》，我国公安机关由中央公安机关、地方公安机关和专门公安机关组成。我国公安机关实行中央集权与地方分权相结合的管理体制，即"统一领导、分级管理、条块结合、以块为主"。

第一节　公安机关的组织机构

一、公安机关设立的法律依据

《宪法》第 28 条规定："国家维护社会秩序，镇压叛国和其他危害国家安全的犯罪活动，制裁危害社会治安、破坏社会主义经济和其他犯罪的活动，惩办和改造犯罪分子。"这是我国公安工作的总依据。根据《宪法》第 89 条规定，国务院领导和管理民政、公安、司法行政和监察等工作。《宪法》中还有关于保护国有、集体、私营经济，保护公私财产和公民人身权利的条款，这些都是建立公安机关和依法开展公安工作的基本依据。《宪法》第 107 条规定："县级以上地方各级人民政府依照法律规定的权限，管理本行政区域内的经济、教育、科学、文化、卫生、体育事业、城乡建设事业和财政、民政、公安、民族事务、司法行政、计划生育等行政工作……"这是设立地方各级公安机构的法律依据。《人民警察法》第 24 条具体规定："国家根据人民警察的工作性质、任务和特点，规定组织机构设置和职务序列。"

二、公安机关设置的原则

公安机关是国家行政机关的一部分，其机构必须依法设立，既要遵循机构设置的普遍原则，又要遵循公安机关机构设置的特殊原则。

（一）国家设置原则

公安机关的组织机构设置权属于国家，其他任何组织、部门和个人均无权设置。坚持这一原则，就使公安机关的组织机构具有国家权威性，能更充分地发挥公安机关的职能作用。

（二）行政对应原则

首先，各级公安机关的设置要与国家行政区划相对应。我国目前的行政区划分为：省、自治区、直辖市；自治州、设区的市，县、自治县、不设区的市、市辖区；乡、民族乡、镇。公安机关的设置要与行政区划的管辖范围相对应，不设跨行政区的公安机关。

其次，各级公安机关的设置要与政府机构管理体制相对应。国务院下设各部和各委员会，公安部是其政法工作的职能部门之一，领导和管理全国公安工作。县级以上各级人民政府依照法律规定的权限，管理本行政区域的公安等行政工作。乡、民族乡、镇的人民政府执行本级人民代表大会的决议和上级国家行政机关的决定和命令，管理本行政区域的行政工作。也就是说，在管理体制上，县级以上人民政府才设公安机关，乡、镇一级政府只是执行上级国家行政机关的决定、命令和进行管理，不单独设置公安机关。

最后，公安机构的设置应与公安机关的任务、职责相对应。任务是建立机构的依据，职责是设置机构的要求。公安机关内部的机构设置应从公安机关在国家行政机关中所承担的任务和履行的法定职责出发，根据实际需要建立。

（三）机构精简原则

《宪法》第 27 条规定："一切国家机关实行精简的原则……"公安机关作为政府的一个职能部门，也应遵循这一基本原则。

首先，实行机构精简原则有利于保证和促进各级公安机关的灵活运转，提高工作效率。这主要包括两个方面：一是公安机关的组织及其人员要精干；二是公安机关所承担的政务要简化，不能包揽一切公共事务，应按照属地管理的原则，下放权力，减少领导机关的事务性工作。

其次，实行机构精简原则还有利于公安机关节省经费开支。作为国家的行政机关，公安机关的经费开支都是由国家和地方财政拨款，如果内设机构过多，人员过密，势必会增加这方面的财政开支，给国家和地方财政造成过重负担。

总的来说，实行机构精简原则要求公安机关的机构设置在横向方面尽量减少头绪，避免部门林立；在纵向方面尽量减少内部层次，避免职能重叠。

（四）统一规范原则

当前在建立新世纪、新阶段公安管理体制中，要规范机构设置、规范职务序列、规范编制管理、规范执法执勤、规范行为举止，以体现公安机关的系统管理。这既符合我国《宪法》规定的民主集中制的组织原则，又体现了公安机关的性质、任务和特点。

首先，内设机构要规范。为保证政令和警令通畅，公安机关内设机构的名称和级别等要统一规范。如果各级公安机关机构设置不统一规范，机构五花八门，就不利于公安机关的统一指挥，会削弱公安机关的职能作用。当然，公安机关内设机构的统一规范要具备一定的条件，还要注意从各地实际出发，因地制宜，不能搞"一刀切"。

其次，机构分工要合理。各级公安机关内设机构要配套设置，但是配套并不是机构设得越多越好，用最少的机构完成全部的任务才是我们追求的目标。相反，该设的机构没有设，其他机构设得再多再细也不算配套。

最后，指挥要统一。公安机关是人民民主专政的重要工具，是具有武装性质的警察组织，不同于一般的行政机关，因此必须加强公安机关的统一领导和指挥。《中共中央关于进一步加强和改进公安工作的决定》明确指出：公安工作必须置于党的绝对领导之下。《公安机关组织管理条例》第 3 条规定："公安部在国务院领导下，主管全国的公安工作，是全国公安工作的领导、指挥机关。县级以上地方人民政府公安机关在本级人民政府领导下，负责本行政区域的公安工作，是本行政区域公安工作的领导、指挥机关。"进入 21 世纪后，全国人民正在党中央的领导下全面建成小康社会，社会稳定是发展的必要前提，所以更应特别强调党对公安工作的集中统一领导，加强组织纪律性，严防分散主义倾向。对上级党委和公安机关的指示、规定，下级党委和公安机关应当认真执行。在公安业务工作尤其是执法问题上，下级公安机关要坚决服从上级公安机关的命令，接受上级公安机关的监督。各级党委应监督、支持公安机关依法行使职权，不要让公安机关去做违反法律或超越其职权的事。

（五）整体效能原则

公安机关是一个有机的整体，通过发挥整体作用表现其效能。因此，必须按照整体效能的原则设置公安机构，这样才能建立科学的公安机构体系。

首先，分工合理，步调统一。公安机关的组织机构设置是以公安机关的职责为前提的。因此，科学、合理地分解、组合公安机关的职责，是保证公安机关整体效能的重要条件。对国家行政机关来说，只有在分工合理的基础上，才能达到科学、合理的设置，才能保证总目标的实现。同时，政府的整体是由各个工作部门构成的，但政府的整体功能并不等于各个工作部门功能的简单相加，而应当是“整体大于部分之和”。为此，设置公安机构时应注意机构的上下沟通，左右配合，减少内部的摩擦和内耗，才能有较大的整体效能。

其次，公安机关组织机构设置的功能应齐全。公安机关要达到决策机构、执行机构、监督机构、咨询机构和信息反馈机构完整配套，其整体效能才能发挥。长期以来，公安机关的执行机构设置得多而庞大，而信息反馈、咨询、监督机构大多很薄弱，这就需要进行适当调整，适当增加这方面的职能。例如，加强情报收集、信息反馈和指挥调度职能；完善监督制度，加强执法检查的力度等，使公安机关组织机构能够协调有序运转。

（六）依法设置原则

首先是必须按照《宪法》和《国务院组织法》《地方各级人民代表大会和地方各级人民政府组织法》《人民警察法》等国家法律规定设置公安机关。其次是必须按照行政组织法规的规定，依法设置公安机关内设机构，公安机关设置、通过、变更或撤销机构，必须由主管部门在其职权范围内审查批准，防止机构设置中的随意性，避免机构臃肿庞大。

三、公安机关组织机构的设置

我国公安机关是一个多层次、多序列的组织系统，是根据特定职能、职责和权力划分而建立的有一定隶属关系的有机统一的整体。我国公安机关从中央到地方纵向分为四级，每级横向分为若干业务部门，配置一定职位、职数、岗位的专业人员。

根据我国《宪法》及相关法律、法规的规定，公安机关机构设置是由中央公安机关、地方各级公安机关、专业公安机关组成。为确保实现党在新时代的强军目标，建设现代化武装警察部队，按照“军是军、警是警、民是民”的原则，2018 年开启的新一轮党政机构改革中，中国人民武装警察部队由党中央、中央军委集中统一领导，归中央军委建制，不再列国务院序列。因此，中国人民武装警察部队不再是公安机关的组成机构。

（一）中央公安机关：公安部

按照《国务院组织法》的规定，国务院设公安部，公安部是我国最高公安机关。公安部内设司（局）和处两级机构。《公安机关组织管理条例》第 3 条规定，公安部在国务院领导下，领导和管理全国公安工作，是全国公安工作的领导、指挥机关。

公安部是国务院主管全国公安工作的职能部门，是全国公安机关人民警察的领导和指挥机关。公安部在党中央、国务院领导下，按照党的路线、方针、政策和国家宪法及部门法，指导全国公安机关的组织建设和业务建设，依法管理社会治安，惩治各种刑事犯罪分子，保卫国家安全，维护社会治安秩序，保护公民的人身、财产安全和其他合法权益，保障社会主义现代化建设的顺利进行。公安部的主要职责包括：(1) 研究拟定公安工作的方针、政策，起草有关法律法规草案，指导、监督、检查全国公安工作。(2) 掌握影响稳定、危害国内安全和社会治安的情况；指导、监督地方公安机关依法查处危害社会治安秩序的行为，依法管理户口、居民身份证、枪支弹药、危险物品和特种行业等工作。(3) 组织指导侦查工作，协调处置重大案件、治安事故和骚乱，指挥防范、打击恐怖活动。(4) 依法管理国籍、口岸边防检查工作；指导、监督道路交通安全、交通秩序以及机动车辆、驾驶员管理等工作。(5) 指导、监督地方公安机关对国家机关、社会团体、企事业单位和重点建设工程的治安保卫工作以及群众性治安保卫组织的治安防范工作和公共信息网络的安全监察工作。(6) 指导、监督地方公安机关依法承担的执行刑罚和监督、考察工作；指导对看守所、拘留所、强制戒毒所等的管理工作。(7) 组织实施对党和国家领导人以及重要外宾的安全警卫工作。(8) 组织实施公安科学技术工作；规划公安信息技术、刑事科学技术建设。制定公安机关装备、被装配备和经费等警务保障标准和制度。(9) 组织开展同外国、国际刑警组织和香港、澳门特别行政区及台湾地区警方的交往与业务合作，履行国际条约和合作协议。(10) 制定公安机关人员培训、教育及宣传的方针和措施；按规定权限管理干部；指导公安机关法制工作；制定公安队伍监督管理工作规章制度，指导公安机关督察工作；查处或督办公安队伍重大违纪事件，维护公安机关人民警察正常执法权益。

根据公安部的职责、业务性质和工作需要，公安部内设办公厅、政治部(包括人事训练局、新闻宣传局)情报指挥中心、研究室、督察审计局、经济犯罪侦查局、治安管理局、刑事侦查局、反恐怖局、食品药品犯罪侦查局、特勤局、铁路公安局、网络安全保卫局、监所管理局、警务保障局、交通管理局、法制局、国际合作局、装备财务局、禁毒局、科技信息化局等局级机构，分别承担有关业务工作。海关总署缉私局、中国民用航空局公安局列入公安部序列，分别接受公安部和海关总署、公安部和中国民用航空局双重领导，以公安部领导为主。其中，情报指挥中心、研究室、督察审计局、新闻宣传局、食品药品犯罪侦查局、特勤局、铁路公安局等均为 2018 年公安部机构改革后重组或新设机构。

此外，公安部除以上内设机构外，还设有公安院校、公安科研机构等直属单位。目前，公安部直属的公安院校包括中国人民公安大学、中国人民警察大学、中国刑事警察学院、南京警察学院、郑州警察学院等。公安部直属的科研机构包括公安部道路交通安全研究中心、交通管理科学研究所、户政管理研究中心、公安部第一研究所、公安部第三研究所等。这些直属单位一般不直接从事公安执法活动，却是公安部推行公安执法工作不可或缺的辅助力量，承担着科教强警的重任。

（二）地方公安机关

为维护社会治安，我国按照《人民警察法》和《地方各级人民代表大会和地方各级人民政府组织法》的规定，在县级以上各级政府均相应设置同级公安机关。

1. 省级公安机关

省、自治区设公安厅，直辖市设公安局。公安厅(局)是省级人民政府的职能部门之一，领导、管理全省、自治区、直辖市范围内的公安工作。其基本职责包括：(1) 分析、研究本省、自治区、直辖市的社会治安状况，并对公安工作进行决策，向公安部和本省、自治区、直辖市党委、政府提供信息，做好参谋，提出对策。(2)负责所辖地区公安民警的管理、教育。(3)指导、检查和监督本省、自治区、直辖市各级公安机关的执法情况，指导业务工作。(4)组织、协调和侦破、处置重大案件、重大事件、重大治安灾害事故工作，为全省、自治区、直辖市各级公安机关提供信息、技术、后勤服务。(5)领导本省、自治区、直辖市公安警卫工作，承办警卫任务的执行。(6)承办公安部、省委、省政府交办的其他事项。

省、自治区、直辖市公安机关的必设机构包括办公室、政治部(内设教育训练处、新闻宣传处)、审计处、情报指挥中心、科技处、警务督察总队、内部安全保卫总队、经济犯罪侦查总队、治安管理总队、刑事侦查总队、出入境管理总队、交通管理总队、特勤总队、禁毒总队、网络安全保卫总队、监所管理总队等。纪检、监察、离退休干部服务部门、机关党委等机构，按照统一规定设置。此外，省、自治区、直辖市公安机关设有直属的公安院校或公安科研机构，这些直属单位也是省级公安机关的组成部分。

2. 地市级公安机关

地市级公安机关包括省辖市设立的公安局、自治州(盟)设立的公安局以及直辖市公安局下设的公安分局，它们分别是本级人民政府的一个职能部门，负责本地区范围内的公安工作。

地市级公安机关的主要任务是：在同级党委、政府的领导下，同时接受上级公安机关的领导，运用法律武器，发挥职能作用，打击敌人，惩罚犯罪，维护社会治安秩序，保护人民的各项权利和生命财产安全，巩固人民民主专政政权。

地市级公安机关机构的设置基本上与省级公安机关的内设机构相对应，主要包括：办公室、政治部、情报指挥中心、审计、科技、警务保障等处或科，警务督察、内部安全保卫、治安管理、刑事侦查、经济犯罪侦查、禁毒、特勤、交通管理、出入境管理、网络安全保卫、监所管理等支队、处、科。

3. 县级公安机关

县(县级市)、旗设公安局，作为县(县级市)、旗人民政府的一个职能部门。作为公安机关基层组织，其主要任务是：在县(县级市)、旗党委及政府的领导下，同时接受上级公安机关的领导，发挥职能作用，打击敌人，惩罚犯罪，维护社会治安秩序，保护人民的各项权利和生命财产安全，巩固人民民主专政政权。

县级公安机关机构设置基本上与地级公安机关的内设机构相对应，主要包括：政治处、指挥中心、法制室、警务保障室和警务督察、内部安全保卫、治安管理、刑事侦查、经济侦查、交通管理、出入境管理、禁毒等大队、科等。根据工作需要，依法设置看守所、拘留所、戒毒所等羁押管理场所。

各级地方公安机关因公安工作任务和工作重点不同，其内设部门的设立及名称不完全相同。有的地方公安机关将相近的职责任务整合进一个部门，有的公安机关根据实际工作需要分设不同部门。公安机关内设机构的设置处于相对稳定的状态，同时也需要结合公安工作的发展与改革需要及时调整。

此外，设区的市公安局在所辖区设立公安分局，作为市公安局的派出机构；市、县公安局或公安分局在所辖区内设立公安派出所，作为市、县公安局的派出机构。公安派出所在市、县公安局或公安分局的直接领导下进行工作。此外，地方公安机关还设有看守所、拘留所、戒毒所等派出机构。

（三）专门公安机关

专门公安机关，也称行业公安机关，是指国家在某些专门行业部门设置的实行双重领导体制，接受所在部门的党政机关和本系统上级公安机关的领导，同时在业务上接受地方公安机关指导的公安机关。

2018年公安组织机构改革前，专门公安机关有铁路公安机关、交通公安机关、民航公安机关、森林公安机关和海关公安机关。

铁路公安机关的主要任务包括：旅客列车治安管理，车站治安管理，铁路内部安全保卫，铁路工程建设安全保卫，铁路专运、特运警卫工作。

交通公安机关的主要任务包括：预防、打击辖区内的各种刑事犯罪活动，预防、查处辖区内的治安灾害事故，对港口、航道、客货运输船舶、公路交通等实施治安管理，对在我国沿海、内河水域航行、停泊、作业中的一切中外船舶实施消防监督，管理港口内道路交通。

民航公安机关的主要任务包括：以民航飞行和空防安全为中心，预防、打击针对民用航空器设备的违法犯罪活动，保卫航空器的正常飞行，保卫航空站和其他重要部门安全，实施安全监督管理，防止治安灾害事故发生，维护机场秩序和安全，保障民航事业的顺利进行。

森林公安机关的主要任务包括：预防和制止危害森林和破坏森林资源的违法犯罪行为，保护国家森林资源，打击破坏森林资源的犯罪分子，维护林业地区的治安秩序，保障林业生产建设的顺利进行。

海关公安机关的主要任务包括：依法查缉涉税走私犯罪案件和发生在海关监管区内的非涉税走私犯罪案件。

2018年12月，中共中央办公厅、国务院办公厅发布《行业公安机关管理体制调整工作方案》，决定对行业公安机关进行改革。这次改革最根本的就是坚持党对公安工作的绝对领导、全面领导，按照“警是警、政是政、企是企”的要求，进一步理顺行业公安机关管理体制，对维护国家安全、社会稳定和行业公安力量体系进行调整和完善，有利于整合警务资源，优化机构职能配置，提升警务效能，构建符合新时代要求的现代警务管理体制，更好地履行党和人民赋予的重大职责使命。按照《行业公安机关管理体制调整工作方案》，原有的铁路公安、交通公安、森林公安不再作为专门公安机关，并对其领导体制进行相应调整，即铁路公安机关、原交通公安机关中的长江航运公安机关由公安部直接领导指挥；各地林业公安机关与所在地方公安机关进行合并。同时，海关公安机关、民航公安机关仍实行双重领导，接受所在部门党委政府和本系统上级公安机关的领导，并以公安部领导为主。其中，首都机场公安局由公安部直接领导，其他民航公安队伍划归各省或市地方公安机关领导。

四、其他相关组织

除公安机关外，其他组织部门如武警部队、军队保卫、机关及企事业单位的内部保卫组织等也承担着重要的公共安全保卫工作。这些组织与公安机关在职责上相互补充，共同担负着维护国家安全与社会秩序稳定的艰巨任务。然而，这些组织与公安机关在具体职责与工作内容上又有明显的不同。

（一）武警部队

2018年1月1日零时起，武警部队由党中央、中央军委集中统一领导，归中央军委建制，实行中央军委—武警部队—部队领导指挥体制，不再列国务院序列。武警部队建设按照中央军委规定的建制关系组织领导，中央和国家机关有关部门、地方各级党委和政府与武警部队各级相应建立任务需求和工作协调机制。

武警部队作为我党绝对领导下的一支重要武装力量，改革后主要由内卫总队、机动总队、海警总队、院校和科研机构等组成，担负执勤、处置突发事件、反恐怖、海上维权执法、抢险救援以及防卫作战等任务。

武警部队改革是完善和发展中国特色社会主义军事制度的重大创新举措，是加强党对人民解放军和其他人民武装力量的绝对领导、确保党和国家长治久安的重大政治设计和制度安排。

武警部队是党领导的人民武装力量的重要组成部分，在维护国家安全和社会稳定、保卫人民美好生活中肩负着重大职责，在维护政治安全特别是政权安全、制度安全中具有重要作用。武警部队将作为中央军委直接领导下的武装力量，管理指挥将更加集中统一，按照"军是军、警是警、民是民"的原则，对武警部队领导指挥体制进行调整是改革的必然要求。此次武警部队改革中，根据中央军委命令，2018 年 7 月 1 日零时起，海警部队整体划归武警部队，称中国海警局，主要履行海上维权执法七大职责，即打击海上违法犯罪活动、维护海上治安和安全保卫、海洋资源开发利用、海洋生态环境保护、海洋渔业管理、海上缉私、指导地方海上执法工作。

（二）军队保卫部门

军队保卫部门是国家安全保卫的重要组成部分。军队保卫工作是军队为维护军队的纯洁、秩序和安全，依法对境内外敌对势力、敌对分子的渗透破坏活动以及军队内部违法犯罪和其他危害行为开展预防、制止和查处的工作。

（三）机关及企事业单位的内部保卫组织

机关及企事业单位的内部保卫组织是为了规范机关、企事业单位内部治安保卫工作，保护公民人身、财产安全和公共财产安全，维护单位的工作、生产、经营、教学和科研秩序而建立的相关机构。机关及企事业单位内部保卫组织应当履行下列职责：(1) 开展治安防范宣传教育，并落实本单位的内部治安保卫制度和治安防范措施；(2) 根据需要，检查进入本单位人员的证件，登记出入的物品和车辆；(3) 在单位范围内进行治安防范巡逻和检查，建立巡逻、检查和隐患整改记录；(4) 维护单位内部的治安秩序，制止发生在本单位的违法行为，对难以制止的违法行为以及发生的治安案件、涉嫌刑事犯罪的案件应当立即报警，并采取措施保护现场，配合公安机关的侦查、处置工作；(5) 督促落实单位内部治安防范设施的建设和维护。

五、公安机关组织机构设置的改革探索

改革开放四十多年来，围绕"转变职能、提高效率"和"定职能、定编制、定人员"的要求，从中央公安机关到地方公安机关相继出台了一系列组织机构改革的具体方案。通过公安机关组织机构改革，公安机关在机构职责、编制规模、机构名称、人员数量、内部关系、层次结构等方面已建立起适应新时期公安工作需要的公安组织体系。近年来，按照"职能科学、事权清晰、指挥顺畅、运行高效"的原则，各地积极推进扁平化管理，把机关做精、把警种做优、把基层做强、把基础做实，组织机构设置更加符合公安机关的特点和公安工作的需要，取得了一定成效。但同时，当前的组织机构改革在职能转变、机构人员精简等方面仍存在诸多问题，容易陷入"精简—膨胀—再精简—再膨胀"的发展怪圈，从而不利于公安职责体系的有效运

行，影响公安组织效率的整体提升。由此，公安机关组织机构的改革可尝试从如下几个方面着手：

（一）将公安机关组织机构改革纳入公安改革的整体设计中进行

公安机关组织机构改革是一项系统性工程，牵一发而动全身，需要系统论、信息论、心理学、社会学、行政管理学、犯罪学、侦查学、博弈论、人力资源管理理论等先进理论的科学指导；需要对国际的、国内的刑事犯罪和社会治安形势进行深入的调查研究，掌握其现状和犯罪趋势，全面分析研究在新的形势下公安工作所面临的挑战及公安机关在机构设置方面存在的问题。改革要通盘考虑，公安机关组织机构改革与公安机关的管理体制改革、人事制度改革、警务模式改革等必须作为一个系统工程进行整体设计，不能为机构改革而进行机构改革[①]。

（二）加快修订《公安机关组织管理条例》，提高机构设置的规范化和制度化水平

《公安机关组织管理条例》是规范公安机关组织管理，保障公安机关及其人民警察依法履行职责的行政法规。自 2007 年该条例正式实施以来，在规范公安机关组织机构设置，保障公安机关依法履职方面发挥了重要指导作用。然而，随着公安执法环境的不断变化，该条例的相关条款也应当与时俱进，加快修订步伐，以适应新时期新阶段公安工作对组织机构改革提出的新要求。

（三）按照“大部门”“大警种”的改革思路，精简公安机关内部机构设置，有效整合公安机关内部职能，合理划分公安机关职责权限

在当前公安工作内容日益复杂多样、公安职能范围逐步扩大的新形势下，传统的较为精细、专业的部门划分和警种划分已不再符合新时期、新阶段的社会发展要求。公安工作的复杂性与不确定性越来越强调不同职能部门之间应破除部门壁垒，实现有效的业务沟通与资源共享。针对当前公安机关内部分工过细、机构设置臃肿、职责交叉、相互配合协调不力等突出问题，公安机关内部结构设置和职能划分要按照精简、统一、效能的原则和决策、执行、监督相协调的要求，科学合理地规范内部职能，合理设置机构，优化警力配置，实现机构设置的规范化、科学化。

第二节　公安机关的管理体制

公安机关的管理体制是指公安机关的组织领导制度。我国公安机关现行的管理体制是“统一领导，分级管理，条块结合，以块为主”。这一管理体制反映了公安机关组织领导制度三个方面的基本关系：首先，体现出公安机关同党和政府的关系；其次，体现出公安系统内部自上而下的关系；最后，体现出地方各级公安机关与地方党委、政府和上一级公安机关的相互关系。这一管理体制是长期以来中国共产党在执政过程中总结出来的成熟经验，是党和政府对政府组织结构良好设计的结果，符合现阶段的中国国情，体现了集权与分权的统一，充分调动了中央和地方的两个积极性。

一、我国公安机关管理体制的发展沿革

新中国成立前，中国共产党为保卫自身安全，曾先后成立中央特科、国家政治保卫局、社

---

① 参见蔡炎斌主编：《公安学基础理论》（第三版），中国人民公安大学出版社 2020 年版，第 116 页。

会部等公安保卫机关，并不断探索完善对公安保卫工作的领导体制。在中央特科时期，为满足革命斗争的需要，党中央对中央特科实行直接领导。国家政治保卫局成立后，也采取了垂直领导的管理体制，突出表现在一切公安保卫工作和干部管理问题都由中央统一管理，不受地方党委和政府的领导，脱离了当地的实际情况，造成肃反问题扩大化，错抓和误杀了党的大批革命干部，给党和革命事业造成巨大损失。

抗日战争时期为了正确处理好公安机关与党委、政府的关系，找出一种适合中国国情的公安领导体制，中共中央明确要求各级党组织和公安保卫机关必须认真总结第二次国内革命战争时期国家政治保卫局实行"垂直领导"、脱离党委和政府监督，在"肃反"中犯严重扩大化错误的深刻教训。党中央明确提出了必须加强党对公安保卫工作的领导，反对"垂直领导"，并采取组织措施保证贯彻执行，1939 年 8 月 25 日和 10 月 10 日，中共中央先后作出《中央政治局关于巩固党的决定》和《中央关于反奸细斗争的决定》，强调指出：各级党委要将反奸细斗争作为政治上、组织上的重要任务，责成党委书记、军队首长对此工作首先负责，不要将此重要任务仅仅划给少数人担任，要把这个部门视为党的工作不可分离的组成部分，纠正个别的保卫人员留恋过去离开党的领导而形成独立系统的观点。为了从政治上、组织上加强党对公安工作的领导，保证党对公安工作的绝对领导，中共中央在党的高级组织内成立社会部的同时，还从中央局到地委成立保卫委员会，确立了党对公安保卫工作的领导关系。同时明确了公安机关与地方党委、政府以及上级公安机关的关系，确立了党委和政府对公安机关的双重领导。各级公安机关是同级政府的组成部分，公安机关在向同级党委和上级公安机关汇报工作的同时，也向同级政府汇报工作，正确地解决了公安机关与各级党委和政府的关系问题，形成了后来成为我国公安工作根本原则的"条块结合，以块为主"的双重领导体制。

新中国成立后，我国公安机关及时对新中国成立前的垂直管理体制进行问题总结，探索并逐渐形成适应新阶段公安工作发展需要的管理体制。1950 年，毛泽东同志批示："保卫工作必须特别强调党的领导作用，并在实际上受党委领导，否则是危险的。"这标志着公安管理体制框架的形成。1991 年，第十八次全国公安工作会议指出："对公安队伍的管理实行条块结合，以块为主的体制。"同年，《中共中央关于加强公安工作的决定》进一步明确指出："公安机关是政府的一个职能部门，但又不同于一般行政机关，在管理训练、机构设置、指挥监督、工作方式、装备保证等方面应当有与它的性质相适应的体制和制度。"2003 年，第二十次全国公安会议再次重申，公安机关实行"统一领导、分级管理、条块结合、以块为主"的管理体制。

二、我国公安机关管理体制的内容

根据我国有关法律规定的原则，我国公安机关实行中央集权与地方分权相结合的管理体制，即"统一领导、分级管理、条块结合、以块为主"。

（一）统一领导

"统一领导"就是全国的公安工作必须统一接受党中央和国务院的领导，地方公安机关必须接受公安部的统一领导。统一领导集中体现在公安机关的政令统一和建制统一方面，以适应公安执法、战斗和快速反应等需要。

首先，全国的公安机关都必须接受党和政府的统一领导。《中共中央关于进一步加强和改进公安工作的决定》中指出："公安工作必须置于党的绝对领导之下"，"各级公安机关要在党委、政府的领导下，坚持改革创新，充分履行职责”。其次，地方公安机关必须接受公安部的统一领导。公安部是全国的公安首脑机关，它在党中央和国务院的领导下，负责全国公安工作和公安队伍建设，并对全国各级公安机关实行统一的公安业务领导。

（二）分级管理

“分级管理”是指中央公安机关和地方公安机关分别接受党中央、国务院和各级地方人民政府和同级党委的领导。公安部在党中央、国务院的领导下，领导和管理全国的公安工作；地方各级公安机关作为地方政府的重要职能部门，在本级地方党委、政府和上级公安机关的领导下，领导和管理所辖地区的公安工作。

（三）条块结合

条块结合是我国地方政府管理体制中基本的结构关系。所谓“条”，是指公安业务管理的体系，体现出全国公安系统内部从上到下的领导关系，即在公安业务管理方面实行链条式的自上而下的垂直管理模式。当前，我国公安机关的“条条”管理主要分为五级管理层次：公安部—公安厅（省级）/ 局—公安局（地市级）—公安（分）局（县级）—派出所。公安工作是一项业务性很强的工作，公安部作为国务院的重要职能部门，需要在党中央和国务院的领导下对全国公安工作进行统一领导和管理，各省、自治区、直辖市公安厅（局）在公安部领导下，对所辖区的各级公安机关进行统一领导和管理，各地市公安局在省级公安机关的领导下对所辖县（市）的公安（分）局实行管理。

所谓“块”是指县级以上地方各级党委、政府对同级公安机关的领导关系。各地方公安机关在业务上要接受上级公安机关的统一领导和管理，但同时也隶属于地方各级人民政府，是地方政府的重要部门。各地方公安机关要在同级党委和人民政府的领导下，具体负责本地方的公安工作。这是我国公安机关“块块”管理模式的具体体现。

由此，“条块结合”就是指公安机关不仅接受上级公安机关的统一领导和管理，也接受同级党委和人民政府的领导和管理，构成“条条”与“块块”相结合的双重领导关系。比如，省公安厅在“条”上需要接受公安部的统一领导和管理，在“块”上还须接受省委、省政府的领导。

（四）以块为主

“以块为主”指的是地方公安机关接受上级公安机关和同级地方党委、政府的双重领导，并且以接受同级地方党委、政府的领导为主。在双重领导关系中，上级公安机关主要负责公安业务工作和队伍建设的指导，而地方党委和政府的领导则侧重于从当地实际出发，负责本地方公安工作的决策和指挥、公安机关经费开支和公安机关人民警察的人事管理等，以保证本地方公安工作具体的组织实施和安排落实。由于公安工作具有很强的区域性特点，不同的地方公安工作的内容和特点是不同的。公安工作一方面需要全国性的统一工作部署，另一方面更需要结合本地的公安工作实际实施具有地方特色的措施，以保一方平安。因此，在“条条”与“块块”双重领导关系结构中，要以“块块”管理为主。需要注意的是，按照相关规定，城市公安分局作为市公安局的派出机构，实行上级公安机关领导为主的管理体制，干部任免前要征求区党委、政府的意见；公安派出所作为县（市）、区公安（分）局管理治安工作的派出机构，要由县（市）公安局或者区公安分局直接领导和管理。

在公安管理体制中，“统一领导、分级管理”体现了党对公安工作的绝对领导，有利于党的路线、方针、政策在公安工作中的贯彻实施，保证了全国公安工作的统一性和完整性。在任何时候都不能以任何理由和借口削弱、抵制、损害或者摆脱党的领导。改革开放以来，个别地方片面强调地域的特殊性，为了地方利益置中央政策和命令于不顾，政策执行起来阳奉阴违，出现了分散倾向，削弱了中央统一领导的权威，给公安工作带来了不利的影响。因此，从法律层面明确“统一领导、分级管理”的体制，科学划分中央和地方的职权，对于做好公安工作具有重要的意义。另外，明确“条块结合，以块为主”的地方结构体系，也有利于调动地方的主动性和积极性，使公安工作获得地方更多的领导、支持与监督，有利于中央政策的有效执行。

三、我国公安机关现行管理体制的意义

“统一领导、分级管理、条块结合、以块为主”的管理体制经过实践检验，被证明是一种适合我国国情且行之有效的体制，这种体制正确解决了中央与地方、集权与分权的关系问题。而且，公安机关现行管理体制是高度辩证统一的。在“统一”下“分级”，统一是前提，是确保在大政方针、政策、法律基本原则上的统一；分级是在统一的前提下发挥地方的主动性和积极性。同时，“条块结合”是“统一领导、分级管理”的具体体现。“条”体现“统一领导”，“块”体现“分级管理”。这种既讲求政令统一，又明确具体责任的管理体制具有重要的现实意义。

（一）有利于加强党对公安工作的领导

这一管理体制的核心就在于强调党对公安工作的绝对领导，公安机关必须置于各级党委和政府的实际、直接领导之下，这是我们行之有效的管理体制，绝不能有丝毫的怀疑和动摇。对公安机关实行“统一领导、分级管理、条块结合、以块为主”的管理体制，是我们党在长期实践中形成的、适合我国国情的公安队伍的管理体制，也是我国公安机关的优良传统。这对于加强党和政府对公安工作的领导是极为有利的，是一条成功的经验，必须坚持。公安工作的历史经验充分证明，脱离了党的领导，公安工作就会失去正确的政治方向，给党的事业带来严重的危害与损失。历史教训是非常深刻的。在发展社会主义市场经济和全面建设小康社会的过程中，为了更好地服务于经济与社会建设，必须坚持党对公安工作的绝对领导这一根本政治原则。

（二）有利于发挥公安机关的职能作用，提高公安机关的战斗力

公安机关是人民民主专政的重要工具之一，是具有武装性质的国家治安行政力量和刑事司法力量。当前，社会治安形势越来越复杂，犯罪组织形式和手段方法越来越多样化、暴力化、动态化、职业化和智能化，这就要求公安机关在打击犯罪、整顿社会治安工作中要统一指挥、快速行动，下级公安机关应坚决服从上级公安机关的命令和监督，保证警令畅通，防止出现政出多门、部门分割、推诿扯皮的现象。这种管理体制正便于公安机关统一指挥、快速反应，提高了公安机关的战斗力。

（三）有利于发挥地方党委和政府的作用

在发展社会主义市场经济的过程中，各地区的经济发展水平和社会治安状况出现了较大的差异。实行“统一领导、分级管理、条块结合、以块为主”的管理体制，就能把公安工作的统一目标和各地的实际情况很好地结合起来，便于各地根据本地区的实际情况采取针对性措施，因地制宜地落实党委、政府对公安工作的要求和部署，减少工作的盲目性。

（四）有利于落实公安工作属地管理的原则

根据有关规定，我国公安工作实行属地管理的原则，案件管辖、处理社会治安问题、指挥

内保工作等，主要由区、县公安（分）局负责，上级公安机关主要履行指导、监督的职责。属地管理原则明确了地方公安机关担负的保一方平安的主要责任。现行公安管理体制能充分发挥地方公安机关在打击防范犯罪、维护社会治安中的作用，在组织体制上保证了属地管理原则得以顺利实施和落实。

四、我国现行公安管理体制运行中存在的主要问题及改革方向

（一）现行公安管理体制运行中的主要问题

第一，“条”“块”之间关系不顺，领导权过去集中于地方，在一定程度上恶化了公安机关的执法环境，影响了公安机关整体效能的发挥。“条”“块”之间的关系包括上级公安机关与地方党委、政府之间的关系以及上下级公安机关之间的关系两个方面。在计划经济环境下，中央对“人、财、物”的领导高度集中，地方党委和政府的自主权非常有限，公安管理体制中“条”“块”关系的问题并不十分突出。但是，随着我国政治体制和经济体制改革的不断深入，“简政放权”成为社会发展与改革的重要方向。地方自主权不断扩大，利益格局发生了重大变化，利益主体不断多元化，“条”“块”之间的矛盾也日益突出。这一问题对公安工作的负面影响主要表现为：有些地方领导指定公安机关以地方政策代替国家法律，破坏国家法制的统一，损害国家整体利益；有些地方领导运用对公安机关的工作决策权，以言代法、以情代法，阻挠公安机关履行正常的执法办案活动；有些地方领导利用公安机关的人事管理权，完全不顾录用公安机关人民警察的条件和选拔干部的标准，乱开口子、任人唯亲，导致公安队伍良莠不齐等。这些都在一定程度上恶化了公安机关的执法环境，破坏了国家法制的统一和尊严。同时，在目前“条块结合、以块为主”的领导体制下，上级公安机关对地方公安机关只有业务工作上的指导权，缺乏决定性的影响力。如果上级公安机关的警令有碍地方利益，有悖地方党委、政府的意愿等，一些下级公安机关就借各种理由不执行，导致警令不畅，政策措施得不到贯彻落实。此外，在“条块结合、以块为主”的领导体制下，地方公安机关之间缺乏主动协调配合意识，往往各为其政、各行其是，难以达到整体作战所需要的及时性和高效性，直接影响了公安机关整体效能的发挥。

第二，公安机关职能不清，上级公安机关与地方党委政府以及上下级公安机关之间的职责权限不明，严重影响了“条”“块”两个方面的主动性、积极性和创造性。一是公安机关与其他政府部门、社会组织之间的关系缺乏明确的规范。从总体上看，公安机关在打击违法犯罪方面的具体职责、任务相对比较明确，但在涉及一些社会管理和公共服务方面，职责任务缺乏明确具体的规定，公安机关管了很多不该管、管不了也管不好的事情，承担了许多理应由其他政府部门和社会中介组织承担的职能。同时，公安机关与其他部门和社会组织之间存在职能交叉、权责脱节的问题。特别是在涉及与其他部门共同管理的事务时，具体职责不清、权责不明，有时出现有利争着管、无利大家推、责任无人负的情况。二是上级公安机关与地方党委、政府之间职责权限划分不明确。在实际工作中，“条条”管的内容多，“块块”管的内容少；“条条”管得具体，“块块”管得原则；“条条”承担的多，“块块”承担的少；群众怪“条条”多、“块块”少。这种“条”“块”职责权限不分明的状况，阻碍了“条”“块”两个方面的积极性，使得“条”“块”都无法牵住公安队伍建设的“牛鼻子”，使公安队伍建设陷入了一种“出问题—教育整顿—再出问题—再教育整顿”的怪圈。三是公安机关内部不同层次

之间的事权也缺乏明确的规定和划分。在公安部和地方公安机关之间,一些本应属于地方公安机关负责的事项,地方却做不了主;对于一些本应需要公安机关负责的事项,地方公安机关却由于难以从繁杂的事务中脱身,没有精力和时间去做。地方公安机关上下级之间的关系也缺乏明确规范,相互之间职权划分随意性较大,缺乏客观的标准和依据,不但影响了上级公安机关对下级公安机关领导和指挥的力度,也挫伤了地方各级公安机关工作的主动性、积极性和创造性,影响了公安机关整体工作效能的充分发挥。

第三,各级公安机关“分灶吃饭”,财政不统一,有的公安机关办案经费不充足,公安装备落后,大大影响了公安工作的效率和战斗力。所谓“分灶吃饭”,是指全国各级公安机关的财政由同级政府来保障和提供,但是由于各地的经济发达程度不同,各级公安机关人民警察的工资待遇、办案经费和装备保障不尽相同,甚至大相径庭。这种状况直接造成了落后地区的公安机关人民警察待遇差,工作积极性低;办案经费不足,破案率低;公安装备落后,大大降低了公安机关的战斗力和公安工作的效率。

(二) 改革和完善公安管理体制的构想

党的十八大以来,习近平总书记更加重视以深化改革激发创新活力。习近平总书记出席 2019 年新时代全国公安工作会议并强调,要加强机构人员职能整合、业务工作融合、机制流程衔接,加快构建职能科学、事权清晰、指挥顺畅、运行高效的公安机关机构职能体系。党的二十大报告科学刻画了全面建设社会主义现代化国家、实现中华民族伟大复兴的宏伟蓝图和实现路径,为做好新时代公安工作提供了根本遵循、明确了发展方向、鼓舞了前进动力。

1. 科学合理地划分公安机关与地方党委、政府以及上下级公安机关的职责权限

(1) 明确上级公安机关与地方党委、政府之间的职责权限,理顺公安机关管理体制中的“条”“块”关系。针对上级公安机关与地方党委、政府之间职责权限不明确的情况,必须立足于现行的管理体制,进一步明确各自的职责权限,形成各负其责、各尽其职、相互配合、相互监督的新型“条”“块”关系。“条”“块”之间的职责和任务,可以分为人事管理、业务管理、经费保障三大方面。一是在人事管理上,上级公安机关应主要承担对下级公安机关领导班子的协管职责以及人民警察的录用审核工作,地方党委、政府主要负责领导班子的配备、调整以及干部队伍的管理工作。二是在业务管理上,上级公安机关领导、指挥、指导下级公安机关依法履行行政执法和刑事执法职责,地方党委、政府主要领导和监督公安机关贯彻落实党和国家有关公安工作的方针、政策和法律、法规的情况,不具体领导和指挥执法办案活动。如果地方党委、政府的有关人员不依法办事,干扰执法办案,强令公安机关从事非警务活动,造成公安机关和人民警察违法违纪的,应追究地方党委、政府有关人员的责任;地方公安机关徇私枉法、滥用强制措施、刑讯逼供,跨地区指导协调案件或办理专案出问题的,应追究公安机关领导甚至上级公安机关领导的责任。三是在经费保障上,上级公安机关主要根据当地的经济发展情况,会同有关部门制定经费保障标准和专项经费补助计划,其他事项主要由地方党委、政府负责。基于此,地方政府应当加强对公安经费的保障力度,如因保障不力,致使公安机关和人民警察滥罚款、收支两条线管理失控的,除追究当事人责任外,地方政府应承担领导和监督不力的责任;上级公安机关主要负责对专项补助款的使用情况进行监督,监督不力造成违法犯罪的,要追究上级公安机关的主要责任。

(2) 明确公安机关不同层级的职能定位。公安部在 2022 年全面深化公安改革推进会上

提出，要加快推进同警务体制改革相适应、相衔接、相配套的机制制度改革，推动各项公安改革系统集成、高度融合、协同高效，推动公安工作高质量发展，更好服务党和国家工作大局。要按照“党委领导、部级抓总、省级主责、市县主战、派出所主防”的思路，明确不同层级的职能定位，加快构建职能科学、事权清晰、指挥顺畅、运行高效的职能体系。要制定不同层级的权责清单，对各层级“干什么、怎么干、干成什么样”作出进一步规范，做到职责法定、以责定权、权责一致。要坚持因地制宜、因情施策，在市县两级公安机关积极稳妥推进“大部门”“大警种”制改革。这既是上级公安机关的战略决策，也是积极适应当前治安形势的需要，更是推动新时代公安工作现代化，加快形成和提升新质公安战斗力的必然选择。

(3) 明确派出所和专业警种的职责边界。派出所警务规范化，厘清派出所和专业警种的职责边界，提高全天候服务群众和保障安全能力。要把辖区群众的安全感作为衡量派出所工作的主要指标，坚决清理不科学、不合理的考评指标，切实为派出所减负增效。要推动基层社会治理精细化，推动城区“一区一警两辅”、农村“一村一辅警”全覆盖，加大“一村(格)一警”推广力度。

2. 进一步调整和理顺公安分局和派出所的管理体制

根据相关规定，城市公安分局是城市公安局的派出机构，受市公安局领导和管理，实行上级公安机关领导为主的管理体制。干部任免前要征求区党委、政府的意见。公安派出所是县(市)、区公安(分)局管理治安工作的派出机构，要由县(市)公安局或者区公安分局直接领导和管理。然而在实际的管理体制运行中，还有不少地方把分局下放到区党委、政府领导和管理，有的把派出所交由街道、乡镇党委、政府领导和管理。这不但不符合相关的法律、法规规定，而且影响了上级公安机关的统一领导与指挥，影响了公安机关整体效能的发挥。

(1) 理顺城市公安分局的管理体制。城市公安分局是市公安局的派出机构，受市公安局的直接领导和管理。一是在人事管理上，公安分局接受当地党委与上级公安机关双重领导，并以上级公安机关党委领导为主。城市公安分局领导班子成员的任免，由上级公安机关党委提名，征求地方党委意见后，由上级公安机关党委按照程序任免。相当于此一级别的其他领导干部、非领导职务人员，由上级公安机关党委直接任免；其余人员由城市公安分局直接管理。二是在党的关系上，城市公安分局设立机关党委，直接受当地党委领导和管理。三是在机构编制上，城市公安分局内设机构的设置、变更和撤销，人员的增减和录用，统一由上级公安机关负责。四是在经费保障上，凡是有条件的，应由上级公安机关实行统一管理。城市公安分局的行政性收入和罚没收入，统一由上级公安机关上缴同级财政，并统一保障城市公安分局的人员经费；办案经费由上级公安机关和区级财政共同保障，以上级财政保障为主；公用经费由区级财政保障；装备经费、基础建设经费由省、市、区三级财政按照一定比例分别予以保障；中央财政对贫困地区公安机关给予经费补助。五是在业务工作上，以上级公安机关领导为主。

(2) 理顺公安派出所的管理体制。公安派出所是县(市)公安局和城市公安分局的派出机构，必须由县(市)公安局、城市公安分局直接领导和管理，所需经费要纳入县(市)公安局、城市公安分局的年度预算，由县(市)公安局、城市公安分局直接管理。目前，公安派出所仍由乡、镇党委及政府管理的，要改为由县(市)公安局、城市公安分局直接领导和管理。

3. 适当调整现行的公安领导体制

在现行的“统一领导、分级管理、条块结合、以块为主”的公安领导管理体制保持基本不变的前提下，进一步理顺“条”“块”关系，充分发挥“条”“块”两个方面的积极性，重点做好以下两方面的工作[①]：

(1) 明确把上级公安机关对下级公安机关的业务工作的指导关系，变为业务领导的关系。坚持党对公安工作的绝对领导，不仅要求地方公安机关必须接受地方党委的领导，还要求在公安工作中要坚定不移地贯彻党的路线、方针、政策，始终听从党的指挥，在思想上、政治上、行动上与党中央保持高度一致。在新的历史条件下，为了确保党对公安工作的绝对领导，防止出现分散主义倾向，应将公安机关同时置于上级公安机关党委和地方党委的双重领导之下。公安工作是一项专业性、政策性和法律性都很强的工作，一些重大决策和措施必须在全国统一实行，需要“条”的统一领导和统一指挥。同时，由于我国地域广阔，经济社会发展不平衡，公安工作具有一定的区域性特征，需要有“块”的领导，需要地方公安机关从当地实际出发，进行具体安排并组织实施。把公安机关同时置于上级公安机关党委和地方党委的双重领导下，不仅有利于加强党对公安工作的绝对领导，而且有利于发挥“条”“块”两方面的优势，调动两方面的积极性。

(2) 确立由地方各级政府副职兼任同级公安机关主要领导人的组织人事制度。近些年来，一些地方根据实际，实行由政府副职兼任地方公安机关主要负责人的组织人事制度，作为对现行公安领导管理体制的补充和完善，取得了较好的效果。这样安排上下级公安机关的人事管理权，符合现行公安机关领导管理体制，有利于把“条”“块”更好地结合起来，协调各方面的力量，切实维护社会稳定；有利于把坚持党的领导、人民当家作主与依法治国有机统一起来，促进公安机关严格、公正执法；有利于公安机关领导班子的整体素质的提高和公安队伍的革命化、规范化、专业化和职业化建设；也有利于公安队伍的统一指挥，确保警令畅通，维护国家法制统一。

章后思考题

1. 公安机关设置的原则有哪些？
2. 简述专门公安机关的种类及其主要的职责任务。
3. 简述公安机关管理体制的发展沿革。
4. 简述公安机关现行管理体制存在的主要问题及改革方向。

本章拓展阅读	第二编即测即评

① 参见王明生主编：《公安学基础新论》，中国人民公安大学出版社 2015 年版，第 162—163 页。

第三编　公安队伍

第九章　公安队伍正规化建设概述

第一节　公安队伍正规化建设的含义、目标和要求

一、公安队伍正规化建设的含义及发展阶段

公安队伍正规化是2014年公安部党委作出的“四项建设”重大决策部署内容之一。所谓“正规”，在《现代汉语词典》中的意思是，“符合正式规定的或一般公认的标准的”。“正规化”是指符合正式规范与特定标准的模式或状态，也可指为了达到规定标准、实现正规目的而采取一定的措施，进行相关的活动。所谓“公安队伍正规化建设”就是在政治上、思想上、纪律上、作风上、工作能力上提高公安队伍的素质，按照“依法治警、从严治警”的方针，坚持严格教育、严格训练、严格管理、严格纪律，把公安队伍建设成为一支政治坚定、业务精通、作风优良、执法公正，能够圆满完成维护国家安全和社会治安任务的有坚强战斗力的队伍。公安队伍正规化建设是一个长期性的工作，绝不是一蹴而就的，应当成为公安队伍建设的一项战略而长期坚持，这是由公安队伍建设长期性的特点决定的。公安队伍正规化建设涉及公安队伍的各方面内容，包括组织体系、训练体系、内务体系、执法执勤体系和监督制约体系等，因此，公安队伍正规化建设具有全面性的特点。此外，公安队伍正规化建设还具有时代性特点，不同的历史时期，会有不同的指导思想、价值追求和具体要求，也会有不同的侧重点，但其本质是一致的。

我国公安队伍正规化建设经历了探索初创、稳定发展和深化推进三个阶段。[①]

（一）探索初创阶段（1949年至1983年）

我国公安队伍正规化建设的探索开始于新中国成立。新中国成立之初，仅用一年的时间便在全国范围内建立了相对统一的人民公安体制。1950年1月12日，财政部、公安部联合发布《关于人民警察的等级划分、服装、领章、帽徽及其供给待遇标准的规定》，对人民警察的职级待遇和服装进行规范。为加强社会治安、维护公共秩序、保护公共财产、保障公民权利，1954年12月31日第一届全国人民代表大会常务委员会第四次会议通过《公安派出所组织条例》，该条例虽仅有7条，却包括了建立公安派出所的工作目的、公安派出所的职权范围、公安派出所的组织机构及相关工作纪律等。1957年6月25日，全国人民代表大会常务委员会通过《中华人民共和国人民警察条例》，该条例是人民警察开展工作的依据。1962年召开的第十二次全国公安工作会议审议通过了部分警种工作条例和细则，使公安工作进一步规范化。党的十二大和党的十三大的召开，使国家建设进入了新的历史起点。这一时期，公安机关在打击严重刑事犯罪活动的同时，着力加强公安工作以及公安队伍规范化建设。

---

① 参见娜日斯：《公安队伍正规化建设的逻辑演进与发展路径》，载《学术论坛》2016年第9期。

1983年《中共中央关于加强和改革公安工作的若干问题的决定》首次明确提出了“使公安机关的建设逐步正规化”的目标和原则，“正规化”这一要求正式走入了公安队伍建设领域，标志着公安队伍正规化建设初步创建。

（二）稳定发展阶段（1984年至2012年）

20世纪80年代初至21世纪初的近三十年，随着我国法治观念的不断提升，公安队伍正规化建设进入了稳定发展阶段。1984年6月公安部颁布施行《中华人民共和国人民警察内务条令（试行）》，使公安队伍内务正规化建设有制度可依、有规章可循。1991年审议通过的《中共中央关于加强公安工作的决定》是公安队伍正规化建设的标志性文件，该决定对公安队伍正规化建设有着重要作用，该决定指出，公安机关不同于其他一般的行政部门，对有效地推动公安队伍正规化建设起到了积极作用。第十八次全国公安工作会议提出，公安队伍建设是一个以长期建设为目的的工程，并提出努力建设“四化”即革命化、现代化、正规化、军事化的公安队伍。1992年7月，第七届全国人民代表大会常务委员会第二十六次会议通过了《中华人民共和国人民警察警衔条例》，警察警衔制从此开始走向正规化。1995年2月，第八届全国人民代表大会常务委员会第十二会议通过了《中华人民共和国人民警察法》，该法较为全面地规范了人民警察的职权、义务、纪律、组织管理、警务保障、执法监督等内容，为公安队伍正规化建设的稳定发展提供了有利的法治保障。1998年，全国公安队伍正规化建设座谈会在大连召开，会议确立了推进队伍正规化建设的任务和具体细则，可以说队伍正规化建设取得了阶段性的成果。到2000年，与当时社会特点相适应的队伍管理法规和规章制度基本建立与完善，为公安队伍建设走向正规化奠定了基础。2003年《中共中央关于进一步加强和改进公安工作的决定》确立了该阶段加强和改进公安队伍正规化建设的基本框架，确定了公安队伍正规化建设是公安全局建设的基础和关键。2003年11月，第二十次全国公安会议召开，会议强调不断增强大局意识、政治意识、忧患意识、群众意识和法治意识，坚持与时俱进，坚持执法为民，大办推进公安队伍正规化建设，全面提升公安工作的水平和公安队伍的战斗力，切实担负起巩固共产党执政地位，维护国家长治久安，保障人民安居乐业的重大政治和社会责任；同时，会议将公安队伍正规化建设的基本内容概括为“四统一”“五规范”。2004年下发的《公安部关于2004—2008年全国公安队伍正规化建设纲要》对正规化建设的指导思想、基本目标、工作原则进行了逐条说明。可以说，第二十次全国公安会议和《公安部关于2004—2008年全国公安队伍正规化建设纲要》全面推进了公安队伍正规化建设，是公安队伍正规化建设的重大理论成果和实践探索。

（三）深化推进阶段（2013年至今）

党的十八大以来，我国进入了新的历史时期。公安队伍正规化建设也被赋予了新的任务和要求，具备了新的气象，正在不断向更加深化的方向发展，正在大力加强公安队伍正规化建设，真正使公安队伍成为维护公平正义之师、守护人民安宁之剑。2014年9月，全国公安厅局长座谈会在杭州举行，会议提出了“四项建设”，公安队伍正规化建设就是其中之一。加强正规化建设，始终是贯穿公安队伍建设的一条主线。要始终坚持政治建警、素质强警、从严治警、从优待警方针，以铸造忠诚警魂为根本、以科学管理队伍为核心、以增强素质能力为重点、以培养优良警风为保障，大力推进队伍正规化建设。2015年2月党中央通过的《关于全面深化公安改革若干重大问题的框架意见》也明确了队伍正规化建设在此次改革中的重点地位。同年 6 月，全面深化改革领导小组第十一次（扩大）会议对关于如何推进正规化建设给予了指导意见，明确了公安队伍正规化改革在公安改革中的重要位置，全面指明了现阶段的目标和内容以及未来发展的方向等。为贯彻落实中央关于全面深化公安改革的重大决策，公安部党委 2015 年制定印发了《关于深入推进公安队伍正规化建设的意见》，对深入推进公安队伍正规化建设作出部署。

二、公安队伍正规化建设的目标

公安队伍正规化建设是一项有组织、有目的、有计划的系统工程。自改革开放以来，我国公安队伍正规化建设的目标也经历了一个逐渐完善的过程。

1979 年 11 月，第四次全国公安政治工作会议根据党和国家的要求，提出了建设一支革命化、现代化、正规化、军事化人民警察队伍的目标。

1996 年召开的第十九次全国公安工作会议提出了“依法治警，从严治警，全面推进公安队伍正规化建设，尽快建设一支政治坚强、业务精通、作风过硬、纪律严明、秉公执法的公安队伍”的目标。

2000 年，公安部公布了《关于加强公安队伍建设的十二项措施》，明确提出了公安队伍正规化建设的三年目标，即经过“三年左右的不懈努力，使公安队伍的整体素质和执法水平明显提高，队伍整体形象和纪律作风有较大改进，违法违纪和腐败现象得到有效遏制，人民群众对公安工作和公安队伍比较满意”的目标。

2003 年召开的第二十次全国公安会议和《中共中央关于进一步加强和改进公安工作的决定》提出积极推进公安队伍正规化建设，全面提升公安工作的水平和公安队伍的战斗力，带出一支政治合格、业务精通、作风优良、执法公正的队伍的目标。

2004 年，为深入贯彻落实《中共中央关于进一步加强和改进公安工作的决定》和第二十次全国公安会议精神，不断提高公安队伍正规化建设水平，公安部制定了《公安部关于2004—2008 年全国公安队伍正规化建设纲要》，进一步明确了新时期公安队伍正规化建设的目标，具体如下：

（一）建立保障公安队伍依法履行职责的组织体系

上下级公安机关工作的领导指挥关系顺畅，政令警令畅通。内部管理体制完善，职能配置科学、合理。机构设置规范、统一，人员编制标准明确、具体，人事管理制度健全、落实。

（二）建立适应公安工作实战需要的民警职业训练体系

民警上岗和首任必训、职务和警衔晋升必训、基层和一线民警每年实战必训制度严格落实。岗位练兵、科技练兵扎实有效。“战训合一”模式普遍推行。教官熟悉公安工作，教材紧贴公安实战，训练基地设施配套，训练经费基本保障。民警政治、业务、体能、心理素质全面增强，胜任本职工作需要。

（三）建立具有公安队伍特点的内务管理体系

民警岗位设置合理，职责、权限明确。内务管理规范，工作、学习、生活有序。警容严整，举止文明。外观标识统一、规范。实现“人要精神，物要整洁，说话要和气，办事要公道”的目标。

（四）建立完备的公安民警执法执勤规范体系

执法为民思想牢固树立，证据意识、程序意识、权限意识和自觉接受监督意识增强。执法严格、公正、文明，冤假错案有效防治和纠正。执法执勤制度完备，勤务指挥顺畅、有序，勤务方式科学、高效。

（五）建立权威、有效的监督制约体系

监督制约机制健全，内部监督力量形成合力。人民群众反映强烈的突出问题得到有效整治，民警违法违纪现象得到有效遏制，领导责任追究制度和民警执法过错责任追究制度得到全面落实。

三、公安队伍正规化建设的要求

《中共中央关于进一步加强和改进公安工作的决定》为积极推进公安队伍建设，从思想政治、领导班子、制度建设、教育训练和养成教育等方面，对公安队伍正规化建设提出了明确的要求。

（一）加强思想政治建设，确保公安队伍坚定正确的政治方向

用邓小平理论、“三个代表”重要思想、科学发展观和习近平新时代中国特色社会主义思想武装全体公安民警的头脑，使全体公安民警牢固树立大局意识、政治意识、忧患意识、群众意识和法治意识，在思想上、政治上、行动上与党中央保持高度一致，确保公安队伍始终保持忠于党、忠于祖国、忠于人民、忠于法律的政治本色。

（二）加强领导班子建设，把各级领导班子建设成为政治坚定、开拓创新、团结协调、廉政勤政的领导班子

进一步完善公安机关领导干部双重管理制度，健全双重管理的程序性规定，明确主管、协管的职责权限。任免公安机关党政正职领导干部，事先要征得上一级公安部门党委同意。完善领导干部任职资格制度，选好配强各级公安机关领导班子。进一步规范公安机关领导干部交流工作。实行领导干部责任追究制度，推行引咎辞职制度和责令辞职制度。

（三）加强制度建设，规范公安队伍的组织人事管理

继续健全与《人民警察法》相配套的队伍管理制度，修订完善《公安机关组织管理条例》。深化公安机关人事制度改革，实行科学的人员分类管理制度，设置公安民警职务序列，逐步形成公开、平等、竞争、择优的用人机制。全面落实城市公安分局、派出所由上级公安机关直接管理的规定。各级公安机关内设机构的领导干部由本级公安机关任免。按照干部管理权限应当由党委组织部门审批的，由公安机关提名呈报。理顺上级公安机关对下级公安机关工作的领导和指挥关系，确保国家法律法规的有效执行和警令畅通。

（四）加强教育训练工作，建立适应实战需要的训练体系

积极创新教育训练机制，改进教育训练方法，全面落实民警上岗前必训、职务和警衔晋升必训、一线民警必训制度，提高公安民警的政治、业务、体能素质和实战技能。逐步推行公安院校参照军事院校进行管理。

（五）加强养成教育，规范警容风纪和民警的执法行为

严格执行公安部“五条禁令”，从最基本的行为准则抓起，使公安民警举止端正、行为规范、纪律严明，树立公安队伍良好的职业风范。强化监督制约机制建设，自觉接受群众监督，严肃查处违法、违纪案件,坚决清除害群之马。大力宣传、表彰公安队伍中的先进典型,激励斗志,弘扬正气。主动引导社会舆论,维护公安队伍的良好形象。

四、公安队伍正规化建设的意义

公安队伍正规化建设是公安队伍建设的重要方面,对整个公安队伍建设具有决定性和引领性的作用和意义。具体来说,公安队伍正规化建设的意义体现在如下方面:

(一)加强公安队伍正规化建设有利于体现公安机关的性质和职能

我国公安机关是人民民主专政的工具,人民警察是武装性质的治安行政力量和刑事司法力量,肩负着打击敌人、保护人民、惩治犯罪、服务社会、维护国家安全和社会稳定的重要使命。公安机关和人民警察的这一性质,决定了其不同于普通的国家机关,对其管理和建设也应当更加统一、规范和严格。从世界范围内来看,尽管不同的国家社会制度不同,警务制度不同,警察的性质也不尽相同,但是根据警察机关的性质和特点进行正规化建设,是世界通行的做法。所以说,公安队伍正规化建设是公安机关的性质和特点所决定的。

(二)加强公安队伍正规化建设有利于促进公安队伍自身发展

当前,公安机关面临的国际国内形势发生了很大的变化。从国内看,移动互联网的普及和发展、公安法治理念的接受、权利意识和法律意识的增强等都对公安机关和人民警察提出了新要求。从国际上看,随着我国改革开放的推进,跨境、跨法域的警务合作和交流愈发频繁,这也对公安队伍建设提出了挑战。这些要求和挑战均需要公安机关及其人民警察不断提升自身建设、管理能力和执法水平。而公安队伍的正规化建设是对公安队伍发展的重要抓手和窗口,其不仅可以在组织人事领域反映出来,必然还会向业务执法领域产生辐射效应,在业务执法中也会反映出来,从而促进公安队伍的全面发展。

(三)加强公安队伍正规化建设有利于提升人民警察的履职能力

公安队伍正规化建设的核心,是要促进各种职责职务行为的法制化、规范化、标准化,这是对立法、决策、管理、监督、遵守、执行等所有职责职务行为的共同要求。不仅涉及所有的人民警察,还涉及各方面的工作;不仅涉及制度层面,还涉及精神层面。与一般化建设与管理相比,正规化建设与管理对各级公安机关的领导和广大人民警察的综合素质和能力提出了更高、更严的要求和标准。因此,通过公安队伍的正规化建设不仅可以培养认真负责、精益求精的精神与习惯,还能够通过日常工作锻炼提高发现和解决问题的能力,提高决策制定的能力、管理监督的能力和遵守执行的能力,最终提高公安队伍的组织管理能力和对社会治安的控制能力。

第二节　公安队伍正规化建设的内容和途径

一、公安队伍正规化建设的内容

按照第二十次全国公安会议的要求,公安队伍正规化建设的重点是“四统一”“五规范”,即“统一考录制度、统一训练标准、统一纪律要求、统一外观标识”,“规范机构设置、规范职务序列、规范编制管理、规范执法执勤、规范行为举止”。

统一考录制度是指新招录公安民警，一律实行省级公安机关和人事部门统一考试，公安部派人督考，切实严把“入口关”，从源头上保证队伍的基本素质。同时，研究制定警务辅助人员管理办法，明确规定其职责权限和工作范围，严禁参与执法办案。

统一训练标准是指严格贯彻落实《公安机关人民警察训练条令》，全面实施公安民警上岗和首任必训、职务和警衔晋升必训、基层和一线民警每年实战必训的“三个必训”制度。科学制定分级、分类的教育训练内容，研究确定科学、合理的公安民警能力素质标准和警官的任职、晋升训练标准，用标准建设队伍。

统一纪律要求是指严格执行《公安机关人民警察纪律条令》，对公安民警在政治纪律、组织纪律、执法执勤纪律、内务纪律等方面实行严格、统一的纪律要求。

统一外观标识是指抓紧制定并组织实施公安机关特别是派出所等“窗口”单位的统一外观标识，方便人民群众报警、求助。

规范机构设置是指有效整合警力资源，调整机构设置，切实解决分工过细、职责交叉、警力分散和各地机构设置不规范、名称规格不统一的问题。

规范职务序列是指从警察职业的性质、特点和工作任务出发，《公安机关组织管理条例》第 10 条规定：“公安机关人民警察职务分为警官职务、警员职务和警务技术职务。”根据警官、警员的不同特点，分别设置警官职务序列、警员职务序列、警务技术职务序列，以体现公安机关不同于一般公务员的特点，充分调动公安民警工作的积极性。

规范编制管理是指加强公安编制管理，规范公安编制审批使用程序。《公安机关组织管理条例》第 19 条规定：“公安机关人民警察使用的国家行政编制，实行专项管理。”《公安机关组织管理条例》第 20 条规定：“公安部根据工作需要，向国务院机构编制管理机关提出公安机关编制的规划和调整编制的意见，由国务院机构编制管理机关审核，按照规定的权限和程序审批。”地方根据实际情况需要调整公安编制，由省级政府提出意见，经中央编办征求公安部意见后，进行审核，报中央编委批准下达，所需经费统一列入地方财政预算。

规范执法执勤是指进一步建立健全各警种的执法执勤工作规范，明确民警在执法活动中应该怎么做，不应该怎么做，从执法办案、值班备勤等各个环节入手，规范民警的执法执勤活动，做到严格依法办事，提高执法水平。

规范行为举止是指完善、规范公安民警行为的各类规定，从公安民警的着装、仪容、举止、行为、礼节等最基本的行为准则抓起，加强养成教育，使公安民警举止端正、行为规范，形成公安队伍良好的职业风范。

为深入贯彻落实《中共中央关于进一步加强和改进公安工作的决定》和第二十次全国公安会议精神，不断提高公安队伍正规化建设水平，公安部制定了《公安部关于 2004—2008 年全国公安队伍正规化建设纲要》，对公安队伍正规化建设进行了部署。

（一）加强组织机构的正规化建设

1. 理顺组织体制

按照明确职能、明晰责权的原则，规范公安机关的事权划分，理顺上下级公安机关工作的领导和指挥关系，形成结构合理、运转高效的组织体系。

2. 规范机构设置

按照精简、统一、效能的原则，科学设置公安机关的内设机构、派出机构，明确职责任务，优化资源配置，提高工作效能。实行公安机关分类管理，制定机构设置标准，明确必设机构和选设机构，统一机构称谓、规格、数量和层级。

3. 规范职务序列

建立体现公安工作特点、适应公安实战需要、符合公安队伍实际的公安民警职务序列，统一规范称谓、职级和数额。探索建立与公安民警职务序列相适应的工资待遇。

4. 规范编制管理

综合考虑人口数量、经济发展水平、治安状况和行政区划等因素，制定全国公安机关编制标准，按标准配置警力。根据经济社会发展状况和维护社会稳定工作的需要，增加公安专项编制，充实警力。加强公安专项编制的集中统一管理，明确公安专项编制的管理原则、申报程序、审批权限。在摸清地方公安编制底数的基础上，严格按照规定程序，整顿和规范现有的地方公安编制。

5. 完善考录制度

按照“凡进必考”和“公开、平等、竞争、择优”的原则，由省级公安机关和录用主管部门统一考录公安民警。进一步完善统一招警的实施办法和工作程序，健全监督制约机制。规范非公安民警转任和公安民警调任工作，除县级以上公安机关领导班子成员外，一律参加省级统一招警考试。

6. 健全考核机制

积极推行公安机关年度工作综合考评制度，规范公安机关考核评议工作，并把考评结果作为对公安机关领导班子实施奖惩的依据。统筹规划、科学安排上级公安机关对下级公安机关的检查、考核和评比活动，切实减轻基层负担。建立公安民警考核激励机制，制定公安民警实绩考核评价标准，并把考核结果作为公安民警调整使用、记功嘉奖、职务升降和离岗培训的主要依据。

7. 改革人事制度

深化公安人事制度改革，努力形成人尽其才、能上能下、充满活力的用人机制。建立健全科学的选拔任用机制，全面推行领导职位竞争上岗、民警岗位定期轮换制度。实行科学的人员分类管理制度，积极探索建立文职雇员制度。研究制定公安机关吸收优秀专业人才的政策。

（二）加强教育训练的正规化建设

1. 强化政治教育

深入开展邓小平理论、“三个代表”重要思想、科学发展观、习近平新时代中国特色社会主义思想的教育，切实提高公安民警的政治素质。坚持以人为本，完善经常性的政治思想工作机制，增强政治思想工作的针对性和实效性。贯彻落实《公安机关人民警察奖励条令》，广泛开展立功创模活动，弘扬正气，鼓舞士气。

2. 完善训练体制

深入贯彻《公安机关人民警察训练条令》，加强公安机关训练工作。市（地）级以上公安机关政工部门原则上设立专门的训练管理机构，主管训练工作。各警种、各部门的训练工作要在政工部门的统一指导下，共同组织实施。

3. 统一训练标准

制定“三个必训”的训练时间、内容、要求和考核标准，保障每位民警每年参加不少于半个月的训练。

4. 改进训练方法

持之以恒、常抓不懈地开展全警大练兵活动，立足岗位开展练兵。坚持岗位练兵与集中强化训练相结合，市、县级公安机关要采取“战训合一”的模式，开展集中强化训练，做到以练促战。广泛开展科技练兵活动，切实提高公安民警运用现代科学技术做好公安工作的本领。

5. 创新训练机制

建立训练激励机制，将公安民警参加训练的情况纳入考评内容，与评先创优、晋职晋衔挂钩。完善训练约束机制，从 2005 年开始，普遍实行训考分离和不合格复训制度。建立训练经费保障机制，把训练经费列入年度公安业务经费预算，并逐年增加。

6. 加强基础建设

整合公安教育资源，加强训练基地建设，健全完善训练网络。加强教官队伍建设，培养适应公安民警职业训练需要的优秀警官。

（三）加强内务管理的正规化建设

1. 强化养成教育

以贯彻落实《公安机关人民警察内务条令》为核心，从基本的行为准则抓起，培养公安民警优良的作风，形成严格的警纪，建立规范的工作、学习和生活秩序。把《公安机关人民警察内务条令》作为公安院校教学和公安民警初任、晋职、晋衔、训练以及日常岗位练兵的重要内容。加大对各级公安机关贯彻落实《公安机关人民警察内务条令》的督导力度，及时查处违反内务管理规定的行为。

2. 明确岗位职责

合理设置工作岗位，明确岗位职责、权限和任职条件。确保公安民警严格按照职务分工，依法履行职责。坚决防止滥用职权和越权办事。

3. 规范行为举止

以基层一线和窗口单位为重点，规范公安民警的警容风纪和行为举止。严格执行《公安机关窗口单位服务规定》。广泛开展公安民警礼仪教育活动，塑造公安民警的良好形象。

4. 统一外观标识

2004 年，派出所、社区警务站（室）和接待群众的窗口单位要根据公安部制定的标准，统一使用主要外观标识。2005 年，统一全国公安民警的工作证件。2005 年，全国公安机关统一使用警用交通工具的外观制式。

（四）加强执法执勤的正规化建设

1. 规范执法主体

建立完善公安民警执法资格考试制度。继续清理整顿非执法主体人员。按照“只出不进、逐年减少、彻底取消”的原则，从 2005 年到 2007 年年底将治安员从公安机关分流出去。严禁非执法主体人员参与执法。

2. 严密执法程序

严格执行《刑事诉讼法》《公安机关办理刑事案件程序规定》和《公安机关办理行政案件程序规定》。针对每一种执法行为、每一项执法措施和每一个执法环节，细化制定明确、严密、标准和具有较强操作性的规定，进一步加强公安执法制度建设。

3. 改进勤务指挥

进一步明确上级公安机关对下级公安机关工作的领导指挥关系，下级公安机关必须坚决执行上级公安机关的决定和命令。落实执法执勤领导责任制，确保一线指挥员独立行使职权，切实解决各类重大事件处置现场多头指挥的问题。加强公安指挥中心建设，充分发挥指挥中心作为各级公安机关领导行使指挥权的参谋助手的作用。

4. 改革勤务方式

大力实施社区警务战略，建立与新型社区相适应的社区警务工作机制。严格执行《110接处警工作规则》，规范公安机关受理报警、求助和投诉工作。在派出所、刑警队、交警队、巡警队等基层一线实战单位推行受理案件或接待群众首接责任制。根据治安实际，因地制宜地调整勤务时间。改进巡逻方式，加强对社会面的控制，提高处警效率，增强人民群众的安全感。

（五）加强监督制约的正规化建设

1. 统一纪律要求

认真贯彻落实《中国共产党纪律处分条例》《中国共产党党内监督条例》《监察法》《公安机关督察条例》和《公安机关人民警察纪律条令》，继续坚持不懈地抓好“五条禁令”和“三项纪律”的贯彻落实。

2. 健全监督机制

整合内部监督力量，2004年，市（地）级以下公安机关纪检、监察、督察、审计部门整合为统一的监督机构。充分发挥公安法制部门的执法监督作用，加强执法质量考评。以基层一线和窗口单位为重点，深化警务公开工作。进一步完善针对民警的投诉机制。建立维护民警执法权益制度。健全定期联系人大代表、政协委员制度和开门评警制度。规范特邀监督员工作，完善特邀监督员工作制度。

3. 严格责任追究

对贯彻执行上级公安机关政令警令的情况进行定期督查，及时纠正工作偏差。健全执法责任制，完善执法过错责任追究制度。推行领导干部引咎辞职和责令辞职制度，对政令警令不通、工作措施落实不到位或对工作造成严重影响的，予以严肃查处。全面推行办理重大刑事、治安案件倒查制度。

二、公安队伍正规化建设的途径

（一）加强思想政治建设，始终把“政治建警”放在首位

公安机关的性质、任务决定了公安队伍必须保持政治坚定，站稳政治立场，把握正确方向。要组织民警深入学习政治理论，尤其是要注意结合公安工作实际，正确认识中国国情，切实提高运用理论认识新情况、解决新问题的能力。要确保公安队伍绝对服从党的领导，更加紧密地团结在党中央周围，坚决服从命令、听从指挥，始终保持忠于党、忠于祖国、忠于人民、忠于法律的政治本色，经得起任何风浪的考验。

（二）坚持从严治警、依法治警，坚决克服消极、腐败现象

要建立起与社会主义市场经济体制相适应，与国家公务员制度相衔接，与《人民警察法》相配套，体现不同于一般行政机关，具有人民警察特点的队伍管理机制，实现依法治警。

第二十次全国公安会议提出坚持“从严治警”，要做到严格教育、严格管理、严格监督、严格训练、严格纪律。要建立健全公安业务工作的各项制度和队伍管理制度，完善实体性和程序性规定，消除消极、腐败现象滋生、蔓延的土壤和条件，实现从严治警。同时，抓好反腐败斗争，建立健全内部、外部监督机制，严肃查处违法乱纪案件，保证公安队伍的纯洁性和战斗力。

（三）坚持科教强警战略，提高公安队伍的战斗力

实现公安工作的现代化，必须走科教强警之路。坚持向科技、教育要警力、要战斗力，把科技、教育放在优先发展的战略地位，不断提高公安队伍的文化素质和业务素质，提高公安装备的科技含量，用现代科技武装公安机关。在维护稳定、打击犯罪、行政管理、队伍建设、服务群众等各项警务工作中，广泛运用先进技术，提高公安工作的水平。要加快科技人才的引进、培养，尊重科技人才，用好科技人才。

（四）贯彻“建设过硬班子、纯洁公安队伍、树立良好警风、提高执法水平”的思路，加强领导班子建设

按照德才兼备、任人唯贤的原则和革命化、年轻化、知识化、专业化的方针，加强公安机关领导班子建设，把各级公安机关领导班子建设成为政治坚定、开拓创新、团结协作、廉政勤政的领导班子。加强领导干部“科学判断形势的能力、准确把握大局的能力、驾驭复杂局面的能力、严格公正执法的能力”四个能力的建设。以一流的班子带出一流的队伍，一流的队伍干出一流的工作，一流的工作创造一流的业绩，确保人民的安居乐业，国家的长治久安。

（五）坚持从优待警，从政治、思想、生活上关心爱护民警

公安工作具有艰苦性、危险性、超时性、工作时间无规律性的特点，所以，坚持从优待警，切实解决民警的后顾之忧，才能使广大公安民警全身心地投入到工作中去。贯彻落实公安民警生活待遇“高于地方、略低于军队”的原则，确定符合我国国情的、体现公安民警职业特点的工资待遇。根据国家经济和社会发展水平，不断提高公安民警的岗位津贴和警衔津贴。贯彻落实第二十次全国公安会议提出的民警年休假和体检制度、因公负伤快速救治制度、因公牺牲抚恤制度、因公伤亡保险制度，真正关心、爱护民警。

第三节 新时代公安队伍建设

党的十八大以来，党中央对公安工作和公安队伍的建设更加重视，提出了新的要求，大力推动公安队伍建设，公安队伍建设进入了新的历史时期。

一、《关于深入推进公安队伍正规化建设的意见》的要求

为贯彻落实中央关于全面深化公安改革的重大决策，大力推进“四项建设”（基础信息化、警务实战化、执法规范化、队伍正规化），公安部党委 2015 年制定印发了《关于深入推进公安队伍正规化建设的意见》（简称《意见》），对深入推进公安队伍正规化建设作出部署。

《意见》指出各级公安机关要认真贯彻党的十八大，十八届三中、四中全会和习近平总书记系列重要讲话精神，紧紧围绕“四个全面”战略布局，牢牢把握全面深化公安改革的总要求，以铸造忠诚警魂为根本，以科学管理队伍为核心，以增强素质能力为重点，以培育优良警

风为保障，深入推进公安队伍正规化建设，努力打造一支信念坚定、执法为民、敢于担当、清正廉洁的高素质公安队伍，为切实履行好维护社会大局稳定、促进社会公平正义、保障人民安居乐业的职责使命提供坚强保证。要根据公安机关的性质、任务和工作特点，依照法律法规和规章制度，严格、统一、规范公安队伍的组织管理、机构编制、职务序列、训练标准、纪律要求、职业保障，大力提升公安队伍正规化建设水平，确保公安队伍政治过硬、业务过硬、责任过硬、纪律过硬、作风过硬。

《意见》提出的新时期公安队伍正规化建设的新任务有：

第一，强化思想政治教育，创新思想政治工作机制，加强公安机关党建工作，坚持不懈地用中国特色社会主义理论体系和习近平总书记系列重要讲话精神武装公安民警头脑，切实打牢高举旗帜、听党指挥、忠诚使命的思想根基。

第二，规范组织管理，完善干部管理制度，理顺领导管理体制，优化机构编制，规范职务序列，完善招录培养机制，建立形成以《人民警察法》为基础、以条例条令为主体、以规范性文件为补充的队伍管理制度体系。

第三，强化教育训练，健全公安院校人才培养机制，完善公安院校与实战部门协作共建、协同育人机制；统一公安民警训练教材和训练基地建设标准；大力加强实战训练，定期组织比武竞赛；建立训练激励约束机制，健全教官聘任和资格认证制度，完善经费保障机制，促进训练工作不断深入。

第四，完善内务管理制度，规范公安机关办公区、办案区、接待区、生活区设置，统一警车、警徽、警用标志，统一基础设施外观标志，规范公安民警着装、警容风纪和行为举止，培育优良警风。严格落实从严治党、从严治警各项纪律要求，严格落实党委主要领导第一责任和班子成员“一岗双责”，加强监督检查，强化问责，确保“两个责任”落到实处；加强领导干部经济责任审计、领导班子巡视；深入落实中央八项规定精神，坚决纠正“四风”问题，集中整治损害群众利益行为，坚决查处违纪违法案件。

第五，完善职业保障，建立符合人民警察职业特点的工资待遇和伤亡抚恤制度，完善职业健康保护制度，加强执法权益保护，完善公安机关经费保障体制，加强公安民警单警装备配备和公安机关基本业务装备配备，满足基层一线执法办案需要。

要建立党委统一领导、政工牵头负责、部门警种各司其职、全警共同参与的正规化建设工作机制，形成齐抓共管的工作格局。紧密结合自身职责，明确正规化建设的工作重点和主要任务。充分发挥先进典型的示范引领作用，选树一定数量的正规化建设示范单位，推广一批不同层次、不同警种、不同类型的先进典型，介绍经验做法，展示实际成效。加强督促指导，及时发现存在的问题和薄弱环节，有针对性地加以解决，推动正规化建设扎实深入开展。

《意见》明确了深入推进公安队伍正规化建设的基本标准和要求，为深入推进公安队伍正规化建设指明了方向。据此，如何结合实际抓好贯彻落实，特别是立足当前、长远规划、结合实际、找准突破口、扎扎实实地深入推进公安队伍正规化建设，这是当前基层公安机关领导务必认真思考和研究解决的一个重要而现实的问题。

二、习近平总书记关于公安队伍建设的“四句话、十六字”总要求

2017 年 5 月 19 日，在全国公安系统英雄模范立功集体表彰大会上，习近平总书记强调，

全国公安机关和公安队伍要坚持党对公安工作的领导，牢固树立“四个意识”，坚持人民公安为人民，做到“对党忠诚、服务人民、执法公正、纪律严明”。这是新时代党和国家对公安队伍建设提出的总要求。

习近平总书记在准确把握公安工作和公安队伍建设规律特点的基础上，从政治的全局的战略的高度，明确提出了对党忠诚、服务人民、执法公正、纪律严明的“四句话、十六字”总要求，立意高远、内涵丰富、思想深邃，深刻揭示了公安机关的基本属性和公安队伍的职业特点，精辟回答了公安工作和公安队伍建设中带有根本性、原则性、方向性的重大问题，科学指明了我们党在新形势下建警治警的指导思想、基本原则和目标方向。

“四句话、十六字”的总要求涵盖了公安工作和公安队伍建设的方方面面，体现了党性和人民性、价值导向和职业追求、发展目标和建设路径的高度统一，是一个相互联系、相辅相成的有机统一体。其中，对党忠诚是政治灵魂，决定着公安机关的政治站位，体现着政治建警的根本方针，是公安队伍第一位的政治要求；服务人民是根本宗旨，决定着公安机关的性质本色，体现着公安队伍的立警原则，是人民公安永远不变的路线遵循；执法公正是价值取向，决定着公安机关的履职方向，体现着法治公安的本质要求，是公安队伍必须坚守的职业追求；纪律严明是重要保证，决定着公安机关的治警方针，体现着纪律部队的管理特点，是打造过硬队伍的根本路径。

（一）对党忠诚是政治灵魂

对党忠诚，是对各级公安机关领导班子、各级公安领导干部和广大公安民警第一位的政治要求。公安机关是人民民主专政的重要工具，是党和人民手中掌握的“刀把子”，必须旗帜鲜明讲政治，牢固树立“四个意识”，切实筑牢忠诚警魂，更加坚定自觉地维护以习近平同志为核心的党中央权威和集中统一领导，更加坚定自觉地向以习近平同志为核心的党中央看齐，更加坚定自觉地在思想上政治上行动上同以习近平同志为核心的党中央保持高度一致，永葆绝对忠诚、绝对纯洁、绝对可靠的政治本色。要始终保持高度的思想自觉，不断强化理论武装，切实增强“四个自信”，坚持不懈地用中国特色社会主义理论体系武装头脑，深入学习贯彻习近平总书记系列重要讲话精神和治国理政新理念、新思想、新战略，努力以理论上的清醒保证理想信念上的坚定，不断筑牢信仰之基、补足精神之钙、把稳思想之舵，进一步打牢高举旗帜、听党指挥、忠诚使命的思想根基。要始终保持高度的政治自觉，不断加强党性锻炼，切实提高政治能力，自觉把讲政治作为补钙壮骨、强身健体的根本保证，作为培养自我革命勇气、增强自我净化能力、提高排毒杀菌政治免疫力的根本途径，贯穿于党性锻炼的全过程，着力提升把握方向、把握大势、把握全局的能力，着力提升保持政治定力、驾驭政治局面、防范政治风险的能力。要始终保持高度的行动自觉，严守纪律规矩，做到令行禁止，切实把政治纪律和政治规矩挺在前面，不断增强政治敏锐性和政治鉴别力，毫不动摇地坚持党对公安工作的绝对领导，坚决捍卫中国共产党领导和社会主义制度，确保“刀把子”始终牢牢掌握在党和人民手中，永远做党和人民的忠诚卫士。

（二）服务人民是根本宗旨

服务人民，是坚持以人民为中心发展思想的根本要求，是践行人民公安为人民根本宗旨的重要体现。公安机关担负着打击敌人、惩治犯罪、保护人民、服务群众的重要职责，最终目的都是实现好维护好发展好最广大人民的根本利益，必须始终把党和人民的利益放在心中最高位置,牢固树立、自觉践行以人民为中心的发展思想,把人民满意不满意、答应不答应、高兴不高兴作为判断和衡量公安工作的根本标准,切实做到人民公安为人民。要积极适应人民群众对社会公共安全的新要求,坚持以人民期盼为念、为人民利益而战,紧紧围绕人民群众反映强烈的突出治安问题,深入开展对各类违法犯罪的打击整治,持续深化对各类安全隐患的排查治理,不断创新完善立体化、信息化社会治安防控体系,切实当好推进平安中国建设的主力军、保障人民生命财产安全的守护神,不断提升人民群众的安全感和满意度。要积极适应人民群众对维护自身权益的新关切,坚持维权与维稳相统一,健全完善社会矛盾风险预警和多元化解机制,积极推动完善群众利益协调和保护机制,进一步加强对各类矛盾纠纷的排查调处和依法治理,切实维护好人民群众合法合理的利益诉求,最大限度地增加社会和谐因素、最大限度地减少社会不和谐因素。要积极适应人民群众对高品质公共服务的新需求,坚持寓管理于服务之中,不断优化服务管理流程、提高服务管理效能,深入推进事关人民群众切身利益的户籍制度、居住证制度、异地办证制度、车检驾考制度等各项"放管服"改革和"互联网 + 公安政务服务"意见的落实,继续研究推出更多服务经济社会发展、方便群众办事创业的新举措,着力扩大改革受益面,进一步增强人民群众的获得感和舒适度,努力用我们的辛勤指数提高人民群众的幸福指数。

(三)执法公正是价值取向

执法公正,是推进法治中国建设、维护社会公平正义的客观要求,也是公安机关执法活动必须始终坚守的核心价值追求。公安机关是国家重要的行政执法和刑事司法力量,几乎所有的工作都是执法工作、所有的活动都是执法活动,必须始终把维护公平正义作为公安工作的生命线,恪守法治精神、坚守法治定力、严守法律底线,切实当好推进依法治国的生力军,坚定不移做社会公平正义的维护者。要以正确的法治理念引领执法活动,坚持教育引导、典型引领、实践养成相结合,采取有效措施,积极引导广大公安民警把社会主义法治精神内植于心、外践于行,切实增强严格依法履行职责的观念、法律面前人人平等的观念、尊重和保障人权的观念,做到自觉尊法学法守法用法,坚持严格规范公正文明执法,努力让人民群众在每一起案件办理、每一件事情处理中都能感受到公平正义。要以严密的制度机制规范执法活动,紧紧围绕建设法治公安目标,狠抓中共中央办公厅、国务院办公厅印发的《关于深化公安执法规范化建设的意见》落实,进一步健全执法制度、完善执法程序、强化执法管理、深化执法公开,持续推动执法规范化建设提档升级,确保各项执法活动都在法治化、制度化、规范化轨道上运行,努力以程序公正来保障实体公正。要以有力的监督制约约束执法活动,紧紧围绕规范权力运行这一核心,紧紧抓住容易出现执法问题的重点岗位和关键环节,坚持外部监督与内部监督相结合,进一步深化执法权力运行机制改革,着力构建高效严密的执法管理监督和责任追究体系,做到铁面无私、秉公执法,确保不偏不倚、不枉不纵,最大限度地防止徇私枉法、执法不公等问题的发生,不断提升公安机关的执法公信力。

(四)纪律严明是重要保证

纪律严明,是加强公安队伍正规化建设、提升公安队伍战斗力的重要保证。公安队伍是党绝对领导下的一支纪律部队,必须在纪律作风建设上有更高的标准、更严的要求,坚决贯彻落实全面从严治党、从严治警的各项部署要求,聚焦忠诚干净担当,践行"三严三实"标准,努力建设一支党和人民满意的高素质过硬队伍。要强化管党治党责任,建立健全党内政治生活、党内监督的责任制，严格落实党风廉政建设“两个责任”和领导干部“一岗双责”，进一步硬化党委纪委职责，实化管党治党任务，强化严管严治导向，切实把党建工作的责任链条紧起来、硬起来、严起来。要严肃党内政治生活，认真贯彻民主集中制，切实用好批评和自我批评武器，全面推动“三会一课”、民主生活会、组织生活会、党员领导干部过双重组织生活等党内生活制度的落实，着力增强党内生活的政治性、时代性、原则性、战斗性，推动实现党内监督常态化、制度化、规范化。要深化纪律作风建设，坚持不懈抓好中央八项规定精神的贯彻执行，严格落实从严治警的各项纪律规定，切实做到正风肃纪不停步、反腐惩恶不手软，不断把党风廉政建设和反腐败斗争向纵深推进，着力在公安队伍中营造风清气正的良好警风。要把从严治警与从优待警有机结合起来，积极争取党委和政府的支持，加强对公安工作的领导，加大综合保障力度，落实从优待警措施，对因公牺牲民警的家属特别是其中的老年人和未成年子女要给予特殊的关爱，努力做到用事业激励警心、用关爱温暖警心、用待遇慰勉警心，不断提高公安队伍的凝聚力、战斗力、创造力。

三、习近平总书记“公安铁军”建设要求

在 2019 年 5 月召开的新时代全国公安工作会议上，习近平总书记进一步强调，从严治警一刻都不能放松，要坚持政治建警、全面从严治警，着力锻造一支有铁一般的理想信念、铁一般的责任担当、铁一般的过硬本领、铁一般的纪律作风的“公安铁军”。要把理想信念教育作为育警铸魂、固本培元的战略工程常抓不懈，坚持严在平时、管在日常，使全警真正养成知敬畏、存戒惧、守底线的高度自觉。我们要认真学习贯彻习近平总书记重要讲话精神，大力推进公安工作现代化和公安队伍革命化、正规化、专业化和职业化建设，不断提升依法履职能力，打造高素质过硬“公安铁军”，坚持严格、规范、公正和文明执法，坚决捍卫政治安全、维护社会安定、保障人民安宁。

（一）铁一般的理想信念就是要求公安队伍要有使命感

锻造铁一般的理想信念，要求各级党组织要毫不动摇地坚持政治建警为要，特别是公安机关各级党组织的主要负责人要切实扛起政治建警的主体责任。要以“两学一做”教育常态化制度化为抓手，扎实开展“不忘初心，牢记使命”主题教育活动，进一步强化理论武装，不折不扣地执行好支部“三会一课”制度，坚决树牢对党忠诚之根本，引导全警切实增强“四个意识”，坚定“四个自信”，做到“两个维护”，始终在思想上政治上行动上同以习近平同志为核心的党中央保持高度一致。

（二）铁一般的责任担当就是要求公安队伍要有作为

锻造铁一般的责任担当，要求各级党组织和党员领导干部具有“功成不必在我，但功成必须有我”的政治胸怀。发扬好干事创业的实干精神，既要立足当前，又要着眼长远，带领人民警察在维护国家政治安全和社会治安环境的持续改善上同向发力，让广大人民群众有更多实实在在的获得感和幸福感。而普通人民警察也要有守土有责的责任担当，奋发有为，担负起党和人民赋予的使命和责任。

（三）铁一般的过硬本领就是要求公安队伍要有本领

锻造铁一般的过硬本领，要求每一名公安民警都要更加注重自身的能力建设，善于固强补弱，不仅要加强履职能力建设，更应加强自身身体素质、心理素质和文化素质的建设。打

铁还需自身硬，坚持学有所长、学有所用，向书本学，向实践学。只有与时俱进地通过不断的学习，更新法律知识、掌握做群众工作的本领、提高科技信息化应用和社会治理水平，才能胜任党和人民赋予人民警察新时代的职责使命。

（四）铁一般的纪律作风就是要求公安队伍要有警风

锻造铁一般的纪律作风，要求公安机关各级党组织和领导干部要坚决树牢“在全部公安工作中队伍建设是根本”的理念。事实上，抓作风就是抓业务，党员领导干部既要做到独善其身，又要确保不能让一个同志掉队。要进一步坚定“作风建设永远在路上”的明确认识，抓常抓长，抓小抓早。坚持党建引领，树牢队伍思想根基；坚持以上率下，实现标杆典型的引领作用；坚持用党规警纪管人管事，坚决守住纪律底线不碰触。

章后思考题

1. 公安队伍正规化建设的含义是什么？
2. 公安队伍正规化建设的发展经历了哪些阶段？
3. 公安队伍正规化建设的目标是什么？
4. 公安队伍正规化建设的要求有哪些？
5. 公安队伍正规化建设的意义是什么？
6. “四统一”“五规范”的含义是什么？
7. 习近平总书记公安队伍建设“四句话、十六字”总要求的内涵是什么？
8. 习近平总书记对“公安铁军”建设提出了哪些要求？
9. 公安队伍正规化建设的实现途径有哪些？
10. 新形势下如何改进和加强公安队伍正规化建设？

本章拓展阅读

第十章　公安队伍人事管理

第一节　人民警察的录用

录用人民警察是保证公安队伍素质的第一关，它直接关系到公安工作水平和公安队伍发展的前景。人民警察的录用，是指公安机关通过法定程序，采用公开考试、严格考察的办法和按照德才兼备的标准，选拔主任科员以下非领导职务的人民警察的活动，具有公开性、平等性和竞争性三大特点。我国录用公安机关人民警察实行统一考录制度。所谓统一考录制度，是指新招录公安机关人民警察，一律实行省级公安机关和人事部门统一考试，公安部派人督考，切实严把“入口关”，从源头上保证队伍的基本素质。

一、人民警察录用的条件、特点和意义

（一）人民警察录用的条件

《人民警察法》第 26 条明确规定了担任人民警察应当具备的条件：

第一，年满 18 岁的公民。年满 18 岁，是我国《宪法》规定的公民享有选举权和被选举权的年龄。达到了这个年龄，才具有完整的权利能力和行为能力，政治信仰、心理意志、生理发育才逐渐成熟。

第二，拥护《宪法》。《宪法》是我国的根本法，是所有国家机关、国家工作人员、全体公民的最高行为准则。我国《宪法》规定了坚持社会主义道路、人民民主专政、中国共产党的领导、马列主义毛泽东思想这四项基本原则，规定了国家一系列基本制度，既体现了党的路线、方针和政策，又反映了人民的意志、利益和愿望。做一名人民警察，必须拥护宪法，捍卫宪法。

第三，有良好的政治、业务素质和良好的品行。良好的政治素质，就是忠于党、忠于祖国、忠于人民、忠于法律，坚持四项基本原则，在政治上同党中央保持一致，为保卫国家安全、维护社会治安、保卫社会主义现代化建设而英勇奋斗。良好的业务素质，就是熟悉人民警察工作的路线、方针、政策和各项业务工作的基础知识，掌握一定的专门业务技能，熟悉有关法律、法规，严格依法办事，讲究工作方法，热爱和做好本职工作。良好的品行，就是全心全意为人民服务，遵纪守法，遵守人民警察的职业道德，秉公执法，实事求是，联系群众，艰苦朴素，清正廉洁。因此，有错误的政治倾向，缺乏基本的法律知识和公安常识，有流氓、盗窃等不良行为，道德品行不好的，不得被录用为人民警察。

第四，身体健康。体形端正，无残疾，无口吃，无重听，无色盲，裸眼视力在 1.0 以上。男性身高在 1.70 米以上，女性身高在 1.60 米以上（南方部分地区由省、自治区、直辖市公安厅、局商录用主管机关同意可适当放宽）。健康的体魄、充沛的精力，是掌握警务技能，适应人民警察繁重、艰苦工作的基本条件。否则，难以适应人民警察工作的特殊需要。在录用人民警

察时，必须经过体检，合格者方能录用。

第五，具有高中毕业以上文化程度。一定的科学文化知识水平，是做好人民警察工作的必要条件，也是全面提高人民警察素质的基础。随着社会的发展，全民文化素质有了较大的提高，法治观念普遍增强，同时社会治安也日益复杂化，犯罪趋向智能化，这些都要求人民警察只有具备较强的协调、组织、判断、处置能力，才能胜任本职工作。高中文化是对人民警察文化程度的最低要求，部分经济较发达的地区对国家公务员（含人民警察）文化程度的要求则为大学专科以上。

第六，自愿从事人民警察工作。人民警察工作要求严格，条件艰苦，往往需要夜以继日，连续作战，并且具备战斗性、危险性特点，甚至会牺牲生命。人民警察必须服从上级的指挥领导，严格遵守人民警察的职业道德、职业纪律，不畏艰难困苦，不怕流血牺牲，敢于和违法犯罪行为作斗争。没有为人民公安事业献身的精神的人，是不能成为一名合格的人民警察的。

第七，其他规定。人力资源和社会保障部、公安部依据《公务员法》和《人民警察法》等，对人民警察的录用条件作了更为具体的规定。

同时规定，有下列情形之一的，不得担任人民警察：(1) 曾因犯罪受过刑事处罚的；(2) 曾被开除公职的。

2019 年中共中央组织部修订并发布的《公务员录用规定》第 19 条规定，下列人员不得报考公务员：(1) 因犯罪受过刑事处罚的；(2) 被开除中国共产党党籍的；(3) 被开除公职的；(4) 被依法列为失信联合惩戒对象的；(5) 有法律规定不得录用为公务员的其他情形的。这些人员同样不得报考人民警察。

2020 年公安部印发的《公安机关录用人民警察政治考察工作办法》第 8 条规定，考察对象具有下列情形之一的，不得确定为拟录用人选：(1) 泄露国家秘密、工作秘密，或者有危害国家安全、荣誉和利益行为的；(2) 组织、参加、支持暴力恐怖、民族分裂、宗教极端、邪教、黑社会性质等非法组织，或者参与相关活动的；(3) 组织、参加反对中国共产党的理论和路线方针政策的网络论坛、群组、直播等活动的；(4) 编造、制作、发表、出版、传播反对中国共产党、反对中国特色社会主义制度或者违反国家法律法规的有害信息，或者参加国家禁止的政治性组织等的；(5) 通过网络组党结社，参与或者动员不法串联、联署、集会等网上非法活动的；(6) 曾受到刑事处罚或者依据刑法被免予刑事处罚，或者曾被劳动教养、收容教养或者收容教育的；(7) 曾因结伙斗殴、盗窃、诈骗、哄抢、抢夺、敲诈勒索等行为，受到行政拘留处罚的；(8) 受过记大过以上处分或者撤销党内职务以上处分的；被机关按规定取消录用的；被机关或者国有企业辞退的；事业单位工作人员被降低岗位等级或者撤职以上处分的；担任领导职务的公务员引咎辞职或者被责令辞职不满三年的；(9) 曾被吊销律师、公证员执业证书的；(10) 曾被开除团籍或者在接受高等教育期间受到开除学籍处分的；(11) 组织、参加、支持非法集会、游行、示威等活动的；(12) 压制批评，打击报复或者弄虚作假，误导、欺骗领导或者公众的；(13) 玩忽职守，贻误工作或者滥用职权，侵害公民、法人以及其他组织的合法权益的；(14) 贪污、行贿、受贿，利用职务之便为自己或者他人谋取私利或者违反财经纪律，浪费国家或者集体资财的；(15) 组织、参加、支持色情、吸毒、赌博、迷信等活动的；(16) 在国家法定考试中被认定有舞弊等严重违纪违规行为或者在法律规定的国家考试以外的其他考试中被认定为组织作弊的;(17)已取得或者正在申请国(境)外永久居留权、长期居留许可的;配偶已取得或者正在申请外国国籍或者国(境)外永久居留权、长期居留许可的;没有配偶,子女全部取得或者正在申请外国国籍或者国(境)外永久居留权、长期居留许可的;上述人员属于香港、澳门居民已领取中华人民共和国居民身份证的除外;(18)个人档案中记载出生日期、参加工作时间、入党(团)时间、学历学位、经历、身份等信息的重要材料缺失、严重失实,且在规定的考察期限内,考察对象无法补齐或者涉嫌涂改造假无法有效认定的;(19)严重违反职业道德、社会公德、家庭美德;品德不良,社会责任感和为人民服务意识较差的;(20)被依法列为失信联合惩戒对象的;(21)其他不符合担任公安机关人民警察政治素质和道德品行条件的。

《公安机关录用人民警察政治考察工作办法》第9条还规定,考察对象的家庭成员具有下列情形之一的,其本人不得确定为拟录用人选:(1)因故意杀人、故意伤害致人重伤或者死亡、强奸、抢劫、贩卖毒品、放火、爆炸、投放危险物质罪等社会影响恶劣的严重犯罪,或者贪污贿赂数额巨大、具有严重情节,受到刑事处罚的;(2)有危害国家安全、荣誉和利益行为的;(3)组织、参加、支持暴力恐怖、民族分裂、宗教极端、邪教、黑社会性质的组织,或者参与相关活动的;(4)其他可能影响考察对象录用后依法公正履职的情形。

(二)人民警察录用的特点

人民警察的录用属于国家公务员录用的范畴,必须坚持公务员录用的制度和原则。但公安机关具有特殊的工作性质,在人民警察录用问题上又有着不同于其他部门公务员录用的特点,即公安机关大部分职位属于特殊职位,使得公开的竞争性考试录用办法的运用受到一定程度和范围上的限制。

(三)人民警察录用的意义

首先,人民警察录用是完成公安工作的需要。各项公安工作的完成有赖于广大人民警察。在当前社会治安形势复杂的情况下,通过录用环节选拔大批优秀人才对于保障公安工作顺利完成、社会秩序稳定和国家长治久安具有重要意义。

其次,人民警察录用是保持公安队伍生机和活力的需要。由于年龄、疾病、伤亡等原因,公安队伍每年都需要补充新生力量,有计划地实现人员的新老更替,这样才能使队伍始终保持旺盛的战斗力,使公安队伍持续发展、前进。

最后,人民警察录用是提高队伍素质的需要。公安人才资源的开发很大程度上有赖于人员的录用。招录质量的高低直接关系到公安队伍整体素质的高低,关系到队伍战斗力水平的高低。切实按照人民警察的资格条件要求,多层次、多渠道地发掘、选拔、录用优秀公安人才,对于大力提高公安队伍的素质水平、建设一支适应公安工作发展要求的素质精良的公安队伍具有极其重要的现实紧迫性。

二、录用人民警察的程序和原则

《人民警察法》第27条规定:"录用人民警察,必须按照国家规定,公开考试,严格考核,择优选用。"

(一)录用人民警察的程序

1. 发布报考公告

报考公告的内容应包括:拟录用人员职位、数量,报考的资格条件,报名的日期、地点和手续，报考的科目、程序和考试时间、地点等。报考公告应在考试前一定时间，通过报纸、电视、网络或其他新闻媒介向社会发布，以便广大公民了解情况，并让报考者有所准备。网络媒体的广泛应用，可以极大地保证公务员（含人民警察）考试录用的公开性。

2. 进行资格审查

这是保证录用人民警察素质的第一道程序，主要是审查报考者是否符合条件，符合条件者方可发给准考证，参加考试。资格审查工作由公安政工部门负责。

3. 考试

考试的目的是测试报考者的基础知识和专业知识水平，以及适应职位要求的业务素质。目前采取的方法主要有笔试和面试两种。笔试是测试报考者的文化基础、专业知识、写作能力和思维能力。笔试合格者可参加面试，面试是面对面地直接观察和测评报考者的素质，包括语言表达能力、应变能力、仪表等，主要有口试、智能测验等。考试工作由省级公安机关统一组织实施。

4. 考核

考核是在考试的基础上进行的，其对象是参加考试的合格者，内容主要包括政治素质、工作表现、工作能力和是否需要回避等。一般由公安政工部门组织实施。在考核中，要依靠报考者所在单位的组织和群众，做到全面、客观、公正。

5. 审批

考核工作完毕后，由用人单位根据拟任职位的要求，综合评定报考者的考试、考核结果，确定录取人员名单，报设区的市以上政府公务员部门审批。审批后，用人单位还要张榜公布录取名单，然后为被录取者办理录用手续。

对新录用的人民警察实行试用期制度，试用期为一年。在试用期内，应当接受人民警察院校的教育培训并进行工作见习，合格者正式任职；不合格者，取消录用资格。

（二）录用人民警察的原则

人民警察的录用与国家公务员的录用一样贯彻公开、平等、竞争、择优的原则。

公开原则是指人民警察录用的标准、条件、方法、程序、结果都向社会公开并接受社会监督。

平等原则是指凡中华人民共和国公民，只要符合规定的条件，均有平等的机会和权利报名参加考试。

竞争原则是指报考者能否被录用，取决于本人的政治、业务素质和考试成绩。

择优原则是指通过考试、考核，由公安机关择优选拔，量才录用。

2015 年 11 月，《人力资源社会保障部、公安部、国家公务员局关于加强公安机关人民警察招录工作的意见》发布，2015 年 12 月《人力资源社会保障部等六部门关于公安院校公安专业人才招录培养制度改革的意见》发布，提出力争用 3—5 年的时间，基本形成分类清晰、权责明确、内容科学、程序规范、配套完备、简便易行、有效管用的人民警察招录政策制度体系。以上两个意见明确改革的主要任务是：第一，建立健全体现人民警察职业特点、有别于其他公务员的人民警察招录制度，切实提高公安机关招警工作科学化、规范化水平，为加强新形势下的公安工作和公安队伍建设提供组织保障和人才支持。第二，公安机关招警按照职位类别和工作特点，分类组织实施。综合管理职位一般面向社会公开招考。执法勤务职位以面向公安院校公安专业毕业生招考为主,也可以面向社会公开招考。警务技术职位可以面向社会和公安院校公安专业毕业生招考。建立公安院校招生与公安机关招警协调机制,提高公安院校公安专业毕业生入警比例,公安院校公安专业毕业生(含研究生)招考工作实行全国统一考试、分省(区、市)录用的办法。

此外,进入公安机关,还有调任和转任两种情况。调任是指国有企事业单位、人民团体和群众团体中从事公务的人员调入公安机关担任领导职务或非领导职务。转任是其他单位和部门的公务员平级调入公安机关。

第二节 人民警察的教育训练

人民警察的教育训练,是指公安机关为提高人民警察的政治、业务素质,根据形势发展与岗位能力的要求开展的教育训练活动。

在公安队伍建设中,教育训练工作居于先导性、基础性和战略性地位。加强公安教育训练工作,不仅是提高公安队伍整体素质和战斗力的重要途径,也是推进公安队伍正规化、职业化建设的关键环节。21世纪以来,公安机关先后制定了一系列制度与规范,加强人民警察的教育训练工作。2001年,公安部颁布实施了《公安机关人民警察训练条令》;2009年,《中共公安部委员会关于加强和改进公安教育训练工作的意见》发布;2011年,公安部政治部印发了《关于加强公安院校和训练基地建设的指导意见》;2014年,公安部根据新形势下公安队伍建设的需要修订了《公安机关人民警察训练条令》并于2015年1月1日起施行;2019年,公安部印发《关于2019年至2022年开展全警实战大练兵的指导意见》,部署在全国公安机关开展全警实战大练兵。2011年国务院学位委员会、教育部发布的《学位授予和人才培养学科目录(2011年)》将公安学、公安技术列入一级学科,标志着公安高等教育水平和公安高层次人才培养进入了新阶段。

一、人民警察教育

公安机关人民警察教育分广义和狭义两个概念。广义的概念包括对人民警察的思想政治教育、理论知识教育和专业技能教育;狭义的概念指公安高等学校为培养公安机关人民警察后备力量,提高公安机关人民警察的政治和业务素质进行的系统化、专业化的高等教育活动。这里使用的是狭义的概念。

早在新中国成立前夕,为适应建立人民政权的需要,党中央就要求建立公安学校,大量培养公安干部,并于1949年1月建立了华北公安干部学校。1978年8月,经国务院批准,公安部建立了第一所正规的政法专科学校,到1999年年底,全国公安院校发展到了164所。之后,经历了一轮公安高等教育改革,停办中专教育,全日制公安院校由164所调整为34所。目前,我国已形成了体系完备、分布合理、功能齐全的公安机关人民警察高等教育格局,现分别有部属5所和省属30所公安高等学校,是我国高等教育中具有鲜明特色的重要组成部分和世界警察教育中最大的体系。本科院校21所,开设公安类本专科专业41个,硕士学位授予点27个,一级学科博士学位授予点3个,公安学、公安技术列入国家学位授予和人才培养一级学科。公安高等教育的培养层次有专科、本科、研究生(硕士、博士)等,设有治安学、侦查学、国内安全保卫、刑事科学技术、公安视听技术、经济犯罪侦查、警犬技术、公安管理学、涉外警务、安全防范工程、交通管理工程、警务指挥与战术、禁毒学、犯罪学、公安情报学、网络安全与执法等本科专业和治安管理、交通管理、信息网络安全监察、特警、警察管理、公共安全管理、警察指挥与战术、刑事科学技术、警犬技术、刑事侦查、国内安全保卫、经济犯罪侦查、禁毒等专科专业。公安高等教育为公安工作和公安队伍建设发挥了重要的人才支撑和智力保证作用。公安专门人才培养工作是公安队伍建设的源头和基础，促进了公安队伍的正规化、专业化和职业化建设，极大地提升了公安队伍的政治和业务素质。公安高等学校开展的公安理论研究和公安技术创新，推动了公安工作的科学化、法治化和规范化发展。随着2015年启动的公安院校公安专业人才招录培养改革工作的逐步深入开展，公安院校作为公安队伍后备人才培养和输送的主渠道作用更加突出，公安教育将进入持续稳定发展的状态。

二、人民警察训练

公安机关人民警察训练是指对在职人民警察进行的政治、业务和专项技能的培训活动。根据《公安机关人民警察训练条令》第4条的规定，公安机关人民警察训练的目的是提高队伍的整体素质和执法水平，增强履行职责的能力，努力打造一支信念坚定、执法为民、敢于担当、清正廉洁的公安队伍。公安机关人民警察训练包括入警训练、晋升训练、专业训练和发展训练。

（一）公安机关人民警察训练管理

公安机关人民警察训练实行统一领导，分工负责，分级管理，分类实施的原则。公安机关人民警察训练实行领导责任制，各级公安机关主要领导是第一责任人。公安机关政工部门是训练工作的主管部门，负责规划、组织、指导、管理、实施训练工作。公安机关警种、部门在政工部门的管理、指导下，负责规划、组织、实施本系统专业训练和发展训练。公安机关装备财务部门负责训练经费、装备保障。公安院校和公安机关训练基地承担公安机关人民警察训练任务。人民警察训练实行部、省、市、县四级分工负责。公安部主管全国公安机关人民警察训练工作，负责制定训练规章、规划、标准，组织编发各级各类训练大纲、教材，推进训练信息化建设，指导、监督、检查、协调、评估训练工作，部署、组织全国性的训练和考试考核。省级公安机关主管本地区公安机关人民警察训练工作，负责制定本地区训练制度、规划、标准，组织编发训练辅助教材，建设网络训练平台，制定本地区训练保障计划，组织、指导训练保障工作，指导、监督、检查、协调、评估本地区训练工作，组织、实施地区性的训练和考试考核。市级公安机关主管本地区公安机关人民警察训练工作，负责制定本地区训练计划并组织实施训练工作，指导、监督、检查、考核、保障本地区训练工作。县级公安机关根据上级公安机关的安排和要求，承担本级公安机关除上级公安机关负责训练以外的人民警察的专业训练和适应形势任务需要实施的发展训练。

（二）人民警察训练任务

1. 入警训练

入警训练是对新录用、调入的人员进行的训练。入警训练时间不少于90天。其中，新录用的非公安院校毕业生，新录用、调入任县处级副职职务以下人员的入警训练时间为180天。实践教学时间不少于总训练时间的30%。入警训练内容主要包括理想信念教育、警察职业养成教育、基础公安理论、基础法律法规、基础公安业务和基础警务实战技能、体能、心理行为训练等,重点培育人民警察核心价值观和基本职业素养,提高适应公安工作的能力。

2. 晋升训练

晋升训练是对晋升职务、晋升警衔的人民警察进行的训练。晋升训练时间不少于15天。其中,新任市、县级公安机关正职领导职务的训练时间不少于30天。职务晋升训练内容主要包括党性党风教育、国际国内形势、经济社会发展、公安发展战略、公安法制与执法、科学决策指挥、突发事件应对等,重点培养战略思维和管理素养,提高胜任领导工作的能力。

3. 专业训练

专业训练是警种、部门根据人民警察岗位职责要求进行的训练。专业训练时间由政工部门和警种、部门根据实际情况确定,保证人民警察每年至少参加一次专业训练,三年累计不少于30天。基层和一线民警每年的实战训练时间累计不少于15天。专业训练内容主要包括岗位政策法规、业务知识、专业技能和专项警务实战技能、体能、心理行为训练等,重点培养专业素养,强化知识更新,提高工作能力。

4. 发展训练

发展训练是公安机关应对新形势、新任务,按照国家关于干部教育培训的有关要求,着眼公安工作长远发展和人民警察健康成长组织的训练。发展训练主要包括在职领导干部专题训练、后备干部培养训练、专家和业务骨干研修、教官业务提高训练、民警职业拓展训练等。根据公安部《关于2019年至2022年开展全警实战大练兵的指导意见》要求,公安机关人民警察训练要坚持以习近平新时代中国特色社会主义思想为指导,紧扣捍卫政治安全、维护社会安定、保障人民安宁使命任务,锚定锻造"四个铁一般"公安铁军标准,聚焦革命化正规化专业化职业化建设要求,着眼防风险、保安全、护稳定,立足抓重点、补短板、强弱项,强化全警实战训练,锻造能打胜仗队伍,突出实战实用实效,坚持从高从难从严,扎实抓好全警实战大练兵,着力练就克敌制胜硬功夫,不断提高维护国家政治安全和社会稳定的能力水平,为履行新时代职责使命提供有力支撑。该意见要求,要坚持全员参与,加强全警基本训练,着力提高履行职责的能力水平。要坚持突出重点,加强警种专业训练,着力提高防范重大风险、维护安全稳定的能力水平。要坚持练战结合,突出加强应急处突实战协同训练,切实提高快速反应、高效处置和应对复杂情况、驾驭复杂局势的能力水平。各级公安机关要加强组织领导,精心组织实施,迅速在全警掀起实战大练兵热潮,确保全警实战大练兵取得实效。

人民警察教育训练是一个整体,同时警察教育与警察训练又分别在不同领域、不同范围各自发挥着作用和功能,它们之间相互依存、相互促进和相互补充。警察教育是警察训练的基础,警察教育促进了警察训练向专业化、系统化发展;警察训练是警察教育的延伸,警察训练促使警察教育更加体现和反映警务工作的需要,形成鲜明的警察特色和优势。

第三节 人民警察的奖励

人民警察的奖励,是指公安机关依照有关规定,对公安机关的集体和个体人民警察实施的精神和物质上的嘉勉和表彰。公安机关奖励工作是公安人事管理工作的重要组成部分,是促进公安工作和队伍建设的有效手段,在加强公安人事管理、促进公安工作和队伍建设方面起着重要作用。

一、奖励的法律法规和制度依据

早在新中国成立初期,公安部就制定了《人民公安机关立功创模运动试行办法》等规章制度。1984 年,公安部又制定了《人民警察奖惩条例(试行)》。随着形势的不断发展,公安机关奖励工作也面临着诸多新情况、新问题。为加强公安机关奖励工作,促进公安工作和队伍建设,2003 年根据《人民警察法》《国家公务员暂行条例》等法律、法规和规章,结合公安工作和队伍建设的实际,公安部制定了《公安机关人民警察奖励条令》并于 2003 年 9 月 1 日起施行。为适应新形势和新任务下公安队伍建设的需要,完善公安机关人民警察的奖励工作,根据《公安机关组织管理条例》《公务员奖励规定(试行)》规定,2015 年 10 月,公安部、人力资源和社会保障部公布修订后的《公安机关人民警察奖励条令》。修订后的《公安机关人民警察奖励条令》自 2016 年 1 月 1 日起施行,共 9 章 49 条,包括总则,奖励的类别、对象和等级,奖励的条件和标准,奖励的权限,奖励的实施,获奖的标志和待遇,获奖对象的教育管理,奖励的撤销,附则等内容。

二、奖励工作的原则

《公安机关人民警察奖励条令》第 3 条规定,公安机关奖励工作应当坚持下列原则:(1)实事求是,按绩及时施奖;(2)发扬民主,贯彻群众路线;(3)公开、公平、公正;(4)以基层一线为重点,领导机关、领导干部从严;(5)精神奖励与物质奖励相结合,以精神奖励为主。

其中,精神奖励是对受奖民警给予荣誉方面的表彰,它能够满足民警的精神需要,增强民警工作的光荣感和责任感;物质奖励是向民警发放奖金、奖品,或者提前晋升民警警衔,它能够满足民警的物质需要,能使民警更加关心组织和集体。不论是精神奖励还是物质奖励,都能激发民警的工作热情,使民警更加努力地做好工作。为了取得最佳的奖励效果,应该把精神奖励和物质奖励结合起来。《公安机关人民警察奖励条令》规定的奖励工作原则特别强调以精神奖励为主,是为了更好地发挥奖励的导向作用。修订后的《公安机关人民警察奖励条令》在奖励原则中增加了“以基层一线为重点,领导机关、领导干部从严”,是公安机关加强基层基础建设要求的体现,对调动和发挥基层公安机关人民警察的工作积极性和创造性产生重要作用。

三、奖励的类别、对象和等级

根据《公务员法》《人民警察法》《公安机关人民警察奖励条令》等的规定,公安机关人民警察的奖励分为主体奖励和附加奖励两种。主体奖励包括嘉奖,三等功、二等功、一等功,授予荣誉称号(全国公安系统二级英雄模范、一级英雄模范);附加奖励包括提前晋升警衔和物质奖励等。主体奖励只能单独适用,不能两种以上并用;附加奖励可以单独适用,也可以与主体奖励并用。

此外,按照奖励的对象又可分为集体奖励和个人奖励。集体奖励的对象是各级公安机关建制单位和为完成专项工作临时成立的非建制单位。个人奖励的对象是各级公安机关在编在职人民警察。因公牺牲或者病故的人民警察,生前有重大贡献或者突出事迹,符合奖励条件的，可以追授奖励。集体奖励由低至高依次为：嘉奖，记三等功、二等功、一等功，授予荣誉称号。集体授予荣誉称号的名称，根据受奖集体的事迹特点确定。个人奖励由低至高依次为：嘉奖，记三等功、二等功、一等功，授予荣誉称号。授予个人的荣誉称号分为全国公安系统二级英雄模范、一级英雄模范称号。

四、奖励的条件和标准

符合下列条件之一的集体和个人，应当给予奖励：(1) 依法打击危害国家安全和公共安全、颠覆国家政权、破坏社会秩序和经济秩序、侵犯公私财产和公民人身权利等违法犯罪活动，维护国家安全和社会稳定，成绩突出的。(2) 加强社会治安管理，依法查处和制止扰乱公共秩序、侵犯人身权利、妨害社会管理等违法行为，维护治安稳定和公共安全，成绩突出的。(3) 依法妥善处置重大突发事件，积极参加抢险救灾，圆满完成重大活动安全保卫任务，成绩突出的。(4) 加强公安基层基础建设，落实各项管理防范措施，有效预防和制止违法犯罪活动，成绩突出的。(5) 依法履行行政管理职能，科学、文明、规范管理，提高工作质量和效率，成绩突出的。(6) 加强科技强警工作，有发明创造、科技创新成果或者创造典型经验，成绩突出的。(7) 密切联系群众，热情为群众服务，成绩突出的。(8) 加强思想政治工作，强化教育、管理和监督，推动队伍正规化建设，成绩突出的。(9) 加强执法监督管理，推动执法规范化建设，成绩突出的。(10) 认真完成综合管理、警务保障和国际警务合作等工作任务，成绩突出的。(11) 秉公执法，清正廉洁，勇于与社会不良风气做斗争，成绩突出的。(12) 在其他方面成绩突出的。

对符合奖励条件的集体和个人，根据其事迹及作用、影响，按照以下标准确定奖励等级：(1) 对成绩突出的，给予嘉奖；(2) 对成绩突出，有较大贡献的，记三等功；(3) 对成绩显著，有重要贡献的，记二等功；(4) 对成绩显著，有重大贡献和影响的，记一等功；(5) 对成绩卓著，有特殊贡献和重大影响，堪称典范的，可以授予荣誉称号。对集体或者个人的同一事迹只能给予一次奖励。对同一集体或者个人一年内原则上不重复给予同等级及以下等级奖励。

五、奖励的批准权限

第一，公安部的批准权限：全国公安机关集体和个人授予荣誉称号、记一等功奖励，其中授予全国公安系统一级英雄模范称号，由人力资源和社会保障部会同公安部审批；省级公安机关及其领导班子成员嘉奖，记三等功、二等功奖励；公安部机关内设机构及直属单位集体和个人嘉奖，记三等功、二等功奖励。

第二，省级公安机关的批准权限：公安部批准权限以外的本地区公安机关集体和个人记二等功；市（地）级公安机关及其领导班子成员嘉奖、记三等功奖励；省级公安机关内设机构及直属单位集体和个人嘉奖、记三等功奖励。

第三，市（地）级公安机关的批准权限：上级公安机关批准权限以外的本地区公安机关集体和个人嘉奖、记三等功奖励。

第四，经公安部批准，省级公安机关领导班子成员以外的个人记一等功，可以由所在省级公安机关办理；经市（地）级公安机关批准，县级公安机关及其领导班子成员以外的集体和个人嘉奖，可以由所在县级公安机关办理。

第五，铁路公安局、交通运输部公安局、中国民用航空局公安局、国家林业和草原局森林公安局、海关总署缉私局执行省级公安机关的批准权限。其所属下级公安机关参照执行市（地）级以下公安机关的批准权限。①

第六，对受组织委派，离开原单位执行临时任务或者借调、挂职的人民警察，时间一年以上，符合奖励条件的，可以由临时所在单位，按照批准权限实施奖励或者申报奖励；时间不足一年，符合奖励条件的，由临时所在单位向原单位介绍情况，由原单位按照批准权限实施奖励或者申报奖励。

六、获奖的标志和待遇

奖励批准机关对获得奖励的集体颁发奖匾或者奖状；对获得记三等功以上奖励的个人颁发奖章和证书；对获得嘉奖奖励的个人颁发证书。奖励批准机关对获得奖励的集体和个人统一按照下列标准颁发奖金：集体嘉奖 5 000 元，集体三等功 1 万元，集体二等功 2 万元，集体一等功 3 万元，集体荣誉称号 5 万元。个人嘉奖 2 000 元，个人三等功 5 000 元，个人二等功 1 万元，个人一等功 2 万元，全国公安系统二级英雄模范 5 万元，全国公安系统一级英雄模范 8 万元。

获得授予或者追授全国公安系统一级英雄模范、二级英雄模范荣誉称号奖励的个人的子女，符合条件的，可以保送进入普通公安高等院校学习。获得记一等功以上奖励的个人，可以按照有关规定提前晋升警衔。获得记三等功以上奖励（含追记、追授的）的个人死亡后，按照国家有关规定增发一次性抚恤金。获得全国公安系统一级英雄模范、二级英雄模范称号的个人死亡后，按照有关规定进行吊唁。获得奖励的个人，根据国家有关规定享受其他待遇。

七、奖励的意义

第一，示范的作用。对作出功绩、表现突出的人民警察集体和个人及时给予奖励，是对他们良好行为和工作成绩的充分肯定。公安机关在不同历史时期树立起来的先进模范不仅为全体民警树立了榜样，也引导他们朝着满足组织要求和社会需要的方向发展。

第二，激励的作用。对某一民警的奖励不仅对他本人起到激励作用，对其他人也会产生积极影响，使其他人学有方向、赶有目标，从而推动整个集体相互竞争，比学赶帮超。

第四节 人民警察的惩处

人民警察的惩处，是指公安机关为了维护整体利益并保证组织的正常运转，对违反组织纪律并造成损失的人民警察依照有关规定给予的处罚措施。人民警察出于故意或过失，实

① 2018 年 12 月，中央办公厅、国务院办公厅发布《行业公安机关管理体制调整工作方案》，决定对专门公安机关，即铁路公安机关、交通公安机关、民航公安机关、林业公安机关和海关公安机关进行改革。原有的铁路公安、交通公安、林业公安不再作为专门公安机关，并对其领导体制进行相应调整，即铁路公安机关、原交通公安机关中的长江航运公安机关由公安部直接领导指挥；各地林业公安机关与所在地方公安机关进行合并。同时，海关公安机关、民航公安机关仍实行双重领导，接受所在部门党委政府和本系统上级公安机关的领导，并以公安部领导为主。其中，首都机场公安局由公安部直接领导，其他民航公安队伍划归各省或市地方公安机关领导。

施了违纪行为，尚未构成犯罪的，应该按照纪律规定承担相应的违纪责任和后果，接受行政处分和警纪处分；构成犯罪的，应当追究刑事责任。人民警察的惩处工作有助于严明公安机关纪律，规范公安机关人民警察的行为，在加强公安人事管理、促进公安工作和队伍建设、保证公安机关人民警察依法履行职责等方面起着重要的作用。

一、惩处的法律法规和制度依据

公安机关人民警察惩处的法律法规和制度依据是《人民警察法》《监察法》《公务员法》《行政机关公务员处分条例》《公安机关组织管理条例》等。2010 年 3 月 10 日经国务院批准，《公安机关人民警察纪律条令》自 2010 年 6 月 1 日起施行。《公安机关人民警察纪律条令》共 3 章 31 条，设定了 76 种具体违法违纪行为及其适用的处分，涉及政治纪律、组织纪律、执法执勤、内务纪律等。这些违法违纪行为及其适用处分的设定，充分体现了公安机关及其人民警察的职业特点，体现了公安机关从严治警的刚性要求。此外，1999 年公安部发布的《公安机关人民警察执法过错责任追究规定》，2003 年公安部发布的“五条禁令”，2013 年 11 月公安部作出的“五条禁令”和“三项纪律”，对违反者也规定了相应的惩处规定。

二、惩处的原则

对于公安机关人民警察的惩处应当遵循以下原则：(1) 应当坚持公正、公平和教育与惩处相结合的原则；(2) 应当与其违法违纪行为的性质、情节、危害程度相适应；(3) 应当事实清楚、证据确凿、定性准确、处理恰当、程序合法、手续完备。

三、惩处的作用

（一）约束的作用

公安机关的性质、宗旨和职责权限决定了人民警察无论是打击刑事犯罪还是治安行政管理等，与公民、法人和其他组织的权益特别是涉及人身自由、安全、健康以及财产等最基本的权利紧密相关。为了防止人民警察滥用职权，侵犯或者损害公民、法人和其他组织的合法权益，或者置公民、法人和其他组织的合法权益于不顾，不履行法定职责和义务，制定严密的法规是必要的约束。

（二）警戒的作用

惩处通过警告公安机关人民警察什么可以做、什么不可以做、什么应当来做对人民警察的行为起到重要的引导和警诫的作用。

四、惩处的种类、等级和情形

（一）行政处分

行政处分是公安机关根据行政法规的有关规定，给予有违纪行为的人民警察的惩罚，其作用是规范人民警察的行为，教育群众，维护纪律的严肃性。行政处分的种类有警告、记过、记大过、降级、撤职、开除 6 种。公安机关人民警察在受处分期间不得晋升职务和级别。其中，受记过、记大过、降级、撤职处分的，不得晋升工资档次；受撤职处分的，应当按照规定降低级别。行政机关公务员受开除处分的，自处分决定生效之日起，解除其与单位的人事关系，不得再担任公务员职务。

《公务员法》第59条规定，公务员不得有下列行为：(1)散布有损宪法权威、中国共产党和国家声誉的言论，组织或者参加旨在反对宪法、中国共产党领导和国家的集会、游行、示威等活动；(2)组织或者参加非法组织，组织或者参加罢工；(3)挑拨、破坏民族关系，参加民族分裂活动或者组织、利用宗教活动破坏民族团结和社会稳定；(4)不担当，不作为，玩忽职守，贻误工作；(5)拒绝执行上级依法作出的决定和命令；(6)对批评、申诉、控告、检举进行压制或者打击报复；(7)弄虚作假，误导、欺骗领导和公众；(8)贪污贿赂，利用职务之便为自己或者他人谋取私利；(9)违反财经纪律，浪费国家资财；(10)滥用职权，侵害公民、法人或者其他组织的合法权益；(11)泄露国家秘密或者工作秘密；(12)在对外交往中损害国家荣誉和利益；(13)参与或者支持色情、吸毒、赌博、迷信等活动；(14)违反职业道德、社会公德和家庭美德；(15)违反有关规定参与禁止的网络传播行为或者网络活动；(16)违反有关规定从事或者参与营利性活动，在企业或者其他营利性组织中兼任职务；(17)旷工或者因公外出、请假期满无正当理由逾期不归；(18)违纪违法的其他行为。

《公安机关人民警察纪律条令》规定了以下违纪行为及其适用的处分：

第一，有下列行为之一的给予开除处分：逃往境外或者非法出境、违反规定滞留境外不归的；参与、包庇或者纵容危害国家安全违法犯罪活动的；参与、包庇或者纵容黑社会性质组织犯罪活动的；向犯罪嫌疑人通风报信的；私放他人出入境的。

第二，散布有损国家声誉言论的，给予记大过处分；情节较重的，给予降级或者撤职处分；情节严重的，给予开除处分。

第三，有下列行为之一的给予记过或者记大过处分，情节较重的给予降级或者撤职处分，情节严重的给予开除处分：故意违反规定立案、撤销案件、提请逮捕、移送起诉的；违反规定采取、变更、撤销刑事拘留、取保候审、监视居住等刑事强制措施或者行政拘留的；非法剥夺、限制他人人身自由的；非法搜查他人身体、物品、住所或者场所的；违反规定延长羁押期限或者变相拘禁他人的；违反规定采取通缉等措施或者擅自使用侦察手段侵犯公民合法权益的。

第四，有下列行为之一的给予记过或者记大过处分，情节较重的给予降级或者撤职处分，情节严重的给予开除处分：违反规定为在押人员办理保外就医、所外执行的；擅自安排在押人员与其亲友会见，私自为在押人员或者其亲友传递物品、信件，造成不良后果的；指派在押人员看管在押人员的；私带在押人员离开羁押场所的。

第五，体罚、虐待违法犯罪嫌疑人、被监管人员或者其他工作对象的给予记过或者记大过处分，情节较重的给予降级或者撤职处分，情节严重的给予开除处分。实施或者授意、唆使、强迫他人实施刑讯逼供的给予撤职处分，造成严重后果的给予开除处分。

第六，有下列行为之一的给予记过或者记大过处分，情节较重的给予降级或者撤职处分，情节严重的给予开除处分：对依法应当办理的受理案件、立案、撤销案件、提请逮捕、移送起诉等事项，无正当理由不予办理的；对管辖范围内发生的应当上报的重大治安案件、刑事案件、特大道路交通事故和群体性或者突发性事件等隐瞒不报或者谎报的；在勘验、检查、鉴定等取证工作中严重失职，造成无辜人员被处理或者违法犯罪人员逃避法律追究的；因工作失职造成被羁押、监管等人员脱逃、致残、致死或者其他不良后果的；在值班、备勤、执勤时擅离岗位,造成不良后果的;不履行办案协作职责造成不良后果的;在执行任务时临危退缩、临阵脱逃的。

第七,有下列行为之一的给予记过或者记大过处分,情节较重的给予降级或者撤职处分,情节严重的给予开除处分:利用职权干扰执法办案或者强令违法办案的;利用职权干预经济纠纷或者为他人追债讨债的。

第八,有下列行为之一的给予记过或者记大过处分,情节较重的给予降级或者撤职处分,情节严重的给予开除处分:隐瞒或者伪造案情的;伪造、变造、隐匿、销毁检举控告材料或者证据材料的;出具虚假审查或者证明材料、结论的。

第九,有下列行为之一的,给予警告或者记过处分;情节较重的,给予记大过或者降级处分;情节严重的,给予撤职处分:违反规定吊销、暂扣证照或者责令停业整顿的;违反规定查封、扣押、冻结、没收财物的。

第十,有下列行为之一的给予警告或者记过处分,情节较重的给予记大过或者降级处分,情节严重的给予撤职处分:擅自设定收费项目、提高收费标准的;违反规定设定罚款项目或者实施罚款的;违反规定办理户口、身份证、驾驶证、特种行业许可证、护照、机动车行驶证和号牌等证件、牌照以及其他行政许可事项的。以实施行政事业性收费、罚没的名义收取钱物,不出具任何票据的,给予开除处分。

第十一,有下列行为之一的给予记过或者记大过处分,情节较重的给予降级或者撤职处分,情节严重的给予开除处分:投资入股或者变相投资入股矿产、娱乐场所等企业,或者从事其他营利性经营活动的;受雇于任何组织、个人的;利用职权推销、指定消防、安保、交通、保险等产品的;公安机关人民警察的近亲属在该人民警察分管的业务范围内从事可能影响公正执行公务的经营活动,经劝阻其近亲属拒不退出或者本人不服从工作调整的;违反规定利用或者插手工程招投标、政府采购和人事安排,为本人或者特定关系人谋取不正当利益的;相互请托为对方的特定关系人在投资入股、经商办企业等方面提供便利,谋取不正当利益的;出差、开展公务活动由企事业单位、个人接待,或者接受下级公安机关、企事业单位、个人安排出入营业性娱乐场所,参加娱乐活动的;违反规定收受现金、有价证券、支付凭证、干股的。

第十二,私分、挪用、非法占有赃款赃物、扣押财物、保证金、无主财物、罚没款物的给予记过或者记大过处分,情节较重的给予降级或者撤职处分,情节严重的给予开除处分。

第十三,有下列行为之一的给予警告、记过或者记大过处分,情节较重的给予降级或者撤职处分,情节严重的给予开除处分:拒绝执行上级依法作出的决定、命令,或者在执行任务时不服从指挥的;违反规定进行人民警察录用、考核、任免、奖惩、调任、转任的。

第十四,有下列行为之一,造成不良影响的给予警告处分,情节较重的给予记过处分,情节严重的给予记大过处分:在工作中对群众态度蛮横、行为粗暴、故意刁难或者吃拿卡要的;不按规定着装,严重损害人民警察形象的;非因公务着警服进入营业性娱乐场所的。

第十五,违反公务用枪管理使用规定的,依照《公安民警违反公务用枪管理使用规定行政处分若干规定》给予处分。

第十六,有下列行为之一的,给予警告或者记过处分,情节较重的给予记大过或者降级处分,情节严重的给予撤职或者开除处分:违反警车管理使用规定或者违反规定使用警灯、警报器的；违反规定转借、赠送、出租、抵押、转卖警用车辆、警车号牌、警械、警服、警用标志和证件的；违反规定使用警械的。

第十七，工作时间饮酒或者在公共场所酗酒滋事的给予警告、记过或者记大过处分，造成后果的给予降级或者撤职处分，造成严重后果的给予开除处分。携带枪支饮酒、酒后驾驶机动车，造成严重后果的给予开除处分。

第十八，参与、包庇或者纵容违法犯罪活动的给予警告、记过或者记大过处分，情节较重的给予降级或者撤职处分，情节严重的给予开除处分。吸食、注射毒品或者参与、组织、支持、容留卖淫、嫖娼、色情淫乱活动的，给予开除处分。

第十九，违反规定使用公安信息网的给予警告处分，情节较重的给予记过或者记大过处分，情节严重的给予降级或者撤职处分。

（二）警纪处分

《人民警察法》规定，对受行政处分的人民警察，按照国家有关规定，可以降低警衔、取消警衔。对违反纪律的人民警察，必要时可以对其采取停止执行职务、禁闭的措施。人民警察有下列行为之一的，可以对其采取停止执行职务的措施：(1) 拒不执行上级公安机关和领导的决定、命令或者违抗命令不服从指挥，可能造成严重后果的；(2) 涉嫌泄露国家秘密、警务工作秘密的；(3) 弄虚作假、隐瞒案情，包庇、纵容违法犯罪活动的；(4) 刑讯逼供或者体罚、虐待犯罪嫌疑人、被告人和罪犯，情节比较严重的；(5) 涉嫌敲诈勒索或者索取、收受贿赂的；(6) 违反规定使用武器、警械，造成严重后果的；(7) 违法实施处罚或者收取费用，造成恶劣影响的；(8) 接受当事人及其亲属或者代理人请客送礼，数额较大，造成恶劣影响的；(9) 从事营利性的经营活动或者应聘、受雇于任何个人、组织搞营利性经营活动，不听制止的；(10) 玩忽职守，不履行法定义务，造成严重后果的；(11) 其他违反纪律的行为有必要采取停止执行职务措施的。

人民警察有下列行为之一并不听制止，可能造成恶劣影响的，可以对其采取禁闭的措施：(1) 违抗命令，不服从指挥，可能造成严重危害的；(2) 涉嫌泄露公安工作秘密或者为犯罪嫌疑人通风报信的；(3) 威胁、恐吓、蓄意报复他人的；(4) 殴打他人或者唆使他人打人的；(5) 酗酒滋事，扰乱工作秩序和公共秩序的；(6) 其他有必要采取禁闭措施的。

（三）刑事处罚

对违反纪律构成犯罪的人民警察，按照《刑法》规定，依法追究刑事责任。

五、公安机关人民警察纪律责任处分的批准权限

根据《行政监察法实施条例》和《公安机关人民警察纪律条令》的有关规定，公安机关人民警察违法违纪，应当承担纪律责任的，由任免机关或监察机关按照管理权限依法给予处分。

监察机关派驻同级公安机关监察机构可以调查下一级监察机关派驻同级公安机关监察机构管辖范围内的违法违纪案件，必要时也可以调查所辖各级监察机关派驻同级公安机关监察机构管辖范围内的违法违纪案件。

监察机关派驻同级公安机关监察机构经派出它的监察机关批准，可以调查下一级公安机关领导人员的违法违纪案件。调查结束后，按照人事管理权限，监察机关派驻同级公安机

关监察机构应当向处分决定机关提出处分建议，由处分决定机关依法作出处分决定。

六、公安机关人民警察处分的程序

根据《行政机关公务员处分条例》《公安机关人民警察纪律条令》的规定，任免机关对涉嫌违法违纪的公安机关人民警察的惩处程序可分为调查、处分、申诉、解除四个步骤。

（一）调查

经任免机关负责人同意，由任免机关有关部门对需要调查处理的事项进行初步调查。初步调查结果发现该人民警察涉嫌违法违纪需进一步查证的，报任免机关负责人批准后立案。任免机关有关部门负责进一步的调查工作，并形成书面调查材料报告任免机关负责人。任免机关有关部门将调查认定的事实以及拟给予处分的依据告知该人民警察本人，听取其陈述和申辩。

（二）处分

经任免机关领导成员集体讨论，作出对该人民警察给予处分、免予处分或者撤销案件的决定。任免机关将处分决定以书面形式通知该人民警察本人，并在一定范围内宣布。处分决定要归入该人民警察本人档案，同时汇集有关材料形成该处分案件的工作档案。

（三）申诉

公安机关人民警察处分的程序和不服处分的申诉，依照《行政监察法》《公务员法》《行政机关公务员处分条例》等有关法律法规的规定办理。

（四）解除

《公务员法》规定，受到开除以外的行政处分，改正错误的，分别在半年至 2 年后由原处理机关按规定解除处分。具体是受警告处分半年、记过 12 个月、记大过 18 个月、降级、撤职处分 2 年，已改正错误的，可以解除处分。解除处分的决定由原处理机关作出。在受处分期间，如有特殊贡献的，可提前解除处分。处分解除后，晋升职务与级别不再受原处分影响。

第五节 人民警察的辞退

一、人民警察辞退制度的特点和意义

人民警察的辞退，是指公安机关对已不具备人民警察条件，不适合在公安机关继续工作的人员，解除其与公安机关任用关系的一种人事行政管理措施。1996 年公安部、人事部印发的《公安机关人民警察辞退办法》、自 2007 年 1 月 1 日起实施的《公安机关组织管理条例》第 30 条和 2010 年经国务院批准自 2010 年 6 月 1 日起实施的《公安机关人民警察纪律条令》第 26 条针对人民警察违法违纪行为，且已不符合人民警察条件、不适合继续在公安机关工作的，明确可以依照有关规定予以辞退或者限期调离。

（一）人民警察辞退制度的特点

1. 辞退人民警察，是公安机关的法定权力

国家法律赋予公安机关依照法律解除不适宜继续在公安机关的人民警察的职务关系的权力。只要符合法定的事由，公安机关就可按照法定程序辞退人民警察，无须征得人民警察

的同意,人民警察是这种权力关系的被动客体。

2. 辞退人民警察,必须基于一定的法律事实

只有当符合法律规定的条件或事由出现以后,公安机关才能终止其与人民警察的职务关系。非因法定事由,人民警察不得被辞退。不然,就是对人民警察工作权利的侵犯,公安机关要负损害赔偿责任。

3. 辞退人民警察,必须遵循必要的法律程序

法律程序是保障人民警察权利的重要手段。不符合法律程序辞退人民警察的行为,对人民警察不具有法律效力。因而,法律程序的规定既是人民警察权利的有效保障,又是对公安机关自由裁量权的必要限制。

4. 被辞退的人民警察享有法定的待遇,即可以享受待业保险

辞退实质上是公安机关对人民警察的一种处理行为——当然这种处理不属于对人民警察的惩戒范围。这种行为的后果客观上会给人民警察造成一定的损失。所以,对于人民警察的损失给予一定的补偿,体现了对人民警察权利保障的周全性。

(二) 人民警察辞退制度的意义

1. 人民警察辞退制度有利于建立一支高素质的公安队伍

公安机关是国家重要的执法机关,肩负着维护国家安全和社会稳定的重要任务。公安队伍是国家公务员队伍中人数最多的一支,其队伍素质高低直接决定着政府的形象和社会治理效果。如不实行完善的辞退制度,导致公安机关不称职的人大量存在,影响了公安队伍的整体素质,不利于公安机关依法对社会进行有效治理,公安队伍自身的"肌体"也很难正常运转。参照国家公务员制度中有关辞退的内容,公安部、人事部联合制定了《公安机关人民警察辞退办法》,保证了公安队伍中的人员既能进也能出,使队伍处于良性的循环状态,保障了公安队伍的长期稳定发展。

2. 人民警察辞退制度有利于促进优胜劣汰

传统的人事制度缺少优胜劣汰的竞争机制,用人单位没有用人权和辞退权,既不能择优,又不能汰劣,难以激发人民警察的工作积极性和创造性。在公安机关实行辞退制度,依照规章辞退少数已经不能履行人民警察职责的人,既是公安人力资源的有效利用,又可以在公安队伍中形成一种竞争的环境,激励广大人民警察努力做好本职工作。将有限的编制让出来,使优秀人才通过竞争进入公安队伍,起到择优汰劣的作用。

3. 人民警察辞退制度有利于保持公安队伍的活力

公安工作具有鲜明的政治性、社会性、武装性和艰苦性等特点,公安队伍要适应这种工作,必须具有较强的活力,其在人员相对稳定的同时,必须实行更加有效的制度促进人员的补充和调整。公安机关仅通过退休制度来更新队伍,显然不能适应公安工作对人员调整的要求,因此必须赋予公安机关的人事管理部门一定的权力,以便公安机关依法辞退不符合人民警察条件的人,保证公安队伍的优化和活力。

4. 人民警察辞退制度有利于加强公安队伍管理

公安机关是代表国家对社会进行治安行政管理的执法机关,国家以法律的形式赋予公安机关许多特殊权力,要保证这些权力的正确行使,就要求公安队伍具有良好的素质、被严格地管理,也就是公安队伍既要把好"进口",又要敞开"出口",形成一套完整的管理制度。

人民警察的辞退是公安队伍“出口”的重要管理措施，它与人民警察的录用、退休、辞职等环节一起，形成公安队伍更新的优化机制，在促进公安队伍的新陈代谢、保证公安队伍的整体素质方面发挥着重要作用。

5. 人民警察辞退制度有利于确保公安机关合法和规范的辞退权

为了保证公安机关辞退权的顺利行使，必须制定严密的法律程序作为保证，在做好辞退工作的同时，也应保护人民警察的合法权益。如果不建立有效的辞退规则和机制，辞退工作就有可能侵害被辞退人的合法权益。《公安机关人民警察辞退办法》对辞退人民警察的范围、权限、程序等作出了规定，从而在法律上既保证了公安机关辞退权的正当行使，又保护了人民警察个人的合法权益。

二、辞退的条件

辞退人民警察，是公安机关的一项权力。但是，公安机关也不能随心所欲地行使辞退权，必须严格遵循法定的条件。只有在法定的条件范围内，公安机关才能行使对人民警察的辞退权。

1. 辞退的情形

根据《公安机关人民警察辞退办法》的规定，人民警察符合下列情形之一的，即可予以辞退：(1) 不符合录用人民警察的条件，未按规定程序招收的；(2) 连续两年考核被确定为不称职的；(3) 不能胜任现职工作，又不服从其他安排的；(4) 因单位调整、撤销、合并或者缩减编制员额需要调整工作，本人拒绝合理安排的；(5) 旷工或者无正当理由逾期不归连续超过 15 天，或者一年内累计超过 30 天的。

人民警察有下列情形之一，经批准教育、纪律处分仍不改正的，或者经培训试用后仍不合格的，应当予以辞退：(1) 作风散漫，纪律松弛，经常迟到、早退或者上班时间经常公办私事的；(2) 遇事推诿，消极怠工，工作不负责任的；(3) 耍特权，态度恶劣，刁难辱骂群众，侵犯公民合法权益的；(4) 酗酒滋事或者经常酗酒的；(5) 私自将警械、警服、警衔标志转借、赠送非人民警察的；(6) 不按规定着装，警容不严整，举止不端庄的；(7) 对遇有危险情形的群众拒绝提供救助的；(8) 文化、业务素质低，不适合公安工作的。

人民警察有下列情形之一，错误比较严重又不宜给予行政开除处分的，应当予以辞退：(1) 殴打他人或者唆使他人打人的；(2) 违法实施处罚的；(3) 违反规定收取费用的；(4) 接受当事人及其代理人请客送礼的；(5) 从事营利性的经营活动或者受雇于个人、组织的；(6) 给违法人员通风报信或者给违法活动提供保护的；(7) 玩忽职守，不履行法定义务的；(8) 不执行上级决定和命令的；(9) 在执行公务中贪生怕死，临阵脱逃的；(10) 违反规定使用武器、警械的；(11) 利用职权牟取私利的；(12) 诬告他人，压制和打击报复检举人、控告人的；(13) 道德败坏、生活腐化的；(14) 有其他违法违纪行为的。

《公务员法》第 88 条规定，公务员有下列情形之一的，予以辞退：(1) 在年度考核中，连续两年被确定为不称职的；(2) 不胜任现职工作，又不接受其他安排的；(3) 因所在机关调整、撤销、合并或者缩减编制员额需要调整工作，本人拒绝合理安排的；(4) 不履行公务员义务，不遵守法律和公务员纪律，经教育仍无转变，不适合继续在机关工作，又不宜给予开除处分的；(5) 旷工或者因公外出、请假期满无正当理由逾期不归连续超过 15 天，或者一年内累计超过

30天的。

2. 不得辞退的情形

《公安机关人民警察辞退办法》第6条规定，人民警察有下列情形之一的，不得辞退：(1)因公负伤致残并被确认丧失工作能力的；(2)患严重疾病或者负伤正在进行治疗的；(3)在孕期、产期或者哺乳期内的。

《公务员法》第89条规定，对有下列情形之一的公务员，不得辞退：(1)因公致残，被确认丧失或者部分丧失工作能力的；(2)患病或者负伤，在规定的医疗期内的；(3)女性公务员在孕期、产假、哺乳期内的；(4)法律、行政法规规定的其他不得辞退的情形。

根据《公务员法》的规定，非因法定事由不被辞退。上述对辞退条件的规定是将辞退人民警察的"法定事由"予以具体化。这些事由有些是纯属个人原因造成的，有些是个人原因加上客观原因而造成的。只要人民警察具备了上述辞退情形，公安机关就有权予以辞退；反之，公安机关没有理由辞退，作出辞退也是无效的。同时，要把行政处分与辞退既区分又结合起来，所在单位应根据有关规定，给予被辞退人员必要的行政处分，不得用辞退代替处分。

三、辞退的程序

公安机关人民警察的辞退程序既要确保公安机关能顺利地行使辞退权，又要确保人民警察的合法权益不致受到侵犯。辞退人民警察的具体程序如下：

第一，所在单位在核准事实的基础上，经领导集体讨论提出辞退建议，按照管理权限报任免机关。所在单位是指拟被辞退人民警察的职务关系归属单位。有权提出辞退建议的只能是拟被辞退人民警察的所在单位，其他任何个人和单位都无权提出辞退建议，上级单位也不能越级辞退下级单位的人民警察。这样的规定是考虑到管人与管事的统一，避免出现多层次、多渠道随意辞退人民警察的情况。人民警察所在单位的辞退建议必须说明法定事由和事实依据。

第二，任免机关人事部门审核。人民警察任免机关人事部门在接到人民警察所在单位的辞退建议和人民警察本人的书面答复之后，应进行严格的审查和复核。经审查，如果符合法律规定，即可批准辞退建议；如果发现拟被辞退的人民警察应受惩戒处分或受法律制裁，应另外立案处理；如果发现有打击报复等非法行为，则应中止辞退程序，并追究有关人员的责任；如果发现法定事由不充分，适用法律不当，应将辞退建议和答复分别送达原单位和当事人。

第三，任免机关审批。任免机关应当在30日之内作出决定。凡批准辞退的，应当以书面形式通知呈报单位和被辞退人员，同时抄送同级人民政府、人事部门和上一级公安机关备案；凡不予批准的，应当将辞退建议等退回呈报单位，并说明理由。县(市)公安局辞退人民警察要以县(市)公安局名义上报县(市)人民政府审批，由县(市)人民政府人事局审核，县(市)人民政府作出决定。地级以上公安机关需根据各地管理权限的规定，与当地政府人事部门协商，制定具体的批准程序。人民警察的任免机关经过审查，作出批准辞退建议的决定后必须以书面形式通知人民警察本人。如果被辞退的人民警察对辞退处理不服，可在接到辞退书面决定的30天内，要求任免机关进行复核，任免机关必须进行复核，而且应在规定的期限内作出答复。经过复核,如果认为原辞退决定正确,应作出维持的决定;如果认为原辞退处理不当,则应立即撤销原辞退处理决定。如果人民警察对复议的结果仍然不服,有权向同级政府机关人事部门(县级以下的被辞退人员向上一级政府人事部门)或行政监察机关提出申诉。受理人民警察申诉的机关必须按规定作出处理决定。对于申诉受理机关的决定,原处理机关和人民警察本人都应当执行。需要指出的是,复核和申诉期间,不停止原辞退决定的执行。

第四,被辞退人员应当在接到《辞退国家公务员通知书》或者接到维持原辞退决定的《国家公务员复核(申诉)决定通知书》15 日内,办理公务交接手续和辞退手续。必要时,应当接受财务审计。对拒不办理公务交接手续、辞退手续和拒绝接受财务审计的,给予开除处分。

四、辞退的法律后果

(一)职务关系的消失与警察身份的丧失

人民警察与公安机关之间的职务关系是一种行政法律关系。在行政法律关系中,公安机关作为一方当事人,其地位往往强于作为人民警察的另一方当事人,这表现在行政法律关系的消灭往往是由公安机关单方面的行为决定,不必征得另一方当事人的同意。在辞退人民警察的过程中,公安机关的行为就具有这样的特点。人民警察在职期间代表公安机关行使权力,执行国家公务,享受法律规定的人民警察的一切权力,同时必须履行人民警察的一切义务。但当公安机关发现人民警察不能胜任工作或具备其他辞退的法定事由时,可不征求人民警察本人的意见将其辞退,从而单方面终止原有的职务关系。人民警察被辞退后,不再负有执行国家公务的责任,也不再享有人民警察的各项权力,无须履行人民警察的义务,其与公安机关的职务关系也就随之消失了。此外,根据有关规定,人民警察被辞退出公安队伍后,不再保留人民警察的身份。

(二)被辞退后的待遇

人民警察被辞退不同于被开除,被辞退的人民警察在精神和物质上仍有权享有一些法定待遇。按照国家公务员制度的有关要求,被辞退人员自批准之日的下月起停发工资,可根据国家机关的有关规定,享受失业保险待遇。人民警察被辞退后享受的失业保险,是指人民警察被辞退后,在暂时丧失职业,等待再次就业期间,从社会上获得的物质帮助。实行失业保险的地方,不发给辞退费,被辞退人员凭任免机关发给的辞退通知书,到政府所属社会保险机构登记,领取失业保险金。未实行失业保险的地方,被辞退人员可逐月到当地有关机构领取辞退费。为了给被辞退的人民警察更多的权利保障,经任免机关批准,属于《公安机关人民警察辞退办法》第 4 条所列行为而被辞退的人员,所在单位允许其事先联系接收单位。这部分人员在规定时间内联系到新的接收单位的,可以办理调动手续。

(三)被辞退后的其他相关事宜

依据《公安机关人民警察辞退办法》,被辞退人员所在单位应当及时收回其使用的枪支、警械、警用标志、工作证件和其他警用物品。被辞退人员的人事档案,由任免机关人事部门按规定转至有关机构。被辞退人员无理取闹、扰乱机关工作秩序,殴打、侮辱、诽谤有关人员,属于违反治安管理行为的,依照《治安管理处罚法》予以处罚;构成犯罪的,依法追究刑事责任。对被辞退人员,不得再录用为人民警察。同级人民政府人事部门和上一级公安机关对公安机关执行辞退制度的情况有权进行监督。对弄虚作假、挟嫌报复、姑息迁就、说情庇护等违反规定、干扰辞退工作正常进行的主要或者直接责任人员,应当根据情节轻重,依照有关规定处理。

五、辞退与开除的区别

(一)性质不同

作为一种行政行为,辞退不是行政处分。人民警察被辞退的原因,可能是虽具有违法违纪行为但尚未达到被开除的程度,也有可能是其违法违纪行为不是本人主观方面的原因引起的。而开除则是一种最严厉的行政处分,只适用于那些严重违法违纪甚至犯罪、严重侵犯人民群众利益、损害公安机关声誉、屡教不改的人民警察。

(二)法律后果不同

尽管辞退与开除都是终止与公安机关的职务关系,但被辞退者可根据国家有关规定享受待业保险或领取辞退费,而被开除者则不能享受上述待遇。

第六节　人民警察的辞职和退休

一、人民警察的辞职

(一)辞职的含义

公安机关人民警察的辞职是指公安机关人民警察根据本人意愿,依照法律规定,辞去担任的工作职务,解除其与公安机关任用关系的行为。公安机关人民警察的辞职包括两层含义:一是担任领导职务的人民警察辞去所担任的领导职务,但继续保留人民警察身份。辞去领导职务包括因公辞职、自愿辞职、引咎辞职和责令辞职四种重要形式。二是人民警察依法辞去所担任的公安机关的职务,包括领导职务和非领导职务,即解除与公安机关的全部关系。

(二)辞职的程序和条件

根据《公务员法》第85、86条的规定,公安机关人民警察辞去公职,应当向任免机关提出书面申请。任免机关应当自接到申请之日起30日内予以审批,其中对领导成员辞去公职的申请,应当自接到申请之日起90日内予以审批。但有下列情形之一的,不得辞去公职:(1)未满国家规定的最低服务年限的;(2)在涉及国家秘密等特殊职位任职或者离开上述职位不满国家规定的脱密期限的;(3)重要公务尚未处理完毕,且须由本人继续处理的;(4)正在接受审计、纪律审查、监察调查,或者涉嫌犯罪,司法程序尚未终结的;(5)法律、行政法规规定的其他不得辞去公职的情形。

公安机关人民警察在辞职审批期间不得擅自离职,否则给予开除处分,并不准重新录用到公安机关工作。辞职审批时间超过30日,任免机关未予批复的,视为同意辞职,任免机关应办理辞职手续。公安机关人民警察的辞职申请被批准后,应在一定时间内办理完公务交接手续,以保证公安机关工作的连续性。

（三）辞职的结果

公安机关人民警察如果仅辞去领导职务，仍保留人民警察身份，则享有人民警察的权利并须履行相关义务。如果辞去人民警察身份，脱离了公安机关，则不再享有人民警察的权利且无须履行相关义务。辞职者有权利在规定的范围内重新就业，并有权利要求公安机关负责办理好各种有关身份、职务等级、工资待遇、工作年限等证明手续，以作为重新就业时确定各种待遇的参考。

《公务员法》第 107 条规定："公务员辞去公职或者退休的，原系领导成员、县处级以上领导职务的公务员在离职三年内，其他公务员在离职两年内，不得到与原工作业务直接相关的企业或者其他营利性组织任职，不得从事与原工作业务直接相关的营利性活动。公务员辞去公职或者退休后有违反前款规定行为的，由其原所在机关的同级公务员主管部门责令限期改正；逾期不改正的，由县级以上市场监管部门没收该人员从业期间的违法所得，责令接收单位将该人员予以清退，并根据情节轻重，对接收单位处以被处罚人员违法所得一倍以上五倍以下的罚款。"公安机关人民警察辞职后，遇到上述情形的，也应照此办理。

二、人民警察的退休

（一）退休的含义

公安机关人民警察的退休是指公安机关人民警察在工作达到一定年限和规定的年龄或丧失工作能力，按规定退出工作岗位的行为。

（二）退休的方式与条件

根据《公安机关组织管理条例》第 39 条规定，公安机关人民警察达到国家规定的退休年龄或者完全丧失工作能力的，应当退休。公安机关人民警察符合国家规定的提前退休条件的，本人自愿提出申请，经任免机关批准，可以提前退休。

根据《公务员法》第 93 条的规定，符合下列条件之一的，可以提前退休：(1) 工作年限满 30 年的；(2) 距国家规定的退休年龄不足 5 年，且工作年限满 20 年的；(3) 符合国家规定的可以提前退休的其他情形的。

（三）退休后的待遇

根据《公务员法》和《公安机关组织管理条例》等的规定，公安机关人民警察退休后，享受国家公务员享有的政治待遇和国家规定的退休金以及其他福利待遇。

第七节 人民警察的职务和警衔

一、人民警察的职务

（一）人民警察职务的构成

我国公安机关人民警察自 20 世纪 90 年代纳入公务员范围之后，便依据《国家公务员暂行条例》(已失效）的规定，按照职位分类为主，兼顾品位分类的特点进行分类管理。2006 年国务院颁布《公安机关组织管理条例》，明确了公安机关人事分类管理的新理念，实行不同于一般公务员的人民警察管理制度，建立警官、警员职务和警务技术职务序列，并以此为基础实行公安机关人事分类管理制度。根据《公安机关组织管理条例》第 7 条第 1 款，县级以上地方人民政府公安机关和公安分局内设机构分为综合管理机构和执法勤务机构。综合管理机构主要包括办公室、政治工作部门、督察部门、装备财务管理部门等。执法勤务机构是指公安机关中主要承担执法执勤工作的部门，主要包括国保、治安、防暴、刑侦、经侦、禁毒、交管、监管等部门。建立公安机关人民警察分类管理制度，一项重要内容就是对工作在综合管理机构和执法勤务机构的公安机关人民警察实行有所区别的管理。例如，公安机关及其内设综合管理机构的公安机关人民警察职务设置与称谓与其他公务员基本一致，而公安机关及其内设机构和派出机关的执法勤务机构的公安机关人民警察其职务设置和称谓与一般公务员明显不同。

2008 年国务院办公厅印发了《关于规范公安机关人民警察职务序列的意见》，2009 年人力资源和社会保障部、公安部、国家公务员局印发了《公安机关执法勤务机构人民警察警员职务套改方案》，以贯彻实施《公安机关组织管理条例》确定的公安机关人民警察分类管理制度，实践中取得了明显的效果，特别是公安机关人民警察的积极性有所提高。2015 年 2 月由中央审议通过的《关于全面深化公安改革若干重大问题的框架意见》，把建立公安机关人民警察分类管理制度作为公安改革的重要内容之一。2018 年 3 月 28 日，中央全面深化改革委员会第一次会议审议通过了《公安机关执法勤务警员职务序列改革方案（试行）》和《公安机关警务技术职务序列改革方案（试行）》。根据会议精神将在试点基础上全面推开公安机关执法勤务警员和警务技术职务序列改革，要求根据公安机关性质任务和人民警察职业特点，尊重警务技术人才成长发展规律，完善公安机关执法勤务警员职务序列，建立警务技术职务序列，拓展人民警察职业发展空间。

1. 警官职务序列

公安机关履行警务指挥职责的人民警察实行警官职务序列。公安机关领导成员和内设综合管理机构警官职务由高至低为：省部级正职、省部级副职、厅局级正职、厅局级副职、县处级正职、县处级副职、乡科级正职、乡科级副职。公安机关内设执法勤务机构警官职务由高至低为：总队长、副总队长、支队长、副支队长、大队长、副大队长、中队长、副中队长。县级以上地方人民政府公安机关派出机构、内设执法勤务机构和不设区的市、县、自治县公安局根据工作需要，可以设置主管政治工作的政治委员、教导员、指导员等警官职务。

2. 警员职务序列

公安机关履行警务执行职责的人民警察实行警员职务序列。公安机关及其内设综合管理机构警员职务由高至低为：一级巡视员、二级巡视员、一级调研员、二级调研员、三级调研员、四级调研员、一级主任科员、二级主任科员、三级主任科员、四级主任科员、一级科员、二级科员。公安机关内设执法勤务机构警员职务由高至低为：一级警务专员、二级警务专员、一级高级警长、二级高级警长、三级高级警长、四级高级警长、一级警长、二级警长、三级警长、四级警长、一级警员、二级警员。

3. 警务技术职务序列

公安机关从事警务技术工作的人民警察实行警务技术职务序列。警务技术职务由高至低为：一级总监、二级总监、一级主任、二级主任、三级主任、四级主任、一级主管、二级主管、三级主管、四级主管、技术员。

图 10-1 为人民警察执法勤务职级、警务技术职务与公务员职级对照图：

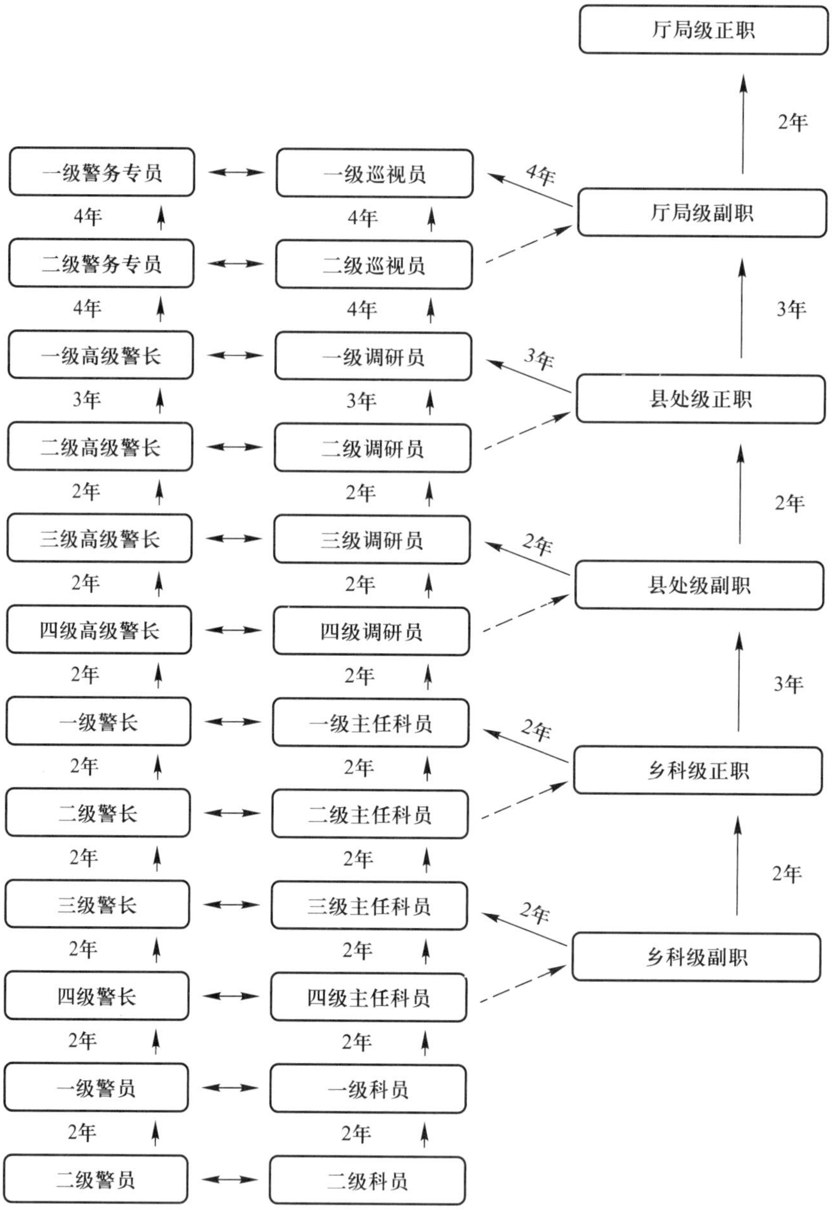

图 10-1 人民警察执法勤务职级、警务技术职务与公务员职级对照图

（二）人民警察职务的任免

县级以上地方人民政府公安机关正职领导职务的提名，应当事先征得上一级公安机关的同意。县级以上地方人民政府公安机关副职领导职务的任免，应当事先征求上一级公安机关的意见。公安机关内设机构警官职务、警员职务的任免，由本公安机关按照干部管理权限决定或者报批。公安分局领导成员职务以及公安派出所警官职务、警员职务的任免，由派

出公安分局、公安派出所的公安机关决定。

《人民警察法》第28条规定，担任人民警察领导职务的人员，应当具备下列条件：(1)具有法律专业知识；(2)具有政法工作经验和一定的组织管理、指挥能力；(3)具有大学专科以上学历；(4)经人民警察院校培训，考试合格。

根据2019年3月修订后的《党政领导干部选拔任用工作条例》第8条规定，提拔担任党政领导职务的，应当具备下列基本资格：(1)提任县处级领导职务的，应当具有5年以上工龄和2年以上基层工作经历。(2)提任县处级以上领导职务的，一般应当具有在下一级两个以上职位任职的经历。(3)提任县处级以上领导职务，由副职提任正职的，应当在副职岗位工作2年以上；由下级正职提任上级副职的，应当在下级正职岗位工作3年以上。(4)一般应当具有大学专科以上文化程度，其中厅局级以上领导干部一般应当具有大学本科以上文化程度。(5)应当经过党校（行政学院）、干部学院或者组织（人事）部门认可的其他培训机构的培训，培训时间应当达到干部教育培训的有关规定要求。确因特殊情况在提任前未达到培训要求的，应当在提任后一年内完成培训。(6)具有正常履行职责的身体条件。(7)符合有关法律规定的资格要求。提任党的领导职务的，还应当符合《中国共产党章程》等规定的党龄要求。

职级公务员担任领导职务，按照有关规定执行。公安机关人民警察提拔担任党政领导职务适用上述规定。

二、人民警察的警衔

警衔是区分人民警察等级、表明人民警察身份的称号，标志着国家给予人民警察的荣誉。1992年7月1日，第七届全国人大常委会第二十六次会议通过并公布了《人民警察警衔条例》(2009年修正)。1992年9月，国务院批转公安部《评定授予人民警察警衔实施办法》，发布了《人民警察警衔标志式样和佩带办法》(2000年修订)。

（一）实行警衔制度的意义

人民警察实行警衔制度，是适应人民警察性质和任务的要求、加强人民警察队伍建设的一项重大举措，也是促进人民警察队伍管理法律化、制度化、职业化和规范化的有力措施，对于提高人民警察的政治、业务素质，充分发挥人民警察的职能作用，促进保障国家安全和社会稳定，具有十分重要的现实意义和历史意义。

1. 实行警衔制度是改革和完善人民警察管理制度的重大措施

人民警察是武装性质的国家治安行政力量和刑事执法力量，是人民民主专政的重要工具之一，担负着维护国家安全、维护社会治安秩序、保护公民合法权益、预防和惩治违法犯罪活动的繁重任务。因此，人民警察队伍要有高度的组织纪律性，能够统一指挥、快速反应、整体作战。必须采用与一般行政部门公务员不同的管理制度和职务标志。采用警衔等管理制度，能较好地体现人民警察的武装性质和纪律部队特点，有利于这支队伍的建设和警务工作的开展。实行警衔制度是适应人民警察性质、任务和特点，在队伍管理上的一项重大改革措施，是完善人民警察队伍管理制度的需要。

2. 实行警衔制度有利于促进人民警察队伍的正规化建设

人民警察的性质、任务决定了这支队伍必须按照正规化建设的要求，严格教育、严格管理、严格训练、严格纪律，用正规化确保这支队伍更好地履行自己的使命和职责。但是多年来我国没有实行统一的人民警察体制，人民警察的职务等级、管理机制与其他政府部门差异不大，妨碍了人民警察队伍整体作用的发挥。通过实行警衔制度，加强了各级人民警察机关系统领导和管理的力度，推动了人民警察队伍管理制度的改革和完善，大大促进了人民警察队伍的正规化建设。

3. 实行警衔制度有利于人民警察队伍的集中统一指挥和应急处突

人民警察时刻处在同敌对分子和各种犯罪分子作斗争的最前线，工作涉及社会生活的各个方面，昼夜执勤备勤，随时准备处置各种突发事件，必须保持及时有力的指挥、高效运行，坚决服从命令，听从指挥。过去由于没有实行警衔制度，没有警衔等级标志，人民警察在执行公务特别是在处置暴力犯罪、闹市骚扰、火车颠覆、民航空难、森林大火、洪涝灾害等各种突发事件和灾害事故中，容易出现领导不统一，指挥不顺畅，甚至各自为战的状态。实行警衔制度后，人民警察有明显的表明身份和等级的标志，尤其是在多部门、多警种参与、隶属不清的特殊情况下，可以按照警衔发挥统一指挥、协同作战的作用。

4. 实行警衔制度有利于增强人民警察的责任感、荣誉感

警衔是党和国家给予人民警察的荣誉，是人民警察地位、荣誉和身份的象征。实行警衔制度能够激励人民警察的积极性和献身精神，增强责任心和组织纪律性，约束人民警察严格要求自己，规范自己的言行，为人民群众作出表率和示范。同时，人民警察佩戴的警衔标志，也便于人民群众进行监督，从而增强人民警察的组织纪律观念，改善警容风纪，进一步密切警民关系。

5. 实行警衔制度是适应我国对外开放的需要，有利于同其他国家警察的交往和合作

综观世界各国，普遍实行不同形式的警衔制度。我国实行改革开放政策以来，与国外的全面合作与交流日益扩大，警务合作与交流已成为我国对外合作的重要组成部分，在警察管理等方面也需要采用国际上一些通用的做法和制度。在建设中国特色社会主义的新的历史时期，我国人民警察在队伍管理上实行各国警察通行的警衔制度，有利于树立我国人民警察的良好形象，也便于与世界各国警察进行业务交流与合作。

（二）警衔的授予范围、等级设置、授予标准

1. 警衔的授予范围

评定授予警衔的人员必须是属于人民警察建制的在编在职的人民警察，包括：(1) 公安机关（含设在铁道、交通、民航、林业、海关部门的公安机构）的人民警察；(2) 国家安全机关和监狱机关的人民警察；(3) 人民法院、人民检察院的司法警察；(4) 警察专业技术单位、院校、报社、医院中担任人民警察职务的人员。

2. 警衔的等级设置

警衔等级的设置是警衔制度的核心。我国人民警察的警衔设五等十三级：(1) 总警监、副总警监；(2) 警监：一级、二级、三级；(3) 警督：一级、二级、三级；(4) 警司：一级、二级、三级；(5) 警员：一级、二级。其中警监以上的是高级警官，警督是中级警官，警司、警员是初级警官。

3. 警衔的授予标准

《人民警察警衔条例》第 8 条规定，担任行政职务的人民警察实行下列职务等级编制警衔：(1) 部级正职：总警监；(2) 部级副职：副总警监；(3) 厅（局）级正职：一级警监至二级警监；(4) 厅（局）级副职：二级警监至三级警监；(5) 处（局）级正职：三级警监至二级警督；(6) 处（局）级副职：一级警督至三级警督；(7) 科（局）级正职：一级警督至一级警司；(8) 科（局）

级副职：二级警督至二级警司；(9)科员(警长)职：三级警督至三级警司；(10)办事员(警员)职：一级警司至二级警员。

《人民警察警衔条例》第 9 条规定，担任专业技术职务的人民警察实行下列职务等级编制警衔：(1)高级专业技术职务：一级警监至二级警督；(2)中级专业技术职务：一级警督至二级警司；(3)初级专业技术职务：三级警督至一级警员。

图 10-2 为警衔与公务员行政级别对比图：

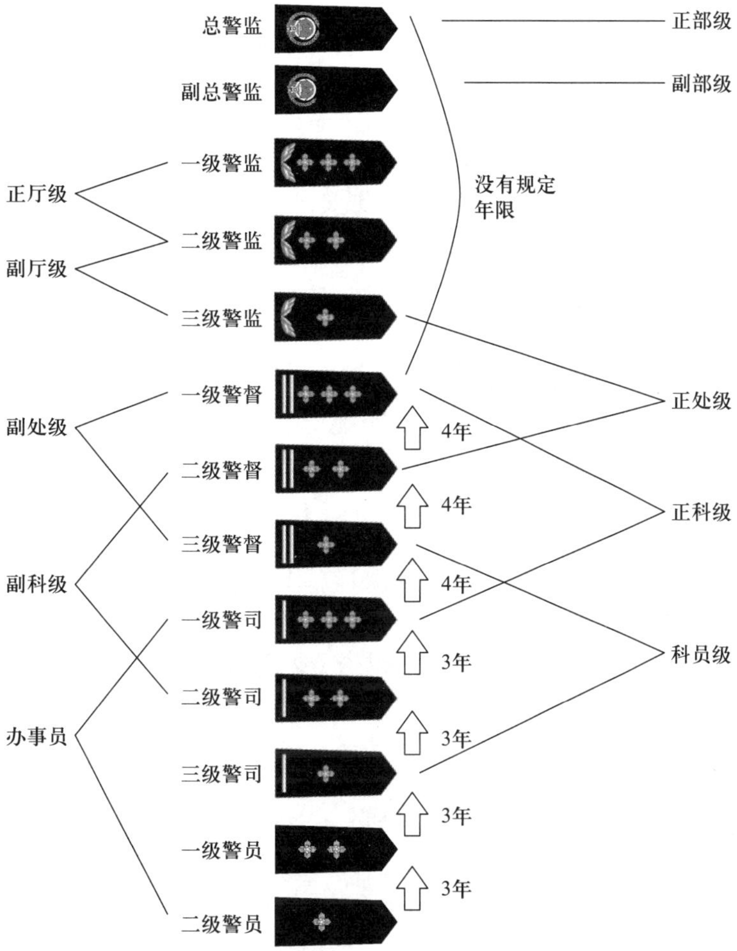

图 10-2　警衔与公务员行政级别对比图

（三）警衔的首次授予、晋升、保留、降级、取消

1. 首次授予警衔

人民警察警衔按照人民警察职务等级编制警衔授予。授予人民警察警衔，以人民警察现任职务、德才表现、担任现职时间和工作年限为依据。从学校毕业和从社会上招考录用担任人民警察的，或者从其他部门调任人民警察的，根据确定的职务，授予相应的警衔。首次授予人民警察警衔，按照下列规定的权限予以批准：(1)总警监、副总警监、一级警监、二级警监由国务院总理批准授予；(2)三级警监、警督由公安部部长批准授予；(3)警司由省、自治区、直辖市

公安厅(局)厅(局)长批准授予;(4)警员由省、自治区、直辖市公安厅(局)政治部主任批准授予。

公安部机关及其直属机构的警司、警员由公安部政治部主任批准授予。

2. 警衔的晋级

二级警督以下的人民警察,在其职务等级编制警衔幅度内,根据《人民警察警衔条例》第14条规定的期限和条件晋级。

晋级的期限为:二级警员至一级警司,每晋升一级为三年;一级警司至一级警督,每晋升一级为四年。在职的人民警察在院校培训的时间,计算在警衔晋级的期限内。

晋级的条件包括:(1)执行国家的法律、法规和政策,遵纪守法;(2)胜任本职工作;(3)联系群众,廉洁奉公,作风正派。

晋级期限届满,经考核具备晋级条件的,应当逐级晋升;不具备晋级条件的,应当延期晋升。在工作中有突出功绩的,可以提前晋升。

一级警督以上的人民警察的警衔晋级,在职务等级编制警衔幅度内,根据其德才表现和工作实绩实行选升。人民警察由于职务提升,其警衔低于新任职务等级编制警衔的最低警衔的,应当晋升至新任职务等级编制警衔的最低警衔。警司晋升警督,警督晋升警监,经相应的人民警察院校培训合格后,方可晋升。人民警察警衔晋级的批准权限与首次授衔警衔权限相同。警司、警员提前晋升的,由公安部政治部主任批准。

3. 警衔的保留

人民警察离休、退休的,其警衔予以保留,但不得佩戴标志。人民警察调离警察工作岗位或者辞职、退职的,其警衔不予保留。

4. 警衔的降级

人民警察因不胜任现任职务被调任下级职务,其警衔高于新任职务等级编制警衔的最高警衔的,应当调整至新任职务等级编制警衔的最高警衔。调整警衔的批准权限与原警衔的批准权限相同。人民警察违反警纪的,可以给予警衔降级的处分。警衔降级的批准权限与原警衔的批准权限相同。人民警察受警衔降级处分后,其警衔晋级的期限按照降级后的警衔等级重新计算。人民警察警衔降级不适用于二级警员。

5. 警衔的取消

人民警察被开除公职的,其警衔相应取消。人民警察犯罪,被依法判处剥夺政治权利或者有期徒刑以上刑罚的,其警衔相应取消。离休、退休的人民警察犯罪的,被依法判处剥夺政治权利或者有期徒刑以上刑罚的,其警衔相应取消。

第八节 人民警察的生活保障

人民警察的生活保障,也称福利待遇保障,主要是指国家给予人民警察的工资、福利、医疗、保险、抚恤等物质待遇方面的保障。

生活保障对于人民警察队伍的稳定、个人工作积极性和主动性的发挥具有重要作用。《人民警察法》第40条规定:“人民警察实行国家公务员的工资制度,并享受国家规定的警衔津贴和其他津贴、补贴以及保险福利待遇。”第二十次全国公安会议提出了关心、爱护人民警察的四项制度,即民警年休假和体检制度、因公负伤快速救治制度、因公牺牲抚恤制度和因公伤亡保险制度。中央还决定，按照“高于地方、略低于军队”的原则，确定符合我国国情的、体现人民警察职业特点的工资待遇，并根据国家经济和社会发展水平，不断提高人民警察的岗位津贴和警衔津贴。这些有关人民警察生活保障方面的规定充分体现了“从严治警、从优待警”的原则精神，体现了党和国家对人民警察政治上、工作上、生活上的关心和爱护。广大人民警察特别是基层一线的人民警察长期战斗在维护社会稳定、打击犯罪的最前沿，时刻面临着流血和牺牲的严峻考验，他们理应得到社会的尊重，得到各级党委、政府的关怀，这不仅是稳定队伍、提高战斗力、履行职责的需要，也是切实保护人民警察的正当执法权益，保障人民警察基本生活权利的法律要求。2015 年 2 月中央审议通过了《关于全面深化公安改革若干重大问题的框架意见》，提出完善人民警察职业保障制度，贯彻落实人民警察生活待遇“高于地方、略低于军队”的原则，建立符合职业特点的工资待遇保障体系，完善津补贴等相关政策，向基层一线、艰苦危险等重点岗位倾斜，建立健全人身意外伤害保险等职业风险保障制度等。人民警察的生活保障包括以下内容。

一、工资及津补贴保障

根据人民警察的工作特点和实行公务员制度的要求，人民警察实行国家公务员工资与警衔津贴相结合的工资制度。警衔津贴是按照国家有关规定针对警察职业而设置的一种津贴。警衔津贴按照不同警衔级别设定不同的标准，随着国家经济和社会的不断发展，警衔津贴也在不断提高。

2017 年 6 月 1 日，《人力资源社会保障部、财政部关于执行人民警察法定工作日之外加班补贴有关问题的通知》发布。该通知规定，自 2017 年 1 月 1 日起，人民警察法定工作日之外加班的应当补休；不能补休的，应当给予补助。人民警察法定工作日之外加班补贴由国家统一规定标准调整为实行总量管理。各级人力资源社会保障、财政部门按照月人均 710 元和本级各相关单位的国家政法专项编制内人民警察实有人数，分别核定下达本级公安机关、国家安全机关、监狱、强制隔离戒毒机关和法院、检察院的年度法定工作日之外加班补贴数量。人民警察法定工作日之外加班补贴，依据法定工作日之外加班考勤情况发放，不搞“普惠制”和“平均主义”，向一线实战单位倾斜。法定工作日之外加班补贴应在各系统本级机关的年度总量内统筹调剂使用。法定工作日之外不加班的，不得领取加班补贴。要保障人民警察正常公休权利，每月发放加班补贴的天数一般不超过 6 天。

此外，人力资源社会保障部联合财政部发布的《关于执行人民警察值勤岗位津贴有关问题的通知》规定，从 2016 年 7 月 1 日起调整人民警察值勤岗位津贴政策。人民警察值勤岗位津贴标准调整为：县（市）级公安机关和直辖市公安分局，监所、监狱、强制隔离戒毒所监区（大队）以下单位的人民警察值勤时，值勤岗位津贴标准为一类津贴每人每天 50 元、二类津贴每人每天 40 元。市（地）级公安机关，监所、监狱、强制隔离戒毒机关的人民警察值勤时，值勤岗位津贴标准为一类津贴每人每天 40 元、二类津贴每人每天 30 元。省级及以上公安机关，监所、监狱、强制隔离戒毒管理机关的人民警察值勤时，值勤岗位津贴标准为一类津贴每人每天 30 元、二类津贴每人每天 20 元。国家安全机关人民警察值勤时，执行同级公安机关人民警察的值勤岗位津贴标准。县（市）级法院、检察院的司法警察值勤时，值勤岗位津贴标准为每人每天 40 元；市（地）级法院、检察院的司法警察值勤时，值勤岗位津贴标准为每人每天30元；省级及以上法院、检察院的司法警察值勤时，值勤岗位津贴标准为每人每天20元。承担综合性、监督性和行政决策辅助职能的人民警察执行值勤任务时，执行相应机构层级的二类津贴。

二、保险、福利保障

（一）保险

人民警察实行国家规定的保险制度，主要包括养老保险、人身保险（伤残保险和死亡保险）、疾病保险等，保障其在退休、患病、工伤、生育、失业等情况下获得帮助和补偿。

2013年，财政部、公安部发布了《关于公安民警因公负伤医疗费问题的通知》，要求公安机关人民警察已参加工伤保险的，其因公负伤医疗费用由工伤保险解决，按照工伤保险有关规定报销；未参加工伤保险的，其因公负伤医疗费用先由职工基本医疗保险和公务员医疗补助按规定报销，其余再按照工伤保险规定的医疗待遇项目和标准，由所在单位予以负担。其所在单位负担的医疗费用，由同级财政安排经费予以保障。因紧急抢救因公负伤公安机关人民警察生命所必需，可适当突破工伤保险诊疗和用药目录范围。这进一步明确了公安机关人民警察因公负伤医疗费的解决办法，为有效解决公安机关人民警察因公负伤医疗费问题提供了制度保障，是从优待警政策的又一重大突破。

根据《公安部、财政部关于为全国公安民警办理人身意外伤害保险的通知》的精神，从2015年1月1日起，为全国公安机关人民警察办理人身意外伤害保险，所需经费统一由中央财政承担，广大人民警察伤亡优抚待遇进一步提高。这是继《人民警察抚恤优待办法》出台后，我国公安机关人民警察职业风险保障制度建设取得的又一重大突破。人民警察人身意外伤害保险的保险对象为全国公安机关在职在编的公安机关人民警察。保险期为期一年，期满后以一年为期继续投保。公安机关人民警察被评定为烈士、被确认为因公牺牲和病故、被认定为因公（因战）伤残的，在发放《人民警察抚恤优待办法》等政策规定的各项抚恤和补助基础上，再发放人身意外伤害保险金。其中，烈士20万元，因公牺牲20万元，病故10万元，一级伤残27万元，二级伤残25.5万元，三级伤残24万元，四级伤残22.5万元，五级伤残13.5万元，六级伤残12万元，七级伤残6万元，八级伤残4.5万元，九级伤残3万元，十级伤残1.5万元。

（二）福利

人民警察的福利是国家为了提高人民警察的物质文化生活水平，体现从优待警政策而给予的经济上的补贴和生活上的照顾。福利是一种辅助性的物质待遇，相比工资、津贴而言，更具灵活性。人民警察享有的福利根据其地区、警种和所在单位的不同有所差别。

近年来，全国不断有地方政府出台适用于公安机关人民警察的免费乘坐公交车、地铁和免费参观景区的文件、法规。

三、抚恤优待保障

根据《人民警察法》第41条规定，人民警察因公致残的，同因公致残的现役军人享受同样的抚恤和优待。1996年11月，公安部、民政部印发了《公安机关人民警察抚恤办法》（已失效）。2014年4月30日，民政部、最高人民法院等九部门印发了《人民警察抚恤优待办法》，该办法分总则、死亡抚恤、伤残抚恤和优待、附则共4章42条，对于确保人民警察优抚工作与国家优抚法规政策体系的衔接，提高人民警察优抚保障水平，激励人民警察奉献精神具有重要意义。

（一）抚恤优待的范围和对象

抚恤优待的范围是公安机关（含铁路、交通、民航、森林公安机关和海关缉私部门）、国家安全机关、司法行政机关的人民警察和人民法院、人民检察院的司法警察。

抚恤优待的对象是伤残人民警察、人民警察烈士遗属、因公牺牲人民警察遗属、病故人民警察遗属。

（二）抚恤优待的类别、情形和标准

1. 死亡抚恤

人民警察死亡被评定为烈士、被确认为因公牺牲或者病故的，其遗属享受抚恤。

(1) 人民警察死亡评定为烈士的情形和抚恤标准。人民警察死亡有以下六种情形之一的可评定为烈士：一是在依法查处违法犯罪行为、执行国家安全工作任务、执行反恐怖任务和处置突发事件中牺牲的；二是抢险救灾或者其他为了抢救、保护国家财产、集体财产、公民生命财产牺牲的；三是在执行外交任务或者国家派遣的对外援助、维持国际和平任务中牺牲的；四是在执行武器装备科研试验任务中牺牲的；五是其他牺牲情节特别突出，堪为楷模的；六是人民警察在处置突发事件、执行边海防执勤或者抢险救灾任务中失踪，经法定程序宣告死亡的。

人民警察死亡被评定为烈士的，依照《烈士褒扬条例》的规定发给遗属烈士褒扬金，其标准为烈士牺牲时上一年度全国城镇居民人均可支配收入的30倍。同时，根据其死亡性质和死亡时的月工资标准（基本工资和警衔津贴），发给其遗属一次性抚恤金，标准为上一年度全国城镇居民人均可支配收入的20倍加本人40个月的工资。

(2) 人民警察死亡确认为因公牺牲的情形和抚恤标准。人民警察死亡有以下六种情形之一的可确定为因公牺牲：一是在执行任务或者在上下班途中，由于意外事件死亡的；二是被认定为因战、因公致残后因旧伤复发死亡的；三是因患职业病死亡的；四是在执行任务中或者在工作岗位上因病猝然死亡，或者因医疗事故死亡的；五是其他因公死亡的；六是人民警察在处置突发事件、执行边海防执勤或者执行抢险救灾以外的其他任务中失踪，经法定程序宣告死亡的。

人民警察因公牺牲的，根据其死亡性质和死亡时的月工资标准（基本工资和警衔津贴），发给其遗属一次性抚恤金，标准为上一年度全国城镇居民人均可支配收入的20倍加本人40个月的工资。

(3) 人民警察除患职业病死亡的、在执行任务中或者在工作岗位上因病猝然死亡或者因医疗事故死亡的外，因其他疾病死亡的，确认为病故。人民警察非因执行任务死亡，或者失踪经法定程序宣告死亡的，按照病故对待。

人民警察病故的，根据其死亡性质和死亡时的月工资标准（基本工资和警衔津贴），发给其遗属一次性抚恤金，标准为上一年度全国城镇居民人均可支配收入的2倍加本人40个月的工资。此外，获得荣誉称号和立功（含死亡后追记、追认功勋）的人民警察死亡后，按以下比例增发一次性抚恤金：获得党中央、国务院授予英雄模范荣誉称号的，增发35%；获得中央政法机关及省级党委、政府授予英雄模范荣誉称号的，增发30%；立一等功的，增发25%；立二等功

的，增发15%；立三等功的，增发5%。多次获得荣誉称号或者立功的，按照其中最高等级奖励的增发比例，增发一次性抚恤金。离退休人民警察死亡，增发一次性抚恤金按上述规定执行。对生前作出特殊贡献的因公牺牲、病故的人民警察，除按照《人民警察抚恤优待办法》的规定发给其遗属一次性抚恤金外，政法机关可以按照有关规定发给其遗属一次性特别抚恤金。

2. 伤残抚恤和优待

人民警察伤残，按致残性质分为因战致残和因公致残。伤残的等级，根据劳动功能障碍程度和生活自理障碍程度确定，由重到轻分为一级至十级。伤残等级的具体评定标准，参照《军人残疾等级评定标准》执行。人民警察伤残等级评定程序依照《伤残抚恤管理办法》的有关规定办理。人民警察符合评残条件，并经省级人民政府民政部门审批通过的，由省级人民政府民政部门办理《中华人民共和国伤残人民警察证》。

(1) 伤残人民警察抚恤。伤残人民警察按照伤残等级享受伤残抚恤金，其标准依照《军人抚恤优待条例》的规定执行。伤残人民警察旧伤复发住院治疗期间的伙食补助费、经批准到外地就医的交通食宿费用，已经参加工伤保险的，按照工伤保险有关规定执行；未参加工伤保险的，由所在单位负责解决。伤残人民警察需要配制假肢、轮椅等辅助器械的，已经参加工伤保险的，按照工伤保险有关规定执行；未参加工伤保险的，由其所在单位负责解决。对符合相关规定的一级至四级伤残人民警察按月发给护理费，护理费的标准为：一级、二级伤残的，为上年度当地职工月平均工资的50%；三级、四级伤残的，为上年度当地职工月平均工资的40%。伤残人民警察的护理费，已经参加工伤保险的，按照工伤保险有关规定执行；未参加工伤保险的，由所在单位负责解决。

(2) 伤残人民警察优待。伤残人民警察凭《中华人民共和国伤残人民警察证》优先购票乘坐境内运行的火车、轮船、长途公共汽车以及民航班机，享受减收正常票价50%的优待。凭《中华人民共和国伤残人民警察证》免费乘坐市内公共汽车、电车和轨道交通工具。伤残人民警察本人、烈士子女、因公牺牲人民警察子女、一级至四级伤残人民警察子女按照有关规定享受教育优待。

此外，2018年，公安部、教育部联合发布通知，针对公安英烈子女、公安英模子女、因公牺牲人民警察子女、一级至四级因公伤残人民警察子女，提出了相应的教育优待措施。这些措施在高等教育、普通高中、中等职业教育、义务教育和学前教育方面均有涉及。例如，公安英烈、公安英模、因公牺牲和一级至四级因公伤残人民警察子女在高等教育方面可以保送至公安院校学习深造；在普通高中和中等职业教育方面，可以通过降分录取的方式获得入学资格；在义务教育和学前教育方面也有相应的优待政策。

2020年2月24日，公安部政治部下发了《关于采取切实有效措施进一步做好关爱公安民警辅警工作的通知》，强调要进一步加强对公安民警及辅警的关心关爱工作，要求各级公安机关进一步做好疫情防控期间的民警辅警关怀工作，加强慰问抚恤工作，做好困难民警家庭的照顾帮扶工作。2022年8月，公安部党委下发了《爱警暖警工作意见》，要求从经济困难救济、子女就业保障、民警伤亡抚恤等方面进一步加大爱警暖警工作力度。可见党和国家高度重视对民警家属的优待工作，进一步完善了政策制定，明确了具体而注重实效的关爱措施，使民警家属优待工作进入了全面发展的新阶段。

章后思考题

1. 试述人民警察录用的条件。
2. 试述人民警察录用的程序和原则。
3. 人民警察的训练任务有哪些?
4. 试述人民警察奖励的类别、对象和等级。
5. 试述人民警察惩处的种类、等级和情形。
6. 试述人民警察辞退制度的特点。
7. 人民警察辞退的条件有哪些?
8. 试述人民警察辞退的法律后果。
9. 试述辞退和开除的区别。
10. 试述人民警察警衔授予的范围、等级设置、授予标准。

本章拓展阅读

第十一章　公安机关人民警察的素质和职业道德

第一节　公安机关人民警察的素质

一、人民警察素质的内容

人民警察的素质，是指人民警察应具备的政治思想、业务能力、法律素养、文化水平、心理特征、身体状况等诸方面条件的总和。

“国家安危公安系于一半。”公安机关人民警察不同于一般的国家行政机关工作人员，其在维护国家政权中处于极其重要的地位。因此，人民警察应当拥有强于一般人员的更高的素质。人民警察的素质决定公安工作的成败、公安战斗力的强弱。“向素质要警力”，已经成为公安机关各级领导和广大人民警察的共识。人民警察应当以对党、国家和人民高度负责的责任感和使命感，不断强化自身的素质，不断提高执法为民的能力，做一名合格的人民警察。

（一）政治素质

公安机关是人民民主专政的工具，具有鲜明的政治性，这一特性也体现在人民警察的素质中。政治素质是公安机关人民警察的首要素质。政治素质是指人民警察应具有的政治觉悟、理想信念、道德品质和正确的人生观。人民警察应当具有高度的政治觉悟，自觉接受党的绝对领导，与党中央保持高度一致，自觉抵制资产阶级不良思想的侵蚀；人民警察应当有崇高的共产主义理想和社会主义信念；人民警察应当树立科学的世界观、人生观和价值观；人民警察应当努力学习马克思列宁主义、毛泽东思想、邓小平理论、“三个代表”重要思想、科学发展观和习近平新时代中国特色社会主义思想，自觉增强“四个意识”、坚定“四个自信”、做到“两个维护”；人民警察应当把握执法为民的执法思想和全心全意为人民服务的宗旨；人民警察应当忠于职守、廉洁奉公、严格执法、甘于奉献、顾全大局、先人后己，永葆自身的纯洁性和先进性；人民警察应当立志献身于崇高的公安事业。

（二）业务素质

人民警察的业务素质是指人民警察履行职责、完成各项任务的实际能力，是人民警察所掌握的公安专业知识和专业技能的综合体现。人民警察的业务素质主要体现为岗位专业能力、分析综合能力、应变决断能力、群众工作能力和语言表达能力等。

岗位专业能力，要求人民警察必须能够掌握和应用履行职责、完成任务所必需的专业知识，这是人民警察业务素质的基础。分析综合能力，要求人民警察能够利用马克思主义的理论和方法，通过调查研究，具体问题具体分析，得出事物的根本规律和特征。应变决断能力，要求人民警察在面对突发、紧急情况，能够临危不乱，处变不惊，审时度势，作出正确的判断，最大限度地保护国家、社会和人民的利益。群众工作能力，要求人民警察掌握“三懂四会”

的群众工作本领，一切依靠群众、一切为了群众、从群众中来到群众中去。语言表达能力，要求人民警察具有良好的口头和书面表达能力，既能与执法对象进行良好的沟通又能依法处理各种案件。随着科学技术的发展及其在公安工作中的广泛应用，人民警察要按照“科技强警”的要求，努力提高科学素质和科技应用能力。当前，人民警察应大力提升以大数据为核心的信息技术应用水平和能力。

（三）身体素质

身体素质一般是指人民警察在活动中所表现出来的力量、速度、耐力、灵敏、柔韧等机能。身体素质是一个人体质强弱的外在表现。良好的身体素质是完成各项公安保卫任务、保存自己、克敌制胜的基本保证。为保持良好的身体素质，一方面，人民警察要不断加强身体锻炼，不断提高自身的身体素质；另一方面，国家应当充分保障人民警察的休息权利，不断提高医疗保险和工伤保险的保障力度。随着公安工作任务的日益繁重，公安工作对人民警察的身体素质提出了更高的要求，过硬的身体素质已成为人民警察顺利完成工作的重要保障。

（四）法律素质

法律素质是指人民警察依法履行职责、行使职权所应具备的法律意识、法律知识和执法技能。公安机关是我国的重要执法机关之一，其执法活动包括行政执法和刑事执法，涉及社会生活的方方面面，这就要求人民警察必须熟练掌握并能灵活应用公安执法所涉及的各类法律规范，唯有如此才能保证公安执法活动的顺利开展，才能切实保障广大人民群众的根本利益。此外，公安机关还承担法治宣传的职责，这也要求人民警察必须具有良好的法律素质。党的十五大明确提出依法治国基本方略，党的十八届四中全会专题研究全面推进依法治国的若干重大问题，全会通过了《中共中央关于全面推进依法治国若干重大问题的决定》，这在我们党的历史上也是第一次，标志着我们党把法治建设提高到了前所未有的高度。公安机关人民警察作为国家重要的执法力量，全面提升其法律素质已成为公安队伍建设的重要任务之一。

（五）文化素质

人民警察的文化素质包括两个方面：一是人民警察必须具有一定的文化程度。只有具备一定的文化程度才能确保人民警察能够不断学习新知识和新本领，适应公安工作对人民警察的多方面要求。二是人民警察必须具有一定的文化修养，要讲文明、懂礼貌、注重礼仪。不断提高人民警察的文化素质有利于提高人民警察的战斗力，也有利于提高人民警察的执法公信力和执法权威。各级公安机关应当高度重视人民警察的文化素质，促进人民警察知识的更新、知识结构的完善及文化修养的提高。

（六）心理素质

心理素质是以生理素质为基础，在实践活动中通过主体与客体的相互作用，而逐步发展和形成的心理潜能、能量、特点、品质与行为的综合。心理素质是人民警察在特定职务活动中心理活动的综合体现。公安工作具有高度危险性、复杂性、艰苦性、风险性，不断考验着人民警察的心理素质。各级公安机关应当高度重视人民警察的心理问题，加强入警心理测评，推行工作中的心理危机干预和疏导，不断强化人民警察勇敢、坚定、大胆、果断、顽强、乐于奉献的心理素质。

二、提高公安机关人民警察素质的途径

人民警察的素质虽受自身一定的遗传因素影响,但良好的素质不是天生的,是通过后天教育和实践养成的。通过不断的严格训练,能使人民警察的各方面素质不断提高。

(一)坚持思想政治工作与严格管理两手抓

加强和改进公安思想政治工作方法,改革公安队伍管理方式,是提高队伍思想素质的一个重要方面。应着重从"抓班子、定制度、讲规范、促工作"的思路改革改进公安思想政治工作,不断提高人民警察的思想政治素质。第一,建立具有公安机关和人民警察特点的思想政治工作体系,创新公安机关思想政治工作方式、方法,打牢人民警察的思想基础,提高人民警察献身公安工作的主动性。第二,坚持制度管人,用制度管人、管事,避免管理上的随意性,维护政策的严肃性和连续性,克服领导者某种偏见引起的不合理、不公平现象。第三,改进管理方式,将依法治警与关爱民警、从优待警结合起来。

(二)加强法治学习和执法监督

加强法治学习和执法监督是提高公安机关人民警察法律素质、规范执法行为和提高公安机关执法公信力的重要途径。针对人民警察执法中常用的法律法规,要通过多种形式的学习、宣传、教育活动,开展强化训练,增强人民警察的法治观念和法律意识,自觉严格执法,依法办事。同时,建立健全多种形式的执法监督制度,维护法律的尊严,提高人民警察的执法权威和执法能力。加强执法监督,首先,要进一步完善公安机关内部监督制约机制,开展警务督察,强化经常性执法检查,加强对人民警察办案、办事、办证的监督制约。其次,要主动接受党委纪检部门、政府监察部门、人大、政协、新闻媒体等部门的监督制约,健全社会监督网络。最后,要加强群众监督工作,从社会聘请执法执纪监督员,定期征询群众意见,积极、热情地办理群众来信来访。

(三)不断完善公安教育训练制度

公安机关人民警察教育训练的目的是提高队伍的整体素质和执法水平,增强履行职责的能力,努力打造一支信念坚定、执法为民、敢于担当、清正廉洁的公安队伍。公安机关人民警察教育训练是提高队伍战斗力的根本途径,在队伍建设中居于先导性、基础性和战略性地位。各级公安机关应当加强人民警察教育训练工作科学化、规范化、信息化、实战化建设,向训练要素质、要警力、要战斗力。公安机关人民警察教育训练坚持从公安工作和队伍建设的实际需要出发,坚持为公安中心工作服务,坚持为公安实战服务。各级公安机关应当保证人民警察定期接受教育训练,引导和帮助人民警察自学自练。人民警察应当遵守教育训练规章制度,完成规定的教育训练任务。

(四)多措并举,提高人民警察身体素质

提高人民警察身体素质,一是加强人民警察的体能训练,二是落实人民警察的休假制度,三是提高人民警察待遇,四是建立警察关爱制度,五是建立健全人民警察人身意外伤害保险制度。此外,要把好人民警察的入口关,尤其是基层实战单位招收、调入、转入人员都必须经过严格的体检,进行必要的体能测试。在人员的年龄等方面也应有严格的要求。同时,公安机关应建立区别于其他行政机关的退休制度,在病退和正常退休方面都应体现人民警察的职业特点以保证旺盛的战斗力。

（五）强化日常心理管理，加强警察心理健康教育

首先，要开展警察日常心理管理工作。公安机关各级领导干部要掌握一定的心理学知识，自觉运用心理管理的理论和知识进行人民警察的思想政治管理，提高管理的科学性和针对性。另外，各级公安机关应当建立相关的警察心理健康机构，配备一定的专兼职心理工作人员，开展人民警察的心理咨询，逐步建立完善人民警察心理援助服务工作机制，建立完善人民警察心理健康档案，开展心理健康专题研究工作。其次，各级公安机关应当建立定期的人民警察心理教育辅导工作机制。聘请专业人员定期为人民警察开展心理健康专题讲座，普及心理健康常识，提高人民警察心理健康保健意识和自我调适能力。最后，建立特殊事件后的强制心理调适工作机制。当人民警察在生活、工作中遭受重大心理刺激或创伤后，应当强制进行心理干预和调适，消除人民警察的心理不适和障碍，防止产生不可预测的严重后果。

第二节　公安机关人民警察的职业道德

职业道德是指人们在职业生活中应遵循的基本道德，即一般社会道德在职业生活中的具体体现，是职业品德、职业纪律、专业胜任能力及职业责任等的总称，属于自律范围，它通过公约、守则等对职业生活中的某些方面加以规范。人民警察是国家利益和人民利益的维护者，人民警察的职业道德体现出极强的职业特殊性。

一、人民警察职业道德的含义

人民警察的职业道德是指人民警察在依法履行职务活动中所遵循的道德原则和道德规范。公安机关人民警察的职业道德既表现出职业道德的共性，又有从事警察职业的特殊性要求。其共性体现在作为普通公民所应遵守的社会主义基本道德规范和为人民服务的道德观，如爱国守法、明礼诚信、团结友善、勤俭自强、敬业奉献等；其特殊性体现在作为人民警察所必需的忠诚、公正、清廉、文明、团结、奉献的道德要求，而鲜明的阶级性、广泛的人民性和行为的表率性，是人民警察职业道德的三个最显著的特征。

人民警察的职业道德是根据社会主义道德的基本原则、传统的社会公德及其自身的职业规范建立起来的。它从属于社会主义道德规范，是社会主义道德的普遍原则在人民警察职业活动中的具体体现。人民警察的职业道德强调忠诚、服务、公正、奉献、廉洁、协作，突出了人民警察职业道德的政治性要求，体现了高于一般社会公德和职业道德的要求。

二、人民警察职业道德规范的内容及其含义

（一）人民警察职业道德的发展历程

公安机关历来高度重视人民警察职业道德建设。1953 年，我国第一任公安部部长罗瑞卿对公安人员提出了三个要求，即政治可靠、搞掉反革命、作风正派。1957 年通过的《人民警察条例》（已失效）以及 1958 年第九次全国公安工作会议通过的《公安人员八大纪律十项注意》也蕴涵了不少人民警察职业道德的内容。

党的十一届三中全会以后，中央政法委制定了《公安人员守则》，进一步规范人民警察

的职业道德。但是真正意义上的人民警察职业道德规范的形成以1994年公安部颁布实施《公安机关人民警察职业道德规范》为标志,其具体内容为:

(1) 对党忠诚:坚定信念,听党指挥,维护宪法,忠于祖国。

(2) 服务人民:热爱人民,甘当公仆,爱憎分明,除害安良。

(3) 秉公执法:不徇私情,不畏权势,严禁逼供,不枉不纵。

(4) 清正廉明:艰苦奋斗,克己奉公,防腐拒贿,不沾不染。

(5) 团结协作:顾全大局,通力协作,相互尊重,相互支持。

(6) 勇于献身:忠于职守,业精技强,机智勇敢,不怕牺牲。

(7) 严守纪律:服从领导,听从命令,遵守制度,保守机密。

(8) 文明执勤:谦虚谨慎,不耍特权,礼貌待人,警容严整。

为进一步加强公安机关人民警察职业道德建设,提高广大人民警察的职业素质,公安部于2011年9月印发了新的《公安机关人民警察职业道德规范》,是对1994年版的修订与完善。新道德规范既继承和发扬了公安机关的优良传统,又彰显了鲜明的时代特色,其内容包含了警察这个职业所应具备的政治要求、职业品质、纪律作风三大方面。新道德规范的主要内容是:

(1) 忠诚可靠:听党指挥,热爱人民,忠于法律。

(2) 秉公执法:事实为据,秉持公正,惩恶扬善。

(3) 英勇善战:坚韧不拔,机智果敢,崇尚荣誉。

(4) 热诚服务:情系民生,服务社会,热情周到。

(5) 文明理性:理性平和,文明礼貌,诚信友善。

(6) 严守纪律:遵章守纪,保守秘密,令行禁止。

(7) 爱岗敬业:恪尽职守,勤学善思,精益求精。

(8) 甘于奉献:任劳任怨,顾全大局,献身使命。

(9) 清正廉洁:艰苦朴素,情趣健康,克己奉公。

(10) 团结协作:精诚合作,勇于担当,积极向上。

(二) 2011年印发的《公安机关人民警察职业道德规范》的主要内容

1. 忠诚可靠

忠诚可靠是人民警察最基本的政治道德规范。"听党指挥",就是对党忠诚,要坚定共产主义信念,坚持党的绝对领导,在行动上和思想上与党中央保持高度一致;"热爱人民",就是对人民忠诚,公安工作的出发点和归宿点都是为了人民,全心全意为人民服务是公安工作的宗旨;"忠于法律"就是对法律忠诚,人民警察的一切活动必须置于法律的框架之下,受法律制约和监督,不存在超越法律的权力。

2. 秉公执法

秉公执法是人民警察职业道德规范中具有全局意义的基本道德规范,其包括以事实为据、秉持公正、惩恶扬善。秉公执法即公正地执行法律,要求人民警察执法要以事实为依据,以法律为准绳,做到有法可依、有法必依、执法必严、违法必究,自觉维护法律的严肃性。秉公执法是人民群众对公安机关的根本要求,只有秉公执法,才能赢得公众的信任,提高公安机关诚信度。

3. 英勇善战

英勇善战是对人民警察的具体要求，体现的是人民警察在工作中面对困难迎难而上、克服障碍的能力和决心。英勇善战包括坚韧不拔、机智果敢、崇尚荣誉。“坚韧不拔”要求人民警察具有顽强的意志力和战斗力；“机智果敢”要求人民警察在执法中，面对突发、紧急状况能够临危不乱，讲究策略，冷静处理各类情况；“崇尚荣誉”要求人民警察在重视和维护个人荣誉的同时，更加珍惜集体荣誉，以此作为工作的动力。

4. 热诚服务

热诚服务要求人民警察将服务理念融入执法工作中去，这也是公安机关宗旨的必然要求，它包括情系民生、服务社会、热情周到。“情系民生”就是要求人民警察在执法中要践行民意导向警务，响应群众的呼声，回馈群众的诉求，恤民情、察民意、解民忧；“服务社会”就是要求人民警察不管是在执法中还是在日常的管理工作中都要体现服务的理念，做到权为民所用，利为民所谋；“热情周到”要求人民警察在工作中对群众要彬彬有礼，想群众之所想，急群众之所急，做到文明执法，树立人民警察的良好形象。

5. 文明理性

文明理性要求人民警察执法中谦虚谨慎、不耍特权、礼貌待人、警容严整，要重调查研究，客观分析案情，保证执法工作合理、合法。文明理性，包括理性平和、文明礼貌、诚信友善。“理性平和”就是以理智的心态揭露事物的本质，以平和的心态对待群众的诉求；“文明礼貌”就是要求人民警察待人接物要有修养；“诚信友善”就是要守信用，待人和善。

6. 严守纪律

人民警察是一支纪律部队，严明的纪律性是其重要的特征之一。严守纪律，包括遵章守纪、保守秘密、令行禁止。“遵章守纪”就是要人民警察遵守公安机关制定的各项规章和纪律要求，并将其作为自己的行为准则；“保守秘密”是人民警察纪律中最为重要的内容之一，人民警察要做到不该看的不看、不该问的不问、不该说的不说，切实保守各种秘密；“令行禁止”就是要求人民警察一切行动听指挥。

7. 爱岗敬业

爱岗就是人民警察热爱自己的工作岗位，热爱本职工作；敬业是指人民警察要用一种恭敬严肃的态度对待自己的工作。爱岗敬业不仅是人民警察的职业道德，更是最基本的社会主义职业道德规范，是对人们工作态度的一种普遍要求。爱岗敬业，包括恪尽职守、勤学善思、精益求精。人民警察爱岗敬业就是要认真对待公安工作，对自己的工作负责到底，无论在任何时候，都恪守自己的岗位职责，在自己的岗位上勤奋有加。

8. 甘于奉献

甘于奉献特别能体现人民警察的职业道德，反映的是人民警察在工作中尽职尽责、兢兢业业、不求回报，紧要关头无畏艰险、不怕牺牲，甘愿为公安事业奉献终身的精神。甘于奉献包括任劳任怨、顾全大局、献身使命。“任劳任怨”不仅是一种工作态度，更是一种人生态度，是一种无私为公的高尚品德；“顾全大局”是人民警察集体主义精神的体现；“献身使命”是一种牺牲精神，一种随时准备为崇高的公安事业献身的精神。

9. 清正廉洁

清正廉洁是良好形象，体现着人民警察的先进性和纯洁性；清正廉洁是基本标准，衡量着人民警察的轻重高低;清正廉洁是重要目标,指引着人民警察的执法能力建设方向。人民警察清正廉洁就是要以国家利益为重,保持勤俭、朴素、清白、公正、廉洁、自律的本色,做一个艰苦朴素、情趣健康、克己奉公的人民好卫士。

10. 团结协作

团结协作强调统一指挥、整体作战。公安工作中要加强警民之间的协作,公安机关与其他国家机关之间的协作,上下级公安机关之间的协作,不同地区公安机关之间的协作,不同警种之间的协作。团结协作包括精诚合作、勇于担当、积极向上。

第三节 公安机关人民警察核心价值观

价值观是基于人的一定的思维感官而作出的认知、理解、判断或抉择,也就是人认定事物、辩定是非的一种思维或取向,从而体现出人、事、物一定的价值或作用;在阶级社会中,不同阶级有不同的价值观。价值观具有稳定性、持久性、历史性、选择性、主观性的特点。

一、人民警察核心价值观的含义

人民警察核心价值观,是指公安机关及其人民警察在长期的警务活动和社会交往过程中形成和发展起来的,具有公安职业特色的处于核心地位的共同意识。它是新时代锻造"公安铁军"的理论要求,也是社会主义核心价值观在公安队伍建设过程中的具体实践,是对时代进步和社会发展的积极回应,是人民警察共同的价值取向和行为方式,是公安队伍建设的基点和灵魂。人民警察核心价值观具有强有力的稳定性。其主要内容涉及忠诚可靠、服务人民、公正执法、清正廉洁等方面。根据《人民警察法》第 3 条和第 4 条规定,人民警察应当全心全意为人民服务,忠于职守,清正廉洁,纪律严明,服从命令,严格执法,这是人民警察核心价值观的法律依据和来源。2019 年召开的新时代全国公安工作会议上,习近平总书记指出,在实践中,我们深化对公安工作的规律性认识,积累了许多宝贵经验,必须总结好、运用好成功经验,确保公安工作坚定正确政治方向,坚持改革创新,坚持全面从严管党治警,按照对党忠诚、服务人民、执法公正、纪律严明的总要求,锻造一支让党中央放心、人民群众满意的高素质过硬公安队伍。习近平总书记的讲话也是对公安机关人民警察核心价值观的高度概括和总结。

二、人民警察核心价值观的内容

人民警察核心价值观的主要内容概括来讲就是:忠诚、为民、公正、廉洁。

(一) 忠诚

忠诚,是指人民警察要时刻保持忠于祖国、忠于党、忠于人民的政治本色。

忠诚作为人民警察价值观的最高指导原则,是人民警察核心价值观的灵魂所在,也是每一位人民警察心目中最重要的精神核心和道德标准。忠诚是人民警察队伍不断发展壮大的精神基石,是公安机关人民警察自身价值的一个重要体现。回顾公安机关的发展历史,正是由于一代代人民警察的忠诚付出,才使公安机关在成立之后,仍能够在历史的数次波折中顽强地生存下来,并且愈挫愈强,逐渐成长为今天这支党领导下的政治过硬、素质一流、立场坚定的坚强队伍。人民警察作为一个群体强调忠诚，是因为忠诚是一个人、一个组织乃至一个民族最重要的精神品质，不仅是个人获得成功的必要信念，还是组织发展、民族存亡的关键保证。2019 年召开的新时代全国公安工作会议上，习近平总书记强调，要从政治上建设和掌握公安机关，引导全警增强“四个意识”、坚定“四个自信”、做到“两个维护”，始终在思想上政治上行动上同党中央保持高度一致，这是新时代公安机关人民警察忠诚的具体体现和要求。

（二）为民

为民，是指人民警察要时刻贯彻全心全意为人民服务的基本宗旨。

“民惟邦本，本固邦宁”①。从历史的角度来看，国家发展的核心和主导者是人民群众，最具有力量的也是人民群众。人民群众的共同意志就是这个时代的最高价值。关注人民所想、人民所需，是每个人民政府工作人员应尽的基本义务，更是公安机关人民警察作为人民民主专政的坚定维护者应当秉承的宗旨。公安工作中人民警察只有坚持其根本路线，以维护人民利益为出发点和落脚点，实现立警为公、执法为民的目标，才能够实现人民警察作为一支革命队伍的组织价值。在关注民生、构建和谐社会的时代主题下，充分保障人民的尊严和自由，充分满足人民的需要，充分实现人民的发展价值是保持社会和谐、全面建设小康社会的最高要求，作为人民警察，必须充分重视人民利益，实现执法为民的政治要求。

在 2019 年召开的新时代全国公安工作会议上，习近平总书记指出，公安机关要积极预防、妥善化解各类社会矛盾，确保社会既充满生机活力又保持安定有序。要处理好维稳和维权的关系，既要解决合理合法诉求、维护群众利益，也要引导群众依法表达诉求、维护社会秩序。要推出更多更高质量的服务举措，着力解决好群众办事难、办事慢、来回跑、不方便等突出问题，让人民群众有更多更直接更实在的获得感。

（三）公正

公正，是指人民警察要以立公无私之心，在执法工作中公明大义、正气凛然，以实际行动维护社会价值和法制基础。

公正无私自古以来就是司法体制的终极追求，“法律面前，人人平等”，彰显着社会正义，在当前条件下，天然地被大多数人所追求。人民警察作为代表人民利益的执法者，在执法活动中其行为是否符合社会正义，是否符合人民利益，是否保障法律程序，是否处处体现公益，是判断其社会价值的基本准则，也是警务工作是否合格的重要考核标准。践行公平正义，追求社会公理，切实维护社会公道，做人民的守护神，应当成为人民警察群体的重要价值追求，也是中国共产党对公安机关工作的一项基本要求。

2019 年召开的新时代全国公安工作会议上，习近平总书记强调，公平正义是执法司法工作的生命线。要抓住关键环节，完善执法权力运行机制和管理监督制约体系，努力让人民群众在每一起案件办理、每一件事情处理中都能感受到公平正义。要严格规范公正文明执法，把打击犯罪同保障人权、追求效率同实现公正、执法目的同执法形式有机统一起来，努力实现最佳的法律效果、政治效果、社会效果。

（四）廉洁

廉洁，是指人民警察在执法过程中要保持公正立场，践行社会公义和程序正义，不受个

---

① 《尚书·五子之歌》。

人及局部利益诱惑和影响。

廉洁自古以来就是公权力健康和稳定的基础保障,人民警察除了作为国家公务人员,同样是千万大众中普通的一员,自然会受到利益的诱惑和影响。但是人民警察在工作过程中,要将人民利益和法律秩序放在个人利益之上,时刻保持应有的政治定力,做到“其身正,不令而行”,用好手中的公权力,不受诱惑,不被腐蚀,不贪名利。在执法过程中谨言慎行,做到不越线、不越位、不越权、不图利。本着对党和人民负责的态度开展公安工作,克己奉公、廉洁从警,做人民利益的守护者和社会价值的倡导者。

2019 年召开的新时代全国公安工作会议上,习近平总书记强调,从严治警一刻都不能放松。要坚持政治建警、全面从严治警,着力锻造一支有铁一般的理想信念、铁一般的责任担当、铁一般的过硬本领、铁一般的纪律作风的“公安铁军”。要把理想信念教育作为育警铸魂、固本培元的战略工程常抓不懈,坚持严在平时、管在日常,使全警真正养成知敬畏、存戒惧、守底线的高度自觉。对违纪违法问题,要始终保持“零容忍”,不管是“老虎”还是“苍蝇”,无论是黑恶势力等违法犯罪的“保护伞”还是群众身边的“微腐败”,都要依纪依法严肃查处。

三、践行人民警察核心价值观的途径

“公生正、廉生威、私生邪”,人民警察核心价值观作为考验人民警察是否合格的精神标尺,是随着社会经济的发展进步、社会形态及价值观的多元化发展而发展的,人民警察若要保持本色地实现公安工作的基本目标,保质保量地完成公安机关的基本任务,全面地践行人民警察核心价值观,必须要做到以下几点:

(一) 加强思想教育

加强思想教育的主要内容,就是将人民警察核心价值观树立为思想核心和精神制高点。

当前我国正处于社会政治和经济转型时期,在全面建设小康社会的道路上,社会结构正在不断发生着深刻变化,市场经济带来的利益导向很容易导致拜金主义、享乐主义和利己主义的流行。公安机关在日常工作中也必然会受其影响,这些影响导致公安队伍中小范围出现背离人民警察核心价值观的行为,在思想上导致麻痹和松懈,甚至玷污了人民警察的形象,损害了党和政府在人民群众中的公信力。这些现象必须引起高度重视,要从思想上贯彻“拒腐防变”,重视对人民警察的日常思想政治教育,使人民警察永葆革命本色。

(二) 树立先进典型

通过树立先进典型弘扬先进模范的带头作用,从利益导向上引导形成正确的价值观念。

高尚的行为和精神必须受到相应的褒奖,才能够引起他人的效仿,进而改变社会的风气。为了在公安机关全面贯彻弘扬人民警察核心价值观,对模范及先进人员,特别是在平凡岗位上长期践行人民警察核心价值观的人民警察,必须大力宣传表彰,并给予与之匹配的奖励和待遇。进一步发挥文化引领作用,在内部凝聚人心、弘扬正气,在外界营造良好的精神生活氛围,进一步树立公安机关的良好形象。

(三) 建设保障机制

建设保障机制,就是为了使人民警察对人民警察核心价值观的学习领会常态化、制度化。

思想政治教育需要系统进行，而对精神价值的理解也具有一个循序渐进的过程，人民警察核心价值观既然是在工作中形成的，也可以在工作中进一步发扬和传承。这就需要在人民警察的日常学习和工作中，常态化和制度化地加入强化核心价值观的学习任务。通过定期的理论结合实际的学习，能够不断更新人民警察对新时代背景下人民警察核心价值观的认识，结合其工作经历，增加认同感，为贯彻人民警察核心价值观提供继续贯彻实行的制度化保障。

（四）密切联系群众，建立外部监督机制

人民警察核心价值观的践行，也离不开人民群众的监督。人民群众的作用就如同镜子一样，能够及时反映出公安机关人民警察的精神态度的变化，这种作用结合恰当的反馈和监督机制，是保障公安机关人民警察行为不背离其核心价值观的必要形式。在日常工作中严明纪律、落实责任、强化监督，坚持抓早抓小、防微杜渐，发现苗头和倾向性问题及时批评教育，切实做到管在纪前、纪在法前。建立有效稳定的制度的同时，力保思想不偏离人民警察价值观的轨道，保障公安工作长期有序稳定进行。

章后思考题

1. 试述人民警察素质的内容。
2. 试述人民警察政治素质的含义。
3. 提高公安机关人民警察素质的主要途径是什么？
4. 试述人民警察职业道德的含义。
5. 试述人民警察职业道德的内容。
6. 简述公安机关人民警察道德的特殊性要求。
7. 试述人民警察核心价值观的含义。
8. 试述人民警察核心价值观的内容。
9. 试述践行人民警察核心价值观的途径。

本章拓展阅读

第十二章　公安机关人民警察的义务和纪律

第一节　公安机关人民警察的义务

一、人民警察义务的概念和特点

（一）人民警察义务的概念

人民警察在享有权力的同时，必然要承担相应的义务。《人民警察法》明确规定了人民警察的职责，赋予了人民警察权力，同时也确定了人民警察相应的义务。人民警察的义务，是指人民警察在行使权力、履行职责过程中必须作出或不得作出一定行为的约束。公安机关人民警察的义务是对人民警察行为的一种强制力量，是一种不同于一般公民义务的法律义务。

警察义务与警察职责是既有密切联系，又有明显区别的概念。警察义务包括警察组织的义务和警察人员的义务，警察职责属于警察组织的义务。警察人员具有双重身份：一是代表警察组织履行义务，二是基于警察的特殊身份履行义务。不能将警察组织的义务等同于警察人员的义务，二者的区别主要表现在以下四个方面：第一，警察组织的义务与警察职权具有一致性，是警察组织行使职权过程中所受的必要的法律约束，是一种法定义务，要通过警察组织行使相应的警察职权而得到履行。第二，除非遇到紧急情况，警察组织履行义务有时间限制（在工作时间内）和地域限制（在组织管辖范围内），否则构成越权。第三，通常情况下，警察组织的义务属于依职权的义务。第四，警察履行警察组织义务与履行警察人员义务的法律性质不同。前者属于职务行为；后者既不属于职务行为，也不属于个人行为，是第三种性质的行为，可以称为身份行为。

（二）人民警察义务的特点

1. 主体的特定性

人民警察的义务是基于人民警察的职务关系而产生的，因而承担和履行义务的主体具有特定性。只有人民警察才是这些义务的承受主体。

2. 平等性

人民警察作为国家公务员在法律上的义务是平等的。这种平等性不因其职务高低、资历深浅、警种不同等而有所不同。另外，对任何人民警察违反法定义务的行为都要追究法律责任。

3. 强制执行性

人民警察义务是由人民警察法律法规规定的，该义务确定了人民警察在行使职权与履行职责过程中所应当实施的行为。法律法规规定了人民警察所应当履行的法定义务，也就确定了该义务的实施具有不可违抗性。同时，它是依靠强制力量保证实现的，是必须遵守的行为准则。

4. 由国家的任用行为决定

没有国家的任用行为，没有取得人民警察身份，便没有遵守人民警察义务的前提条件。

二、人民警察义务的内容

人民警察的法定义务包括一般法定义务和公益方面的义务两类。

（一）一般法定义务的内容

《人民警察法》第20条规定："人民警察必须做到：（一）秉公执法，办事公道；（二）模范遵守社会公德；（三）礼貌待人，文明执勤；（四）尊重人民群众的风俗习惯。"这是对人民警察在履行职务过程中的行为要求，是人民警察的一般法定义务。

1. 秉公执法，办事公道

秉公执法，办事公道，其核心就是一个"公"字，即要做到出于公心，不为权势、金钱、私情和其他私利所动，刚正不阿，公正无私，不偏不倚，不枉不纵。

2. 模范遵守社会公德

人民警察模范遵守社会公德的作用有：（1）有利于其履行维护社会秩序的职能，增强其执法的权威性；（2）有利于发挥人民警察的表率和示范作用，推动和促进良好社会风气和社会秩序的形成；（3）有利于提高人民警察的自身素质，在人民群众心目中树立起人民警察的良好形象，赢得人民群众的尊敬、信任和支持。

3. 礼貌待人，文明执勤

人民警察必须做到文明办事，礼貌待人，接待群众热情耐心，态度和蔼，杜绝"冷、硬、横、推"不良作风。执勤中依法办事，不卡压，不刁难，不恶语伤人，不冷嘲热讽，不讲粗话、脏话，对犯罪嫌疑人、罪犯实行文明管理，不打骂，不体罚虐待，实行人道主义。

4. 尊重人民群众的风俗习惯

人民警察必须执行党和国家的民族宗教政策，尊重各地区、各民族的习俗，成为维护民族团结的模范。

（二）公益方面义务的内容

《人民警察法》第21条对人民警察所应尽的公益方面的义务作了明确规定，有以下五种情形：

1. 社会救助义务

人民警察发现公民人身、财产安全受到侵犯或者处于其他危难情形的，应当立即主动采取救助措施。无论在何种情况下，只要发现公民处于危难之中，人民警察必须采取所能采取的一切方法和手段实施救助。

2. 解决纠纷的义务

人民警察负有应公民要求帮助公民解决纠纷的义务。当公民遇到纠纷，基于对人民警察的信任，求助于人民警察，希望得到帮助时，人民警察应当本着全心全意为人民服务的宗旨，给予公民相应的帮助。

3. 及时查处报警案件义务

人民警察对公民的报警案件，应当及时查处。当遇有公民报警时，人民警察应立即按照法定的权限和程序进行查处，不得拒绝和推诿，也不得拖延。对于不属于自己管辖的事项，应及时向有权机关或部门通报，而且应向报警人说明理由。如果属于紧急情况，应首先采取相应的措施。

4. 抢险救灾义务

险情和灾情往往严重危及公民的人身、财产安全，如果不能及时采取有效的抢救措施，则后果将不堪设想。《人民警察法》规定人民警察遇有险情和灾情发生时，应当义不容辞地积极参加抢救，尽力减少或避免损失。

5. 参加社会公益工作义务

参加社会公益工作也是人民警察应尽的社会义务，《人民警察法》规定了人民警察参加社会公益工作的义务，每一名人民警察都必须积极参加社会公益工作。

第二节 公安机关人民警察的纪律

一、人民警察纪律的概念和特点

（一）人民警察纪律的概念

纪律，指为维护集体利益并保证工作进行而要求成员必须遵守的规章、条文。纪律作为人们的一种行为规则，是伴随着人类社会的产生而产生，伴随着人类社会的发展而发展的。人民警察是一支纪律部队，其纪律具有强制性和约束性，具有法律属性，这不同于其他组织的纪律，也不是一般的组织纪律。具有严明的组织纪律，是公安机关人民警察的一个显著特点。人民警察纪律是根据人民警察职业特点而制定的，是人民警察必须遵守的义务性行为规范的总称。

（二）人民警察纪律的特点

1. 政治性

人民警察纪律的政治性表现为其体现和反映的是国家意志，与我国的国体和政体保持高度的一致性，两者有着极其密切的关系。公安机关是人民民主专政的工具，是武装性质的国家治安行政力量和刑事司法力量，公安机关的这一性质决定了其纪律的政治性。另外，人民警察是国家意志的忠实执行者，是国家政权的捍卫者，担负着政治统治和社会管理的双重职能，人民警察职业与政治的这种密切关系也决定了其纪律必然具有鲜明的政治色彩。

2. 强制性

人民警察纪律的强制性，是指人民警察纪律以一种强迫警察服从的力量出现，要求每名人民警察都必须无条件服从。人民警察的纪律不是一般的组织纪律，而是具有更强约束力的法律纪律，由国家强制力保证其实施，凡有违反者必将受到相应的处罚。另外，人民警察的纪律与人民警察的职业道德也是不同的，后者以一种倡导性的方式发挥作用，鼓励人民警察以一种良好的素养、感情、言行去完成本职工作。

3. 特殊性

人民警察纪律的特殊性主要源于人民警察职业的特殊性。人民警察是武装性质的国家治安行政力量和刑事司法力量，担负着打击犯罪、保护人民、维护社会秩序的职责，这相对其他行政机关的人员来说具有更强的职业危险性和风险性。这种武装性一般体现在武器警械的使用、暴力手段的使用和各种强制手段的使用等方面，这是人民警察区别于一般行政机关工作人员的最为典型的特征，也决定了其纪律的特殊性。

（三）人民警察义务和纪律的关系

公安机关人民警察的义务和纪律既有联系又有区别。

两者的联系在于：公安机关人民警察的义务和纪律都是保证公安机关人民警察正确履行职责和行使权力的重要行为规范，均具有一定的强制性。

两者的区别在于：首先，义务强调的是公安机关人民警察应有的行为，即应该做什么；纪律强调的是公安机关人民警察不应有的行为，即禁止做什么。其次，公安机关人民警察的义务多是一种倡导性行为规范；公安机关人民警察的纪律多是一种禁止性行为规范。

二、人民警察纪律法律制度体系建设

人民警察是一支纪律队伍，严明的纪律是其职能发挥的根本保障。我国始终高度重视人民警察纪律法律制度体系的建设工作。

1958 年第九次全国公安工作会议通过的《公安人员八大纪律十项注意》，是我国最早的、比较完整的规定人民警察纪律的规范。《公安人员八大纪律十项注意》中规定的八大纪律包括：服从领导服从指挥；遵守政策遵守法律；不准泄露国家机密；不准侵犯群众利益；不准贪污受贿；不准刑讯逼供；不准包庇坏人；不准陷害好人。可见，我国最早的人民警察纪律规范规定的警察纪律内容十分简单，主要涉及政治纪律、工作纪律、群众纪律等方面，且仅为八条，只解决了有和无的问题，无法实现对警察纪律的全覆盖。此外，《公安人员八大纪律十项注意》仅规定了人民警察纪律，并没有规定违纪行为如何处分，这事实上导致了人民警察纪律效力和权威的降低。

1995 年颁布实施的《人民警察法》（2012 年修正）专章规定了人民警察的纪律，该法第 22 条以列举的方式，规定了人民警察不得有的 12 种行为。具体包括：散布有损国家声誉的言论，参加非法组织，参加旨在反对国家的集会、游行、示威等活动，参加罢工；泄露国家秘密、警务工作秘密；弄虚作假，隐瞒案情，包庇、纵容违法犯罪活动；刑讯逼供或者体罚、虐待人犯；非法剥夺、限制他人人身自由，非法搜查他人的身体、物品、住所或者场所；敲诈勒索或者索取、收受贿赂；殴打他人或者唆使他人打人；违法实施处罚或者收取费用；接受当事人及其代理人的请客送礼；从事营利性的经营活动或者受雇于任何个人或者组织；玩忽职守，不履行法定义务；其他违法乱纪的行为。此外，《人民警察法》第 23 条还规定，人民警察必须按照规定着装，佩戴人民警察标志或者持有人民警察证件，保持警容严整，举止端庄。《人民警察法》是对人民警察纪律内容的极大扩充和完善，及时填补了《公安人员八大纪律十项注意》所规定的人民警察纪律内容的不足和空白。《人民警察法》还明确规定了人民警察违反纪律的应当给予行政处分；构成犯罪的，依法追究刑事责任。其中，行政处分包括警告、记过、记大过、降级、撤职、开除。对受行政处分的人民警察，按照国家有关规定，可以降低警衔、取消警衔。并且对违反纪律的人民警察，必要时可以采取停止执行职务、禁闭的措施。可见，《人民警察法》的颁布，使人民警察的纪律第一次具有了救济手段和途径，虽然这种救济的具体操作性仍然较低。

2003 年 1 月 22 日，公安部为贯彻落实依法整治、从严治警方针，维护公安队伍铁的纪律和良好形象，针对公安机关内部管理中存在的突出问题，出台了以枪、酒、车、赌四个方面为主要内容的“五条禁令”。“五条禁令”规定：(1) 严禁违反枪支管理使用规定，违者予以纪律处分;造成严重后果的,予以辞退或者开除。(2)严禁携带枪支饮酒,违者予以辞退;造成严重后果的,予以开除。(3)严禁酒后驾驶机动车,违者予以辞退;造成严重后果的,予以开除。(4)严禁在工作时间饮酒,违者予以纪律处分;造成严重后果的,予以辞退或者开除。(5)严禁参与赌博,违者予以辞退;情节严重的,予以开除。五个“严禁”、五个“辞退”和五个“开除”彰显了“五条禁令”的“严厉”。更为严厉的是,“五条禁令”还规定,人民警察违反禁令的,对所在单位直接领导、主要领导予以纪律处分。人民警察违反规定使用枪支致人死亡,或者持枪犯罪的,对所在单位直接领导、主要领导予以撤职;情节恶劣、后果严重的,上一级单位分管领导、主要领导引咎辞职或者予以撤职。对违反禁令的行为,隐瞒不报、压案不查、包庇袒护的,一经发现,从严追究有关领导责任。“五条禁令”,虽然只有五条,也仅涉及枪、酒、车、赌四个方面的内容,但切中了人民警察纪律的要害,抓中了当时人民警察纪律的主要矛盾。

2010 年 3 月 10 日,经国务院批准,监察部、人力资源和社会保障部、公安部联合发布《公安机关人民警察纪律条令》(以下简称《纪律条令》),该条令自同年 6 月 1 日起施行。《纪律条令》是我国第一部系统规范公安机关及其人民警察纪律,以及对违反纪律行为给予处分的部门规章。《纪律条令》共 3 章 31 条,设定了 76 种具体违法违纪行为及其适用的处分,涉及人民警察的政治纪律、组织纪律、执法执勤纪律、内务纪律和群众纪律等多个方面,是最集中规定人民警察纪律的一部部门规章,充分体现了公安机关及其人民警察的职业特点,充分体现了立警为公、执法为民的时代精神,充分体现了公安机关从严治警的刚性要求,具有里程碑意义。

在深入开展党的群众路线教育实践活动中,为进一步加强公安队伍纪律作风建设,公安部于 2013 年 9 月 16 日出台“三项纪律”,以更高的要求、更严的纪律,规范公安机关人民警察的行为,建设过硬队伍,回应人民群众新期待。“三项纪律”规定:(1)决不允许面对群众危难不勇为;(2)决不允许酗酒滋事;(3)决不允许进夜总会娱乐。三个“决不”对严厉性的表达一点都不亚于五个“严禁”。公安机关人民警察违反规定的一律先予以禁闭,并视情形给予纪律处分,造成严重后果或者恶劣影响的,一律给予开除处分,并视情形追究有关领导责任;隐瞒不报、包庇袒护的,从严处理;构成犯罪的,依法追究刑事责任。“三项纪律”,是对《纪律条令》内容的补充和完善,是针对新形势下公安队伍纪律出现的新问题的回应。

人民警察属于公务员的行列。2018 年修订的《公务员法》第 59 条集中规定的公务员不得实施的 18 种行为,也适用于人民警察,当然也是对人民警察纪律内容的进一步丰富和完善。这些被禁止的行为主要有:散布有损宪法权威、中国共产党和国家声誉的言论,组织或者参加旨在反对宪法、中国共产党领导和国家的集会、游行、示威等活动;组织或者参加非法组织,组织或者参加罢工;挑拨、破坏民族关系,参加民族分裂活动或者组织、利用宗教活动破坏民族团结和社会稳定;不担当,不作为,玩忽职守,贻误工作;拒绝执行上级依法作出的决定和命令;对批评、申诉、控告、检举进行压制或者打击报复;弄虚作假,误导、欺骗领导和公众;贪污贿赂,利用职务之便为自己或者他人谋取私利;违反财经纪律,浪费国家资财;滥用职权,侵害公民、法人或者其他组织的合法权益;泄露国家秘密或者工作秘密;在对外交往中损害国家荣誉和利益;参与或者支持色情、吸毒、赌博、迷信等活动;违反职业道德、社会公德和家庭美德;违反有关规定参与禁止的网络传播行为或者网络活动;违反有关规定从事或者参与营利性活动,在企业或者其他营利性组织中兼任职务;旷工或者因公外出、请假期满无正当理由逾期不归;违纪违法的其他行为。

2021 年 12 月，公安部党委向全警印发了《公安部关于严禁违规宴请饮酒的规定》（简称《六项规定》）。《六项规定》对各种违规宴请饮酒行为严格细化、明文禁止：(1)严禁在工作日、值班备勤、安保任务、公务出差、学习培训期间和其他工作时间饮酒。(2)严禁领导干部之间、单位之间相互宴请。(3)严禁接受下属或地方公安机关宴请。(4)严禁接受管理和服务对象宴请。(5)严禁出入私人会所或参与“一桌餐”。(6)严禁在任何时间、任何场合酗酒。《六项规定》是人民警察纪律法律体系的重要组成部分，体现了新时期人民警察纪律建设的新要求。

综上可知，经过不断的建设，目前我国已经形成了多层次的较为完备的人民警察纪律法律制度体系，并呈现出如下特点：

第一，形成了多层次的法律法规体系。目前，规范我国人民警察纪律的法律规范形成了“两法律、一规章、多规范”的体系。其中，“两法律”主要是《公务员法》和《人民警察法》；“一规章”是《纪律条令》；“多规范”是以“三项纪律”和《六项规定》等为主体的一般规范性法律文件。

第二，制定了丰富的纪律内容。经过多年的建设，人民警察纪律内容实现了从无到有、从有到完备的发展过程。比如，《公安人员八大纪律十项注意》规定了 8 项纪律，《人民警察法》规定了 12 项纪律，《纪律条令》规定了 76 种违法违纪行为。人民警察的纪律内容已经十分丰富，基本可以满足公安队伍建设的要求。

第三，明确了违纪行为处理的具体情形。人民警察纪律具有强制性，也就是说，违反人民警察纪律是要被处分的，是要接受惩罚的，这是人民警察纪律强制性的必然要求。我国人民警察纪律法律制度体系建设也经历了一个从处分的不明确、缺乏依据到具体明确的过程，现在的纪律处分更加明确，更具可操作性。

三、《纪律条令》的特点、内容及意义

《纪律条令》作为我国第一部系统规范公安机关及其人民警察纪律，以及对违反纪律行为给予处分的部门规章，是规范人民警察纪律最集中、适用范围最广、最核心的规范性文件。

（一）《纪律条令》的特点

《纪律条令》归纳起来主要有以下四大特点。

1. 监督体制上的创新性

《纪律条令》第 6 条规定，监察机关派驻同级公安机关监察机构可以调查下一级监察机关派驻同级公安机关监察机构管辖范围内的违法违纪案件，必要时也可以调查所辖各级监察机关派驻同级公安机关监察机构管辖范围内的违法违纪案件。监察机关派驻同级公安机关监察机构经派出它的监察机关批准，可以调查下一级公安机关领导人员的违法违纪案件。这是加强公安系统管理的一项重大创新举措，既解决了长期制约公安监督工作的瓶颈问题，又延伸了公安监督工作的触角，拓宽了监督领域。

2. 处分幅度上的刚性

《纪律条令》对公安机关内部管理作出了明确的规定，同时严明了执法执勤纪律，如第 7 条首先针对危害特别严重的行为，设定了“高压线”，即凡是有第 7 条规定行为之一的，一律给予开除处分。

3. 内容和适用对象的全面性

《纪律条令》采取概括和分述的方法，设定了违反政治纪律、组织纪律、执法执勤、内部管

理等行为，基本涵盖了公安机关行政执法和刑事执法过程中易发多发的问题，具有很强的针对性。在适用对象上，《纪律条令》不仅适用于公安机关及其直属单位在编在职的人民警察，也适用于民航和海关系统公安机关及其人民警察。

4. 执行效力上体现权威性

一方面，《纪律条令》整合和保留了公安部原有纪律性规定的相关内容，吸纳了地方公安机关的成功做法，针对新形势下公安民警违法违纪的新特点，根据国家现行法律法规，统一设定违法违纪行为和处分幅度，对全警具有普遍的约束力；另一方面，《纪律条令》经国务院批准，以监察部、人力资源和社会保障部、公安部三部门联合规章的形式公布实施，这就为《纪律条令》的贯彻落实提供了有力保障。

（二）《纪律条令》的内容

该条令涉及公安机关人民警察的政治纪律、组织纪律、执法执勤纪律和内务纪律等内容。

1. 政治纪律

政治纪律是人民警察必须坚守的最重要的纪律，是有关人民警察政治觉悟、政治行为和政治言论方面的规范。公安机关人民警察必须忠于党、忠于国家、忠于人民、忠于法律，这是其政治纪律的根本性内容，也是由其任务和性质所决定的。

2. 组织纪律

组织纪律在整个人民警察纪律中起着基础性作用，是最基本的纪律形态，是对人民警察行动上的要求。人民警察是纪律部队，最基本的体现就是一切行动听指挥，确保步调一致、行动统一、令行禁止。

3. 执法执勤纪律

执法执勤纪律也就是人民警察的工作纪律，是指人民警察在面对与工作对象之间关系时的行为准则，主要包括积极履行职责、秉公执法等方面。积极履行职责就是严格按照法律的规定尽职尽责、恪尽职守，完成党和国家交给的各项任务。秉公执法就是公平、公开、公正地执行法律，做到不枉不纵。

4. 内务纪律

内务纪律主要指人民警察的内部管理方面，涉及人民警察的录用、考核、任免、奖惩、调任、转任、着装、仪容等方面的内容，要求在人民警察人事管理各个环节公开、公正、公平，保证唯才是举，任人唯贤。

5. 群众纪律

群众纪律主要指人民警察在服务、发动、利用群众开展群众工作和服务群众过程中的纪律，要求人民警察文明礼貌、热情耐心，不敷衍了事、不吃拿卡要。

（三）实施《纪律条令》的意义

1. 是坚持从严治警的重要举措

《纪律条令》既与国家有关行政法规紧密衔接，又突出了公安机关人民警察的职业特点，设定了加强内部管理和相关行为的惩戒性规定，赋予派驻同级公安机关监察机构对下一级公安机关违法违纪问题的调查权限，解决了长期制约公安监督工作的“瓶颈”问题，对进一步贯彻从严治警方针具有里程碑意义。

2. 是加强对人民警察的管理和监督，推进公安队伍建设的必然要求

《纪律条令》的贯彻实施，进一步提高了人民警察纪律惩戒工作的法制化、规范化水平，有利于推进用制度管权、用制度管人、用制度管事，解决了一些地方在公安机关人民警察管理上失之于宽、失之于软的问题，对于建设一支政治坚定、业务精湛、作风过硬、人民满意的公务员队伍，具有积极的推动作用。

3. 是公安队伍正规化建设、制度化建设的需要

《纪律条令》的出台，填补了公安机关纪律建设方面的空白。《纪律条令》与《行政机关公务员处分条例》相衔接，与《人民警察法》等相配套，既体现了公安队伍正规化建设、制度化建设的要求，又为进一步推动公安队伍正规化、制度化建设提供了纪律保障。

4. 是适应惩治和预防腐败体系建设的需要

《纪律条令》的出台是对公安机关惩治和预防腐败体系建设的丰富和完善。同时，随着《纪律条令》的贯彻落实，广大人民警察的遵纪守法意识和自我约束力将会不断增强，防范功能也会逐渐显现出来。

此外，《纪律条令》沿用了“五条禁令”的基本内容，又注意细化了违纪情形和处分幅度，《纪律条令》在第21条、第23条、第24条分别就违反公务用枪管理使用规定、工作时间饮酒、携带枪支饮酒、酒后驾车、参与赌博等行为明确了具体处分幅度。第26条作出对“不适合继续在公安机关工作的，可以依照有关规定予以辞退或者限期调离”的规定。《纪律条令》既保持了“五条禁令”的连续性和稳定性，又增强了“五条禁令”的可操作性。《纪律条令》的发布实施，是对“五条禁令”的完善和丰富，尤其是《纪律条令》以部门联合规章形式公布施行，大大提升了“五条禁令”的执行效力。

四、人民警察纪律建设的主要途径

（一）加强纪律法律法规体系建设

对人民警察加强纪律建设，应当以完备的纪律法律法规体系为前提。在现有以《公安机关人民警察纪律条令》、公安部“五条禁令”、公安部“三项纪律”为核心构建的人民警察纪律体制的前提下，不断完善相关机制和体制，将人民警察的纪律建设纳入法治轨道。在制定人民警察纪律规范时要讲究严密性、系统性、可操作性。讲究严密性，就应多作具体规定，少提笼统要求，最大限度减少纪律盲区和漏洞。讲究系统性，就应坚持整体规划、统筹协调，努力做到基本规定与具体实施细则并重、实体性规定与程序性规定并重、约束性规定与激励性规定并重。讲究可操作性，就应紧密联系实际，有针对性地研究制定纪律，细化要求，在界定哪些是禁止的或不允许的同时，明确违反了怎么办、需要追究什么样的责任，使出台的纪律便于操作和执行。

（二）加强纪律意识教育

有了科学、严密的人民警察纪律，还要加强纪律意识教育。增强纪律意识，筑牢遵守纪律的思想基础，是纪律建设的重要任务。如果人民警察没有牢固树立纪律意识，不能自觉遵守和维护纪律，纪律执行起来就会非常困难。应通过广泛深入的宣传教育，使人民警察领会、熟悉相关规定，牢记具体内容，不断增强纪律意识，养成自觉执行纪律的习惯，把纪律转化为行为准则和自觉行动。在这方面，可以结合典型案例，采取多种形式，通过多种渠道，使人民警察广泛了解纪律、自觉运用纪律。

（三）发挥领导干部带头遵守纪律的表率作用

领导干部特别是主要领导干部发挥表率作用，对加强人民警察纪律建设至关重要。领导干部应树立纪律面前人人平等、纪律面前没有特权、纪律约束没有例外的意识，带头学习纪律、严格遵守纪律、自觉维护纪律，在遵守纪律上率先垂范。尤其要严守人民警察的政治纪律，自觉同党中央保持高度一致，决不允许在贯彻中央决策部署上打折扣、做选择、搞变通，甚至把自己管理的地方、部门搞成不听党的统一指挥、不受党组织约束和党员监督的“私人领地”。

（四）加强对纪律执行情况的监督检查

纪律建设的关键一环在于对人民警察遵纪方面的监督检查。督察、法制、纪检、监察等部门应充分发挥职能作用，协助做好纪律执行情况的监督检查。既要加强对新颁布纪律执行情况的监督检查，也要加强对那些虽然颁布已久但仍然有效的纪律执行情况的监督检查。同时，加强人民群众对人民警察遵守纪律情况的监督，拓宽群众反映问题的渠道，并针对群众反映突出、关注度高的热点问题开展专项治理。

（五）加强违纪违法行为的惩处力度

遵纪守法，是对人民警察的基本要求，也是提高其执政能力的重要保证。对人民警察的违纪违法行为不严肃惩处，不仅会削弱公安机关的战斗力，而且会严重破坏人民警察在人民群众心目中的威望和形象，影响人民警察的执法权威和执法公信力。因此，对违纪违法人员，相关部门应严格按照法律对人民警察纪律的要求，做到发现一起查处一起，维护法律的严肃性。要坚决防止执纪执法失之于宽、失之于软，要坚决构建人民警察纪律的“高压线”“防火墙”，不断增强人民警察纪律观念，规范执法行为。

章后思考题

1. 人民警察义务有哪些特点？
2. 简述人民警察一般法定义务的内容。
3. 简述人民警察公益方面义务的内容。
4. 人民警察纪律有哪些特点？
5. 简述公安机关人民警察义务与纪律的关系。
6. 人民警察纪律法律体系有哪些特点？
7. 简述《公安机关人民警察纪律条令》的特点、内容及意义。
8. 公安机关人民警察纪律建设的主要途径有哪些？
9. 简述《公安机关人民警察纪律条令》与“五条禁令”和“三项纪律”的关系。

本章拓展阅读

第十三章　公安机关人民警察的内务制度

第一节　公安机关人民警察内务制度建设概述

公安机关人民警察内务，也即公安机关人民警察的内部事务，包括公安机关内部工作运转秩序事务和公安机关人民警察对外发生联系活动事务两部分。公安机关内部工作运转秩序事务包括仪式、内部关系、警容风纪、警察礼节、日常制度、内务设置、办公秩序、值班备勤、装备财物管理、安全防范、健康保护、警旗、警徽、警歌、警察节、阅警等内容。这些事项的明确规定，保证了公安机关内务工作有序、高效运行。公安机关人民警察对外发生联系活动事务，包括应急处突、警务公开、接待群众、接受报警与求助等内容。这些事项的明确规定，是树立人民警察良好形象和构建和谐警民关系的现实需要。

一、公安机关人民警察内务制度的建设过程

我国公安机关人民警察内务制度是以《人民警察法》《公安机关人民警察内务条令》《公安机关人民警察奖励条令》《公安机关人民警察着装管理规定》《公安机关人民警察证使用管理规定》等一系列法律法规为载体构建起来的。其中，《公安机关人民警察内务条令》是集中规范公安机关人民警察内务制度的部门规章。早在 1984 年 6 月，公安部就颁布施行了第一部系统规范公安机关内务制度的部门规章，即《中华人民共和国人民警察内务条令(试行)》。2000 年 6 月 1 日，公安部又颁布实施了《公安机关人民警察内务条令》。该条令共 14 章 68 条，对宣誓、内部关系、警容风纪、日常制度、接待群众、值班备勤、突发事件的处置、装备管理、办公秩序与内务设置、安全防卫与卫生、警徽、警歌、阅警等方面的内务制度进行了明确的规定。《公安机关人民警察内务条令》的实施，对于进一步规范和严格人民警察的日常管理，加强公安队伍的正规化建设，提高队伍的整体战斗力，发挥了重要的作用。

党的十八大以来，以习近平同志为核心的党中央对加强新时代公安工作和公安队伍建设作出了一系列重要指示和决策部署，要求做到“对党忠诚、服务人民、执法公正、纪律严明”“三个绝对”“四个铁一般”“五个过硬”，强调要建立一套符合公安机关性质任务、体现人民警察职业特点、有别于其他公务员的人民警察管理制度。同时，随着公安机关所面临的形势任务、执法环境，以及公安队伍结构状况和人民警察工作生活环境等的发展变化，公安机关人民警察内务建设遇到新情况新要求，《公安机关人民警察内务条令》在执行中出现了一些不适应、不符合问题，亟须作出相应调整完善。

为认真学习党的十九届五中全会精神和习近平法治思想，深入贯彻习近平总书记关于加强新时代公安工作的重要论述，特别是在全国公安工作会议上的重要讲话和在中国人民警察警旗授旗仪式上的重要训词精神，坚决落实党中央关于全面从严管党治警决策部署，根据《人民警察法》《公安机关组织管理条例》等法律法规和政策规定，公安部于 2021 年 10 月

28日颁布实施了新版的《公安机关人民警察内务条令》(以下简称《内务条令》)。《内务条令》共17章232条,主要规范公安机关内部管理、日常运转、人民警察工作学习生活行为,相较2000年的《公安机关人民警察内务条令》,《内务条令》具有以下特点:第一,增加荣誉仪式规范。建立了公安机关人民警察荣誉仪式制度,补充了入警誓词,调整了入警宣誓仪式内容,并根据我国宪法宣誓制度,增加了公安机关人民警察宪法宣誓的规定。第二,整合规范着装管理。按照党和国家减轻基层负担、减少公文发文有关要求,为避免同一位阶规章之间内容交叉重复,将原《公安机关人民警察着装管理规定》并入《内务条令》,并对相关内容作了调整完善,不再单独制定出台规范着装的部门规章。第三,完善日常管理制度。按照严厉整治"四风"有关精神要求,适当增加学习和会议的要求,补充完善请示报告、工作交接、离任审计、印章管理、保密管理、档案管理等规定。第四,强化机关安全防范。细化公安机关内部安全管理规范,特别是对警械武器管理、交通事故防范、火灾事故防范和爆炸事故防范安全作出了规定。同时,突出维护公安机关人民警察执法权益,为人民警察依法履职创造良好环境。第五,加强对人民警察的身心健康保护。明确要求科学用警,建立人民警察健康档案;要求建立心理训练、咨询服务、危机干预"三位一体"的公安机关人民警察心理健康工作体系,增加卫生安全管理要求等。

二、公安机关人民警察内务建设的任务与要求

内务建设是公安机关进行各项建设的基础,是巩固和提高公安队伍战斗力的重要保证。《内务条令》第3条规定,公安机关内务建设的基本任务是,严格规范工作、学习、生活秩序,铸牢忠诚警魂、培育优良警风、严明纪律规矩、提高职业素养、树立良好形象,着力锻造具有铁一般的理想信念、铁一般的责任担当、铁一般的过硬本领、铁一般的纪律作风的高素质专业化过硬公安队伍,为忠实履行党和人民赋予的新时代使命任务奠定坚实基础。

公安机关人民警察内务建设应当遵循如下要求:

第一,坚持政治建警。必须坚决听从党中央命令、服从党中央指挥,贯彻党对公安工作的全方位领导。必须深刻领悟"两个确立"的决定性意义,增强"四个意识"、坚定"四个自信"、做到"两个维护",以党的旗帜为旗帜、以党的方向为方向、以党的意志为意志,始终在思想上政治上行动上同党中央保持高度一致,确保绝对忠诚、绝对纯洁、绝对可靠。

第二,坚持改革强警。改革强警就是要坚持向改革要动力、要活力,全面深化公安工作和公安队伍管理改革,深入推进理念思路、体制机制、方法手段创新,加快构建符合新时代要求、体现实战化特点、具有中国特色的现代警务体系,推动公安工作整体效能不断提升,切实担负起党和人民赋予的新时代职责使命。改革强警还要坚持把抓改革任务落实落地作为重大政治责任,坚决维护党中央改革决策部署的权威性和严肃性。

第三,坚持科技兴警。科技兴警就是要坚持向科技要警力要战斗力,深化公安大数据智能化建设应用,建设智慧公安。要运用科技力量来防范化解重大风险,助力情报研判、维护稳定、侦查破案、治安防控和矛盾化解及群众工作,深入推进执法规范化、科技化建设,严格规范公正文明执法,让科技信息化催生执法公信力,让人民群众在每一起案件、每一件事情的办理中感受到公平正义。

第四,坚持从严治警。从严治警,其核心是"严"字。严格教育是基础,严格管理是关键,

严格训练是手段，严格纪律是保证。2019年召开的新时代全国公安工作会议上，习近平总书记强调，从严治警一刻都不能放松。从严治警就是要落实全面从严管党治警“两个责任”和领导干部“一岗双责”，严明警规警令，严肃警风警纪，严格行为规范。

第五，坚持从优待警。习近平总书记指出，和平时期，公安队伍是牺牲最多、奉献最大的一支队伍。对这支特殊的队伍，要给予特殊的关爱，政治上关心、工作上支持、待遇上保障，全面落实从优待警措施。从优待警就是要坚持严管厚爱结合、激励约束并重，建立人民警察荣誉制度，完善职业保障体系，健全依法履职保护机制。

第六，坚持战斗力标准。人民警察是一支特别能战斗的队伍，公安机关内务建设要紧紧围绕公安队伍的战斗力展开，将其作为衡量内务建设成效的重要标准。坚持内务建设的战斗力标准就要不断加强公安队伍的专业化建设，突出实战实用实效，提升公安机关人民警察职业素质能力。

第二节　《内务条令》的基本内容

《内务条令》规范了公安机关人民警察内务制度中的仪式，内部关系，警容风纪，警察礼节，日常制度，内务设置，办公秩序，接待群众，值班备勤，应急处突，装备财务管理，安全防范，健康保护，警旗、警徽、警歌、警察节，阅警等方面内容。

一、仪式

《内务条令》构建了以荣誉仪式、宪法宣誓和人民警察宣誓为主体的公安机关人民警察仪式制度。

（一）荣誉仪式

警察荣誉制度是关于人民警察荣誉的设置、评选、颁授、管理、保障和监督等方面工作的实体和程序上的法律法规、政策制度和措施办法的总和，是国家荣誉制度体系的重要组成部分。警察荣誉制度的建设完善对人民警察筑牢忠诚政治品格、树立正确职业荣辱观、提升职业荣誉感，锻造“公安铁军”发挥着至关重要的作用。2017年，公安部政治部印发《公安机关人民警察荣誉仪式规范（试行）》，设置入警宣誓仪式、授予（晋升）警衔仪式、表彰奖励仪式、从警特定年限纪念仪式、退休仪式、因公牺牲民警送别仪式、公安英烈缅怀仪式等七类仪式，并从具体仪式的目的意义、参加对象、仪式程序等方面对警察荣誉仪式进行规范。2019年，习近平总书记在新时代全国公安工作会议上指出，要完善人民警察荣誉制度，加大先进典型培育和宣传力度，增强公安民警的职业荣誉感、自豪感、归属感。

公安机关人民警察荣誉仪式，是在公安机关人民警察职业生涯重要节点和特殊时刻举行的激励仪式，是增强公安机关人民警察职业荣誉感和归属感，在公安机关营造崇尚荣誉良好氛围的重要载体和方式。

《内务条令》进一步规范了人民警察荣誉仪式，要求县级以上公安机关在人民警察入警、评授警衔、表彰奖励、从警特定年限、退休等职业生涯重要节点，举行相应的荣誉仪式，增强人民警察的职业荣誉感、自豪感和归属感。举行荣誉仪式，应当充分体现人民警察职业特点，根据工作需要，做到隆重、庄严、简朴。

（二）宪法宣誓

宪法是国家的根本法，是治国安邦的总章程，具有最高的法律地位、法律权威、法律效力。国家工作人员必须树立宪法意识，恪守宪法原则，弘扬宪法精神，履行宪法使命。宪法宣誓制度有利于彰显宪法权威，激励和教育国家工作人员忠于宪法、遵守宪法、维护宪法，加强宪法实施。2015 年 7 月，全国人大常委会通过了《全国人民代表大会常务委员会关于实行宪法宣誓制度的决定》，由此我国建立起了宪法宣誓制度。2018 年 2 月，为契合我国监察体制改革的时代背景，回应《国歌法》制定与施行之后举行宪法宣誓应当奏唱国歌的情势需要，全国人大常委会对《全国人民代表大会常务委员会关于实行宪法宣誓制度的决定》进行了修改，标志着我国宪法宣誓制度不断完善。2018 年 3 月 11 日，全国人大通过了《中国共产党中央委员会关于修改宪法部分内容的建议》，宪法宣誓制度顺利入宪，标志着我国宪法宣誓制度走向了成熟。

人民警察宪法宣誓仪式的基本要求包括：第一，宪法宣誓仪式由任命机关组织；第二，举行宪法宣誓仪式，应当根据干部管理权限确定监誓人、主持人；第三，宣誓场所应当庄重、严肃，悬挂中华人民共和国国旗或者国徽；第四，监誓人、领誓人、宣誓人和参加宣誓仪式的人民警察，穿着统一制式的人民警察服装（以下简称警服），其他人员穿着正装；第五，举行宪法宣誓仪式，应当奏唱中华人民共和国国歌；第六，宪法宣誓一般采取集体宣誓形式，根据需要，也可以采取单独宣誓的形式。

（三）人民警察宣誓

人民警察宣誓是公安机关人民警察对所肩负的神圣职责和光荣使命的庄严承诺。公安机关人民警察的誓词是："我是中国人民警察，我宣誓：坚决拥护中国共产党的绝对领导，矢志献身崇高的人民公安事业，对党忠诚、服务人民、执法公正、纪律严明，为捍卫政治安全、维护社会安定、保障人民安宁而英勇奋斗！"公安机关人民警察新入职时应当进行宣誓，举行荣誉仪式，执行重大任务，参加重大纪念、庆典等活动时，可以组织宣誓。

人民警察宣誓仪式的基本要求有：宣誓场地应当庄重、严肃，一般应悬挂中华人民共和国国旗和中国人民警察警旗；参加宣誓仪式的人民警察穿着警服，其他人员穿着正装；举行人民警察宣誓仪式，应当奏（唱）中华人民共和国国歌和中国人民警察警歌；宣誓人立正，右手举拳，拳心向前，由预先指定的一名宣誓人担任领誓人，在队列前逐句领诵誓词，其他人跟诵誓词，誓词宣读完毕，宣誓人自报姓名；宣誓仪式可以结合授衔、授装等活动进行。结合授衔、授装进行的，应当先授衔、授装；宣誓仪式可以邀请人民警察家属或者群众代表参加。

二、内部关系

内部关系指公安机关内部上下级之间、同级与同级之间、警种与警种之间，按照一定规则构成的关系。内部关系包括相互关系和指挥关系两个层次的内容。

（一）相互关系

处理公安机关人民警察相互关系应把握如下要求：

第一，公安机关人民警察不论职务高低，在政治上一律平等，相互间是同志关系。

第二，公安机关人民警察依据领导职务和警衔，构成上级与下级或者同级关系。领导职务高的是上级，领导职务低的是下级，领导职务相当的是同级；在没有领导职务或者难以确定领导职务高低时,警衔高的是上级,警衔低的是下级,警衔相同的是同级。

第三,上下级之间、同级之间应当互相尊重、互相爱护、互相支持,努力构建团结、友爱、和谐、纯洁的内部关系。上级对下级应当做到:公道正派,以身作则,率先垂范;严格教育,严格管理,严格监督;关心学习、工作和生活,帮助成长进步;尊重合理意见,维护合法权益,不压制民主,不打击报复;不打骂体罚和侮辱,不收受财物;关爱身心健康,帮助解决实际困难,努力消除后顾之忧。下级对上级应当做到:服从命令,听从指挥;履职尽责,主动汇报;虚心接受批评,坚决改正错误;尊重上级,维护上级权威;积极建言献策,坚决完成好交办的各项工作任务。

第四,公安机关之间以及各警种、部门之间,应当按照职责分工,密切配合,互相支持,协调一致开展工作。

(二)指挥关系

处理公安机关人民警察上下级之间的指挥关系应遵循如下要求:

第一,上级(机关)有权对下级(机关)下达命令。命令通常逐级下达,情况紧急时,也可以越级下达。越级下达命令时,除特殊情况外,下达命令的上级(机关)应当将所下达命令及时通知受令者的直接上级(机关)。命令下达后,上级(机关)应当及时检查执行情况;如果情况发生变化,应当及时下达补充命令或者新的命令。

第二,下级(机关)必须坚决执行上级(机关)的命令,并将执行情况及时报告。下级(机关)认为命令有错误的,可以提出意见,上级(机关)应当及时给予答复。在明确答复之前,下级(机关)不得中止或者改变命令的执行;提出的意见不被采纳时,必须服从命令。执行命令的后果由作出命令的上级(机关)负责。需要注意的是,执行中如果情况发生重大变化,原命令确实无法继续执行而又来不及或者无法请示报告上级(机关)时,下级(机关)应当根据上级(机关)的精神要求,以高度负责的态度,果断临机处置,事后迅速报告。下级(机关)对超越法律法规规定的职责范围的命令,有权拒绝执行,并同时向下达命令的上级(机关)报告。

第三,下级(机关)接到越级下达的命令,必须坚决执行。除有明确要求外,在执行的同时,应当向直接上级(机关)报告;因故不能及时报告的,应当在不能报告的情形解除后 24 小时内补报。

第四,不同建制的公安机关人民警察在共同执行任务时,应当服从共同上级所指定负责人的领导和指挥。公安机关人民警察处置突发事件或者遇有紧急情况,在建制不明时,依据领导职务和警衔确定领导指挥关系。

第五,公安机关人民警察被临时抽调到其他单位工作时,应当接受抽调单位的领导和管理,除有特殊要求外,须定期向原单位报告。

三、警容风纪

警容风纪指人民警察在着装、行为规范、仪容、举止、礼节等方面的行为规范。警容风纪是人民警察政治素质、文明程度、精神风貌、纪律作风和战斗力的综合反映。人民警察是国家机器的重要组成部分,代表国家行使治安行政管理和部分刑事司法职权。在人民群众的眼里,人民警察是正义的化身,其表现出来的能够引起人们的思想或情感活动的一切言行都受到人民群众的广泛关注。

公安机关人民警察的警容风纪主要包括着装规范和行为规范两部分。公安机关人民警察着装，是指公安机关人民警察按规定穿戴警服和警用标志。公安机关人民警察应当配套穿着警服，佩戴警衔、警号等标志，做到着装整洁庄重、警容严整、规范统一。公安机关人民警察应当精神饱满，仪表端庄，举止文明，模范遵守法律法规，自觉践行社会主义核心价值观。

四、警察礼节

我国公安机关人民警察一贯注重内部礼节，这充分体现了公安机关内部的团结友爱和互相尊重。公安机关人民警察敬礼分为举手礼和注目礼。着装时通常行举手礼，正在执行任务或者携带武器装备等不便行举手礼时，可以行注目礼。着便服时，通常行注目礼。公安机关人民警察着装进见或者遇见上级机关领导时，应当主动敬礼。上级机关领导受礼后，应当主动回礼。列队的公安机关人民警察遇有上级检查指导工作，带队人员应当主动向上级敬礼和报告，其他人员行注目礼。公安机关人民警察进见或者遇见本单位经常接触的领导以及在不便敬礼的场合，可不行举手礼，应当主动致意，领导应当主动回礼。公安机关人民警察交接岗时，应当互相敬礼；不同单位的公安机关人民警察因公接触时，应当互相致意。公安机关人民警察因工作需要与人民群众、党政机关工作人员或者外宾接触时，应当主动致意或者敬礼。升国旗、警旗时，在场的公安机关人民警察应当面向国旗、警旗立正，着装的行举手礼，着便服的行注目礼。奏（唱）中华人民共和国国歌、中国人民警察警歌时，在场的公安机关人民警察应当自行立正，举止庄重，肃立致敬。

五、日常制度

日常制度主要包括学习、会议、请示报告、请假销假、工作交接、印章管理、证件管理、保密管理、档案管理等方面的各项制度，详尽而严密的制度是提高工作效率、养成良好工作作风的重要保证。

（一）学习

应当加强理论武装，强化公安机关人民警察政治历练、思想淬炼、实践锻炼、专业训练，建设学习型机关。学习内容应当根据形势任务和履职需要科学安排，主要包括政治理论、政策法规、公安业务、科技知识、警务技能等。应当突出政治理论学习，把习近平新时代中国特色社会主义思想、党中央关于加强新时代公安工作的决策部署作为重点学习内容，确保全警坚定理想信念、筑牢政治忠诚，统一意志、统一行动、步调一致向前进。

（二）会议

会议应当坚持精简高效、厉行节约、讲求实效的原则，从严控制会议数量、时间和规模、标准。基层所队等一线实战单位应当建立工作例会制度，及时梳理情况、总结点评、安排布置工作。

（三）请示报告

认真落实《中国共产党政法工作条例》《中国共产党重大事项请示报告条例》等规定，建立严格的请示报告制度，明确请示报告主体、范围、程序和方式等，严明党的政治纪律、组织纪律和工作纪律，确保政令警令畅通。

（四）请假销假

公安机关主要负责同志离开本地区，应当提前向上级机关主要负责同志请假。因紧急事项临时请假的，应当立即按规定报告。公安机关主要负责同志、分管日常工作的负责同志（含双正职领导）原则上不能同时离开本地区。公安机关人民警察工作时间非因公外出，应当逐级请假、按时销假，未经批准，不得擅自离岗。

（五）工作交接

公安机关人民警察在工作变动、退休、辞职或者被辞退、开除公职时，应当将所负责的工作情况和掌管的文件、材料、证件、武器、弹药、器材、数字证书等进行移交，清退涉密载体，并按规定执行脱密期管理和监督制度。

（六）印章管理

公安机关印章（含电子印章）的刻制应当严格按照规定审批，并在指定机构刻制。新刻制的印章，应当在制发机关留取印模，备案后方可启用。使用印章（印模）应当按照规定权限，严格履行审批登记手续，严格用印监督管理。

（七）证件管理

公安机关人民警察应当按照规定使用统一的人民警察证。工作期间，一般应当携带人民警察证。公安机关应当严格人民警察证配发范围，严禁向非人民警察身份人员配发人民警察证。对丧失配发资格的，应当及时收回、收缴其人民警察证。人民警察证由公安部按照规定统一监制，实行分级管理。

（八）保密管理

公安机关建立保密工作制度，加强保密宣传教育，强化监督管理，严格保密纪律要求，落实保密工作责任，确保国家秘密和警务工作秘密绝对安全。

公安机关人民警察的保密守则是：不该说的秘密不说；不该知悉的秘密不问；不该看的秘密不看；不在私人交往或者公开发表的作品中涉及秘密；不在非保密场所阅办、谈论秘密；不在社交媒体发布、传递秘密；不擅自记录、复制、拍摄、摘抄、收藏秘密；不擅自携带涉密载体去公共场所或者探亲访友；不使用无保密措施的通信设备、普通邮政和计算机互联网络传递秘密。

（九）档案管理

建立健全档案工作制度，严格规范管理，维护档案的真实、完整、可用和安全。公安机关在工作中形成的属于归档范围的全部档案应当由档案部门集中统一管理。按照“谁形成、谁归档”的原则，及时收集整理列入归档范围的文件材料，严格按规定移交归档。

六、内务设置

因地制宜、整齐划一，符合卫生和安全要求的内务设置有利于公安工作和人民警察生活学习。公安机关对同类窗口单位应当设置规格统一、标志明显、便于辨识的标志，并及时进行维护、更新。

七、办公秩序

整洁有序的办公秩序是维护公安机关及其人民警察正常的工作、学习和生活的必要条件和基本保障。公安机关应当严格办公区管理，建立门卫制度，加强日常值守，强化安全检查。

八、接待群众

接待群众是公安机关日常的工作内容之一，是关乎警务工作成效的重要决定因素。公安机关人民警察接待群众应当文明礼貌、态度和蔼、热情周到、耐心细致。公安机关应当简化办事程序，拓宽服务渠道，提高工作效能。

九、值班备勤

值班备勤要求各级公安机关在任何时候、任何情况下，始终处于常备不懈的戒备状态，坚守岗位，履行职责，按时交接班，保持公安工作的连续性、有序性，维护良好的社会秩序。公安机关实行 24 小时值班备勤。

十、应急处突

突发事件是指事先没有觉察而突然发生，对社会治安秩序造成严重危害的突然性、紧急性事件。公安机关应当预先制定各种应急处置预案，定期组织实战演练，不断提高快速反应能力、协调配合能力、现场处置能力、临场组织指挥能力。

十一、装备财务管理

公安装备是用于实施和保障公安保卫工作的武器、弹药、警用标志、警械及警用技术器材的统称，是公安机关统一指挥、快速反应、整体作战能力的基本要素，是保障公安任务完成的基本条件，是提升公安机关依法履行职责强有力的物质保障。公安机关建立健全装备使用管理、维护保养、存储保管和督察、审计等制度，建设装备存储保管场所、完善配套设施，实行分级分类管理。

公安机关严格执行国家预算财务管理法律法规有关规定，规范财务行为，科学合理编制预算、决算及相关预算财务报表，提高资金使用效益。建立健全财务管理制度、定期财务分析报告制度和内部控制机制，加强对下级机关财务管理的指导、监督和检查。

十二、安全防范

实践证明，人民警察自身的安全防卫做不好，就会造成“无谓”的牺牲，给党、国家、人民、家庭造成不应有的损失。公安机关的安全防范包括执法执勤安全、警械武器管理使用安全、交通事故防范、火灾事故防范、爆炸事故防范等内容。

应当牢固树立安全意识，加强安全管理工作，将安全管理工作贯穿公安工作和公安队伍建设全过程。应当坚持预防为主的方针，定期分析安全工作形势，查找不安全因素和隐患，制定和改进安全措施，建立健全安全管理制度。应当加强安全教育，增强公安机关人民警察的安全防范意识，及时发现并正确处理队伍内部问题，积极消除安全隐患。强化安全训练，确保公安机关人民警察熟练使用警械武器装备，规范使用交通工具，正确处理各类情况和问题，不断提高自我防护、预防安全事故的能力。应当根据形势任务和环境变化需要，配备安全防护设备设施，加强经常性安全防范工作，开展内部日常安全防范检查，严防发生重大安全事故。

十三、健康保护

近年来，公安工作任务日益艰巨繁重，公安机关人民警察因公牺牲、负伤、患职业病情况突出，针对这支特殊的队伍，要执行轮休、调休制度，落实带薪年休假制度，开展公安机关人民警察年度体能测试，落实年度体检制度，开展职业病危害因素基本情况普查，落实公安机关人民警察因公负伤和患病医疗保障救治制度，建立工作环境卫生管理制度，实行弹性工作制，建立常态化心理健康服务工作机制等，切实加强人民警察的健康保护。

十四、警旗、警徽、警歌、警察节

（一）警旗

中国人民警察警旗是人民警察队伍的重要标志，是人民警察荣誉、责任和使命的象征，是人民警察忠诚履行新时代使命任务的重要指引。公安机关人民警察应当树立警旗意识，尊重和爱护警旗，维护警旗尊严。

（二）警徽

中国人民警察警徽是人民警察的象征和标志。公安机关人民警察应当爱护警徽，维护警徽尊严。警徽是人民警察专用标志。使用警徽及其图案应当严肃、庄重，严格使用范围。

（三）警歌

中国人民警察警歌是人民警察性质、宗旨和精神的体现。公安机关人民警察和公安院校学生应当会唱警歌。奏(唱)警歌适用于公安机关重要庆典、集会、会议、检阅以及其他维护、显示人民警察威严的场合。不得在私人婚、丧、庆、悼活动和娱乐、商业活动以及其他不适宜的场合奏（唱）警歌。奏（唱）警歌时，公安机关人民警察应当庄重肃立。

（四）警察节

经党中央批准、国务院批复，自 2021 年起，将每年 1 月 10 日设立为“中国人民警察节”。“中国人民警察节”的设立，充分体现了以习近平同志为核心的党中央对人民警察队伍的高度重视和关心关怀，是进一步健全完善人民警察荣誉制度和标志体系的重要举措，对于推动人民警察队伍革命化正规化专业化职业化建设，增强广大人民警察职业荣誉感自豪感归属感，激励全警以强烈的担当精神履行好党和人民赋予的新时代使命任务具有重大意义。公安机关应当在警察节举办相关庆祝活动，作为励警爱警惠警的重要举措。警察节期间，公安机关可结合实际采取警营开放、法治宣讲、便民服务等多种方式，广泛开展社会宣传，大力加强警察公共关系建设，树立公安机关和公安队伍良好形象。

十五、阅警

阅警以公安机关人民警察队伍接受检阅的形式，充分展现公安机关人民警察良好的精神风貌、严明的组织纪律和强大的战斗力，是人民警察队伍正规化建设的重要举措，是培养人民警察意识、规范人民警察行为、强化人民警察团队精神和组织纪律观念、壮大人民警察声威和树立人民警察良好形象的重要途径。

阅警的主要程序有:第一,阅警指挥员向阅警领导报告;第二,阅警领导宣布阅警开始;第三,组织进行阅警活动;第四,阅警领导讲话;第五,阅警指挥员向阅警领导报告;第六,阅警领导宣布阅警结束。

章后思考题

1. 试述公安机关人民警察内务制度的建设过程。
2. 简述公安机关人民警察内务建设的要求。
3. 简述人民警察仪式制度的内容。
4. 简述公安机关人民警察内部关系的内容。

本章拓展阅读

第三编即测即评

第四编　公安工作

第十四章　公安工作的内容和特点

第一节　公安工作的内容

一、公安工作的含义

根据“公安”词义的不同，公安工作的含义也需在不同语境下诠释。广义的“公安”，即“公共安全”之意，相应地，广义的公安工作泛指国家范围内所有关于公共安全事务的工作的总称。狭义的“公安”，特指专门机关从事的社会工作，相应地，狭义的公安工作是公安机关及其人民警察在党和政府的领导下，为了维护国家安全和社会治安秩序依法从事的一系列专门性行政工作的总称。本书采用狭义的公安工作。可以从以下三个方面理解公安工作的含义。

（一）公安工作必须坚持党和政府的领导

公安工作是由公安机关的性质和职能决定的，这就意味着公安工作必须坚持党和政府的领导。

公安机关是人民民主专政的重要工具，公安机关的阶级属性决定了公安机关必须坚持中国共产党的领导，坚持党对公安工作的绝对领导是公安工作的根本原则。《宪法》规定“中国共产党领导是中国特色社会主义最本质的特征”。《中国共产党章程》规定“中国共产党的领导是中国特色社会主义最本质的特征，是中国特色社会主义制度的最大优势，党是最高政治领导力量。党政军民学，东西南北中，党是领导一切的”。

公安机关的组织属性决定了公安机关同时还要接受同级政府的领导。公安机关是我国政府的重要职能部门，是国家重要的治安行政力量，公安工作同时也是政府行政工作的重要组成部分。

（二）公安工作是我国政府行政工作体系的重要组成部分

公安机关是我国政府的重要职能部门，依照政府职能分工依法履行行政职责。我国政府行政工作依据职责分工不同，形成了一套包含国防行政、外交行政、内务行政、治安行政、经济行政、教育行政等规模庞大、内容繁杂的工作体系。从工作性质和内容上看，公安工作属于政府行政工作体系中依法从事治安行政的专门性行政工作。在从事行政工作的过程中，我国政府依法执行党、国家和人民的意志，对国家和社会的公共事务进行管理。依法行政是政府行政工作的主要特征。公安工作同样需要遵守依法行政的基本要求，依据国家法律授权，在法定权力范围内履行好法定职责，并严格遵守法定程序。

（三）公安工作是维护国家安全与社会治安秩序的专门工作

公安工作的专业性体现在维护国家安全与社会治安秩序的工作内容方面。依据《国家安全法》中的定义，国家安全是指国家政权、主权、统一和领土完整、人民福祉、经济社会可持续发展和国家其他重大利益相对处于没有危险和不受内外威胁的状态，以及保障持续安全状态的能力。进入21世纪,我国的国家安全面临着更多方面的威胁,如恐怖主义、地区间公共卫生安全、跨区域环境污染、经济金融安全、文化安全和信息安全等,这些都对维护国家安全的工作提出了巨大挑战。社会治安秩序,是指人类活动所形成的,主要由国家法律规范和政策规定和调整的,直接关系到国家安定、社会安定以及公共安全等内容的客观状态。社会治安秩序包括公共安全秩序、公民人身财产秩序和社会治安管理秩序等。为了维护国家安全和社会治安秩序的健康和平稳状态,公安机关及其人民警察依据党的路线、方针、政策和国家的法律法规、规范性文件,专门从事针对破坏国家安全和社会治安秩序等违法犯罪活动的预防、制止和惩治工作。同时,为保障上述专门工作的顺利开展,公安机关还需做好组织和队伍建设等组织内部综合性管理和保障工作。这些工作也是公安工作的重要内容。

二、公安工作的主要内容

公安工作是由多种分工、多个层次联结成的工作系统。公安工作系统包括了公安机关的对内工作和对外工作两个部分,具体如图14-1所示。

- 公安工作系统
  - 对内工作
    - 公安领导工作
    - 公安政治工作
    - 公安情报指挥工作
    - 公安机关事务综合管理工作
    - 公安法制工作
    - 公安教育训练工作
    - 公安科技信息化工作
    - 公安警务保障工作
  - 对外工作(公安专业工作)
    - 刑事司法工作
    - 治安行政管理工作
    - 保卫工作
    - 警卫工作

图14-1 公安工作系统构成

(一)公安机关对内工作

1. 公安领导工作

公安领导工作,主要是指各级公安机关党政首长所从事的领导工作。公安机关党政首长通过政治领导、行政领导、业务领导和法制领导,贯彻党和国家的政策和指示,保证公安法律法规的正确实施,指导各项业务工作,指挥特定任务的进行,协调各部门的关系,加强公安机关的思想政治建设。

2. 公安政治工作

公安政治工作,主要是指中国共产党在公安机关中的思想工作、组织工作和宣传工作,它是党的思想政治工作的重要组成部分,是公安队伍战斗力生成的重要构成要素,是公安机关有效履行职责的根本保证。公安政治工作主要由公安机关内设的政治工作部门负责,以马克思列宁主义、毛泽东思想、邓小平理论、“三个代表”重要思想、科学发展观、习近平新时代中国特色社会主义思想为行动指南,具体内容包括组织协调党的各项工作的实施,推动党的决策和部署落实到位;制定和组织实施党的思想政治工作方针、政策和措施;加强党的组织建设和党员管理工作，落实党管干部原则；组织实施公安机关机构编制管理和人事管理；组织实施公安队伍的纪律作风建设；组织开展宣传（或公共关系）工作等。公安政治工作是公安机关正确贯彻党的政治路线、思想路线、组织路线，坚持四项基本原则，在政治上、思想上与党中央保持一致的重要工作。坚持公安政治工作有利于保障党的公安工作的原则、路线、方针和政策得以顺利执行和落实。

3. 公安情报指挥工作

公安情报指挥工作，是公安情报工作和公安指挥工作的统称，是指公安机关情报指挥部门的主要工作。根据公安部情报指挥一体化建设的总体要求，情报指挥部门作为公安机关警务实战的指挥中枢，担负着情报分析、研判预警、指挥调度、应急值守等重要职责。公安部情报指挥中心与地方各级公安机关情报指挥中心共同构成了我国公安机关的情报指挥体系，分别负责全国与地方各级公安机关的情报指挥工作。公安情报指挥工作的具体内容包括：情报搜集与研判，领导指令的具体下达，应急指挥、处置与救助，各业务部门和专业工作的统一协调和调度，预警防范与快速反应，110 接处警等工作。近年来，全国公安系统大力推行建立健全"情报、指挥、勤务、舆情"（简称"情指勤舆"）一体化实战化运行机制，着力解决传统警务模式条块分割、力量分散、数据壁垒、资源倒挂等问题，进一步加强情报指挥部门的中枢作用，并充分利用大数据、5G、云计算、人工智能（AI）和物联网等多种现代信息技术，将情报指挥中心打造成为"智慧大脑"，进而更好地加强公安情报指挥工作建设。

4. 公安机关事务综合管理工作

公安机关事务综合管理工作，主要是指公安机关办公厅、室，调研统计、信访、文书档案等部门的工作。它为领导决策指挥、政策制定、公安机关常态运行等提供综合管理和服务活动。其内容主要包括为公安领导工作提供信息咨询服务、调查研究、组织实施领导决策、对各项任务的完成情况进行督促检查，公安机关公文写作，文书处理和档案管理，组织会议、办理信访、协调工作关系等。

5. 公安法制工作

公安法制工作，是指各级公安机关法制部门依照自己的职责权限，编制立法计划、对案件进行审核把关、执法监督检查、进行法制调研和宣传教育等事关公安立法、执法的活动。公安法制工作是整个公安工作的基石，是全面提高公安工作水平的重要支撑。公安法制工作以积极回应人民群众的新期待、满足人民群众的新要求为出发点，以立法工作科学化、执法行为规范化、执法管理现代化为目标，全面加强、深入推进公安法制建设，为新时期、新阶段公安工作和公安队伍建设提供更加及时、有效的执法服务、法律支持和法制保障。公安法制工作包括公安机关内部的综合法律事务工作和内部执法监督工作，以及行政诉讼案件应诉、办理国家赔偿案件等其他法律方面的工作。公安法制工作的主要内容有：研究有关公安工作的方针、政策，制定公安法制工作总体规划；组织、协调起草公安法律、法规、规章和其他规范性文件；负责公安机关应用法律、法规的解释和咨询工作；负责规范性文件法律审核工作；组织开展案件审核、执法检查、考核评议、专项调查、专案调查；执法过错责任追究等内部执法监督工作；组织、指导、办理行政复议、听证、诉讼和国家赔偿工作；组织开展法制培训工作；参与刑事司法协助、引渡条约、国际警务合作和重大涉外案件处置等法律事务；研究执法中的问题和对策；以及各级公安机关决定由法制部门承担的其他工作。

6. 公安教育训练工作

公安教育训练工作在公安工作中居于全面性、基础性和战略性的地位，是公安战斗力生成的基础和前提。公安教育训练工作包括全日制的公安高等教育工作和在职民警的训练工作两部分。公安高等学校和各级公安机关的训练基地是承担公安教育训练工作的主要力量。公安高等教育培养的专门人才是公安队伍补充的主要渠道。公安教育训练工作使公安队伍素质得到提高，有力地促进了公安队伍的革命化、正规化、职业化和专业化建设。

7. 公安科技信息化工作

公安科技信息化工作是指公安科学技术工作和信息化建设工作。公安科学技术工作是指公安科学技术的研究和开发，主要是围绕有关公安工作的社会现象和有关公安工作的技术手段、装备现代化进行的研究与开发工作。公安科学技术包括社会科学和技术科学。随着公安工作面临的新任务要求，公安科技已成为推动公安工作发展的强大助推器。公安信息化建设工作是指在信息时代，公安信息系统的搭建、运营、管理和维护，如公安网的建设、公安机关情报指挥中心的建设、公安机关大数据平台的建设、公安信息网络安全保障体系建设、公共安全视频监控系统建设等内容。公安信息化建设工作有力地推动了公安机关的信息化水平，为公安工作提供了强有力的技术支持。

8. 公安警务保障工作

公安警务保障工作，是指对公安机关和人民警察依法履行职责和行使职权提供全面、系统、务实、高效的支持和保证的工作，它是开展公安工作的重要基础和强大支撑。广义的警务保障包括政治、法律、体制、警察人力、情报信息、经费、装备、科技、环境资源、社会福利等方面。狭义的警务保障主要是指经费保障、装备保障、被装保障、基础设施建设保障、技术手段保障、后勤服务保障等。根据公安部“三基”工程建设的要求，尤其要做好基层一线公安机关的警务保障工作。

（二）公安机关对外工作（公安专业工作）

公安机关保卫国家安全与维护社会治安秩序的任务，主要是通过公安专业工作实现的。公安专业工作是国家法律法规规定的公安机关的专门工作，主要包括下列具体工作：

1. 刑事司法工作

刑事司法工作是指公安机关在党和政府的领导下，依据《刑法》《刑事诉讼法》等刑事法律法规同刑事犯罪作斗争的一系列工作。刑事司法工作针对的主要是对抗性较强的刑事犯罪活动，针对的对象是刑事犯罪分子，所采取的主要措施为侦查、强制、押解、羁押等严厉手段。刑事司法工作的主要内容包括：

(1) 政治安全保卫工作。政治安全保卫工作又称国内安全保卫工作，即公安机关对危害国家安全或政治安全的刑事犯罪采取的侦查和防范工作。政治安全保卫工作是公安机关在党和政府的领导下紧密依靠群众，以秘密的侦查手段和公开的斗争形式，防范、发现和打击一切敌对势力、敌对分子的各种阴谋破坏活动，以保卫人民民主专政政权，保障国家安全，保卫社会主义现代化建设事业顺利进行的专门工作。政治安全保卫工作是党和国家赋予公安机关的一项特殊使命，具有隐蔽性、长期性、尖锐性和复杂性的特点。进入新时代，面对公安工作的新形势，创造安全稳定的政治社会环境是党和人民交给公安机关的重大政治任务。公安机关要始终坚持把防范政治风险置于首位，以防范抵御“颜色革命”为重点，坚决打好政治安全保卫仗，坚决打击境内外敌对势力各种渗透颠覆破坏活动，不断深化反恐怖反分裂斗争，坚决捍卫以政权安全、制度安全为核心的国家政治安全，坚决捍卫中国共产党领导地位和我国社会主义制度。

(2) 刑事侦查工作。刑事侦查工作是指公安机关依据国家法律法规的有关规定，采用专门调查方法和强制性措施，揭露、打击和防范刑事犯罪的一项专门工作。刑事侦查工作的主要任务是侦破刑事案件，阻止和打击国际恐怖活动和国外、境外犯罪组织、犯罪分子以及黑社会组织的渗透活动；预防、制止和减少刑事犯罪的发生，做到及时发现犯罪、揭露犯罪、证实犯罪、打击犯罪，以保障人民的合法权益，保卫社会主义现代化建设事业的顺利进行。

(3) 刑事强制工作。刑事强制工作是指为了保障刑事诉讼活动的顺利进行，公安机关依法采取措施限制犯罪嫌疑人、被告人一定程度人身自由的强制性工作。《刑事诉讼法》规定公安机关有权采取的刑事强制措施包括拘传、取保候审、监视居住、拘留和逮捕。

(4) 羁押看守工作。羁押看守工作是指公安机关对被执行拘留或逮捕的犯罪嫌疑人、被告人进行关押看守的工作。

(5) 刑罚执行工作。根据《刑法》《刑事诉讼法》的规定，公安机关担负着剩余刑期在3个月以下的有期徒刑以及拘役、剥夺政治权利、驱逐出境等刑罚执行工作。同时，《刑事诉讼法》还规定，没收财产的判决，在必要时，人民法院可以会同公安机关执行。

2. 治安行政管理工作

治安行政管理工作是国家行政管理工作的重要组成部分，其实质是公安机关依法使用行政权力维护社会治安秩序的活动与行为。治安行政管理工作是公安机关在党和政府的领导下，根据国家有关治安方面的法律规范，通过宣传、教育和动员群众力量，使用行政权力维护社会治安秩序，预防违法犯罪，保障社会生活正常进行的行政管理活动。从其含义来看，治安行政管理工作的主要任务是维护社会治安秩序，预防违法犯罪，预防、查处治安案件和治安灾害，组织群众治安力量等。与刑事司法工作不同，治安行政管理工作针对的主要是社会生活中对抗性较弱的一般性公共事务，针对的对象一般是法治观念不强的群众，所采取的主要措施为检查、监督、处置、强制、处罚等手段，在措施的严厉程度方面远不如刑事司法工作。公安机关治安行政管理工作的主要内容包括：

(1) 户籍管理工作。户籍管理工作主要包括户籍登记和户籍证明工作。户籍登记是国家关于人口的一项重要行政管理制度，也是公安工作的一项基础工作。户籍证明工作主要是居民身份证及其他人口证件的签发和验证工作。2018年12月29日，公安部发布了《户口居民身份证管理工作规范》，对户籍管理工作进行改革。该规范指出，户口、居民身份证管理是指常住户口登记、暂住登记及居住证管理、居民身份证管理、人口信息管理等。与原有的户籍管理工作相比，户口、居民身份证管理工作重点增加了利用人口信息管理系统实现人口信息的采集、维护、查询和共享等工作。

(2) 公共秩序管理工作。公共秩序管理工作主要是指公安机关对人群聚集或进行公众活动的公共场所治安秩序进行管理的工作，如对车站、码头、机场、文娱或体育场所、商场、集贸市场、展览馆场，以及公园、风景区等场所进行的维护社会治安秩序的工作。公安机关在对上述公共场所的治安秩序进行维护的过程中有权对威胁、危害乃至破坏公共场所治安秩序的人员采取命令解散、强制驱散、强行带离现场、强制遣送等处置方式，对拒不服从人员可以依法予以拘留。

(3) 特种行业管理工作。特种行业是指在工商服务业中，因经营业务的内容和性质而易于被犯罪分子所利用，由国家或地方法规规定交由公安机关实行治安行政管理的行业。公安机关在进行特种行业管理的过程中，有权对从事特种行业的工商企业设定行政许可，从事某些行业的工商企业需要获得公安机关核发的特种行业许可证方能从事经营活动。公安机关有权对从事特种行业的工商企业进行监督、检查和管理，并要求其予以配合，提供支持与帮助。根据2004年6月国务院审议通过的《国务院对确需保留的行政审批项目设定行政许可的决定》，因私出入境中介服务机构的资格认定（境外就业、留学除外）需要公安部实施行政许可。从事典当业、旅馆业、公章刻制业等行业需要获县级以上地方人民政府公安机关核发特种行业许可证。原需公安机关核发特种行业许可证的拍卖业、印刷业、复印业、废旧物品收购业、二手机动车交易市场、报废汽车回收拆解业、旧货市场、机动车修理业等行业，在开业前不再需公安机关核发特种行业许可证，但根据相关的法律法规，公安机关对上述行业依法进行监督、检查和管理的职责未变。通过特种行业管理工作，公安机关可以有效地预防、发现、控制和打击违法犯罪活动。

(4) 民用危险物品管理工作。危险物品是指枪支弹药、爆炸物品、剧毒化学品、易制爆危险化学品和其他危险化学品、放射性物品、核材料、管制器具等能够危及人身安全和财产安全的物品。民用危险物品管理工作是指公安机关对危险物品从业单位以及个人在民用危险物品的生产、保管、运输、销售、购买、持有、使用的全过程进行管理，以防止违法犯罪分子利用危险物品从事违法犯罪活动，并防止在危险物品的生产、保管、运输、销售、购买、持有、使用的过程中发生灾害事故。

(5) 交通安全管理工作。交通安全管理工作包括交通管理立法（即全国统一的道路交通安全管理法规，由公安部起草并负责实施）、交通安全宣传教育、交通指挥、维护交通秩序、处理交通事故和车辆检验、驾驶员考核与发牌发证、路障管理以及交通标志、标线等安全设施的设置与管理等。除公安机关外，其他部门不准在道路上设置检查站拦截、检查车辆。公安机关要向交通部门提供车辆、驾驶员等有关统计资料，并在路查、年检中积极协助交通部门做好养路费和车辆购置附加费的征收工作。这些工作也是公安机关在交通安全管理过程中必须要做好的相关工作。

(6) 移民管理和出入境管理工作。移民管理和出入境管理工作是由原先的公安边防检查工作与出入境管理工作整合而来。根据2018年3月中共中央印发的《深化党和国家机构改革方案》，随着我国综合国力进一步提升，来华工作生活的外国人不断增加，为加强对移民及出入境管理的统筹协调，更好形成移民管理工作合力，将公安部的出入境管理、边防检查职责整合，建立健全签证管理协调机制，组建国家移民管理局，加挂中华人民共和国出入境管理局牌子，由公安部管理。移民管理和出入境管理工作的主要内容有：负责全国移民管理工作；协调拟订移民和出入境管理政策与规划并协调组织实施，起草相关法律法规草案；负责建立健全签证管理协调机制，组织实施外国人来华口岸签证、入境许可签发管理和签证延期换发；负责外国人来华留学管理、工作有关管理、停留居留和永久居留管理、国籍管理、难民管理；负责出入境边防检查、边民往来管理、边境地区边防管理；负责中国公民因私出入境管理、港澳台居民回内地（大陆）定居审批管理；牵头协调非法入境、非法居留、非法就业外国人治理和非法移民遣返，查处妨害国(边)境管理等违法犯罪行为；承担移民领域国际合作等。

3. 保卫工作

保卫工作主要指公安机关针对和指导机关团体、企业、事业单位、行业部门系统等单位内部的治安保卫工作以及计算机信息系统和互联网的安全保卫工作。保卫工作的主要内容有：

⑴ 机关团体保卫工作，主要是指公安机关对党中央、国务院及其各部门，省、自治区、直辖市和地级市、县的党政部门以及工会、共青团、妇联和各民主党派以及其他群众团体所进行的保卫工作。

⑵ 企业保卫工作，主要是指公安机关对工厂、矿山、财贸、邮电、水产等企业单位所进行的保卫工作。

⑶ 事业单位保卫工作，主要是指公安机关对文化、教育、科研、卫生、体育、新闻、广播、电视等事业单位所进行的保卫工作。

⑷ 部门系统保卫工作，主要是指公安机关对铁路系统、交通航运系统、民用航空系统、森林系统所进行的保卫工作。

⑸ 网络安全保卫工作。网络安全保卫工作始于我国计算机和互联网在国内的普及与发展。网络安全保卫工作原为公共信息网络安全监察工作，是公安机关的一项专门业务工作，主要职能是依法对计算机信息系统安全实施保护。该项工作的法律依据是《人民警察法》《国家安全法》《网络安全法》《计算机信息系统安全保护条例》等。工作方面，针对网络安全，主要有预防、控制、发现和打击网络违法犯罪，清理整治网络安全隐患，维护网络空间安全，网络安全国际执法合作等工作内容。针对计算机信息系统，主要有监督、检查、指导计算机信息系统安全保护工作；组织实施计算机信息系统安全评估、审验；查处计算机违法犯罪案件；组织处置重大计算机信息系统安全事故和事件；负责计算机病毒和其他有害数据防治管理工作；对计算机信息系统安全服务和安全专用产品实施管理；负责计算机信息系统安全培训管理工作。

4. 警卫工作

警卫工作是公安机关为确保党和国家领导人，来访的重要外宾，中央和省、自治区、直辖市党政领导机关以及重大活动的安全所进行的警戒、保卫工作，包括驻地警卫、随身警卫、路线警卫、现场警卫等。警卫工作原先由地（市）级以上公安机关设置的警卫局（处）负责，警卫队伍的性质为现役制武警。在 2018 年武装警察队伍改革以后，各级公安机关警卫部门更名为特勤部门，公安部警卫局更名为特勤局，所有警卫队伍从现役制武警更改为职业制人民警察，在身份性质上有了较大转变，但警卫工作的内容没有发生较大变化。

第二节　公安工作的特点

公安机关及其人民警察在行使职能、履行职责、完成安全保卫任务的过程中形成了公安工作的鲜明特点。认识这些特点，对于提高公安工作的社会地位，提高公安机关的战斗力，增强人民警察的光荣感和自豪感，增进人民群众对人民警察的理解，具有十分重要的意义。

一、公安工作整体上表现出的特点

（一）阶级性与社会性相结合

公安工作既有鲜明的阶级性，又有广泛的社会性。所谓阶级性，也称国家性，是公安机关的根本属性，也是公安工作的根本属性。公安机关是人民民主专政的重要工具表明了公安机关的阶级属性，也表明了公安机关的阶级本质。我国公安机关必须与党、国家和人民保持一致，就要做到公安工作与党的路线、方针、政策相一致，与国家的政策和法律相一致，与人民群众的根本利益相一致。所谓社会性，是指公安机关的社会属性，即公安机关的组织属性。公安机关是政府的重要职能部门，公安工作与社会的联系是广泛而密切的。公安工作涉及社会生活的各个领域，直接关系到千家万户乃至每一个人。公安机关的性质是阶级性和社会性的结合，公安工作自然也体现出阶级性与社会性相结合的特点。

（二）行政性与司法性相结合

《公安机关组织管理条例》第 2 条明确规定，公安机关是人民民主专政的重要工具，人民警察是武装性质的国家治安行政力量和刑事司法力量。《人民警察法》规定的公安机关人民警察职责包括治安行政管理和刑事司法等。我国颁布的《治安管理处罚法》《刑事诉讼法》等法律、法规规范了公安机关承担的行政性工作和相关的司法性工作。公安工作的行政性体现了公安机关作为政府机构依法承担的行政管理职责。公安机关的司法性体现了公安机关履行刑事法律规定的部分职责，它有中国特色公安工作的鲜明特征。

（三）打击性与保护性相结合

公安机关的基本职能是由公安工作的对象所决定的，其决定了公安工作的基本内容，决定了公安工作具有打击性与保护性的双重特点。工作对象不同导致工作方式也有区别。对于侦查破案、拘留逮捕、审讯、处置突发暴力事件、制裁违法犯罪等项工作，公安机关的工作对策主要是以强制力进行打击；对于警卫守护、巡逻值勤等项工作，公安机关的工作对策主要是保护。打击与保护两者是紧密联系、相互依存、相互渗透、互为前提的。打击中包含着警戒预防，使人不敢以身试法；保护中包含着消除造成违法犯罪的消极因素。当然，公安工作的有些对策，如治安管理措施本身有打击和保护双重作用。总之，公安工作的打击与保护作用是紧密结合在一起的。

（四）隐蔽性与公开性相结合

工作对象的隐蔽性和公开性，决定了公安工作具有隐蔽性和公开性的特点。首先，犯罪分子的犯罪行为有的是隐蔽的，有的是在光天化日之下明目张胆地进行的，因此，公安机关就要有针对性地将秘密工作和公开工作结合起来。其次，为了广泛发动群众同违法犯罪作斗争，震慑犯罪分子，除了做好秘密工作之外，还需要进行大量的公开工作。最后，公安机关除了同违法犯罪作斗争之外，还担负着大量的社会管理工作，许多管理工作不仅不能秘密进行，还要广泛宣传，实行警务公开以赢得广大人民群众的支持。所谓秘密工作，是指为了不使对方察觉或了解意图，采取秘密的措施、手段开展的工作。所谓公开工作，是指直接以公安机关的名义和人民警察的身份，采取被对方了解、认识直至使对方配合的方法和措施开展的工作。秘密工作与公开工作是相辅相成的。秘密工作需要公开工作进行掩护，秘密工作寓于公开工作之中；公开工作需要秘密工作作后盾，并为秘密工作创造条件。

（五）强制性与教育性相结合

公安工作是以国家暴力作后盾的，是以警察的实力即武装的、特殊的手段作保障的，具有鲜明的强制性。公安工作具有法律所赋予的行政的、刑事的强制手段和措施，特别是对违法犯罪嫌疑人员，可以采取人身方面的强制措施，而公安机关权力的实施对象只能服从。虽然公安工作具有鲜明的强制性特征，但公安工作大量的、经常性的工作主要是教育。公安工作的教育性是多层次的，既包括针对全社会广大人民群众的普遍性的法制教育和安全教育，又包括对可能酿成违法犯罪、治安事件、治安灾害的因素有重点地开展教育，还包括对造成治安危害的有关人员，在执法过程中进行的教育，以及对违法犯罪人员、刑满释放或解除收容教养人员的帮助教育。公安工作的强制性和教育性相互结合，密不可分。

（六）集中性与分散性相结合

公安工作的集中性就是其统一性。它要求在服从国家意志、实行宏观决策、领导与指挥等方面高度集中；在战略战役部署与实施上，在法制与政策的结合上，在多部门横向警务协作上要高度统一。这样才能形成整体一致、快速反应、多警种配合、多专业协作的整体合力。但犯罪分子是在不同时空出现的，这就决定了公安工作的分散性。对于高度分散的、隐蔽的又不断衍生的犯罪分子，不宜采用“大兵团作战”，而宜分散地对案件各个侦破，将犯罪分子逐个制服。公安工作的集中性与分散性是相互依存、相辅相成的。越有分散性，越要求步调一致、统一指挥、统一行动。而高度集中的部署又必须通过分散的行动去实现。要防止只强调一个方面而忽视另一个方面的片面观点。

（七）政策性与法律性相结合

公安机关作为国家的统治工具，人民警察作为国家的公务员，在工作中必须坚定地执行党和国家的各项政策，特别是有关公安工作的路线、方针和政策。同时，公安机关作为国家的执法机关，人民警察作为执法人员，在履行职责时又必须坚持有法必依、执法必严、违法必究。由于政策是法律的灵魂，是制定法律的依据；法律是政策的定型化、条文化、规范化，所以执行政策与执行法律是一致的。因此，公安工作是政策性与法律性相结合的一项工作。

（八）管理性与服务性相结合

作为国家的统治工具，公安机关的管理活动是使社会有序运转、社会和谐稳定，人民不断增强公共安全感，提升幸福感；公安机关的服务活动其本质是服务经济社会发展，主要围绕维护社会稳定的主流任务，在集中精力打击违法犯罪活动、改善治安环境、增加公众安全感等方面对公民“共同私权”提供服务，在公安行政管理中坚持以人为本、服务为先的思想，在公安机关职权、义务范围内采取切实有效的便民、利民、为民措施，实现人民警察全心全意为人民服务的宗旨。公安机关及其人民警察要处理好执法、管理、服务三者之间的关系，坚持在管理中做到为民服务，在创新服务中实现有效管理。

二、公安专业工作的特点

公安机关保卫国家安全、维护社会治安秩序的任务，主要是通过公安专业工作来完成的。公安专业工作的主要特点是：

（一）复杂性

公安专业工作是以维护国家安全和社会治安秩序为主要任务的一项工作。公安专业工作所面临的形势和工作对象的复杂性，决定了公安专业工作具有复杂性。当前，我国经济发展、社会稳定，但国际形势错综复杂，影响我国国家安全和社会稳定的因素增加。西方敌对势力继续对我国实施“西化”“分化”“弱化”的政治图谋，利用一切可以利用的机会对我国进行渗透、破坏活动，颠覆与反颠覆、分裂与反分裂的斗争复杂、尖锐。在国际反华势力的支持、鼓动下，境内外的敌对分子加紧活动，暴力恐怖势力、民族分裂势力、宗教极端势力这“三股势力”成为我国国家安全最直接、最现实的威胁。由人民内部矛盾引发的群体性事件已经成为严重影响社会稳定的突出问题，社会管理及维护稳定的任务日益繁重。在我国目前所处体制转轨的特定历史时期，诱发、滋生犯罪的各种消极因素大量存在，治安问题的压力不断增大，刑事犯罪不仅数量增多,而且危害加剧。因此,只有清醒地看到公安专业工作面临形势的复杂性、严峻性,才能随时应付各种困难和复杂局面,掌握斗争的主动权,完成公安专业工作的艰巨任务。

(二) 艰苦性

公安专业工作的艰苦性主要表现在两个方面:一方面,公安机关及人民警察承担着繁重任务,常常需要人民警察连续作战,超负荷工作;另一方面,不良的自然环境和执法环境也常常给人民警察执行公务带来诸多困难,需要面对诸多方面的不利情况。因此,人民警察工作、生活乃至精神压力较大。

(三) 危险性

人民警察在工作中往往处于对抗性矛盾的第一线,经常同犯罪分子进行面对面的斗争。如采取强制的、暴力的手段制服正在实施暴力犯罪的犯罪分子;要对付犯罪分子的暴力反抗、拒捕、报复、袭击等;在处理治安案件或事件中可能受到不法分子的殴打伤害等;在同恶性灾害事故的斗争中,人民警察也面临着巨大的危险,如在同火灾、水灾、风灾、地震、爆炸等灾害的斗争中,人民警察要冒着生命危险工作,甚至付出自己的生命。

(四) 易腐蚀性

在公安专业工作中,一方面,人民警察作为执法者,手中掌握着执法的权力,如果这些权力得不到有效的制约,行使职权的活动得不到有效的监督,人民警察的执法活动不依法进行,就可能会滋生以权谋私、贪赃枉法、包庇放纵罪犯等消极腐败现象。另一方面,人民警察在工作中经常会接触社会的阴暗面和丑恶现象,一些违法犯罪人员常常用金钱、物质、美色等各种手段进行腐蚀拉拢,在公安队伍中寻找他们的代理人或保护伞,这些行为都有可能极大地腐蚀公安机关人民警察,而意志薄弱者就有可能被拉下水,甚至触犯法律成为人民的罪人。所以,人民警察必须树立正确的世界观、人生观、价值观、权力观和远大的理想,不断提升坚定信念、坚强意志和防腐拒变的能力。

章后思考题

1. 请对公安工作的性质进行辨析。
2. 请对公安工作与政府其他职能部门的行政工作进行比较。
3. 请对不同公安工作进行比较。
4. 试述公安系统中各项工作的现代化改革。
5. 试述公安工作整体上表现出的特点在公安实践中的体现。
6. 试述公安专业工作特点在公安实践中的体现。

本章拓展阅读

第十五章　公安工作的根本原则和根本路线

第一节　公安工作的根本原则

公安工作必须置于党的绝对领导之下，坚决贯彻执行党的路线、方针、政策，在思想上、政治上、行动上与党中央保持高度一致，要始终保持正确的政治方向，永葆忠于党、忠于祖国、忠于人民、忠于法律的政治本色，永做党和人民的忠诚卫士。

一、坚持党对公安工作的绝对领导是公安工作的根本原则

中国共产党对公安工作的绝对领导，是由中国共产党的性质和执政党地位决定的，是在总结历史经验和教训的基础上形成的。

《中国共产党章程》指出，中国共产党是中国特色社会主义事业的领导核心。我国《宪法》确认，中国共产党领导是中国特色社会主义最本质的特征。中国共产党在我国的各种政治力量中，处于领导地位，并且这种领导地位是唯一的，其领导范围涉及政治、经济及社会生活等各个领域的各个方面。因此，坚持党对公安工作的绝对领导自然也是绝对的。

我国《宪法》同时还确认，中国新民主主义革命的胜利和社会主义事业的成就，是中国共产党领导中国各族人民，在马克思列宁主义、毛泽东思想的指引下，坚持真理，修正错误，战胜许多艰难险阻而取得的。历史证明了，公安工作正是在党的领导下取得了发展和进步，脱离了党的领导，就会严重损害党和人民的利益。早在革命战争时期，党中央便根据形势发展的需要，提出加强锄奸保卫工作，即公安保卫工作。抗日战争时期，党中央吸取了土地革命战争时期保卫工作凌驾于党委和政府领导的历史教训，在 1939 年作出的《反奸细斗争的决议》中明确了党委对公安机关的绝对领导。1950 年 9 月 27 日，毛泽东同志在对全国经济保卫工作会议的指示中说："保卫工作必须特别强调党的领导作用，并在实际上受党委直接领导，否则是危险的。"这一指示确立了我国公安工作受党委直接领导的根本原则。所谓"特别强调党的领导作用"，是指从与全党的关系来说，公安工作必须置于党的绝对领导之下。所谓"在实际上受党委直接领导"，是指从地方公安机关与同级地方党委的关系来说，公安机关必须置于党委的实际领导之下，党的绝对领导通过党委对公安机关实际的、直接的领导才能得到落实。这种领导关系是我国公安工作的政治优势。1952 年，第五次全国公安会议上通过了《关于建设公安部门政治工作的决议》，规定政治工作的基本任务是：保证党在政治上、思想上的绝对领导，保证公安队伍的纯洁，提高公安队伍的战斗力，以保证党的政策方针的切实贯彻和公安任务的顺利完成。多年来，中共中央有关公安工作的文件和历次全国公安工作会议，都强调要加强党对公安工作的绝对领导。1991 年通过的《中共中央关于加强公安工作的决定》和 2003 年通过的《中共中央关于进一步加强和改进公安工作的决定》也都在不同时期强调并重申了要将公安工作置于党的绝对领导之下这一根本原则。2019

年召开的新时代全国公安工作会议上，习近平总书记强调，要从政治上建设和掌握公安机关，始终在思想上政治上行动上同党中央保持高度一致，各级党委要高度重视公安工作，加强对公安工作的领导。长期以来，正是因为始终坚持党对公安工作的绝对领导，公安事业才得以不断发展。

坚持党对公安工作的绝对领导具体包括如下两方面含义：

第一，公安工作只能由中国共产党领导。毛泽东同志在1937年曾说过，我们党“拒绝了国民党派遣他们的党员来当八路军干部的要求，坚持了共产党绝对领导八路军的原则”[①]。我们党在坚持对军队的绝对领导权的同时，也实行了党对人民公安保卫工作绝对领导的原则，并且一直坚持到今天。这是坚持人民民主专政性质的要求，是维护党、国家、人民利益的要求。

第二，中国共产党对公安工作的领导具有无条件性、全面性、直接性。党对公安工作领导的无条件性，要求公安机关必须无条件地置于党中央及各级党委的领导之下，不得以任何理由和借口削弱、抵制、损害或者摆脱党的领导。党对公安工作领导的全面性，要求公安机关全面地接受党在政治上、思想上、组织上和工作上的领导。凡涉及重大方针、政策、法律问题时，都要及时向党委请示报告，经党委审核批准，并在党委监督下贯彻执行。那些具有全面性重大政治影响和社会影响的工作部署以及一些重大案件的侦查处理，都要在地方党委的实际领导下进行。党对公安工作领导的直接性，要求公安机关自觉地接受党中央制定的路线、方针、政策的领导，自觉接受党中央和各级党委对公安工作的直接领导。凡是党委直接过问、检查和督促的，公安机关都要如实汇报，不得封锁消息，不得向党委保密，不准消极应付和抵制，更不准拒绝。

做到党对公安工作的绝对领导，必须坚持四条：一是人民警察与党中央在思想上、政治上保持高度一致；二是县级以上各级公安机关接受同级党委的领导；三是充分发挥公安机关党委的领导和保证作用；四是充分发挥公安系统每个党员的模范带头作用。

二、坚持党对公安工作绝对领导的必要性

（一）只有在党的正确领导下才能发挥公安机关职能作用

中国共产党是执政党，直接领导着政权工作，对有武装性质的专政工具必须绝对地掌握和控制，以便得心应手地运用其为政权的巩固服务。公安机关是人民民主专政国家政权的重要组成部分，是人民民主专政的重要工具，是武装性质的治安行政和刑事司法力量，是关系国家安全和社会治安的要害部门。公安工作事关国家安危、社会稳定和人民生命财产安全，公安机关一旦脱离党的领导，就可能被坏人所掌握、所利用，蜕变成镇压人民的工具。所以，把公安机关置于党的绝对领导之下并发挥其职能作用，也是体现党的执政能力的重要方面。

（二）只有坚持党的领导才能保证公安机关职能正确运行

公安机关拥有法律赋予的权力和强大实力，能否正确运用强制手段、侦查手段、惩罚手段，直接关系到国家、社会和人民的利益。公安机关是人民手中的“刀把子”，掌握得好，能打击敌人，保护人民；掌握得不好，就容易损害人民的利益，甚至给党和国家带来灾难。只有坚持党对公安机关领导的原则，才能使专政的“刀把子”牢牢掌握在可靠人的手里，充分发挥

---

① 《毛泽东选集》（第二卷），人民出版社1991年版，第393页。

公安机关打击敌人、保护人民的作用，才能确保人民民主专政政权的巩固。

（三）只有坚持党的领导才能加强公安机关战斗力和保持队伍的纯洁性

公安工作要处理社会矛盾中最具有对抗性、隐蔽性和腐蚀性的问题。违法犯罪是对社会发展破坏性最大的一个社会问题，其中许多问题是具有对抗性的社会矛盾。公安机关处于国内斗争的第一线，它所面对的是阶级矛盾、社会矛盾中最具有对抗性的部分，是危害活动中最具有隐蔽性的部分，是污染社会行为中最具有腐蚀性的部分，是各种社会矛盾中最尖锐、最复杂的部分。特别要看到，随着改革开放和社会主义现代化事业的不断深化，随着国际交往的扩大，境内外的敌对势力的破坏活动更加隐蔽、狡猾。同时，境内外敌对势力和犯罪分子正在千方百计地用政治瓦解、思想渗透、物质和色情引诱等卑劣伎俩对我内部人员进行拉拢腐蚀和策反等活动。公安人员接触黑暗面多，分散执行任务，必须具有高度的反腐蚀能力。面对这样复杂、艰巨的任务，公安机关只有置于党的领导之下并接受其有力的监督才能提高战斗力，保持公安队伍的纯洁性。

（四）只有坚持党的领导才能动员、组织和协调社会力量

公安工作具有广泛的社会性，维护国家安全和解决社会治安问题，涉及国家和社会生活的诸多领域，只有依靠党的领导才能有效密切与各部门、各行业、各组织和广大人民群众的关系，才能发挥社会各种力量的作用，保障国家安全和维护社会秩序，在坚持党委领导的前提下，还要发挥社会协同的作用，只有在全社会的积极配合和支持下才能做好各项公安工作。这也是治安社会化的必然要求，而治安社会化是公安工作现代化的重要标志。党是最高政治领导力量。必须坚持党政军民学、东西南北中，党是领导一切的，只有党才能够动员和领导政、军、工、农、商、学、青、妇等社会各界，也只有党才能对人民群众有最大的号召力。因此，保障国家安全和维护社会秩序需要在党的统一领导下，最广泛地动员和组织各种社会力量，号召广大人民群众作出各自的贡献。公安工作涉及党的各项政策，包括外交政策、统战政策、民族政策、干部政策等。只有正确执行党和国家的各项政策，才能取得各阶层、各党派和各界人士的拥护，才能最广泛地调动和保护人民群众的治安积极性。

（五）只有坚持党的领导才能保证公安决策的正确性

我们党是由马克思列宁主义、毛泽东思想、邓小平理论、“三个代表”重要思想、科学发展观、习近平新时代中国特色社会主义思想武装起来的党，坚持以科学的世界观和方法论分析治安形势和制定政策，是公安决策正确的根本保证。从过去到现在，党为公安工作制定了一系列的方针、政策、原则，并领导了公安法规的制定和执行。党的决策经受了历史和现实的重大实践的检验，证明了它们的正确性。党中央和各级党委通过制定正确的政策，并贯彻实施这些政策实现对公安工作的领导。党从全国各族人民的长远利益出发，能够总揽全局，高瞻远瞩地对重大问题作出正确决策。因此，在事关重大的案件与事件的处置上，公安机关要及时请示党中央和地方党委，以取得及时、有力的领导。

三、党对公安工作领导的内容和特点

（一）党对公安工作领导的内容

1. 政治领导

政治领导，是指党在政治方向、政治原则、政治路线和方针、政策上的领导。其实现途径

是党经常以党的最高纲领、近期奋斗目标教育和武装人民警察，使他们既有远大的理想又有求实的精神，并采取多种措施和形式提高人民警察的政治觉悟，增强其政治敏锐性和政治鉴别力，组织和督促人民警察认真学习党和政府的方针、政策和国家法律，践行当代公安机关人民警察的核心价值观，确保公安机关及人民警察自觉地与党中央在政治上保持高度一致。当前和今后一个时期，公安机关要高举中国特色社会主义伟大旗帜，深入贯彻落实党的方针、路线、政策，全面落实科学发展观，紧紧围绕全面建设小康社会的总目标，牢牢把握维护好重要战略机遇期社会稳定的总要求，不断增强大局意识、政治意识、忧患意识、群众意识和法治意识，坚持与时俱进，坚持执法为民，大力推进公安队伍正规化建设，全面提升公安工作的效率和公安队伍的战斗力，切实提高公安队伍整体素质和业务水平，切实加强公安机关维护国家安全的能力、驾驭社会治安局势的能力、处置突发事件的能力、为经济社会发展服务的能力，真正担负起巩固共产党执政地位、维护国家长治久安、保障人民安居乐业的重大政治和社会责任。

2. 思想领导

思想领导，是实现政治领导的思想保证。其实现途径是党委经常以马克思列宁主义、毛泽东思想、邓小平理论、“三个代表”重要思想、科学发展观、习近平新时代中国特色社会主义思想教育人民警察，始终坚持科学发展观，不断促使人民警察树立科学的世界观，掌握马克思主义方法论，提高思想水平，自觉想大事、顾大局；培养艰苦奋斗、克己奉公、忠诚老实、谦虚谨慎的品德和良好的职业道德；养成机智勇敢、实事求是、坚持真理、修正错误的思想作风。

3. 组织领导

组织领导，是实现党对公安机关领导的组织保证。其实现途径是健全公安机关各级党组织，加强领导管理，严密组织制度，严格组织纪律，充分发挥党支部的战斗堡垒作用和党员的先锋模范作用。抓好公安机关领导班子和公安队伍建设，抓好党内组织生活，贯彻民主集中制，保证党员的民主权利，正确开展批评与自我批评。坚持党管干部的原则，在广泛听取意见、认真考评的基础上，向上级政府推荐公安机关的主要领导干部，对干部的任免，必须由党委集体讨论决定。

4. 决策领导

地方党委对公安工作事关重大的问题有权作出决策。具体内容包括：

(1) 作出宏观公安决策。公安机关要及时向党委汇报重要的敌情、社情和治安情况。党委根据具体情况提出宏观性的决策意见，责成并督促政府和公安机关贯彻执行。

(2) 对重大问题作出必要指示。公安机关作出的战略性部署，处理政策、法律性问题，采取有社会影响的行动，均须向党委请示报告，请党委研究并作出指示。

(3) 做好组织协调工作。组织和动员其他有关部门和各种社会力量，支持、配合公安工作，协调公安机关与检察机关、审判机关、司法行政机关和国家安全机关的关系，帮助和督促公安机关完成任务。

5. 法治领导

党领导制定各项公安法律、法规，并监督公安机关实施。某些重要的地方性法规的制定，应在省、自治区、直辖市党委的领导下进行，由地方党委提出指导性意见，依照法律程序制定公安法律文件。在实施公安法律、法规过程中，各级党的组织充分发挥保证作用，要求做到有法必依、执法必严、违法必究。特别是要通过党的组织严格监督公安机关依法办事,号召广大党员带头遵守公安法律、法规。

(二)党对公安工作领导的特点

党对公安工作的绝对领导,具有鲜明的中国特色。主要表现在:

第一,独立性。党对公安工作的领导是一元的,而不是多元的。独立性强调党独掌警权,具有唯一性和排他性。

第二,全面性。公安机关的一切组织、一切人员、一切工作都必须完全地、无条件地置于党的领导之下。全面性强调党对公安工作领导的统一性和完整性。

第三,直接性。公安机关实际受党委直接领导,其直接决定公安工作的一切重大事务。直接性强调党对公安工作领导的集中性和权威性。

四、正确处理党委和政府对公安工作的领导关系

公安机关是政府的职能部门,因此,在强调公安机关必须接受党委领导的同时,还需要强调政府对公安机关的领导。党委领导不是代替而是促进和保证政府领导的顺利实现。政府是国家权力机关的执行机关,党的路线、方针、政策和重大决策贯穿于国家的全部行政工作之中,由政府贯彻执行。政府加强了对公安工作的领导,党的有关公安工作的路线、方针、政策才能落实。公安机关的治安行政管理也是国家行政管理的重要内容,是在各级政府的领导下实行的。正确处理党的领导和政府领导的关系,应遵循以下原则。

(一)党政分工原则

习近平总书记在党政关系方面谈道:“处理好党政关系,首先要坚持党的领导,在这个大前提下才是各有分工,而且无论怎么分工,出发点和落脚点都是坚持和完善党的领导。”[①] 党政分工,就是指在坚持中国共产党的领导下,把党的领导和政府的领导从性质上、职能上、内容上、方式上进行区分,党的领导是政治领导,政府的领导是行政领导。党的政治领导是使公安机关坚持正确的政治方向,实行正确的政治原则,贯彻执行党的路线、方针、政策。政府的行政领导是依照国家法律,以行政权力和行政手段进行指挥和管理,使公安机关高效率地执行行政职能。党和政府在对公安工作的领导上只是分工不同,绝不能分开。党委的政治领导与政府的行政领导都是不可缺少的。它们在领导职能上有原则区别,既不能混淆,又不能彼此取代。以行政领导取代或削弱党委的领导,必将使公安工作失去有力的政治工作保障,这对行政领导本身也是不利的。以党委的领导取代行政领导,则必然削弱政府对公安机关的行政领导,这对党委本身也是不利的,必然分散党委的工作重点,使其忙于具体事务,实际上削弱了党的政治领导作用。所以,坚持党政分工有利于分别发挥各自的领导职能作用,绝不允许借口党政分工而削弱或者否定党委领导。

(二)彼此保证原则

党的领导与政府领导虽然在性质、职能等方面有区别,但加强公安工作的目标是一致的,大政方针是统一的。因此,在各自对公安机关的领导中,要互相保证,而不能互相冲击。党委对公安机关的领导,是从政治方向、思想路线和重大决策上保证各级政府对公安机关领

① 习近平:《论坚持党对一切工作的领导》,中央文献出版社 2019 年版,第 231 页。

导的正确性；各级政府对同级公安机关的领导，是通过行政管理工作保证党的路线、方针、政策、重大决策的切实贯彻实施。

（三）互相结合原则

党委和政府对公安工作的领导，在分工负责的同时，又要相互结合。为了完成某项任务，需要地方党委、地方政府共同部署、共同领导；解决某些重大事件时，往往需要两者共同组成指挥班子，把领导作用结合起来。有些领导职能的结合，还需要加以制度化。

（四）全面强化原则

全面强化，是指党的领导、政府领导都要加强，而不是只加强某一种领导。党委领导和政府领导都要不断适应新形势的需要，通过改革和完善，加强各自的领导职能，形成领导关系的全面强化。

五、公安机关自觉接受党委领导的途径

公安工作自觉地置于党委的领导之下，是指公安机关要积极地创造便于党委领导公安工作的条件，把接受党委的领导作为根本原则加以制度化，长期全面地贯彻执行。

（一）认真执行党委的决定，重要问题及时请示报告

要在人民警察中进行经常性的党性教育，使广大人民警察认清服从党的领导的必要性，坚定不移地执行党委的各项有关公安工作的决定。在实际工作中，要坚决贯彻执行党的路线、方针、政策，服务于党的中心工作，遇有重大、疑难问题及时向党委请示和汇报。

（二）当好党委的参谋和助手

公安机关要经常向党委和政府报告敌情、社情和社会治安情况，定期报告公安工作情况，并向党委提出制定对策的参考性意见，充分发挥参谋和助手作用。

（三）将上级公安机关布置的工作及时报告党委，并依靠党委的领导去贯彻落实

对于上级公安机关的重要部署及执行有重大社会影响的任务，要向党委报告并在党委的密切领导下进行。

（四）接受同级党委政法委员会的领导

政法委员会是党委的一个重要职能部门，其任务是协助党委领导和协调政法各部门的工作。各种政法工作之间难免会有不同意见和分歧，要通过政法委员会的协调进行解决，以发挥政法工作的整体效能。公安部要接受中央政法委的领导，各级地方公安机关要接受各级党委政法委员会的领导。

（五）严禁把侦查手段用于党内

党内的是非问题，要按照党章和党内法规的规定去解决，决不允许把对付犯罪的相关手段用于解决党内的矛盾问题。

第二节 公安工作的根本路线

根本路线是指在思想上、政治上、组织上、工作上所遵循的根本方针和准则。群众路线是中国共产党的根本路线，也是公安工作的根本路线。

一、群众路线是公安工作的根本路线

群众路线是我国党和政府一切工作的根本路线，是毛泽东思想活的灵魂的三个方面之一。坚持群众路线，是我们党在长期革命斗争中形成的优良传统，是党在长期革命和建设中克敌制胜的法宝。在公安工作中贯彻执行群众路线，同样是我国公安机关的优良传统。公安工作群众路线，是党和政府的群众路线在公安工作中的具体体现。《人民警察法》第 3 条规定："人民警察必须依靠人民的支持，保持同人民的密切联系，倾听人民的意见和建议，接受人民的监督，维护人民的利益，全心全意为人民服务。"坚持专门工作与群众路线相结合，是公安机关的传统优势和特色。只有坚持群众路线，才能形成公安工作的强大合力，只有密切联系群众，广泛组织发动群众和社会各方面力量，才能奠定公安工作的群众根基。

公安工作群众路线，是公安工作实行的一切为了群众，一切依靠群众，从群众中来，到群众中去的工作路线。它是在公安工作中服务群众，保护群众，组织群众，依靠群众的理论、原则、制度和方法的总称。

一切为了群众，是公安工作的宗旨和出发点，就是要把全心全意为人民服务的思想与履行自己的职责统一起来，一方面有效打击违法犯罪活动，另一方面保障人民群众的权利和利益不受侵犯。

一切依靠群众，是公安工作的根本态度，就是要坚定地相信群众，在党和政府的领导下宣传、组织人民群众，依靠一切可以依靠的力量，同违法犯罪活动和治安灾害事故作斗争，保障国家安全，维护社会治安。

从群众中来，到群众中去，是公安工作的基本方法，就是要广泛听取人民群众的意见和要求，虚心接受人民群众的批评和监督。同时，要把人民群众在实践中创造出来的好方法、好经验及时加以总结和推广，使之制度化、法律化。

群众路线是公安工作的根本工作路线，也是公安工作的根本领导作风和工作方法。坚持群众路线，就能保证公安工作始终与群众的血肉联系，保证各项公安工作取得成功。群众路线的实质，就是要求公安工作要代表人民群众，为人民谋利益，就是要立警为公、执政为民，这也是公安工作的优良传统和作风。

二、公安工作坚持群众路线的必要性

（一）全心全意为人民服务是公安机关的根本宗旨

公安机关是人民民主专政的重要工具，公安机关的阶级属性决定了公安工作必须坚持全心全意为人民服务的根本宗旨，坚持"权为民所用、情为民所系、利为民所谋"。公安队伍属于人民，人民警察必须把为人民谋利益作为自己全部工作的出发点和归宿。公安队伍来自人民，警无民失根，民无警不宁，密切联系群众是公安机关的优良传统，是公安工作的价值取向。失去人民群众的拥护和支持，一切公安工作就无力量之源和胜利之本。公安工作必须坚持执法为民，践行全心全意为人民服务的根本宗旨，深深扎根于人民群众之中，密切联系群众，倾听群众呼声，保护群众合法权益。

（二）人民群众是维护社会治安的基本力量

我国是人民民主专政的社会主义国家，人民是国家和社会的主人。保卫国家安全，维护社会治安秩序，保持社会稳定，是人民的根本利益所在，也是人民群众的切身诉求。公安机关维护国家安全和社会治安秩序的工作，本质上也是在执行人民的意志，是代表人民而非代替人民。在维护国家安全和社会治安秩序方面，广大人民群众不仅是积极的拥护者、支持者，而且是积极的参与者。在广泛的社会领域，人民群众是维护社会治安、同违法犯罪斗争的基本力量。人民群众在制止违法犯罪活动、制止治安事件、扑灭治安事故、抢救受伤人员、帮教不法分子、治安防范工作等方面的积极作用，无论在广度和深度上都不可低估。

（三）公安工作离不开人民群众的大力支持

社会治安问题来源于社会生活，涉及的社会关系是极为广泛和复杂的。任何治安问题都离不开群众，是从群众生活中的矛盾纠纷中产生的。社会治安问题的广泛性、复杂性和群众性特点决定了要正确认识和解决社会治安问题，只靠公安机关及其人民警察所具有的知识和智慧是远远不够的，必须充分依靠人民群众的大力支持，才能做好公安工作。人民群众在解决社会治安问题方面富有创造性和实践性。人民群众最接近社会生活，最了解治安问题，懂得问题的症结所在，知道该从哪里、用什么方法去解决。特别是人民群众中的行家里手和专门人才，可以弥补公安机关人民警察知识结构方面的缺陷。同时，人民群众是有关犯罪和社会治安问题信息最广泛、最直接的来源。违法犯罪活动和各种治安问题，不管发生在什么角落、采取什么诡秘手段，总是逃不过人民群众的眼睛。治安问题和防范工作的漏洞，更需要人民群众去发现和解决，群众的反映是治安状况的晴雨表。此外，人民群众是对违法犯罪行为施加影响最普遍、最直接、最及时的力量。

（四）处理好公安机关与人民群众的关系是调整各种社会关系的基础

公安机关要调整各种社会关系，其中最基本的关系是公安机关与人民群众的关系。这个关系调整好了就会得到人民群众的广泛拥护和普遍支持，各种困难和问题就可能顺利解决，为解决其他各种社会矛盾和处理与违法犯罪及其人员的关系打下了最好的基础。在解决社会矛盾、处理社会关系时赢得了人民群众的支持，就有了最可靠的后盾和最大的政治优势。警民关系在政治上是一种对等平衡的民主关系，在法律上是一种相互支持的合作关系，在感情上是一种理解包容的亲情关系。构建和谐警民关系需要公安机关与人民群众的双向奔赴，使公安机关与人民群众之间相互交流、相互影响、相互依存，形成可协调的、和谐的社会关系有机体。

（五）公安工作离不开人民群众的监督

公安工作的功过是非要依靠人民群众来检验和评价。在一切监督力量中，人民群众对公安工作的监督具有第一位的意义。人民群众对公安工作的体验最直接，人民群众的监督最具有广泛性、普遍性，其他的监督往往也要依靠人民群众的监督。人民群众的监督不仅是公安工作的客观需要，更是对公安机关及其人民警察的关心和爱护。它体现的是人民群众的责任心、参与热情和对公安机关的期待。公安机关及其人民警察应尊重人民群众的监督，善待人民群众的监督，学会科学地运用监督，将群众的监督化为公安工作的动力，将群众的评价作为评判公安工作的标准，在人民群众的监督下不断提高公安工作水平。

三、贯彻公安工作群众路线的途径

（一）切实打牢执法为民的思想基础

执法为民是公安工作贯彻群众路线的重要方面，是公安机关执法思想的核心。坚持执法为民，最基本的要求是以最广大人民群众的根本利益为全部公安工作的根本出发点和落脚点，充分体现社会主义法治的本质。打牢执法为民的思想基础，必须在各项执法工作中，真正把人民群众的呼声作为第一信号，把人民群众的需要作为第一选择，把人民群众的利益作为第一考虑，把人民群众的满意作为第一标准，带着对人民群众的深厚感情去执法、去工作，坚决维护人民群众的合法权益。

打牢执法为民思想基础具体包括以下几个方面内容：

第一，坚持群众观点不动摇，真正做到感情上始终贴近群众。要有强烈的百姓情怀，视百姓如父母、待百姓如亲人，情系群众、感恩群众、敬畏群众，赢得群众真心实意的拥护和支持。

第二，坚持执法为民不动摇，真正做到生活上竭诚服务群众。公安机关人民警察为群众多送一份温暖，群众对党就多一份感情；公安机关人民警察多尽一份职责，就为党多增一份光彩。广大公安机关人民警察要立足本职，从群众最需要解决的小事办起，从关系群众切身利益的小处做起，日积月累、深入持久地为群众办好事、解难事、做实事，真正赢得群众，收获民心。

第三，坚持民意导向不动摇，真正把评判权切实交给群众。民意是一把尺子，能够衡量出公安工作的好坏优劣；民意是一种导向，能够引领公安工作的前进方向。只有融入群众，倾听民意，才能准确把握群众的思想脉搏；主动接受群众评议、着力落实整改措施，才能促进和谐警民关系建设。

（二）努力做好群众工作

公安机关的群众工作是一项多层次、多侧面、多门类的工作，而且每项专业工作都有做好群众工作的具体要求。公安机关应根据不断变化的形势，根据不同的任务、不同的对象及不同的工作要求，有针对性地做好群众工作。

公安机关群众工作的任务，大致包括以下几个方面：

第一，广泛深入地做好对群众的宣传、教育、发动和组织工作。做好这项工作，一则表明了党和政府维护人民的利益，坚决打击各种违法犯罪活动的决心；二则可以激发广大群众维护社会治安的积极性，敢于揭发、检举违法犯罪分子，与违法犯罪行为作斗争。做好这项工作，一要注意群众对象的广泛性；二要注意途径的多样化；三要注意内容和形式的丰富性。

第二，将群众工作贯穿于各项公安业务活动中。群众工作是公安专业工作的组成部分，群众工作的情况如何，直接反映在公安专业工作的质量上。公安机关人民警察必须善于面对面地做好群众工作，掌握做好群众工作的基本功。

第三，遵纪爱民，廉洁为民，自觉接受群众的监督。公安机关及其人民警察要牢记全心全意为人民服务的宗旨，要真正把人民群众当作国家的主人，事事为群众着想，做人民的孺子牛。公安机关人民警察要勤政廉洁，秉公执法；乐于奉献，不怕艰难困苦，不怕流血牺牲；关心群众疾苦，开展便民、利民、助民活动，为群众排忧解难；自觉接受群众监督，坚决杜绝耍特权、逞威风、摆架子，甚至仗势欺压群众，破坏警民关系等违法乱纪的行为。

（三）与时俱进推广群众工作新经验

公安机关既要发扬传统，坚持走群众路线，又要不断探索，不断开拓，与时俱进地创造公安工作群众路线的新方法。

1. 将公安工作群众路线纳入法治轨道

鉴于历史上在贯彻群众路线问题上出现过的偏差，党的十一届三中全会以后，公安工作的群众路线逐渐以法律、法规的形式确定下来，分清了发动群众、走群众路线与搞群众运动的界限，既打破了公安工作中的"神秘主义""孤立主义"，也防止了搞"群众运动""群众专政"的极"左"错误，使公安群众工作奠定在社会主义民主与法治的基础上。《人民警察法》《公安机关组织管理条例》《公安机关人民警察内务条令》等有关公安工作的法律法规都强调了公安机关要做好群众工作。

2. 拓宽警民联系的渠道

公安机关要充分运用现代化传播媒介，广泛地宣传、教育和发动广大人民群众，使警民联系的渠道不断拓宽。110报警服务台的开通，加快了违法犯罪信息的传递，渠道更畅通便捷；利用电视、广播、报纸、电信、互联网等媒体开设的警务专题节目、热线电话、警务专栏、警务抖音号、警务微博和警务公众号等，使公安机关得以将党和政府的方针、政策，当前的治安形势，公安对策以及需要人民群众支持和配合的事项，及时告诉群众，使普通群众更直接地参与保障国家安全、维护社会治安的工作，同时也便于加强人民警察和人民群众之间的沟通交流，争取人民群众的理解和支持，更便于监督公安机关和人民警察的工作，因而成为公安机关联系人民群众，人民警察走进千家万户的新形式；巡警的建立与工作，既是公安工作由静态管理走向动态管理的新举措，也是密切警民联系的新途径。巡警上街，震慑了犯罪分子，人民群众普遍有了安全感。有许多地方运用"警民联系卡"、聘请群众监督员监督公安机关和人民警察的工作等方式，进一步密切了警民联系。

3. 创造警民协作的新形式

例如，近年来的警民联防，设立治安岗亭和社区警务室，警民共建精神文明，组织指导群众义务值勤，共同帮教违法青少年和刑满释放人员等。这些工作加强了治安防范，弥补了警力不足，加深了警民之间的理解、信任。

4. 形成群防群治的新局面

近年来，公安工作的群众路线正在朝着群防群治的方向发展，即在党的统一领导下，动员各社会组织自觉承担治安方面的责任、义务，形成全社会的治安控制网络。

5. 全面实施社区警务战略

2000年，公安部及时抓住社区改革的有利时机，把开展社区警务建设纳入社区改革总体部署，要求在2004年年底前在全国大中城市全面实施社区警务战略，努力实现"发案少，秩序好，社会稳定，群众满意"的工作目标。社区警务战略的要求是：以社区为依托，立足社区，服务社区，依靠社区，优化警务配置，规范警务运作，切实做到警力下沉，警务前移，警民携手，预防犯罪，减少发案，共创安全社区，逐步建立起与新型社区管理体制相适应的社区警务运行机制。

6. 推广"大走访""大接访""警民恳谈"等成功做法

一方面，要推动走访、接访联系群众工作的制度化、规范化、常态化，给老办法注入新内涵，让老传统焕发新活力。另一方面，要进一步完善群众工作新机制，改进公安机关领导干部选拔任用机制，在政策导向、警务保障等方面向基层倾斜，最大限度地推动警务前移、警力下沉，引导广大人民警察乐于扎根基层、主动融入群众。特别是要进一步创新群众工作载体，通过建立完善网上公安局、网上派出所、网上警务室、警务抖音号、警务微博、警务公众号和民警微信、微博、QQ 群等方式，不断拓宽联系群众、服务群众的渠道，进一步提高新形势下公安机关与社会接触、与群众沟通的能力。

做好群众工作，永远是公安机关的一项重要任务，永远是做好公安工作的重要条件。随着我国政治、经济形势的深刻变化，人们的思想觉悟、文化结构、道德、法制、价值观念等也发生了不同程度的变化，因此行政命令和简单说教的方式已不能实现宣传和发动群众的目的。这既是一个严峻的挑战，也是做好公安群众工作的良好机遇，公安群众工作要跟上社会发展的步伐，就要不断总结新经验，开拓新思路，创造新方法。只有这样，公安群众工作才会充满活力。

章后思考题

1. 试述党对公安工作领导的直接性。
2. 试述党对公安工作的政治领导。
3. 试述党对公安工作的思想领导。
4. 试述党对公安工作的组织领导。
5. 试述党和政府对公安工作领导上的分工。
6. 试述公安工作群众路线的实践应用。

本章拓展阅读

第十六章　公安工作的基本方针和基本政策

第一节　公安工作的基本方针

一、公安工作基本方针的概念

公安工作基本方针，是指我国各项公安业务工作都必须遵循的共同指导原则。我国公安工作的基本方针是党委领导下的专门机关与广大群众相结合。它完整地表述了公安工作中党的领导、公安机关和人民群众三者的关系，反映了我国公安工作的重要特色和优势。党委领导下的专门机关与广大群众相结合贯穿公安工作的各个方面，被公安法规所确认，并体现在人民警察的纪律中。

二、公安工作基本方针的内涵

首先，专门机关与广大群众相结合，是指在党委的领导下，把公安机关的职能作用与人民群众的积极主动精神结合起来。公安机关在党委领导下充分发挥自己的职能作用，开展各项保障国家安全和维护社会治安的专业工作；人民群众积极主动地以自己的智慧和力量参与社会治安管理，协助公安机关和人民警察工作。这两个方面共同发挥作用，有机结合形成合力，共同维护社会稳定。

其次，专门机关与广大群众的结合，是在双方目标一致的基础上的结合。维护国家安全、社会治安秩序是公安机关的职责，也是人民群众的需要。人民群众需要公安机关保障自己的权利和利益，公安机关也需要人民群众的支持和配合。这种良好的合作关系建立在双方自觉的基础上。

最后，专门机关与广大群众的结合，是以公安机关为主导的全方位的结合。公安机关作为国家安全机关和社会治安的主管部门，是双方结合的主导方面。公安机关应更积极、更主动地去调动人民群众的治安积极性，争取人民群众的理解、信任和支持。同时，公安机关专门工作与依靠群众的结合是多层次、多角度、多形式的全方位结合，贯穿公安工作的各个方面，而不应局限或停留在某一层次、某一形式、某一范围。

三、公安工作基本方针的实现途径

坚持公安工作的基本方针，关键是建立和完善专门机关和广大群众相结合的社会工程。

（一）建立健全警民沟通的信息网络

警民沟通是公安机关及人民警察围绕维护社会安全与广大群众开展的思想、观点、意见、情感等的传递交流过程，促进双方信息准确、完整、及时地传递，从而达到思想、观点、意见、情感的认同。警民沟通的目的首先在于通过信息网络宣传教育和动员群众，调动群众的治安积极性，将党和国家的方针、政策、法律、法规、公安对策等及时公布于众，取得群众支持。其次是通过信息网络进一步拓宽社会治安问题的信息源，将群众中的治安信息及时反馈到公安机关。为此，公安机关应积极拓宽警民沟通的信息网络，搭建警民沟通平台，如公安网站、警务热线、警务微博、警务公众号、社区警务微信及QQ群、警民联系卡、警务广场、公民警校、警民恳谈活动、走访群众活动、警务巡逻、流动派出所等多种线上及线下的形式，来保证警民沟通无障碍，保持人民警察与人民群众良好的、经常性的联系。

（二）建立健全一体化的治安社会防控体系

通过推行治安工作区域化、自治化、责任化、契约化、职业化等，使社会治安管理维护工作由公安机关和治安积极分子等少数部门和人员的事，转化为全体社会公民的责任，将个别、分散的力量整合成遍布社会的严密防控网络体系，使治安问题尽可能多地依靠全社会力量去解决。在动员组织人民群众的过程中，要坚持培育发展与监督管理并重的原则，重点培育以治保会、治安巡防队、治安志愿者等为主要力量的群众性治安队伍，积极吸纳普通群众参与到公安专业工作中，把人民群众作为维护社会治安的中坚力量。

（三）建立健全保安科技装备使用机制

公安机关要随着国家科技发展与现代化进程，推动保安科技事业的进步，推广保安科技装备的普遍使用，使保安技术更好地为群众和社会服务，做到人防、物防、技防的有机结合，形成群众参与和技术装备共同构成的安全防控报警与快速反应网。积极推广适用于民间的公安科技，提高群众自防、自救能力，实现公安科技群众化。

（四）建立健全警察公共关系途径、渠道

公安机关要重视公共关系建设，拓展警民结合的形式，开展独具特色的公共关系工作，加强与群众和社会各界的交往、沟通，增进警民相互理解，在构建融洽和谐的警民关系进程中，推动警民携手维护社会治安秩序。警察公共关系具有情感性、双向性、广泛性、整体性和长期性等特征，因此，在公共关系工作中，公安机关及人民警察应秉承热情、开放、积极主动的精神，在与群众和社会各界的交流和交往中努力塑造良好的公安形象，打破公安工作中的“神秘主义”“孤立主义”，将其作为一项长期工程进行建设。

总之，落实专门机关与广大群众相结合，是一项长期的社会系统工程建设任务，需要长期坚持、扎实推进。

四、新时期公安工作基本方针的创新与发展

随着改革开放的深入推进，我国经济体制发生了深刻变革，社会结构发生了深刻变动，利益结构发生了深刻调整，思想观念发生了深刻变化，公安工作不断面临新的挑战。落实专门机关与广大群众相结合也要适应环境、形势的变化要求，不断总结新经验、开拓新思路、创造新方法，才能跟上社会发展的步伐。

（一）树立民意主导警务的群众工作理念

建立完善以民意为导向的警务工作机制，是2010年12月举行的全国公安厅局长会议提出的新的群众工作理念。该理念紧密结合了公安机关的根本宗旨和根本路线，要求广大公安机关人民警察深刻认识解决民生问题的重要性、紧迫性，紧紧围绕解决民生问题，找准公安机关的位置，明确公安工作的努力方向，将实现好、维护好、发展好最广大人民的根本利

益作为做好公安工作的根本出发点，树立从群众最紧迫、最急需的事情做起，竭尽全力地为群众办好事、办实事、办最需要办的事的思维习惯，全心全意为人民服务。贯彻民意主导警务的新理念关键在于发现民意、找准民意。所谓民意，就是人民群众的意愿和需求，是民众所想，民心所在。这就要求人民警察要深入群众，想群众之所想，急群众之所急，将公安专业工作与民意准确对接。

（二）建立开门评警群众工作长效机制

始终把人民群众的安全感和满意度作为衡量和检验公安工作的根本标准，建立为民考评的绩效考评体系，将公安机关的目标追求与群众的期待需求密切联系起来，综合采取群众测评、社会调查、电话测评、短信测评等方式，最大限度地听取群众评价，征求群众意见，根据群众评议改进各项工作。目前，全国许多地方的公安机关均提出了民意评判占 51% 的人民警察绩效考核评价标准，真正体现出了民意主导警务的群众工作理念。

（三）掌握“三懂四会”群众工作方法

全体人民警察除了要牢固树立全心全意为人民服务思想，还要全面掌握“三懂四会”群众工作方法。“三懂”，指的是懂群众心理、懂群众语言、懂沟通技巧。“四会”，指的是会化解矛盾、会调处纠纷、会主动服务、会宣传发动。只有掌握了正确的群众工作方法，才能实现与人民群众的良好沟通，得到人民群众的理解和支持。

（四）完善开放型的公安工作社会监督大格局

落实专门机关与群众工作相结合的基本方针，关键在于将公安工作真正置于人民群众的监督之下。这要求公安机关不断扩展公开渠道，健全内外监督制约机制，敞开大门接受社会监督。一要完善社会民警和窗口单位民警向辖区群众和服务对象述职制度。二要整合人大、政协、社会团体、行业协会的监督职能。三要构建法检机关司法建议、新闻媒体监督、政法民生热线等信息资源共享机制。四要畅通群众投诉、信访举报等渠道。五要全方位、多角度征求社会各界对公安工作的意见建议。六要积极落实事务办理工作责任制、群众意见研判机制、监督成果运用机制和群众工作责任追究机制，切实把公安工作置于社会和广大人民群众的监督之下。

第二节　社会治安综合治理

社会治安综合治理是党和政府全面解决我国社会治安问题的战略方针，是我国社会主义精神文明建设的重要组成部分，是公安工作中党的领导、公安机关和人民群众三者有机结合的新形式，是党委领导公安工作的根本原则和根本路线在新形势下的新发展。

一、社会治安综合治理的形成与发展

社会治安综合治理是中共中央在 20 世纪 70 年代末 80 年代初针对违法犯罪严峻，特别是青少年违法犯罪突出问题提出的方针。1979 年 8 月，中共中央转发了中宣部等八个单位提交的《关于提请全党重视解决青少年违法犯罪问题的报告》。该报告虽然未使用社会治安综合治理的概念，但是通篇贯穿了社会治安综合治理的思想，全面阐述了社会治安综合治理的基本内容。1981 年 5 月，中央政法委召开了北京、天津、上海、广州、武汉五大城市治安工

作座谈会，会议明确提出："争取社会治安根本好转，必须各级党委来抓，全党动手，实行全面'综合治理'。"同年 6 月，中央批转了座谈会纪要。这是党中央文件中第一次提出了"综合治理"概念，正式把"综合治理"作为解决社会治安问题、实现长治久安的方针。从此，社会治安综合治理的战略思想在全党、全社会得以确立。

1991 年，党中央、国务院和全国人大常委会分别作出了《关于加强社会治安综合治理的决定》。文件比较全面系统地阐述了社会治安综合治理的重要意义、工作任务、要求和目标、工作范围、原则、目标责任制、领导和组织体制、工作重点等一系列问题，将社会治安综合治理的实践经验上升至系统的、理论的高度。这一年，从中央到地方普遍成立了社会治安综合治理工作机构，加强组织领导。1992 年，党的十四大把"加强社会治安综合治理，保持社会长期稳定"写进了党章，使加强社会治安综合治理成为全党必须遵循的纲领之一，标志着社会治安综合治理方针从单纯的党和政府的政策开始进入规范化、法制化轨道，上升为党的执政方略。

2004 年 9 月，党的十六届四中全会通过的《中共中央关于加强党的执政能力建设的决定》强调"坚持打防结合、预防为主，专群结合、依靠群众，加强和完善社会治安综合治理工作机制"，社会治安综合治理工作方针得到进一步丰富和发展。2013 年 11 月，党的十八届三中全会通过的《中共中央关于全面深化改革若干重大问题的决定》再次强调，要"加强社会治安综合治理，创新立体化社会治安防控体系"。2014 年 10 月，党的十八届四中全会通过的《中共中央关于全面推进依法治国若干重大问题的决定》又强调要"深入推进社会治安综合治理，健全落实领导责任制。完善立体化社会治安防控体系"。2018 年 3 月，中共中央印发的《深化党和国家机构改革方案》指出："为加强党对政法工作和社会治安综合治理等工作的统筹协调，加快社会治安防控体系建设，不再设立中央社会治安综合治理委员会及其办公室，有关职责交由中央政法委员会承担。"党的重要会议文件中频繁提到社会治安综合治理，可见党对社会治安综合治理方针的重视程度。

二、社会治安综合治理的基本内容与主要特点

社会治安问题是各种社会消极因素的综合反映，必须依靠全党、全社会的共同努力，实行综合治理。社会治安综合治理的基本内容是：在各级党委和政府的领导下，充分发挥司法机关的职能作用，广泛组织社会各方面的力量，依靠广大人民群众，运用政治的、经济的、行政的、教育的、文化的、法律的各种手段，预防和惩罚违法犯罪行为，预防和处置治安事件和治安事故，教育、改造违法犯罪人员，逐步限制、消除产生违法犯罪的土壤和条件，建立良好、稳定的社会秩序，保障经济建设和改革开放的顺利进行，保护人民安居乐业，维护国家的长治久安。

社会治安综合治理的主要特点为：第一，社会治安综合治理的领导力量是各级党委和政府。第二，社会治安综合治理的实施力量是综合性的。既要发挥公安、检察、审判、司法行政、国家安全等专门机关的骨干作用、职能作用，更要发挥各政府部门、各系统、各社会团体、各群众组织以及广大人民群众的积极作用。第三，社会治安综合治理的手段和措施是综合性的。第四，社会治安综合治理的目标也是综合性的，既要使已发生的违法犯罪行为受到应有的制裁，又要防范一切可能的治安危害发生。同时力求减少产生犯罪的社会条件，带动社

会的改造,在促进精神文明建设、创造良好的社会秩序、带来经济效益等多方面产生积极的影响。

三、社会治安综合治理的原则

(一)“谁主管谁负责”原则

“谁主管谁负责”原则,即“属地管理”原则,是指在社会治安综合治理中,按行政区划划分的各级党政机关和社会治安综合治理领导机构,依照有关法律或法规性文件,对所管辖区域内的综合治理工作全面负责、全面管理。落实这项原则,是实现社会治安综合治理的核心。这项原则适用于所有党政军各部门和人民团体。各部门都要根据社会治安综合治理的任务、要求和工作范围,主动找准自己的位置,明确本部门、本系统的职责,切实承担起共同维护治安的社会责任。各部门的共同责任主要包括三个方面:

一是从中央到地方,党政军各部门和各人民团体,都要发挥自己的职能作用,结合本身业务,认真抓好本系统参与社会治安综合治理的工作,防止因本部门工作偏差而对社会治安造成消极影响,主动承担起减少违法犯罪、维护社会治安和社会稳定的整体责任。

二是党政军各部门和各人民团体,都要抓好本系统的综合治理工作,防止发生重大犯罪和重大治安问题。

三是各机关、厂矿、学校、企事业单位和人民团体,都要“管好自己的人,看好自己的门,办好自己的事”,切实加强内部人员的思想教育和各项安全防范工作。一旦发生问题,要酌情追究有关部门、单位直接领导者的责任。

落实“谁主管谁负责”原则必须逐步制度化、法律化。对各主管部门应负什么责任、怎么负责、不负责怎么办,都要制定法律、法规或者规章,作出明确规定,做到有法可依、有章可循。

(二)一票否决制原则

社会治安综合治理一票否决制,是县级以上各级社会治安综合治理领导机构有权按照一定条件和程序,对综合治理工作达不到要求的地区和单位,否决其评选综合性荣誉称号,或否决其主要领导、主管领导和治安责任人评先受奖、晋职晋级的资格。

一票否决制的依据在于社会治安综合治理目标管理责任制的贯彻落实。地方各级党政领导及各部门、各单位都要层层签订责任书。要把社会治安综合治理的任务、要求分解为若干具体目标,制定出易于执行检查的措施,建立严格的检查监督制度、定量考核制度和评比奖惩制度。要把社会治安责任制同经济责任制、领导任期责任制结合起来,将社会治安综合治理目标管理同责任人的政治荣誉、政绩考核、职级提升和经济利益挂钩,同评选文明单位挂钩。落实责任制要定期检查考核,每年进行认真的总结评比,表彰先进,形成比学赶帮的热潮。

社会治安综合治理一票否决权由县级以上各级社会治安综合治理领导机构行使。乡镇、街道及各部门所属的县级以下单位的社会治安综合治理领导机构有一票否决权的建议权。实行社会治安综合治理一票否决制要坚持实事求是、积极稳妥、全面衡量、公开进行的原则。

(三)群防群治原则

依靠党委、政府强化对群防群治工作的领导,通过宣传发动工作,提高群众参与防范的主体意识，充分调动群众的积极性，营造人人参与的良好氛围。加强群防群治队伍建设，发展壮大专职防范力量，推动治安防范多元化，完善治安防范网络建设。完善工作运行机制，增强群防群治工作的针对性、实效性，落实防范措施。

四、社会治安综合治理的工作要求和主要目标

（一）社会治安综合治理的工作要求

社会治安综合治理的工作要求是：(1) 各级党委和政府都要把综合治理摆上重要议程，健全社会治安综合治理的领导机构和办事机构，定期研究部署工作。(2) 各部门、各单位齐抓共管，形成“谁主管谁负责”的局面。(3) 各项措施落实到城乡基层单位，群防群治形成网络，广大群众法治观念普遍增强，敢于同违法犯罪行为作斗争。

（二）社会治安综合治理的主要目标

社会治安综合治理的主要目标是：社会稳定，重大恶性案件和多发性案件得到控制并有所下降，社会丑恶现象大大减少，治安混乱的地区和单位的面貌彻底改观，治安秩序良好，群众有安全感。

五、社会治安综合治理的工作范围

社会治安综合治理的工作范围，主要包括打击、防范、教育、管理、建设、改造六个方面。

（一）打击

打击是社会治安综合治理的首要环节，是落实综合治理其他措施的前提条件。通过打击，可以发挥震慑的威力，狠挫犯罪分子的嚣张气焰，有力地遏制严重刑事犯罪。为此，必须毫不动摇地依法从重从快严厉打击严重刑事犯罪活动，整治治安混乱的地区，解决突出的治安问题。各级政法部门要把“严打”落实到各个执法环节，把集中打击、专项整治和经常性打击紧密结合起来。要重点打击有组织犯罪和带黑社会性质的团伙犯罪，流氓恶势力犯罪，爆炸、杀人、抢劫、绑架等严重暴力犯罪，打击盗窃、抢夺等严重影响群众安全感的多发性犯罪，打击破坏社会主义市场经济秩序的金融犯罪、走私犯罪等严重经济犯罪。要加强协作配合，形成打击合力，始终保持对各种犯罪活动的高压态势。要正确执行法律和政策，坚持“稳、准、狠”的原则，切实提高“严打”整治斗争的实效。

（二）防范

预防犯罪是减少各种违法犯罪活动和维护社会治安秩序的积极措施。要进一步把严打、严管、严防、严治有机结合起来。要坚决纠正“重打轻防”的错误倾向，切实把思想观念、工作重点、警力配置、经费投入、考核奖惩机制等真正落到“预防为主”上来，要集中力量，切实解决好影响社会稳定和社会治安的重点、难点问题，要进一步加强群防群治工作，建立和完善全社会的防控体系，下大力气做好预防和减少违法犯罪工作。要深入开展矛盾纠纷排查调处工作，认真落实各项安全防范措施，深入持久地开展基层安全创建活动，切实加强对流动人口的管理，进一步加强对刑满释放或解除收容教养人员的安置、帮教工作，进一步落实预防青少年违法犯罪的工作措施。

（三）教育

围绕治安问题开展的社会教育，是维护社会治安秩序的战略性措施。防治治安危害的

社会教育是多层次的：一是全社会普遍进行的正面教育，如政治思想教育、法制教育、道德教育、纪律教育等。二是为防范治安危害进行的有针对性的教育，对可能酿成违法犯罪、治安事件、治安灾害的因素有重点地开展教育工作。三是对造成治安危害的有关人员，在执法过程中进行的教育工作。四是制裁后的教育管理工作，如对刑满释放或解除收容教养人员的帮教工作，使他们汲取教训，不再重犯。防治治安危害的社会教育，是有广泛群众性的思想工作，要在党委和政府领导下，发动各个部门，特别是宣传、教育、新闻、出版等部门以健康的、进步的思想占领思想阵地，并且加强宣传教育的组织工作，把思想工作做深做细，促使消极的、破坏的因素转化为积极的、健康的因素。

（四）管理

加强行政管理工作是堵塞犯罪空隙、减少社会治安问题、建立良好社会秩序的重要手段，是直接维护社会治安秩序的基础工作。当前要突出抓好各项治安行政管理工作，特别是要加强对流动人口的管理，加强对典当业、旅馆业、公章刻制业等特种行业的管理，加强对车站码头等人员密集地区以及集贸市场、金库和重要物资仓库等要害场所的管理。治安行政管理既有行政强制性，同时又有行政说服性。必须坚持依法管理、严格管理、科学管理、文明管理，同时努力发展群众的自治管理。除了治安行政管理工作之外，抓好其他方面的行政管理，如市场、工商、财贸、税务、卫生、海关、教育等方面的行政管理，也可以大量地减少治安问题的发生。

（五）建设

加强有关社会治安综合治理的思想建设、组织建设、规范建设，是落实综合治理的关键。所谓思想建设，就是要使全社会，特别是各级有关领导，用科学的综合治理的理论与知识武装起来。所谓组织建设，就是抓紧整顿建设好办事机构和城乡基层组织。各级党委和政府必须认真贯彻中央有关指示精神，抓紧整顿建设好城乡基层组织，特别是要加强以党支部为核心的村级组织建设，使综合治理的各项措施落实到基层，落实到群众中去。所谓规范建设，是要建立健全有关综合治理的法律、法规、规章、制度的体系。这三方面的建设要同步进行，以取得治理工程的整体效能。综合治理社会治安工程的建设是长期任务，必须有长期规划，进行坚持不懈的工作，同时还要普遍推行各种形式的综合治理责任制。

（六）改造

对违法犯罪分子的改造工作，是教育人、挽救人和防止重新犯罪的特殊预防工作。监狱和看守所要坚持“教育、感化、挽救”的方针，不断地提高教育改造质量，实行改造工作的“向前、向外延伸”，动员全社会参与和支持改造工作。劳动部门要按照国家介绍就业、自愿组织起来就业和自谋职业相结合的就业方针，积极妥善地安排刑满释放人员就业。企事业单位在招工时，对刑满释放人员应与城镇待业人员一视同仁，不得歧视。同时，要采取措施，做好管制、缓刑、假释以及保外就医人员的管理、教育和改造工作。

上述六个方面的工作环环紧扣，相辅相成，缺一不可，不能有所偏废。总之，要坚持打防并举、标本兼治、重在治本的原则，切实落实综合治理的各项措施。

六、公安机关在社会治安综合治理中的作用

社会治安综合治理是全党、全社会的任务，作为负责国家安全和社会治安的公安机关，

负有特殊的责任，对推进社会治安综合治理起着重要的作用。

（一）当好党委和政府领导社会治安综合治理工作的参谋和助手

公安机关要深入实际调查研究，及时掌握敌情、社情，探讨新问题，总结新经验，并及时向党委和政府汇报综合治理的情况，提出有针对性的建议。公安机关要带头贯彻执行党委和政府的总体部署，积极参加党委和政府统一组织的社会治安综合治理活动，并协助党委和政府推动落实综合治理的各项措施。

（二）充分发挥公安机关的职能作用

公安机关要充分发挥法律所赋予的职能作用，坚持依法严厉打击严重危害社会治安的刑事犯罪，严格各项治安管理措施，要将坚持“严打”工作与加强公安基础工作、搞好安全防范有机地结合起来，不断地搞好专项整治和重点整顿。同时还要加强基层治保组织和群防群治队伍的建设，依靠广大人民群众和各种治安保卫力量，推广人防、物防和技防措施。要以网格化管理、社会化服务为方向，健全基层综合服务管理平台，建立多层次的群防群治网络和社会治安防控体系，增强全社会预防和控制犯罪的能力。“打防结合，预防为主”是做好社会治安综合治理工作的指导方针，要坚持打击与防范并举，治标和治本兼顾，重在防范，重在治本。

（三）协助有关部门搞好维护社会稳定的各项工作

社会治安综合治理的实质是动员全社会各个行业、各个方面的力量，采取综合性的措施，齐抓共管，从根本上解决社会治安问题。公安机关在坚持“谁主管谁负责”原则、发挥主力军作用的同时，还要协助党委和政府搞好与各个行业、各个方面的协同配合工作，协助有关部门调解、疏导群众之间的矛盾纠纷，及时、稳妥地处理人民内部矛盾引发的群体性事件，把全社会方方面面的力量都动员和组织起来，协调一致，共同搞好治安工作。

第三节　公安工作的基本政策

一、公安政策的概念

公安政策，是党和国家的意志在公安工作中的体现，是党和国家为实现公安工作目标而制定的指导公安工作的行为准则。公安政策是由党和国家制定的，是党关于公安工作的主张和要求，体现了党的意志，具有很强的政治性、权威性和规范性。实际工作中的公安政策以决定、命令、纲领、口号等为表现形式，分别被载入党中央、全国人大及其常委会和国务院的正式文件之中，有许多公安政策被写进了党中央、国务院批准的公安工作文件里，有些公安政策甚至上升为法律。

二、公安政策的作用

在公安工作的不同历史时期，公安政策都发挥了重要的作用，主要包括指导作用、规范作用和调整作用。

（一）指导作用

党和国家对公安工作领导的一个重要方面就是政策指导。党的公安政策指明公安机关及其人民警察从事工作的基本方向、基本要求和基本做法。

（二）规范作用

公安政策规范公安工作，是人民警察必须遵守的行为准则。公安机关人民警察必须按照公安政策的要求开展公安工作，不得随意违背。

（三）调整作用

公安政策对调整有关国家安全和社会治安秩序的社会关系具有重要意义。它对人民群众有调动治安积极性的作用，对违法犯罪分子有遏制、制裁及促使其转化的作用，对公安机关有强化其职能的作用。

三、几项基本的公安政策

在长期的公安工作实践中，公安机关形成了一些稳定的公安政策，涉及刑事侦查、治安行政管理和公安队伍建设等领域，并由各类公安政策相互作用组成了公安政策体系。这里主要介绍几项基本的公安刑事政策和治安政策。

（一）依法从重从快惩处严重刑事犯罪分子的政策

该政策又简称为“严打”政策，是我国一项重要的公安刑事政策。所谓依法从重，是指依照《刑法》的规定，在量刑幅度以内从重处刑。所谓依法从快，是指依照《刑事诉讼法》的规定，在审理案件的时限以内迅速地审结案件。

1. 政策的形成

“严打”政策有着深刻的社会历史背景，是在20世纪80年代初期，党和国家决定在全国范围内开展的严厉打击严重刑事犯罪分子的斗争背景下形成的。当时，国内刑事案件数量持续上升，严重的刑事犯罪特别是青少年犯罪愈演愈烈。许多公共场所秩序混乱，群众失去安全感，党内外反应强烈。为了迅速扭转社会治安的不正常状况，1983年8月，中共中央作出了《关于严厉打击刑事犯罪活动的决定》，强调了依法从重从快惩处严重刑事犯罪分子的方针；同年9月，全国人大常委会通过了《关于严惩严重危害社会治安的犯罪分子的决定》和《关于迅速审判严重危害社会治安的犯罪分子的程序的决定》。各级公安机关在党委和政府统一领导下，与人民检察院、人民法院统一行动，发动和依靠社会各方面的广大群众，在全国范围内开展了大规模的“严打”活动。“严打”活动是政治领域中一场严重的敌我斗争。它对于搞好社会治安，推动社会风气的根本好转，巩固和发展安定团结的政治局面，保障社会主义建设的顺利进行有极其重大的意义。

2. 贯彻依法从重从快惩处严重刑事犯罪分子政策应注意的问题

(1) 特定适用范围。依法从重从快惩处的对象是严重危害社会治安的严重刑事犯罪分子。

(2) 必须坚持以事实为依据，以法律为准绳。从重从快不是不讲质量，而是要坚持做到犯罪事实清楚，证据确实、充分，定性准确，量刑适当，程序合法。从重从快的前提是依法，要做到准确、及时、合法。

(3) 依法从重从快惩处严重刑事犯罪分子，并不意味着对其他刑事犯罪分子一律从宽或不予处罚。

3. 新时代对依法从重从快惩处严重刑事犯罪分子政策的贯彻

在新时代全面依法治国的背景下，为真正实现“严打”政策的价值目标，应赋予其新的内涵。首先,要认识到,在刑事犯罪领域,“严打”政策是应该长期坚持的政策。所谓“长期”,不仅是强调“严打”的重要性,还强调常态性。运动式的“严打”只能造成短暂的治安效应,在“严打”结束后,违法犯罪活动又会死灰复燃。只有将“严打”政策制度化、常态化,才能保证社会治安稳定、长久。其次,在“严打”政策的内容上,要将“严打”之“严”从传统的从重从快扩展至打击犯罪网络的严密性和刑罚的确定性。最后,要根据刑罚“轻轻重重”的原则依法设定“严打”的对象范围,将“严打”的对象限定为真正严重的刑事犯罪。

(二)严肃与谨慎相结合的政策

严肃与谨慎相结合,是我们党根据基于对历史经验的深刻理解而提出的,是指导人民警察同刑事犯罪分子作斗争的一项重要的公安刑事政策。

1. 严肃与谨慎相结合的含义

所谓严肃,就是执法必严,使应负刑事责任的犯罪分子不能逃避法律的制裁,特别是对于那些严重的刑事犯罪分子必须严厉打击,决不手软,以维护法律的严肃性,表明我们对敌斗争和打击犯罪的坚决态度和原则立场。谨慎,就是重证据,重调查研究,不得草率,防止偏差,实行严格审批制度、监督制度,坚持有错必纠。谨慎是我们党实事求是、光明磊落和对人民高度负责精神的体现。

严肃与谨慎两者是辩证统一、相辅相成的,是不可分割的整体。严肃要以谨慎为保证,谨慎要服从严肃的要求。在刑事斗争方面,要始终全面地贯彻这个政策。严肃不忘谨慎,谨慎不忘严肃,两者不可偏废,不可脱节。如果片面强调严肃而忽视了谨慎,就会伤害无辜,犯扩大化的错误;如果片面强调谨慎而忽视了严肃,就会放纵坏人,犯打击不力的错误。

2. 贯彻严肃与谨慎相结合政策的要求

严肃与谨慎相结合政策的要求就是不枉不纵,认真贯彻严肃与谨慎相结合的政策,就是要坚持“稳、准、狠”。“稳”,就是要注意策略,讲究工作方法,不打无准备之仗,不打无把握之仗。“准”,就是对打击对象一定要调查准确,不要出偏差,做到事实准、定性准、量刑准。“狠”,就是要依法给犯罪分子以严厉打击,使之受到应有的惩处。

(三)宽严相济政策

宽严相济政策是我国的基本刑事政策,是党中央在构建社会主义和谐社会新形势下提出的一项重要政策。宽严相济政策贯穿刑事立法、刑事司法和刑罚执行的全过程,是惩办与宽大相结合政策在新时期的继承、发展和完善,是司法机关惩罚犯罪、预防犯罪、保护人民、保障人权、正确实施国家法律的指南。它对于最大限度地预防和减少犯罪、化解社会矛盾、维护社会和谐稳定,具有特别重要的意义。

1. 政策的形成

中国共产党在土地革命战争时期就形成了惩办与宽大相结合的政策,为宽严相济政策的前身。这种政策对于打击违法犯罪、维护社会的治安与和谐起到了重要的作用。2010 年 2 月,最高人民法院印发《关于贯彻宽严相济刑事政策的若干意见》,对宽严相济政策的内涵和要求作了明确的规定。当前,我国正处于利益多元、矛盾凸显、犯罪高发和社会管理复杂的社会转型期,为了构建社会主义和谐社会,必须最大限度地增加有利于和谐的积极因素,最大限度地减少不利于和谐的消极因素,这是实行宽严相济政策的最根本原因。

2. 宽严相济政策的含义

宽严相济政策中的从“宽”，主要是指对于情节较轻、社会危害性较小的犯罪，或者罪行虽然严重但具有法定、酌定从宽处罚情节，以及主观恶性相对较小、人身危险性不大的被告人，可以依法从轻、减轻或者免除处罚；对于具有一定社会危害性，但情节显著轻微危害不大的行为，不作为犯罪处理；对于依法可不监禁的，尽量适用缓刑或者判处管制、单处罚金等非监禁刑。

宽严相济政策中的从“严”，主要是指对于罪行十分严重、社会危害性极大，依法应当判处重刑或死刑的，要坚决地判处重刑或死刑；对于社会危害大或者具有法定、酌定从重处罚情节，以及主观恶性深、人身危险性大的被告人，要依法从严惩处。在审判活动中通过体现依法从“严”的政策要求，有效震慑犯罪分子和社会不稳定分子，达到有效遏制犯罪、预防犯罪的目的。

宽严相济刑事政策中的“相济”，主要是指在对各类犯罪依法处罚时，要善于综合运用宽和严两种手段，对不同的犯罪和犯罪分子区别对待，做到严中有宽、宽以济严；宽中有严、严以济宽。

因此，宽严相济政策的实质是对刑事犯罪区别对待，做到当严则严，当宽则宽，宽严适度，宽严有据，实现法律效果和社会效果的统一。宽严相济政策的出发点是：惩办少数，改造多数，讲究策略，区别对待。宽严相济政策的基本精神是：首恶必办，胁从不问；坦白从宽，抗拒从严；立功折罪，立大功受奖。

3. 贯彻宽严相济政策的要求

(1) 要根据犯罪的具体情况，实行区别对待，做到该宽则宽，当严则严，宽严相济，罚当其罪，打击和孤立极少数，教育、感化和挽救大多数，最大限度地减少社会对立面，促进社会和谐稳定，维护国家长治久安。

(2) 要正确把握宽与严的关系，切实做到宽严并用。既要注意克服重刑主义思想影响、防止片面从严，也要避免受轻刑化思想影响、一味从宽。

(3) 必须坚持严格依法办案，切实贯彻落实罪刑法定原则、罪刑相适应原则和法律面前人人平等原则，依照法律规定准确定罪量刑。从宽和从严都必须依照法律规定进行，做到宽严有据，罚当其罪。

(4) 要根据经济社会的发展和治安形势的变化，尤其要根据犯罪情况的变化，在法律规定的范围内，适时调整从宽和从严的对象、范围和力度。要全面、客观地把握不同时期不同地区的经济社会状况和社会治安形势，充分考虑人民群众的安全感以及惩治犯罪的实际需要，注重从严打击严重危害国家安全、社会治安和人民群众利益的犯罪。对于犯罪性质尚不严重，情节较轻和社会危害性较小的犯罪，以及被告人认罪、悔罪，从宽处罚更有利于社会和谐稳定的，依法可以从宽处理。

(5) 贯彻宽严相济政策，必须严格依法进行，维护法律的统一和权威，确保良好的法律效果。同时，必须充分考虑案件的处理是否有利于赢得广大人民群众的支持和社会稳定，是否有利于瓦解犯罪、化解矛盾，是否有利于罪犯的教育改造和回归社会，是否有利于减少社会对抗、促进社会和谐、争取更好的社会效果。要注意在裁判文书中充分说明裁判理由，尤其是从宽或从严的理由，促使被告人认罪服法，注重教育群众，实现案件裁判法律效果和社会效果的有机统一。

(四) 重证据，重调查研究，严禁逼供信的政策

这是指导公安机关人民警察正确办案的一项重要刑事政策。公安工作的一项重要任务就是办案。通过办案，揭露犯罪分子的犯罪事实，使犯罪分子受到相应的法律制裁；通过办案，辨别真伪，确保无罪者不受法律追究。这项政策是我党多年来一贯坚持的刑事政策，并被写入《宪法》《刑法》《刑事诉讼法》《人民警察法》和《公安机关办理刑事案件程序规定》等多部法律、法规及规章中，成了我国刑事法律的重要原则。其中，《刑事诉讼法》第 52 条明确规定，"严禁刑讯逼供和以威胁、引诱、欺骗以及其他非法方法收集证据，不得强迫任何人证实自己有罪"。第 55 条规定，"对一切案件的判处都要重证据，重调查研究，不轻信口供"。这就从法律上保证了这项政策的贯彻实施。

重证据，重调查研究，严禁逼供信政策的基本要求是：(1) 要忠于事实真相，整个办案过程都要坚持以事实为依据。要通过艰苦细致的调查研究和侦查工作，获取有罪、无罪、罪轻、罪重的确实证据。要坚持重证据而不轻信口供。(2) 严禁刑讯逼供，严禁以威胁、引诱、欺骗以及其他非法的方法收集证据。(3) 禁止侮辱犯罪嫌疑人的人格尊严，给犯罪嫌疑人以人道的待遇。(4) 凡有违反者，必须从纪律上或法律上追究责任。

这项政策体现了公安人员对人民群众高度负责，对公民民主权利、人身权利的高度重视和有力保护，体现了公安机关依法、公正、文明办案和实事求是的精神，使办案工作真正建立在彻底唯物主义基础上。实行这项政策，有利于防止冤假错案，做到不枉不纵；有利于正确认识和发挥证据与口供的作用，提高公安人员办案水平。

（五）尊重和保障人权政策

尊重和保障人权是我国《宪法》确立的一项重要原则。《宪法》第 33 条规定，"国家尊重和保障人权"。《刑事诉讼法》第 2 条也规定刑事诉讼法的任务之一是尊重和保障人权，并且在程序设置和具体规定中都贯彻了这一宪法原则。《治安管理处罚法》第 5 条也规定，"实施治安管理处罚，应当公开、公正，尊重和保障人权，保护公民的人格尊严"。这使得尊重和保障人权成为一项重要的公安刑事与治安管理政策。

人权，即作为人而应享有的权利，其内涵在于每个人都应该受到合乎人权的对待，具有普适性和道义性的特点。人权理念在第二次世界大战以后得到了世界各国的认可和接受，但是对于其内容却存在较大分歧。1948 年 12 月 10 日，联合国大会通过并颁布的《世界人权宣言》是第一个有关人权问题的国际文件。《世界人权宣言》将人的权利分为公民权利、政治权利以及经济、社会、文化权利，并规定了权利和义务不可分离，个人在享受权利时也应尊重他人的权利和服从道德、公共秩序和普遍福利的需要。《世界人权宣言》的主张得到了世界各国的广泛认同。1966 年 12 月 16 日，联合国又通过了《公民权利和政治权利国际公约》和《经济、社会及文化权利国际公约》。这两个公约是对《世界人权宣言》的重要补充和细化，并将《世界人权宣言》法律化。三个文件构成了"国际人权宪章"，标志着全人类的人权事业进入有法可依的新阶段。我国于 2004 年 3 月通过的《宪法修正案》，首次把"国家尊重和保障人权"正式载入国家的根本法，表明了我国社会主义法治建设的新发展，体现了社会主义制度的本质要求。作为我国重要执法力量的公安机关，在执法办案中必须坚持尊重和保障人权政策。

尊重和保障人权政策，要求公安机关和广大人民警察在执法办案中必须正确处理打击犯罪与保障人权之间的关系，做到二者兼顾。依法从重从快惩处严重刑事犯罪分子的政策与尊重和保障人权政策并不冲突，二者之间的关系是公安工作打击保护相结合特点的具体体现。公安机关既要准确、及时打击犯罪，依法行使侦查权，有效维护社会秩序，又要牢固树立尊重和保障人权的观念，认真落实人权保障的各项要求，切实保护犯罪嫌疑人依法享有的辩护权和其他诉讼权利。要坚决防止过分强调一个方面而忽视另一个方面的错误倾向，既要避免因为强调保护人权，就削弱严厉打击甚至缩手缩脚、不敢执法，又要注意避免强调严厉打击就忽视保护人权甚至随意侵犯人权。

（六）教育与处罚相结合的政策

教育与处罚相结合是《治安管理处罚法》规定的指导治安管理处罚的一项基本政策。《治安管理处罚法》第5条规定，“办理治安案件应当坚持教育与处罚相结合的原则”。该政策的含义是指：处罚是治安管理的必要手段，当罚不罚，就难以制止治安违法行为的发生，但处罚的目的是教育本人和他人，维护治安秩序。教育是治安管理的基本手段，处罚是教育的辅助手段，对违反治安管理的行为人，应当坚持教育多数，处罚少数，并且要寓教育于处罚的全过程。教育与处罚相结合政策的基本要求有：(1)以教为主，寓教于罚。所谓教育，主要是指法治教育，要求被教育者必须懂法、守法，不得以任何借口逃避、拒绝教育。处罚也是一种教育，其目的是通过处罚促使违法者幡然醒悟，自觉遵守国家的法律，所以要寓教育于处罚的全过程。(2)教育多数，处罚少数。违反治安管理行为多发生在法治观念不强的群众之中，这些人中的绝大多数是能够改正的，对于这些人要重在教育，对情节轻微并能及时改正或者主动承认错误的，可以减轻或免予处罚；对情节较恶劣的，要给以必要的惩戒。惩戒的目的也是教育，使其遵纪守法，树立公德。(3)当罚则罚，罚如其分。说服教育不是万能的，对依法当罚的违法者，要依法分别给予警告、罚款或行政拘留等处罚。否则，不能严肃法纪，不能教育本人和他人，也就无法维持正常的社会秩序。处罚一定要适当，适用什么形式的处罚，处罚到什么程度，都要有利于教育受处罚者，不能感情用事、畸轻畸重。

章后思考题

1. 试述公安工作基本方针所表述的全部关系。
2. 专门机关如何与广大群众结合？
3. 新时代该如何贯彻落实公安工作基本方针？
4. 试述社会治安综合治理中公安机关的作用。
5. 如何理解新时代公安工作中“严打”政策中的“严”？
6. 新时代公安工作中“宽严相济”政策的度该如何把握？
7. 公安刑事司法工作中如何保障人权？
8. 治安行政管理工作中如何保障人权？

本章拓展阅读

第十七章　公安法制与公安执法

第一节　公 安 法 制

一、公安法制的概念和特征

法制是法律和制度的总称,法制在不同国家其内容和形式不同。我国的法制是彻底消灭了剥削制度,实现了人民民主的社会主义法制。公安法制是国家为保障国家安全和维护社会治安秩序,进行社会管理和惩治犯罪而建立起来的,并以国家强制力保证实施的一整套法律和一系列制度的总称。公安法制是我国社会主义法制的重要组成部分,包括公安立法、公安执法、公民守法和公安法律监督四个方面的制度。

通过公安法制的概念可以得出其具有如下特征:

第一,公安法制任务的特殊性。公安法制是相对于其他政府机关法制而言的,如海关法制、税务法制等,其任务主要集中在国家安全、社会治安和违法犯罪的打击等领域,具有明显的特殊性。国家通过警察立法,明确公安机关及其人民警察依法进行社会治安管理和犯罪打击的职能,确立国家机关、社会团体、公民、法人以及其他组织在维护国家安全和社会秩序方面的行为规则和义务,将公安工作纳入法制化的轨道。

第二,公安法制具有鲜明的政治性。我国是社会主义国家,公安法制也具有社会主义性质,是工人阶级领导的广大人民群众共同意志和根本利益的集中体现。公安法制的指导思想是马克思主义、毛泽东思想、邓小平理论、“三个代表”重要思想、科学发展观和习近平新时代中国特色社会主义思想,特别是习近平新时代中国特色社会主义思想包含了对公安法制的一系列新的指导和要求,成为当下公安法制建设的最高指导思想。当然,公安法制的政治性渗透于公安法制的全过程,不仅在公安立法中要体现政治性要求,公安机关维护社会治安和打击犯罪的执法活动也集中体现了政治性要求,坚持党的绝对领导是最高政治性要求,此外,公民、法人、其他组织的公安守法行为以及警察法律监督中也体现了鲜明的政治性。

第三,公安法制涉及范围的广泛性。首先,公安法律体系非常丰富,其效力层次和规范性文件的形式多样。公安法律体系中既有适用于全国的公安法律、公安法规和部门规章,又有适用于特定地区的地方性公安法规和公安规章,这些效力层次和表现形式多样的公安规范性法律文件构成了丰富的公安法律体系。其次,有权制定公安法律规范的机关多样。根据法律规定,有权制定公安法律规范的机关既有各级人大及其常委会,又有国务院、公安部、省级人民政府、设区的市人民政府等行政机关。此外,如果从广义上理解,甚至是公安机关本身亦可制定一定效力的公安法律规范。最后,公安法律规范调整的对象广泛。只要涉及国家安全、社会治安秩序的社会关系,几乎均属于公安法律规范的调整范围,这也决定了公安机关是政府机关中最大的构成机关,公安人员是公务员队伍中人数最多的群体。

第四,公安法制具有很强的政策性。我国是一个法治国家,公安机关的一切行为均应符合法律的规定性要求,在法律框架内履行职责和行使权力。然而,制定法也并非完美无缺,缺乏灵活性就是天然的劣势。公安立法和公安执法很难适应多变的社会治安环境和犯罪形势,特别是针对一些公安领域内的新情况和新问题更是显得力不从心,而公安政策的出现恰逢其时,响应了公安工作的需要和呼声,弥补了制定法的不足。公安政策与制定法一样,都是公安法制建设的手段,具有共同的目的和理想,公安政策的存在不但不会破坏公安法制,反而是公安法制的特色和优势,促进了公安法制的建设水平。

二、公安法制的性质

所谓公安法制的性质,也就是公安法制属于哪个部门法领域的问题。在法理学上,法的部门的划分主要依据两个标准:一个是调整对象,另一个是调整方法。前者是主要标准,后者是辅助标准。根据调整对象和调整方法的不同,一般认为,当代我国的法律体系通常包括下列部门:宪法、行政法、民法、商法、经济法、劳动与社会保障法、自然资源与环境保护法、刑法、诉讼与非诉讼程序法、军事法。而中国特色社会主义法律体系由 7 大法律部门构成:宪法及其相关法部门、民商法部门、行政法部门、经济法部门、社会法部门、刑法部门以及程序法部门。

行政法是调整国家行政管理活动中各种社会关系的法律规范的总和,它包括规定行政管理体制的规范,确定行政管理基本原则的规范,规定行政机关活动的方式、方法、程序的规范,规定国家公务员的规范等。从公安机关的属性看,我国公安机关属于行政机关,是国家的治安行政管理机关和执法机关,所以公安法制本质上属于行政法部门。

根据我国《公安机关组织管理条例》的规定,公安机关是人民民主专政的重要工具,人民警察是武装性质的国家治安行政力量和刑事司法力量。此外,从《人民警察法》规定的警察职责和任务看,我国公安机关是行使侦查权的机关之一,大部分刑事案件的侦查活动由公安机关进行。公安机关负责刑事案件的侦查、预审,对应当予以拘留、逮捕的现行犯、犯罪嫌疑人或者被告人实施拘留、执行逮捕并进行羁押,此外,我国公安机关还担负着某些种类刑罚的执行工作。所以,在公安法制中还包含一定数量的公安刑事法律规范,这就决定了公安法制具有刑法部门的性质。这是公安法制区别于其他行政部门法制的重要方面,是公安法制的显著特点。

三、公安法制的内容

公安法制包括公安立法、公安执法、公民守法和公安法律监督四方面内容,从环节上说也是公安法制的四个环节,是一个完整的体系过程。四者之间的关系如下:

第一,公安立法是公安法制的基础和起点,是公安法制运行的首要环节。公安立法是一个抽象概念,是指有权制定、修改或者废止公安法律、法规、规章等法律规范性文件的国家机关的立法活动。公安立法是否科学合理,是否符合公安工作的实际需要,是否回应公众的呼声和期待,直接决定了公安执法、公民守法和公安法律监督的效果。

第二,公安执法是公安法制运行的主导环节。公安执法也是公安法律规范实施的一种基本方式,是指公安机关及其人民警察依照法定的职权范围,在警务活动过程中,把各项公安法律规定的权利与义务予以实现的执行活动。公安执法的目的是提高公民的守法水平，创造良好的社会治安环境。

第三，公民守法是公安法制的基本环节，是公安执法的出发点和归宿，也是公安法制的目的。公民守法亦即公安法律规范的遵守，是指公安法律规范的内容，通过公民、法人以及其他组织的遵守而实现的活动。法制的生命在于被遵守，在于通过公众的自觉主动的遵守而获得权威，而不在于强力的执行，执行只是促进遵守的手段。可见，公安执法和公民守法是手段与目的的关系。

第四，公安法律监督是公安法制运行的根本保障。公安法律监督是指法定机关、社会组织和公民对公安法制的全过程进行监督，以保证公安法制的实现，并维护良好的法律秩序的过程。没有监督的权力必然导致腐败，没有充分监督的权力也必然导致腐败。公安机关及其人民警察的权力是人民赋予的、保护人民的，但使用不当也极其容易侵犯人民的合法权益。因此，必须将公安立法和公安执法置于充分的法律监督之下，唯有如此才能确保公安法制的公平和正义。

可见，科学的公安立法必然有利于公安执法、公民守法和公安法律监督，严格规范的公安执法既是对公安立法的落实也是公民守法和公安法律监督的基础，自觉守法是对公安权威的尊重，而严密的公安法律监督是公安立法、公安执法和公民守法的保障，反之亦然。总之，四个环节统一于公安法制的全过程，相互衔接、相互配合、相互制约、相互影响，共同营造良好的公安法制局面。

四、公安法制的要求

公安法制是我国社会主义法制的重要组成部分，其要求与社会主义法制的一般要求是相同的，也就是要做到“有法可依，有法必依，执法必严，违法必究”。

首先，“有法可依”是指公安法律法规要完善，做到解决问题能有法可循，是“有法必依，执法必严，违法必究”的基本前提和基础。公安法制“有法可依”就是要建立统一、完备、科学的公安法律规范体系和制度，即公安立法能够适应不断发展的警务工作需要，及时对各种社会关系进行规范和调整。具体来说，公安法律规范体系应当力求完整、科学、严谨、系统；公安法律规范系统内的组成部分间应当合理划分、彼此协调、共同发挥作用，避免法律规范间的“打架”现象；公安法律规范应当明确、肯定、具体，具有可操作性。总之，公安法律规范的内容应当体现最广大人民的利益，呼应人民对美好生活的需求。

其次，“有法必依”是公安法制有效、规范运行的基本要素，是公安法制的中心环节，是指公安法制主体在任何情况下，都必须遵守公安法律法规、依法办事。“有法必依”就是要保证公安法律规范效力的普遍性和有效性，尽量排除和杜绝公安立法、公安执法、公民守法和公安法律监督中的随意性、偶然性和腐败现象；坚持法律面前人人平等，任何组织和个人都不能有超越公安法律法规的特权，特别是公安机关及其人民警察不能有超越公安法律法规的特权，要牢记“权为民所用，利为民所谋”的执法理念，杜绝公器私用，公安法律法规不能有适用的空白地带；普通公众不分民族、种族、性别、职业、家庭出身、宗教信仰、教育程度、财产状况、居住期限，都必须平等地遵守公安法律法规，依法平等地享有法定的权利和承担法定的义务；任何公民的合法权益必须毫无例外地受到公安法律法规的平等保护。

再次，“执法必严”是公安法制运行的关键环节，是指公安机关及人民警察，必须严格按公安法律法规的规定实施法律，坚决维护法律权威和尊严。法律的有效性决定于执法的持续性和必然性，而不是法律本身的严厉性，这是法制的内在属性，公安法制亦如此。公安机关应当公正地行使执法权，不受其他机关、社会团体和个人的非法干涉。公安机关要按照公正、文明、理性执法的要求，完善公安机关的机构设置、职能划分和管理制度，形成权责明确、相互配合、相互制约、高效运行的公安管理体制和警务工作机制，维护公安法制权威，维护公民、法人和其他组织的合法权益，维护社会公平和正义。

最后，“违法必究”是公安法制运行的基本保障。“违法必究”就是对一切违法犯罪行为都要按照“以事实为依据，以法律为准绳”的原则，给予惩处。法律面前人人平等，不容许任何组织和个人有超越公安法律法规的特权。可见，如果在“违法必究”环节出现问题，公安法制将整体失去意义，“有法可依、有法必依、执法必严”的种种努力也将付诸东流。

总之，“有法可依、有法必依、执法必严、违法必究”四个方面层层递进，环环紧扣，相互依存，缺一不可。“有法可依”是公安法制运行的前提，“有法必依”是公安法制运行的核心，“执法必严”是公安法制运行的关键，“违法必究”是公安法制运行的基本保障。

五、公安法制的作用

公安法制调整的主要是涉及国家安全、社会安宁和人民生命财产安全方面的社会关系，所以公安法制无论对于中国特色社会主义建设和社会主义法制建设事业的顺利推进，还是公安机关依法履行职责和推进人民公安事业的发展，均具有重要意义。

（一）公安法制是维护国家安全的重要手段

我们必须清醒地认识到，敌对势力、敌对分子和严重刑事犯罪分子对国家安全的破坏是实实在在的，其破坏力也是巨大的。在这场关乎国家安全、社会制度和人民群众切身利益的斗争中，公安法制是制胜的法宝之一。通过公安立法将危害国家安全的行为纳入法制轨道，通过公安执法对其进行严厉的打击，通过公民守法形成最广泛的群众基础，通过公安法律监督防止打击的疏漏，增强打击效果。

（二）公安法制是维护社会稳定的有力武器

社会稳定是社会主义现代化建设稳步推进的基础和保证，是人民群众最大的利益关切之一。将社会生活，特别是社会治安活动纳入法制化的轨道，有利于促进社会关系秩序化，消除混乱现象、制止骚乱、防止社会动荡等。

（三）公安法制为社会主义法制提供后盾和保障

公安法制是社会主义法制的重要构成，由公安机关及其人民警察的属性决定，公安法制具有极强的强制性和强制力，这主要从公安机关的法定武装性获得。法律并非都能得到遵守，当其他法制遭到非法的侵犯和抵抗时，因其缺乏公安法制这样的强制性和强制力，而难以得到执行，此时，公安机关作为国家法定的暴力执行机关，就是确保其他法制得以落实和运行的后盾和保障。

（四）公安法制是公安机关执法活动顺利运行的保障

公安法制明确了公安机关的职责和权力，明确了公安机关行政执法核心主体和在刑事诉讼活动中第一道工序的作用和价值，明确了公安机关行政执法的程序和基本要求，明确了公安机关与其他刑事诉讼参与主体分工、配合、监督的相互关系,有力地保障了公安机关行政执法和刑事诉讼活动的顺利进行。

(五) 公安法制是公安改革和公安自身建设的依据和保障

公安工作是实践性很强的工作,必须随着经济社会发展而适时调整,否则不但不能服务经济社会发展反而会成为经济社会发展的羁绊。不管是公安机关、公安工作的改革,还是公安机关自身的建设都需要纳入公安法制的框架,做到有章可循、有法可依。

六、公安法制建设的目标

健全的公安法制,应当具备齐备的公安法规与相应的实施条件、统一的公安法制内部关系、权威的公安法规实施过程以及普遍的公民公安法律意识。它是一个能够调整全部有关国家安全与社会治安秩序的社会关系并能顺利实施的公安法制体系。

(一) 公安法制的齐备性

公安法制调整有关国家安全和社会治安秩序的社会关系。健全的公安法制必然拥有齐备的公安法律规范,包括齐备的公安组织法律规范、执法法律规范、守法法律规范和执法监督法律规范等。

第一,从公安法律法规的门类看。公安机关的性质决定了公安机关是治安行政力量和刑事司法力量,因此,公安法律法规的门类既有行政方面的又有刑事方面的。第二,从公安法律法规的渊源看。公安法律法规应当是一个拥有不同效力层级的法规体系,其渊源应当包括宪法、法律、行政法规、部门规章、地方性法规和规章等。第三,从公安法律法规的作用形式看。公安法律法规既应当有实体法律法规又应当有程序法律法规。第四,从公安法律法规涉及的公安专业工作部门看。公安法律法规应当包括刑侦方面的、经侦方面的、禁毒方面的、治安管理方面的、交通管理方面的、网侦方面的等,应当门类齐全,体系完整。第五,从组织管理和监督方面看。公安法律法规应当包括公安机关组织管理方面和执法监督方面的法律法规。

当然,公安法律法规的齐备性是相对的。公安法制所调整的国家安全和社会治安秩序关系是十分复杂的,而且是处于不断调整和变化之中的。一段时间的公安法律法规的齐备会随着社会发展出现的新情况而变为不齐备,因此,公安法律法规的立、改、废工作是一个长期性的工作。

(二) 公安法制的统一性

公安法制的统一性是指公安法律法规外在形式的整体性和内在关系的一致性。公安法制外在形式的整体性是指公安法律法规尽管纷繁芜杂,涉及众多领域和部门,但其各个部分构成了一个有机的整体,每一部分都是不可分割的。公安法制内在关系的一致性是指不管出于哪个部门、效力如何、性质怎样,其均具有内部的统一性,具有共同的目的和作用,不应是矛盾和冲突的。当然,公安法制的统一性,首先取决于它能够与国家法制保持一致,其次取决于公安法制内部在调整对象与调整方法上的一致性。

(三) 公安法制的权威性

公安法制的权威性主要表现为公安法律法规的强制性规范作用实现的必然性。只要行为人违反公安法律法规就必然受到强制性规范的制裁,这是公安法制的特殊性决定的两者之间的这种因果关系的必然性。然而，公安实践中的这种必然性受到立案率、破案率、起诉率、判决率等诸多因素的影响，不能完全实现，一定程度上影响了公安法制的权威。因此，公安工作中公安机关及其人民警察应当不断加强公安法制宣传，真正做到执法必严、违法必究，维护公安法制的权威性。

（四）提高公民的公安法律意识

公安法律意识是关于公安法制的理念、思想、观点、知识和心理的总称。公安立法、公安执法和公民守法，是有意识的能动行为，是在一定的公安法律意识支配下实现的。公安法制的实现，与全社会的法制文明程度分不开，更与公民的公安法律意识分不开。提高公民的法律意识是公安立法的重要前提。公安立法需要公民的参与，需要公民提出自己的意见和建议，在充分的讨论和建议中，公安立法才更加科学和严谨，也才能更具有民意基础和生命力。提高公民的法律意识是搞好公安执法的前提。这里的公民包括人民警察，只有普通公民和人民警察的法律意识都得到加强，公安法律法规的内涵才能被更好地理解，公安机关才能作出更符合法律原意的决定，不断提高执法效益。提高公民的法律意识是搞好公民守法的前提。法律的生命在于遵守，公民只有具有了法律意识才能产生守法的观念，也才能实现对公安法律法规的自觉遵守。

第二节 公安执法概述

一、公安执法的概念

所谓执法，也称法律执行，一般是指国家有权机关依照法定职权和法定程序，行使管理职权、履行职责、贯彻和实施法律的活动。广义的执法是指国家行政机关、司法机关及其公职人员依照法定程序实施法律的活动。狭义的执法是指国家行政机关和法律授权、委托的组织及其公职人员，在行使行政管理权的过程中，依照法定的职权和程序，贯彻实施法律的活动。

公安执法是公安机关及其人民警察依法干预社会行为的过程，是“有法必依、执法必严、违法必究”的能动反映。具体来说，所谓公安执法，就是指公安机关及其人民警察依照公安法律法规的规定，综合运用各种手段，调整、维护国家安全和社会治安秩序的法律关系的能动过程。公安机关是人民民主专政的工具，是武装性质的国家治安行政力量和刑事司法力量，承担打击犯罪和行政管理两方面的职责任务。因此，我国的公安机关及其人民警察的执法活动包括公安刑事执法和公安行政执法两部分。

二、公安执法的特征

（一）公安执法的阶级性

公安机关是人民民主专政的工具，这一鲜明的阶级性决定了公安机关及其人民警察的公安执法行为也具有鲜明的阶级性。公安执法性质的鲜明阶级性主要体现为两个方面：一方面，从公安执法的目的看，公安执法活动以维护国家安全和社会治安秩序，巩固和加强人民民主专政的国家制度，保障社会主义现代化建设的顺利进行为目的。另一方面，从公安执法的手段看，公安执法的手段因对象的不同而体现出巨大的差异性。对于广大人民群众而言，公安执法主要是通过说服教育的手段实现的；对于犯罪分子和违法行为人而言，公安执法主要是通过强制性手段实现的。

（二）公安执法主体的特定性

公安机关是我国国务院和地方各级人民政府的职能部门之一，是我国行政机关的重要组成部分。公安机关及其人民警察依法行使职权，维护国家安全和社会治安秩序的公安执法行为，是国家通过法律赋予公安机关及其人民警察的专有职责义务，其他任何机关和个人不得进行公安执法行为。需要注意的是，随着我国公安辅警制度的发展、完善，辅警参与公安执法行为将不断增加。但是，辅警是作为警察的助手从事公安执法行为的，后果完全归于公安机关及人民警察，因此，辅警的“参与公安执法行为”不是独立的公安执法行为。

（三）公安执法手段的多样性

公安执法在我国执法体系中处于十分重要的地位。公安机关可以通过执法活动为我国其他执法活动创造良好的环境，通过其特殊的执法活动为其他执法活动排除障碍。因此，国家赋予公安机关可以采取更加灵活多样的执法手段，而且有些执法手段是其他执法机关所不能采取的。在公安刑事执法过程中，公安机关可以依法采取多种侦查手段和刑事强制措施；在公安行政执法过程中，公安机关可以依法采取多种公安行政处罚、公安行政强制措施、公安行政强制执行方式和公安行政许可。

（四）公安执法范围的广泛性

公安执法包括公安刑事执法和公安行政执法两方面，其所涉及的范围非常广泛，渗透到生活中的方方面面，影响到社会中的每一个公民、家庭和组织。在公安刑事执法方面，公安机关不仅要打击各类刑事犯罪活动，而且要预防和发现各种潜在的犯罪活动；不仅要做好刑事侦查工作，而且要做好刑事强制工作。在公安行政执法方面，公安机关不仅要对违法行为人的违法行为进行查处，而且要对日常的治安秩序进行管理；不仅要做好行政处罚工作，而且要做好行政许可和行政强制工作。此外，公安机关还要保护和协助各级政府其他部门的国家工作人员的职务活动。

（五）公安执法活动的强制性

公安机关执行法律的过程同时是其行使执法权的过程，公安机关根据法律的授权对社会进行管理，一定的强制性是其进行有效管理的前提，也是其实现职责和任务的必要保障。公安机关的执法活动以国家强制力为后盾，表现出不同于一般执法机关的强制性。公安机关除具有一般执法机关所具有的许可、取缔、警告、罚款、没收财物等强制力外，其在执法中还可以依法对相关的人身、财产等行使直接的强制权，这种强制权主要表现为：(1)刑事强制措施，如拘传、取保候审、监视居住、拘留和逮捕；(2)行政强制措施，如强制传唤、盘问检查、强行带离现场和强制拘留等；(3)行政强制执行，如代履行等。

（六）公安执法的主动性和单方面性

执行法律既是公安机关维护社会安全和进行社会管理的权力和职责，也是公安机关对社会、对民众承担的义务。因此，公安机关及其人民警察在维护社会安全和进行社会管理时，应当以积极的行动主动执行法律、履行职责，除非有法律的明确规定，否则无须被害人或行政相对人的请求和同意。如果公安机关不主动执法并因此给国家或社会造成损失，就构成失职,需要承担法律责任。

三、公安执法的基本原则

所谓公安执法的基本原则,是指公安机关在刑事执法和行政执法过程中,必须遵循的具有普遍指导意义的行为准则。[①]

(一) 依法原则

公安执法的依法原则是社会主义法制原则在公安执法领域的具体体现,其要求公安执法的一切活动都要建立在法的基础之上。这就要求:第一,公安执法行为必须有法律的明确授权。公安执法活动必须依法进行,没有法律的明确规定,公安机关不得对相对人设定权利,更不得课以义务。第二,公安执法行为必须严格按照法律规定进行。公安执法行为必须在法律的框架下进行,公安机关及其人民警察不得超越法律的界限作出侵犯行为人权益的任何行为,超越法律界限的行为属于违法甚至犯罪行为,公安机关及其人民警察应当承担相应的责任。

(二) 公正原则

公安执法的公正原则,是指公安机关执法行为的内容要客观、适度、符合理性。也就是说,公安执法除了要遵守依法进行的原则外,还必须贯彻公正合理的原则,应注意公安执法行为的社会效果。首先,公安执法的动机合目的。这里的“目的”只能是法律追求的结果,公安执法的目的只能是法律所要求的目的。其次,公安执法行为建立在正当考虑的基础之上。所谓“正当考虑”是指法律所规定的、与案件有关的因素。最后,公安执法行为的内容合乎情理。公安执法行为要符合社会主义核心价值观的要求,符合人们的普遍理解和观念,注意社会效果。当然,随着执法问题的日益复杂,赋予执法机关一定的自由裁量权是世界各国和地区的通行做法,我国也不例外。国家赋予公安机关在执法中一定的自由裁量权是为了实现个案公正,所以赋予执法机关一定的自由裁量权与公正原则是不相矛盾的。

(三) 以事实为依据,以法律为准绳的原则

公安机关办理案件应当做到事实清楚、证据确凿、定性正确、处理得当、程序合法。要做到这一点,首要的是事实。事实是办理案件的基础,只有查清事实,才能正确运用法律。公安机关查处任何案件必须从案件的客观实际出发,调查研究,查明案情,掌握确实、充分的证据,在此基础之上,以国家法律为唯一准绳和尺度,正确适用法律,对案件进行公正的处理,做到不枉不纵。坚持以事实为依据,就是坚持实事求是,一切从具体的案件情况出发,重证据、重调查研究,使认定的事实完全符合案件的客观真相。坚持以法律为准绳,就是要求公安机关及其人民警察在办案中既要按实体法办事,又要按程序法办事。程序法是公安机关办案的操作规程,程序合法是正确处理案件的重要保证。以事实为根据,以法律为准绳,二者是不可分割的整体,事实是正确运用法律的前提,依法办理案件是调查事实的继续和目的。只有把二者正确结合起来,才能保证合理地处理案件。

(四) 法律面前人人平等的原则

我国法律所确立的一切公民在适用法律上一律平等的基本原则包括三个方面的含义:

---

① 参见高文英:《公安执法基本原则初探》,载《公安大学学报》1994 年第 3 期。

第一，公安机关对任何公民，不论其民族、种族、性别、职业、家庭出身、宗教信仰、教育程度、财产状况、居住期限，都一律保障其平等地享有宪法和法律规定的权利，公民也都应平等地履行宪法和法律所规定的义务。第二，公安机关在执法中对公民的合法权益一律平等地予以保护，不能有贵贱之分、尊卑之别。对一切违法行为一律依法予以追究，使之受到法律的制裁，决不允许任何违法犯罪分子逍遥法外。第三，在执法中，不允许任何公民享有法律以外的特权，任何人不得强迫任何公民承担法律以外的义务，也不得使公民受到法律以外的惩罚。

（五）依靠群众的原则

公安机关全心全意为人民服务的宗旨决定了公安执法活动脱离不了群众这一大环境，社区警务工作的推进决定了公安执法工作离不开群众这一维护社会治安基本力量的支持，开放型公安工作社会监督大格局的构建也决定了公安执法工作离不开群众的监督。因此，公安机关在执法过程中要践行一切依靠群众、一切为了群众、从群众中来、到群众中去的群众路线。要相信群众、发动群众、依靠群众，实行专门机关与广大群众相结合的方针。

第三节　公安刑事执法

刑事执法是公安执法的重要工作内容，是公安工作的组成部分。所谓公安刑事执法是指公安机关及其人民警察依据《刑法》《刑事诉讼法》及相关法律法规，查处、惩治犯罪，同刑事犯罪作斗争的一系列工作的总称。公安刑事执法的基本特征是其具有强烈的暴力对抗性，具有刑事诉讼流程上的基础性，且实施主体面临较大的危险性。

一、公安机关在刑事诉讼中的任务

公安机关是刑事诉讼中的侦查机关和刑罚执行机关，负责对刑事案件的侦查、拘留、执行逮捕、预审和部分刑罚的执行。《公安机关办理刑事案件程序规定》第 2 条规定，公安机关在刑事诉讼中的任务，是保证准确、及时地查明犯罪事实，正确应用法律，惩罚犯罪分子，保障无罪的人不受刑事追究，教育公民自觉遵守法律，积极同犯罪行为作斗争，维护社会主义法制，尊重和保障人权，保护公民的人身权利、财产权利、民主权利和其他权利，保障社会主义建设事业的顺利进行。

二、公安机关在刑事诉讼中的职权

根据《公安机关办理刑事案件程序规定》第 3 条的规定，公安机关在刑事诉讼中的基本职权如下：(1) 依照法律对刑事案件立案、侦查、预审；(2) 决定、执行强制措施；(3) 对依法不追究刑事责任的不予立案，已经追究的撤销案件；(4) 对侦查终结应当起诉的案件，移送人民检察院审查决定；(5) 对不够刑事处罚的犯罪嫌疑人需要行政处理的，依法予以处理或者移送有关部门；(6) 对被判处有期徒刑的罪犯，在被交付执行刑罚前，剩余刑期在 3 个月以下的，代为执行刑罚；(7) 执行拘役、剥夺政治权利、驱逐出境。

三、公安刑事执法的基本原则

公安刑事执法的基本原则，是公安机关进行刑事执法工作必须遵循的基本行为准则。

根据《刑事诉讼法》和《公安机关办理刑事案件程序规定》,公安刑事执法的基本原则主要有:

(一)尊重和保障人权原则

尊重和保障人权是我国宪法确立的一项重要原则,它是社会主义法治的本质要求之一。《刑事诉讼法》第 2 条也明确提出了"尊重和保障人权"原则,使这一原则成为公安机关刑事执法的一项基本原则。该原则要求公安机关在刑事执法中严格执行法律,保障犯罪嫌疑人以及其他诉讼参与人的诉讼权利和其他合法权利,处理好惩治犯罪与保障人权的关系。只有这样才能保证准确、及时地查明犯罪事实,正确适用法律惩罚犯罪分子,同时又能保障无罪的人不受刑事追究。

(二)依靠群众的原则

《刑事诉讼法》第 6 条、《公安机关办理刑事案件程序规定》第 4 条明确提出了"依靠群众"的原则。这是公安工作群众路线在刑事诉讼中的体现,公安机关在刑事执法中要依靠群众提供证据或者协助调查。

(三)以事实为根据,以法律为准绳的原则

该原则体现在《刑事诉讼法》第 6 条和《公安机关办理刑事案件程序规定》第 4 条中。以事实为根据,首要的是要查明案件事实,而要查明案件事实,就必须重证据、重调查研究。公安机关在办理刑事案件时,以法律为准绳,就是必须以《刑法》《刑事诉讼法》和其他法律的有关规定作为依据处理案件,不能另立标准,背离法律。

(四)对一切公民在适用法律上一律平等的原则

《刑事诉讼法》第 6 条、《公安机关办理刑事案件程序规定》第 4 条明确提出了"对于一切公民,在适用法律上一律平等,在法律面前,不允许有任何特权"。该原则要求公安机关在刑事执法中,一方面,平等地追究犯罪嫌疑人的法律责任,不因其社会地位、经济状况、职业、受教育程度等方面的不同而有所不同。另一方面,依法平等地重视和保护犯罪嫌疑人及其他诉讼参与人的合法诉讼权利和其他权利。

(五)公安、检察院、法院三机关分工负责,互相配合,互相制约的原则

公安、检察院、法院三机关分工负责是指,在刑事诉讼中,公安机关负责对刑事案件的侦查、拘留、执行逮捕和预审,人民检察院负责检察、批准逮捕、检察机关直接受理的案件的侦查、提起公诉,人民法院负责案件的审理。除法律特别规定的以外,其他任何机关、团体和个人都无权行使这些权力。互相配合,是指公安、检察院、法院三机关相互支持、通力合作,使案件处理能前后衔接、协调一致。互相制约,是指公安、检察院、法院三机关应当按照职能分工和程序设置,相互约束、相互制衡,防止和纠正可能出现的错误和偏差。

(六)接受监督的原则

根据《刑事诉讼法》和《公安机关办理刑事案件程序规定》的相关规定,公安机关进行刑事诉讼,依法接受人民检察院的法律监督。公安机关进行刑事诉讼,应当建立、完善和严格执行办案责任制度、执法过错责任追究制度等内部执法监督制度。在刑事诉讼中,上级公安机关发现下级公安机关作出的决定或者办理的案件有错误的,有权予以撤销或者变更,也可以指令下级公安机关予以纠正。下级公安机关对上级公安机关的决定必须执行,如果认为有错误,可以在执行的同时向上级公安机关报告。

（七）重证据，重调查研究，不轻信口供，严禁刑讯逼供的原则

《公安机关办理刑事案件程序规定》第 8 条规定，公安机关办理刑事案件，应当重证据，重调查研究，不轻信口供。严禁刑讯逼供和以威胁、引诱、欺骗以及其他非法方法收集证据，不得强迫任何人证实自己有罪。按照此原则的要求，公安机关在办理刑事案件时，必须重视收集各种证据，要把主要精力放在证据调查与审查判断上，依照法定程序和要求收集证据。严禁刑讯逼供，禁止以威胁、引诱、欺骗以及其他非法方法收集证据。不能不经核实，不经与其他证据相互印证，就轻易相信口供，只有经过查证属实的口供才可作为证据使用。

（八）不得强迫任何人证实自己有罪的原则

《刑事诉讼法》第 52 条规定，“严禁刑讯逼供和以威胁、引诱、欺骗以及其他非法方法收集证据，不得强迫任何人证实自己有罪”。由此确立了公安机关在刑事执法过程中不得强迫任何人证实自己有罪的原则，体现了我国司法的进步，有利于进一步保障犯罪嫌疑人、被告人人权及防止刑讯逼供。该原则要求公安机关在刑事案件的侦查中，不得以任何强迫手段，使任何人认罪和提供证明自己有罪的证据。同时，要求侦查人员加强口供以外的其他证据的收集工作，从而大大减弱了对口供的依赖，改变了凭口供破案的错误做法，使禁止刑讯逼供落到实处，促进人民警察队伍的自身建设。

（九）尊重各民族公民用本民族语言文字进行诉讼的权利的原则

根据《刑事诉讼法》和《公安机关办理刑事案件程序规定》的相关规定，该原则体现为：公安机关办理刑事案件，对不通晓当地通用的语言文字的诉讼参与人，应当为他们翻译。在少数民族聚居或者多民族杂居的地区，应当使用当地通用的语言进行讯问。对外公布的诉讼文书，应当使用当地通用的文字。

（十）各地区公安机关之间加强协作和配合的原则

由于刑事案件多具有跨地区性、流窜性等特点，为了提高公安机关办理刑事案件的质量和效率，该原则要求公安机关办理刑事案件时，各地区、各部门之间应当加强协作和配合，依法履行协查、协办职责。在收到异地公安机关提出的协查、协办请求后，应当按照异地公安机关的要求，将有关的材料、情况迅速反馈回去，对于需要协助抓捕犯罪嫌疑人的，要积极配合。此外，上级公安机关也应当加强监督、协调和指导。

（十一）保障诉讼参与人诉讼权利的原则

公安机关在办理刑事案件的过程中，要严格执行刑事办案程序的有关规定，充分保障犯罪嫌疑人、被告人和其他诉讼参与人依法享有的辩护权和其他诉讼权利。不得以任何借口非法剥夺诉讼参与人的合法权利，尤其对于未成年犯罪嫌疑人的诉讼权利要特别予以保障。诉讼参与人对于侦查人员侵犯公民诉讼权利和人身侮辱的行为，有权提出控告。

（十二）刑事司法协助原则

随着跨国境犯罪案件的日益增多，为了加强对该类案件的打击力度，迫切需要我国公安机关与国境外警察机关的警务合作。该原则要求，公安机关在办理涉外刑事案件中，根据我国缔结或者参加的国际条约和公安部签订的双边、多边合作协议，或者按照互惠原则，我国公安机关可以和国境外警察机关开展刑事司法协助和警务合作。

四、公安刑事执法的主要内容

（一）侦查行为

公安机关对已经立案的刑事案件，应当及时进行侦查，全面、客观地收集、调取犯罪嫌疑人有罪或者无罪、罪轻或者罪重的证据材料。

1. 讯问犯罪嫌疑人

讯问犯罪嫌疑人，是指侦查人员为了查明案件事实和其他有关情况，依照法定程序，就案件事实，以言辞方式对犯罪嫌疑人进行讯问的一种侦查行为。

2. 询问证人、被害人

询问证人、被害人，是指侦查人员依照法定程序，以言辞方式向其了解案件情况的一种侦查活动。

3. 勘验、检查

勘验、检查，是指侦查人员对与犯罪有关的场所、物品、人身、尸体进行实地查看、检验，以发现和收集犯罪活动所遗留的痕迹、物品、生物样本等证据材料的一种侦查活动。勘验、检查主要包括：

（1）现场勘验。现场勘验是指侦查人员对与犯罪有关的场所、物品和痕迹，以拍照、绘图、录像、文字记载等方式制作笔录，收集与保全证据的一种侦查行为。其任务是查明与犯罪有关的情况，发现和收集证据，以研究分析案情，判断案件性质，确定侦查方向和范围，为破案提供线索和证据。任何单位和个人，都有义务保护犯罪现场，并立即通知公安机关派员勘验。

（2）物证检验。物证检验是指侦查人员对收集到的物证进行检验、核对，确定其特征，进而确定该物证在刑事诉讼中的作用的活动。物证检验应由侦查机关的侦查人员进行，必要时可以指派或聘请具有专门知识的人，在侦查人员主持下进行。

（3）尸体检验。尸体检验是指通过尸体解剖和尸表检验，确定或判断死亡时间、原因、致死工具、致死方法等，以分析案情、获取证据的一种侦查方法。

（4）人身检查。为确定被害人、犯罪嫌疑人的某些特征、伤害情况或者生理状态，侦查机关可以对人身进行检查，可以提取指纹信息，采集血液、尿液等生物样本。

（5）侦查实验。侦查实验是指为了查明或确定与案件有关的某一事实或现象，在某种条件下能否发生或如何发生而模拟案件原有条件，将该事实或现象实验性地重新加以演示的一种侦查行为。

4. 搜查

搜查是指为了收集犯罪证据，查获犯罪人，侦查人员对犯罪嫌疑人以及可能隐藏罪犯或者犯罪证据的人的身体、物品、住处和其他有关的地方进行搜索、检查的一种侦查行为。

5. 查封、扣押物证、书证

查封、扣押物证、书证是指侦查机关在侦查活动中，对发现的能够证明犯罪嫌疑人有罪或者无罪的财物和文件，依法予以提取、封存的一种侦查行为。查封、扣押物证、书证的目的是收集和保全证据，防止证据被毁损或被隐匿，因此，必须依照法定程序及时、主动进行，以多方面获取能够证实犯罪嫌疑人有罪或者无罪以及犯罪情节轻重的一切证据。

6. 查询、冻结

公安机关根据侦查犯罪的需要,可以依照规定查询、冻结犯罪嫌疑人的存款、汇款、债券、股票、基金份额等财产,并可以要求有关单位和个人配合。

7. 鉴定

鉴定,是指侦查机关为了查明案情,指派或聘请有专门知识的人对案件中的专门性问题进行鉴别、判断的一种侦查活动。鉴定的范围,包括刑事技术鉴定、人身伤害的医学鉴定、精神病的医学鉴定、扣押物品价格鉴定、文物鉴定、珍稀动植物及其制品鉴定、违禁品与危险品鉴定等。

8. 辨认

为了查明案情,在必要的时候,侦查人员可以让被害人、证人或者犯罪嫌疑人对与犯罪有关的物品、文件、尸体、场所或者犯罪嫌疑人进行辨认。

9. 技术侦查措施

技术侦查措施,是指公安机关对于严重危害社会的犯罪案件,经过严格批准,为了侦查犯罪的需要,根据法律规定,借助于现代技术和设备,对犯罪嫌疑人、被告人以及与犯罪活动直接关联的人员,实施记录监控、行踪监控、通信监控、场所监控等措施的一种特殊的侦查手段。

10. 通缉

通缉,是指公安机关在侦查过程中,对应当逮捕而在逃的犯罪嫌疑人、越狱逃跑的犯罪嫌疑人、被告人或罪犯,通令缉拿归案的一种侦查方法。

(二) 刑事强制措施

刑事强制措施,是指公安机关、人民检察院和人民法院,为保证刑事诉讼的顺利进行,依法对犯罪嫌疑人、被告人或现行犯的人身自由加以临时限制或剥夺的各种强制方法。刑事强制措施包括拘传、取保候审、监视居住、拘留和逮捕。

1. 拘传

拘传,是指公安机关、人民检察院和人民法院强制犯罪嫌疑人、被告人到案接受讯问的一种强制措施。

2. 取保候审

取保候审,是指公安机关、人民检察院和人民法院,依法责令符合一定条件的犯罪嫌疑人、被告人提出保证人或交纳保证金,保证其不逃避侦查、起诉和审判,并随传随到的一种强制措施。

3. 监视居住

监视居住,是指公安机关、人民检察院和人民法院,依法责令犯罪嫌疑人、被告人不得离开住处或指定的居所,并对其进行监视和控制的一种强制措施。

4. 拘留

拘留,是指公安机关、人民检察院依法对现行犯或重大嫌疑分子,在法定紧急情况下,依法采取的暂时剥夺其人身自由的一种强制措施。

5. 逮捕

逮捕,是指公安机关、人民检察院和人民法院,为了防止犯罪嫌疑人、被告人逃避或妨碍侦查起诉和审判,或继续犯罪,依法采取的暂时剥夺其人身自由,予以羁押的一种强制措施。

第四节 公安行政执法

一、公安行政执法概述

(一) 公安行政执法的概念与特征

1. 公安行政执法的概念

公安行政执法是指公安机关为了实现公安行政管理职责,依照法定的职权和程序,对公安行政管理相对人实施的直接影响其权利、义务的具体行政行为。公安行政执法是我国行政执法的重要组成部分。从行政的角度看,公安行政执法行为是一种行政行为,是一种行政权力;公安行政执法的法律渊源是我国的行政法律规范,从行政法的角度理解,公安行政执法是公安机关执行、适用(行政)法律的活动(行为)。

与公安行政执法相近的一个概念是公安行政管理,两者既有联系又有区别。公安机关作为维护社会治安的国家行政机关,其依法对社会治安进行的管理活动,是国家的一种管理活动。所以,公安行政管理是一种行政管理行为,是一种行政管理权,从某种意义上讲,公安行政管理行为就是公安行政执法行为。公安行政管理丰富着公安行政执法的内容,而法律提供着维护公安行政管理合法权威的规范和加强公安行政管理的效能。

2. 公安行政执法的特征

(1) 执行性。公安行政执法权是我国行政权力的一种,是执行我国公安行政法律、法规的一种权力,是执行权力机关意志的一种权力。

(2) 合法性。公安行政执法权是我国法律明确设定的,属于法定权力,任何组织和个人不得随意设定公安行政执法权。另外,公安行政执法权的行使受法律的严格约束,其必须在法律的框架下运行。

(3) 强制性。公安行政执法的过程和结果以国家强制力为保障,公安机关及其人民警察作出的公安行政执法行为只要是依法、正确实施的即具有执行力和确定力,行政相对人必须接受,否则将承担相应的法律后果。

(4) 不可处分性。公安行政执法权是国家通过法律明确赋予公安机关及其人民警察的,其必须依法行使,不得随意转让或抛弃,否则将承担相应的法律责任。当然,法律通过行政委托或行政授权的方式将公安机关的行政执法权力委托或授权其他组织或个人行使的不在此列。

(二) 公安行政执法的基本原则

公安行政执法的基本原则是指贯穿于公安行政执法的全过程,指导公安行政执法权最具有普遍适用价值的行为准则。

1. 合法性原则

合法性原则,是指公安机关对公安行政执法权的行使必须符合法律的规定,需要获得法律法规的授权,不得违反法律法规的禁止性规定,任何违反法律法规的行为或活动都应受到否定,且违法主体应承担相应的法律责任。该原则要求公安机关在行政执法过程中,首先要做到执法主体合法,即公安机关在执法中必须做到自己属于有权的行政主体。其次,行政权的存在和行使必须合法。公安行政执法权必须是法律明确授权的,且公安机关及其人民警察必须在法律范围内行使。再次,执法内容合法。即行使权力的内容、方式以及对行政相对方产生的权利义务层面的影响都必须符合法律的规定。最后,程序合法。程序合法是行政合法的内在要求,没有合法的行政程序作为保障,实体公平正义就无从谈起。

2. 合理性原则

合理性原则,是对公安机关自由裁量权的控制和约束,是指公安机关行政执法中,在法律规定的条件、种类和幅度范围内,可以通过自由裁量作出行政决定,但必须符合法律的意图和精神,符合公平正义等法律理性。该原则要求公安机关在行政执法过程中,要注意以下几点:首先,公安行政执法行为要符合法律目的。法律赋予公安机关一定的自由裁量权也是为了更好地适应复杂的治安形势,更好地实现立法目的和意图,因此,公安行政执法行为必须符合法律目的。其次,公安行政执法行为要有正当的动机。公安机关在行政执法过程中应始终保持公心,执法为民,全心全意为人民服务,不应将其他私心强加到执法中去考量。再次,公安行政执法要基于综合性的考虑。公安行政执法工作涉及的社会领域非常广泛,各种情况非常复杂,相关自由裁量的作出必须基于综合性的考虑,将各种因素都纳入衡量的范围内。最后,公安行政执法要符合社会道德。公安行政执法要考虑社会效果,传播社会主义正能量。

3. 公正性原则

公正性原则,是指公安机关必须平等地、无偏私地行使行政职权,做到同样的案件受到同样的处理,不同的情况作出不同的处理和对待。该原则要求公安机关在行政执法中做到:在实体方面,公安机关要确保对相关事实已经调查清楚、对相关法律法规已经正确理解、对行使权力的内容已经准确掌握,行政处理结果符合公平正义观念。在程序方面,公安机关应当严格按照法律规定的程序办理案件,切实保障行政相对人及其他案件当事人的合法程序性权利。

4. 责任性原则

责任性原则,是指公安机关及其人民警察不仅享有行政权力,也承担相应的法律责任。首先,公安机关及其人民警察必须严格按照法律规定行使职权,忠于职守、秉公执法,杜绝权力滥用、徇私枉法。其次,公安机关及其人民警察对因自己的违法、不当行为或其他造成行政相对人权益受损的行为必须承担相应的法律责任或接受相应的法律制裁。最后,这一原则要求广大人民警察在行政执法过程中不断提升自身的责任感,为人民群众的利益严格执法。

5. 比例原则

比例原则,是指公安机关实施行政行为应兼顾行政目标的实现和相对人权益的保护,如为实现行政目标可能对相对人权益造成某种不利影响时,应使这种不利影响限制在尽可能小的范围和限度内,保持二者处于适度的比例。首先,公安行政执法应当符合目的性原则。公安机关实施行政行为必须能够实现其所要实现的行政目的,至少是有助于该行政目的的实现。如果行政行为与行政目的相悖,根本无法达到行政目的,行政行为也就失去了意义。其次,公安行政执法应当符合最少侵害原则。公安机关实施行政行为不能超越实现行政目的的必要程度,也就是说,公安机关在实施行政行为时,有多种可供选择的手段可以达到行政目的的,应尽可能采取对相对人损害最小的手段。最后,公安行政执法应当符合均衡原则。公安机关实施行政行为时,必须将行政行为所能够达成的利益与这个行政行为对相对人合法权益的侵害进行衡平。只有证明前者重于后者,才可以实施该行政行为;否则,则不能采取。

(三) 公安行政执法的范围

从公安行政管理角度看,公安行政执法的范围包括一些专门的行政管理活动,如治安管理、户政管理、出入境管理、消防管理、道路交通管理、网络安全管理等。从法的角度看,公安行政执法的范围包括公安行政处罚、公安行政强制、公安行政许可等。从公安工作的实际情况来看,公安行政执法主要包括狭义的公安行政管理(一般日常的管理工作)、公安行政处罚、公安行政强制和公安行政许可。

二、治安管理处罚

(一) 治安管理处罚的概念与特点

治安管理处罚,是指公安机关以国家的名义,对违反治安管理尚不够刑事处罚的行为人依法剥夺其人身自由、财产、名誉或者其他权利的行政处罚。治安管理处罚有如下特点:(1)治安管理处罚属于行政处罚的一种。(2)治安管理处罚的适用主体是公安机关。(3)治安管理处罚的适用对象是违反治安管理尚不够刑事处罚的行为人,既包括违反治安管理的自然人,也包括违反治安管理的单位。(4)治安管理处罚的内容是剥夺违反治安管理行为人的一定权利。(5)治安管理处罚适用的法律依据是《治安管理处罚法》和其他相关的单行治安行政法规。

(二) 违反治安管理的行为

认定违反治安管理的行为是公安机关适用治安管理处罚的核心。

1. 违反治安管理行为的概念和特征

《治安管理处罚法》第 2 条规定,扰乱公共秩序,妨害公共安全,侵犯人身权利、财产权利,妨害社会管理,具有社会危害性,依照《刑法》的规定构成犯罪的,依法追究刑事责任;尚不够刑事处罚的,由公安机关依照本法给予治安管理处罚。可见,违反治安管理的行为是指扰乱公共秩序,妨害公共安全,侵犯人身权利、财产权利,妨害社会管理,具有社会危害性,尚不够刑事处罚,应由公安机关依照《治安管理处罚法》给予治安管理处罚的法律事实。

违反治安管理的行为具有以下特征:

(1) 一定的社会危害性。一定的社会危害性是违反治安管理的行为的本质特征。

(2) 违反治安管理法律规范的治安违法性。具有违反治安管理法律规范的违法性,是违反治安管理行为的法律特征。任何违反治安管理的行为均被治安管理法律规范所禁止,也就体现出明显的违法性。

(3) 应受治安管理处罚性。违反治安管理的行为具有社会危害性,被治安管理法律规范所禁止,行为人必将受到一定的处罚。应受治安管理处罚性,是行为的社会危害性和违反治安管理法律规范的必然法律后果。上述特征具有两层含义:一是治安管理处罚是违反治安管理行为的必然的法律后果;二是治安管理处罚只能加诸违反治安管理的行为,不是违反治安管理的行为,不能对其实施治安管理处罚。

2. 违反治安管理行为的构成要件

违反治安管理行为的构成要件是指《治安管理处罚法》等法律所规定的、决定某一行为的社会危害性及其行为的危害程度,而为该行为构成违反治安管理行为所必需的一切主客观要件的总和。构成违反治安管理的行为需要具备行为客体、行为客观方面、行为主体、行为主观方面四个要件。

(1) 违反治安管理行为的客体。违反治安管理行为的客体是指我国治安管理法律规范所保护的,而为违反治安管理的行为所侵害的社会关系。根据违反治安管理行为的客体所侵犯的社会关系范围的不同,可分为三个层次,即一般客体、同类客体和直接客体。其中,同类客体是指某一类违反治安管理行为所共同侵害的客体。具体分为以下几种:扰乱公共秩序行为,同类客体是社会的公共秩序;妨害公共安全行为,同类客体是社会的公共安全;侵犯他人人身权利行为,同类客体是公民的人身权利;侵犯公私财产行为,同类客体是合法的公私财产权利;妨害社会管理秩序行为,同类客体是社会的管理秩序。

(2) 违反治安管理行为的客观方面。客观方面是构成违反治安管理行为的客观外在表现。危害行为在违反治安管理行为的构成中居于核心地位,如果没有危害行为,就不可能存在违反治安管理的问题。同时,违反治安管理的危害行为具有特定的内容和形式,都是在一定的时间、地点以一定的方式实施的,有些行为的实施还造成了实际的损害后果。因此,违反治安管理行为的客观方面的要素包括危害行为、危害结果,危害行为与危害结果之间的因果关系,实施违反治安管理行为的时间、地点、手段、方法以及特定条件。

(3) 违反治安管理行为的主体。违反治安管理行为的主体,是指达到法定年龄、具有责任能力、实施了违反治安管理行为的自然人。单位只在法律有明文规定的情况下,可以成为某些违反治安管理行为的主体而受处罚。

(4) 违反治安管理行为的主观方面。违反治安管理行为的主观方面包括主观过错以及目的和动机等因素。违反治安管理行为的主观过错是指行为人对自己的行为引起的危害社会的后果所持有的故意或者过失的心理态度。如果没有过错,不承担治安管理法律责任。

3. 各种具体的违反治安管理的行为

《治安管理处罚法》第 23 条至第 76 条规定了具体的违反治安管理的行为,包括如下五个方面:

(1) 扰乱公共秩序行为,主要有扰乱单位秩序,扰乱公共场所秩序,破坏选举秩序,扰乱大型活动秩序,结伙斗殴、寻衅滋事,干扰无线电业务正常进行,侵犯计算机信息系统的行为等。

(2) 妨害公共安全行为,主要有违规制造、处置危险物质,非法携带管制器具,盗窃、损毁公共设施,破坏使用中的航空器安全,妨碍铁路线路、列车行驶安全,举办大型活动、供社会公众活动的场所发生安全事故危险等。

(3) 侵犯人身权利行为,主要有非法限制人身自由,乞讨干扰他人,威胁人身安全、破坏名誉、干扰正常生活、涉及他人隐私的行为,殴打他人、故意伤害他人身体,强买强卖,侵犯通信自由等。

(4) 侵犯财产权利行为,主要有盗窃、诈骗、哄抢、抢夺、敲诈勒索、故意损毁公私财物等。

(5) 妨害社会管理行为,主要有阻碍国家机关工作人员依法执行职务,招摇撞骗,伪造、变造或者买卖公文、证件、证明文件,特种行业违法,旅馆业违规,出租房屋违规,典当业违规,收购废旧物品违规,影响执法机关依法办案,涉及偷越国(边)境,涉及文物保护,故意破坏、污损他人坟墓,卖淫、嫖娼,制作、复制、传播等淫秽物品,赌博,涉及毒品及原植物,饲养动物干扰他人生活等。

(三)治安管理处罚的种类

依据《治安管理处罚法》第10条的规定,治安管理处罚的种类分为警告、罚款、行政拘留、吊销公安机关发放的许可证,以及对违反治安管理的外国人附加适用限期出境或者驱逐出境。

1. 警告

警告是指公安机关对违反治安管理的行为人以书面方式作出谴责和告诫,指出其行为违法,教育行为人不得再犯的一种治安管理处罚。

2. 罚款

罚款是指公安机关责令违反治安管理的行为人在一定期限内向国家缴纳一定数额金钱的治安管理处罚。对违法行为人的同一个违法行为,不得给予两次以上罚款的行政处罚。

3. 行政拘留

治安管理处罚中的行政拘留又称治安拘留,是指公安机关对违反治安管理的行为人,在短期内剥夺其人身自由的行政处罚。它是治安管理处罚体系中最严厉的一种,属于人身罚、自由罚。

4. 吊销公安机关发放的许可证

吊销公安机关发放的许可证是指剥夺违反治安管理的行为人从事某项特殊活动的权利或资格的治安管理处罚,如吊销特种行业许可证。

5. 限期出境、驱逐出境

《治安管理处罚法》第10条规定,"对违反治安管理的外国人,可以附加适用限期出境或者驱逐出境"。

以上所述治安管理处罚是公安行政处罚中的主要组成部分。此外,公安行政处罚还包括交通管理处罚、边防管理处罚、消防管理处罚等。

三、公安行政强制

公安行政强制属于我国行政强制的一种,其法律依据主要是《行政强制法》,根据该法的规定,行政强制包括行政强制措施和行政强制执行。因此,公安行政强制包括公安行政强制措施和公安行政强制执行。

(一)公安行政强制措施

1. 公安行政强制措施的概念

根据《行政强制法》第2条的规定,公安行政强制措施是指公安机关在公安行政管理过程中,为制止违法行为、防止证据损毁、避免危害发生、控制危险扩大等情形,依法对公民的人身自由实施暂时性限制,或者对公民、法人或者其他组织的财物实施暂时性控制的行为。

2. 公安行政强制措施的种类

根据《行政强制法》第9条的规定,行政强制措施的种类主要涉及限制公民人身自由,查封场所、设施或者财物,扣押财物,冻结存款、汇款及其他行政强制措施。结合公安机关的实际情况,公安行政强制措施的种类主要包括对人身自由的强制措施、对物的强制措施、对证件的强制措施以及对行为、场所的强制措施等。

(1) 对人身自由的强制措施。对人身自由的强制措施主要有盘查,约束,强行驱散、强行带离现场、立即拘留,强制隔离戒毒等。

第一,盘查。盘查是指公安机关为维护社会治安秩序,依法对有违法犯罪嫌疑的人员进行盘问、检查的法律活动。盘查包括当场盘问、检查和继续盘问。

第二,约束。约束是指公安机关限制特定行为人人身自由的一种保护性和预防性的强制措施。

第三,强行驱散、强行带离现场、立即拘留。强行驱散、强行带离现场、立即拘留是指人民警察依法将严重危害社会治安秩序或者有可能威胁公共安全的人员予以强行驱散,或者带离案(事)件发生的现场、立即予以拘留等,以作进一步审查、处理的一种强制措施。强行驱散、强行带离现场、立即拘留是即时性公安强制措施,在适用时无须遵循一定的程序和形式要求,只要法定的情形出现即可。但一般情况下,人民警察要先进行劝告、警告,劝告、警告无效的,方可采取必要手段强行驱散,并将拒不服从的人员强行带离现场或者立即予以拘留。

第四,强制隔离戒毒。强制隔离戒毒是指公安机关对吸食、注射毒品成瘾的人员,在一定时间内通过行政措施对其强制进行药物治疗、心理治疗和法制教育、道德教育,使其戒除毒瘾的一种行政强制措施。

(2) 对物的强制措施。对物的强制措施主要有查封,扣押,收缴、追缴,扣留车辆,强制征用,强制检查,先行登记保存,抽样取证等。本部分重点介绍收缴、追缴。收缴是指公安机关将行为人持有的非法财物或违禁品扣留并缴至公安机关依法处理的行政强制措施;追缴是指公安机关将行为人通过违法行为获得的非法财物或利益追回缴至公安机关依法处理的行政强制措施。追缴与收缴的区别主要体现在三个方面:一是针对的对象不同。追缴针对的是行为人违反治安管理所得的财物。即违反治安管理的行为人因实施了违反治安管理的行为而获得的赃款、赃物和非法利益。收缴针对的是违反治安管理的非法财物,包括违禁品、赌具、赌资、吸毒和注射毒品的用具以及违反治安管理的本人所使用的工具。二是财物的去向不同。追缴的财物属于被害人或者是善意的第三人的合法财物,应当及时返还。收缴的财物一般要销毁或上缴国库。三是法律依据不同。追缴依据《治安管理处罚法》第 11 条第 2 款,《公安机关办理行政案件程序规定》第 194 条第 3 款、第 195 条第 2 款和第 196 条。收缴依据《治安管理处罚法》第 11 条第 1 款,《公安机关办理行政案件程序规定》第 194 条第 1 款、第 195 条第 1 款和第 196 条。

(3) 对证件的强制措施。对证件的强制措施主要有查验居民身份证、扣押居民身份证、收缴居民身份证、扣留机动车驾驶证等。

第一,查验居民身份证。查验居民身份证是指公安机关的人民警察依法对有关人员的居民身份证件进行检查、核对的一种强制措施。

第二,扣押居民身份证。根据《居民身份证法》第 15 条的规定,任何组织或者个人不得扣押居民身份证。但是,公安机关依照《刑事诉讼法》执行监视居住强制措施的情形除外。

第三,收缴居民身份证。收缴居民身份证是指将被决定逮捕、刑事拘留及被判处有期徒刑、无期徒刑的人员的居民身份证,由有关执行机关收回扣留,待被释放时再予以发还所采取的一种强制措施。

第四,扣留机动车驾驶证。扣留机动车驾驶证是公安机关道路交通管理部门对违反我国道路交通安全法律、法规的机动车驾驶人,依法暂时扣留其机动车驾驶证,以进行案件调查处理或保证其接受道路交通安全行政处罚的公安行政强制措施。只有公安机关交通管理部门才有权力扣留机动车驾驶证,其他任何部门不得作出此行为。

(4) 对行为、场所的强制措施。对行为、场所的强制措施主要是责令不得进入体育场馆观看同类比赛和责令停业整顿等。

第一,责令不得进入体育场馆观看同类比赛。《治安管理处罚法》第 24 条第 2 款规定,“因扰乱体育比赛秩序被处以拘留处罚的,可以同时责令其十二个月内不得进入体育场馆观看同类比赛”。

第二,责令停业整顿。责令停业整顿是指治安管理主体针对特定场所实施违法犯罪活动,或者不按规定设置相应设备、设施等,令其在一定时间内停止营业予以整改的法律措施。根据《娱乐场所管理条例》的规定,娱乐场所实施违法犯罪行为,不按规定设置包厢、包间、安装闭路电视监控设备等,由县级公安部门责令停业整顿。

(二) 公安行政强制执行

1. 公安行政强制执行的概念和特征

公安行政强制执行是指公安机关或者公安机关申请人民法院,对不履行公安行政决定的公民、法人或者其他组织,依法强制履行义务的行为。可见,公安行政强制执行包括公安机关亲为的强制执行和公安机关申请人民法院强制执行两种。公安行政强制执行具有如下特征:第一,公安行政强制执行以公民、法人或其他组织不履行公安行政决定义务为前提;第二,公安行政强制执行的目的在于强迫公民、法人或者其他组织履行公安行政决定义务。

2. 公安行政强制执行的方式和种类

根据《行政强制法》第 12 条规定,行政强制执行的方式包括:加处罚款或者滞纳金;划拨存款、汇款;拍卖或者依法处理查封、扣押的场所、设施或者财物;排除妨碍、恢复原状;代履行;其他强制执行方式。公安行政强制执行,一般分为间接强制和直接强制两种。

(1) 间接强制。间接强制是指公安行政执法主体通过间接办法强制法定义务人履行义务的行政行为。公安机关行政强制执行的间接方式主要有执行罚和代履行两种。

第一,执行罚。执行罚是指法定义务人不履行法定义务,而该义务又不能由他人代为履行,公安行政管理主体可通过使不履行义务的法定义务人承担新的持续不断的给付义务,促使其履行义务的行政措施。执行罚包括加处罚款或者滞纳金。公安工作中的执行罚一般体现为加处罚款的形式,是指公安机关在作出罚款决定后,行政相对人逾期不缴纳罚款的情况下,以罚款为基数按一定比例增加新的金钱给付义务。《行政处罚法》第 72 条第 1 款规定:“当事人逾期不履行行政处罚决定的,作出行政处罚决定的行政机关可以采取下列措施:(一)到期不缴纳罚款的,每日按罚款数额的百分之三加处罚款,加处罚款的数额不得超出罚款的数额;(二)根据法律规定,将查封、扣押的财物拍卖、依法处理或者将冻结的存款、汇款划拨抵缴罚款;(三)根据法律规定,采取其他行政强制执行方式;(四)依照《中华人民共和国行政强制法》的规定申请人民法院强制执行。”

第二,代履行。代履行又称代执行,是指公安机关依法作出要求当事人履行排除妨碍、恢复原状等义务的行政决定,当事人逾期不履行,经催告仍不履行,其后果已经或者将危害公共安全的,公安机关自己履行,或者委托没有利害关系的第三人履行。代履行不是当事人找人代替自己履行义务,也不是公安机关找人代替自己行使强制执行权,而是公安机关自己或委托他人代替当事人履行义务,是公安机关的一种行政强制执行方式。对当事人来说,代履行是将其作为义务转化为金钱给付义务,对公安机关来说避免了强制手段的直接使用,实现了行政管理的目的,维护了社会秩序。代履行的费用按照成本合理确定,由当事人承担。代履行不得采用暴力、胁迫以及其他非法方式。

(2) 直接强制。直接强制是指在采取代履行、执行罚等间接手段不能达到执行目的,或者无法采取间接手段时,公安机关依法对当事人的人身或财产直接实施强制,迫使其履行义务或实现与履行义务相同状态的强制执行方式。

公安机关实施直接强制必须符合如下条件:第一,必须有法律的明确规定,否则只能申请人民法院强制执行;第二,必须严格贯彻比例原则,即直接强制必须以实现义务人应承担的法定义务为限度,不能使义务人受到的人身伤害和财产损失超过其应承担的义务范围。公安机关直接强制一般包括对人身的直接强制和对财物的直接强制两种。《治安管理处罚法》第103条规定:“对被决定给予行政拘留处罚的人,由作出决定的公安机关送达拘留所执行。”《消防法》第70条规定,当事人逾期不执行停产停业、停止使用、停止施工决定的,由作出决定的部门或者机构强制执行。根据《公安机关办理行政案件程序规定》第218条的规定,被处罚人未在规定期限内缴纳罚款的,作出行政处罚决定的公安机关可以将依法查封、扣押的被处罚人的财物拍卖或者变卖抵缴罚款。

3. 公安行政强制执行协议

实施行政强制执行,公安机关可以在不损害公共利益和他人合法权益的情况下,与当事人达成执行协议。执行协议可以约定分阶段履行;当事人采取补救措施的,可以减免加处的罚款或者滞纳金。执行协议应当履行。当事人不履行执行协议的,行政机关应当恢复强制执行。另外,除情况紧急外,公安机关不得在夜间或者法定节假日实施行政强制执行。公安机关不得对居民生活采取停止供水、供电、供热、供燃气等方式迫使当事人履行相关行政决定。

四、公安行政许可

(一) 公安行政许可的含义

《行政许可法》第2条规定,行政许可是指行政机关根据公民、法人或者其他组织的申请,经依法审查,准予其从事特定活动的行为。据此,公安行政许可是指公安机关根据行政相对人的申请,经依法审查,准予其从事某种活动或实施某种行为的行政执法行为。

(二) 公安行政许可的特征

第一,公安行政许可是依法申请的行政行为。行政相对方针对特定的事项向公安机关提出申请,是公安机关实施行政许可行为的前提条件。

第二,公安行政许可的内容是国家一般禁止的活动。公安行政许可的内容是关于国家一般禁止的活动，为适应社会生活、生产和公共安全的需要，对符合一定条件者解除禁止，允许其对从事某项特定活动享有特定的权利和资格。

第三，公安行政许可的目的在于抑制公共危险或影响社会秩序的因素，在于维护社会公共利益，保障公共安全和保护行政相对人的合法权益。因此，作出公安行政许可必须有利于消除或减少对社会及公共安全的危险。

第四，公安行政许可是公安机关赋予行政相对方某种法律资格或法律权利的具体行政行为。公安行政许可是针对特定的人、特定的事作出的具有授益性的一种具体行政行为。

（三）公安行政许可的种类

公安行政许可以许可的目的和治安管理的具体内容为标准，主要有以下六类。

第一，公共治安秩序管理工作中的许可。主要包括：特种行业许可，群众性文化体育活动安全许可，集会、游行、示威许可等。

第二，枪支管理工作中的许可。主要包括枪支的配备和配置许可、枪支的制造和配售许可、枪支的运输许可等。例如，根据《枪支管理法》第 15 条规定，制造民用枪支的企业，由国务院公安部门核发民用枪支制造许可证件。配售民用枪支的企业，由省级人民政府公安机关核发民用枪支配售许可证件。

第三，民用爆炸物品管理工作中的许可。根据《民用爆炸物品安全管理条例》第 21 条规定，民用爆炸物品使用单位申请购买民用爆炸物品的，应当向所在地县级人民政府公安机关提出购买申请，对符合条件的，受理申请的公安机关核发《民用爆炸物品购买许可证》。

第四，化学及放射性物品管理工作中的许可。主要包括化学及放射性物品的购买许可、运输许可等。

第五，道路交通管理工作中的许可。包括对驾驶人的许可和机动车的许可等。

第六，社会公共安全产品生产中的许可等。社会公共安全产品，是用于保障人身和财产安全、保卫社会主义建设和社会安定团结的重要产品，包括消防、道路交通管理、安全防范、警用械具和装具以及刑事案件勘查、鉴定器材等产品。凡生产这几类产品的企业，无论其隶属关系如何，生产许可证统一由公安部负责归口发放。

（四）公安行政许可的程序

根据《行政许可法》的相关规定，结合公安工作的实际，公安行政许可的程序主要包括申请与受理、审查与决定两个步骤。

第一，申请与受理。公民、法人或者其他组织从事特定活动，依法需要取得公安行政许可的，应当向公安机关提出申请。经审查，申请事项属于公安机关职权范围，申请材料齐全、符合法定形式的，公安机关应当受理行政许可申请。接受行政相对人提交的申请，是公安行政管理主体实施公安行政许可的前提程序。

第二，审查与决定。公安机关应当对申请人提交的申请材料进行审查。申请人提交的申请材料齐全、符合法定形式，公安机关能够当场作出决定的，应当当场作出书面的行政许可决定。公安机关对行政许可申请进行审查后，除当场作出行政许可决定的外，应当在法定期限内按照规定程序作出公安行政许可决定。公安机关依法作出不予行政许可的书面决定的，应当说明理由，并告知申请人享有依法申请行政复议或者提起行政诉讼的权利。

第五节　公安机关人民警察权益的保障

进入新时代以来,随着我国经济社会的发展,特别是社会治安形势的变化,公安机关面临的执法环境也发生了深刻的变化。一方面,人民群众对美好生活的需求要求公安机关提供更加完善的公共安全“产品”,极大地增加了公安机关和人民警察的工作强度和难度;另一方面,各地却在不断发生阻挠人民警察执行公务、暴力抗法甚至袭警事件,严重影响了人民警察的正常执法,甚至造成了警察的伤亡。干扰执法、暴力抗法、公然袭警等事件的频繁发生,严重损害了人民警察的执法权益和自身权益,践踏了法律的尊严,扰乱了社会正常秩序。人民警察是美好生活的保障力量和建设力量,在维护国家安全、社会治安秩序、打击犯罪和保护人民方面承担着重要的使命和责任,正所谓“国家安危,公安系于一半”。2019 年召开的新时代全国公安工作会议上,习近平总书记指出,和平时期,公安队伍是牺牲最多、奉献最大的一支队伍。对这支特殊的队伍,要给予特殊的关爱,政治上关心、工作上支持、待遇上保障,全面落实从优待警措施。要完善人民警察荣誉制度,加大先进典型培育和宣传力度,增强公安机关人民警察的职业荣誉感、自豪感、归属感。因此,切实保障人民警察的权益,增强人民警察执法公信力,维护法律的尊严已成为当前迫切需要解决的问题之一。

一、警察权益的概念

警察权益是指人民警察依法享有的,基于其警察身份和职务行为产生的,受法律保护的不容侵犯的权利和利益的总称。基于此定义,我们认为警察权益包含如下含义:

(一) 警察权益本质上属于权利的范畴

这是警察权益区别于警察权力、公安机关权力的本质方面。部分警察权益源于警察权力,但两者决不能等同,否则警察权益保障就变为警务保障了。

(二) 警察权益以警察身份和执法行为为依据

没有警察身份就没有警察权益,警察权益虽然大部分属于公民权的范畴,但因其具有了警察这一特殊身份才具有了特殊保护的必要性。此外,更为重要的是,执法行为的存在是警察权益的重要依据和根源,是警察权益中最重要的部分,即警察执法权益的前提和基础,没有执法行为的警察也不会存在保障其执法权益的可能性。当然,并不要求是正在执法,因执法行为而引起的后续权益损害也在保障的范畴之内。

二、警察权益的主要内容

警察权益包括一般权益和特别权益两部分。所谓人民警察的一般权益是指人民警察在执法中或执法后根据一般性的法律所享有的权益,如生命权和健康权等,此部分权益与普通公民的权益并无二致。所谓人民警察的特别权益,是根据法律的特殊授权和规定,仅赋予人民警察享有的与职务高度关联的权益,如职务防卫权、抚恤权等。人民警察权益主要包括警察人格权、警察身份权、警察经济权、警察拒绝执行越权指令权、警察心理健康权和警察防卫权等。

(一) 警察人格权

人民警察的人格权主要涉及生命权、健康权、隐私权、名誉权等方面。人格权是公民的一般性权益，但是，人民警察具有的特殊身份决定了其人格权益不完全等同于普通公民。例如，人民警察的生命权、健康权如果受到侵害，除了适用于普通公民的保护措施外，还有特殊的保护性手段。另外，需要注意的是，人民警察人格权具有延伸性，也就是说其配偶、父母、子女、兄弟姐妹的部分人格权也属于人民警察人格权保障的范畴。

1. 警察生命健康权

生命健康权是生命权和健康权的合称，是人民警察作为自然人存在的最重要的基础性权利，也是人民警察享有其他权利的前提和基础，离开了生命健康权其他权利也无存在的必要和可能。

2. 警察隐私权

人民警察的隐私权长期以来没有受到重视，实践中过多关注的是人民警察执法对公民隐私权的侵犯，然而，人民警察本身的隐私权也应当予以充分的保障。保障人民警察的隐私权不仅仅体现为对人民警察个人生活的保障，更深层次的还体现为对人民警察生命健康权、财产权以及人民警察的配偶、子女、父母及其他近亲属权益的保障，防止人民警察及其家人遭受报复。

3. 警察名誉权

人民警察的名誉权是指人民警察享有的就其自身特性所表现出来的社会价值而获得社会公正评价的权利，是保持并维护人民警察名誉的权利，它是人格权的一种。人民警察的名誉权直接关系到人民警察的人格尊严，是其进行民事活动，甚至是其他社会活动的基本条件。人民警察的名誉权不能让与也不得放弃，人民警察的名誉权一旦完全丧失，其将丧失作为人的基本条件，因为此时人民警察的社会属性就丧失了。长期以来，人民警察在承担繁重警务工作的同时还遭受来自方方面面的侵犯其名誉权行为的侵害，这极大地挫伤了人民警察的自尊心和工作积极性，给公安工作造成了难以挽回的负面影响和损失，因此，加大人民警察名誉权的保护应当引起社会各界特别是公安部门的高度重视。

（二）警察身份权

人民警察的身份权主要包括荣誉权、退休权等方面，这是关乎人民警察身份权益的重要内容，特别需要引起我们的注意。但是，人民警察的身份权益并不以上述内容为限，像配偶权、亲权、知识产权领域的身份权等亦属于人民警察的身份权益范畴。

1. 警察荣誉权

人民警察的荣誉权是指人民警察所享有的因自己的突出贡献、特殊劳动成果或特殊工作性质而获得的光荣称号或其他荣誉的权利，一般包括人民警察的奖励和警衔两类。人民警察的荣誉权具有如下特征：第一，人民警察荣誉权的客体既包括荣誉本身也包括荣誉所包含的精神利益和物质利益，如人民警察奖励中授予的荣誉称号，二级英模和一级英模本身属于荣誉权的客体，二级英模和一级英模所包含的物质利益也属于荣誉权的客体。第二，人民警察的荣誉权既是一种现实权，也是一种期待权。人民警察荣誉权包括对已经取得的荣誉的占有、维护和排除妨碍等方面的权利，也包括人民警察满足授予荣誉权的条件时期待相关部门授予其荣誉的权利。

2. 警察退休权

人民警察的退休是指人民警察达到规定的退休年龄，为国家服务到一定的工作年限，或因病残丧失了工作能力，离开工作岗位，依法办理退休手续，由国家给予生活保障，并给予妥善安置和管理。依法退休是人民警察的重要权益之一,也是保证人民警察队伍战斗力和延续性的重要保证,因人民警察及其工作的特殊性,其退休权也具有特殊性。

(三) 警察经济权

人民警察的经济权包括获得工资报酬权、享受福利待遇权、享受抚恤待遇权、享受保险待遇权、享受退休后待遇权、获得救济补助权、特殊保险权及休息权等,以下仅就前四种权利予以介绍。

1. 获得工资报酬权

《人民警察法》第 40 条规定,人民警察实行国家公务员的工资制度,并享受国家规定的警衔津贴和其他津贴、补贴以及保险福利待遇。可见,我国人民警察的工资包括作为公务员的工资待遇、警衔津贴及其他补贴两部分。

2. 享受福利待遇权

人民警察福利制度是指国家和人民警察所在单位为满足人民警察生活方面的共同需要和特殊需要,在工资之外给予工作和生活上的照顾制度。我国《公务员法》第 82 条规定,公务员按照国家规定享受福利待遇。国家根据经济社会发展水平提高公务员的福利待遇。公务员执行国家规定的工时制度,按照国家规定享受休假。公务员在法定工作日之外加班的,应当给予相应的补休,不能补休的按照国家规定给予补助。《人民警察法》第 40 条规定,人民警察实行国家公务员的工资制度,并享受国家规定的警衔津贴和其他津贴、补贴以及保险福利待遇。人民警察作为公务员的重要成员当然适用于《公务员法》的相关规定,然而,不管是《公务员法》还是《人民警察法》,均只是对人民警察的福利待遇权进行了原则性规定,国家并没有出台有关公务员或人民警察福利待遇的相关法律法规,在现实操作中,普遍存在着不平等和不规范的现象。受经济状况的影响,各个地区甚至同一地区的不同部门的人民警察所享受的福利待遇的项目和标准有较大的差异。整体上看,我国人民警察按照有关规定可享受的福利待遇有工时制度,福利费,节假日及公休日、带薪年休假、婚丧假、事假、病假、生育假、探亲假制度等。

3. 享受抚恤待遇权

优待抚恤是国家和社会对以军人及其家属为主体的优抚对象实行物质照顾和精神抚慰的一项特殊社会工作。我国《人民警察法》第 41 条规定,人民警察因公致残的,与因公致残的现役军人享受国家同样的抚恤和优待。人民警察因公牺牲或者病故的,其家属与因公牺牲或者病故的现役军人家属享受国家同样的抚恤和优待。人民警察承担打击犯罪、维护社会秩序、保护人民等繁重的任务,其所处的工作环境复杂,具有极高危险性,生命健康权极易受到侵害,加强伤亡人民警察及其家属抚恤待遇权益的保障既是警察权益保障的应有之意,也是提高公安机关的执法权威和国家权力公信力的必然要求。

4. 享受保险待遇权

国家公务员保险制度是指国家通过立法程序所建立的,对暂时或永久丧失劳动能力的公务员给予物质帮助的制度。我国《公务员法》第 83 条规定,公务员依法参加社会保险,按照国家规定享受保险待遇。公务员因公牺牲或者病故的,其亲属享受国家规定的抚恤和优待。我国《人民警察法》第 40 条规定,人民警察实行国家公务员的工资制度,并享受国家规定的警衔津贴和其他津贴、补贴以及保险福利待遇。我国《公安机关组织管理条例》第 36

条规定，公安机关人民警察实行国家规定的保险制度，保障其在退休、患病、工伤、生育、失业等情况下获得帮助和补偿。可见，我国通过立法的形式赋予公务员享受保险待遇的权利，这些权利人民警察当然应当享有。

（四）警察拒绝执行越权指令权

人民警察是武装性质的治安行政执法力量和刑事司法力量，保证人民警察坚决执行上级的决定和命令是人民警察纪律的要求，也是人民警察职能得以充分实现的基本保障。但是，人民警察不是对上级的所有决定和命令都毫无鉴别地一概被动执行。其一，人民警察认为决定和命令有错误的，可以按照规定提出意见，但不得中止或者改变决定和命令的执行；提出的意见不被采纳时，必须服从决定和命令；执行决定和命令的后果由作出决定和命令的上级负责。其二，《人民警察法》第 33 条规定，人民警察对超越法律、法规规定的人民警察职责范围的指令，有权拒绝执行，并同时向上级机关报告。可见，拒绝执行超越法律、法规的指令是人民警察的一项基本权利，加强对该权利的保障必须首先明确行政越权行为。

（五）警察心理健康权

人民警察承担保卫国家安全和维护社会稳定的重要任务，确保其心理健康十分必要。然而，人民警察的职业特点决定了其心理压力大，易出现心理疾病，必须加强对人民警察心理问题的预防和干预。

为维护人民警察的心理健康权益，《公安部政治部关于印发〈基层公安机关思想政治工作规范〉的通知》要求运用科学方法开展各类心理训练活动，加强心理疏导，提高人民警察的自控能力、适应能力、耐挫能力和抗压能力。(1) 建立人民警察思想状况分析报告制度。基层所队应每季度进行一次人民警察思想状况调查分析。地市级公安机关内设机构、县级公安机关应每半年进行一次人民警察思想状况调查分析。在重大公安保卫任务前和发生重大事件后，要及时对人民警察思想状况进行调查分析，形成书面报告报上级公安机关。(2) 建立人民警察谈心谈话制度。基层所队领导每半年至少与本单位每一位人民警察谈心一次。遇有人民警察立功受奖、入党提职、岗位交流、思想波动、违纪违规、受到处分、家庭变故、合法权益受侵害或被群众投诉等情况必须及时进行谈话。谈话情况应当有书面或电子记录。(3) 建立人民警察休假和体检制度。保障和鼓励人民警察正常休假。特殊情况不能休假的，应适时安排补休，没有补休的要落实加班补助。每年对全体人民警察进行一次体检，建立人民警察健康档案。(4) 建立人民警察心理健康服务制度。建立人民警察心理健康服务中心和人民警察心理健康网站，组建心理健康工作专家组，定期深入基层为人民警察咨询；建立人民警察心理疾病预防和干预机制，凡人民警察在使用枪支、警械毙伤人员、执行重大任务、目睹战友伤亡、遭遇重大变故时，应当在规定时间内安排其接受必要的心理辅导、矫治。

（六）警察防卫权

最高人民法院、最高人民检察院、公安部、国家安全部、司法部等联合下发的《关于人民警察执行职务中实行正当防卫的具体规定》指出，对不法侵害采取正当防卫行为，适用于全体公民，人民警察执行职务中也可以实行正当防卫。人民警察的紧急避险行为具有特殊性，其为了保护国家、集体和他人的权益及在非公务期间可以行使紧急避险行为，而在执行职务中不能因保护自己的利益而实施紧急避险。因此，警察紧急避险更多的是一种职责或职权，而不属于警察权利的范畴。

《关于人民警察执行职务中实行正当防卫的具体规定》列举了七种可以行使防卫权利的情形:(1)暴力劫持或控制飞机、船舰、火车、电车、汽车等交通工具,危害公共安全时;(2)驾驶交通工具蓄意危害公共安全时;(3)正在实施纵火、爆炸、凶杀、抢劫以及其他严重危害公共安全、人身安全和财产安全的行为时;(4)人民警察保卫的特定对象、目标受到暴力侵袭或者有受到暴力侵袭的紧迫危险时;(5)执行收容、拘留、逮捕、审讯、押解人犯和追捕逃犯,遇有以暴力抗拒、抢夺武器、行凶等非常情况时;(6)聚众劫狱或看守所、拘役所、拘留所、监狱等场所的被监管人员暴动、行凶、抢夺武器时;(7)人民警察遭到暴力侵袭,或佩带的枪支、警械被抢夺时。

三、警察权益保障的意义

人民警察是我国社会主义建设的保障者,是国家安全和社会治安秩序的维护者,是人民合法权益的保护者,大力加强人民警察权益保障工作对于提高其履职能力和水平,增强对人民的权益维护效果至关重要。

(一)保障警察权益是保护公民合法权益的需要

根据我国相关法律的规定,人民警察是具有武装性质的治安行政执法力量和刑事司法力量,拥有刑事司法方面的权力、行政管理方面的权力、武装方面的权力和紧急状态处置方面的权力等,人民警察的宗旨是全心全意为人民服务,因此一直以来,人民警察这一职业一般被认为是强势群体的代表,其权益一般不可能被侵犯,即使被侵犯也应当“打不还手,骂不还口”,一切从大局出发。殊不知,在我国,人民警察既是国家法律的忠实执行者,又是国家法律实施的保障者;既是国家法律权威的塑造者,又是国家法律权威的维护者。人民警察的权益如果得不到保障,特别是人民警察在执法过程中被打击、伤害,其执法权益被肆意侵犯,与社会普通公民的权益被侵犯相比具有更恶劣的潜在负示范效应。人民警察的权益与普通公众的权益是利益攸关的共同体,是协调正比例发展的,人民警察的权益保障越有利和全面,人民警察保障普通公众的权益就越充分和全面。一旦人民警察的执法权威、执法公信力被公然挑战,其执法权益频繁受到损害且得不到良好的保障,不仅会严重减损人民警察履行职责的能力,削弱对违法犯罪行为的打击力度和社会秩序的管理能力,助长违法犯罪分子的嚣张气焰,而且会使国家的相关法律、法规、政策等面临执行不利或者根本无法执行的潜在危险和现实危害,整个社会将陷入混乱无序的状态,公民合法权益的保障将无从谈起。

(二)保障警察权益是法治中国建设的需要

客观地说,长期以来人民警察权益保护工作没有得到良好的重视,面对层出不穷的非警务工作,面对部分法治意识淡薄的群众的侮辱、诽谤甚至是殴打和身体伤害,人民警察往往难以维权,这极大地损害了人民警察的合法权益。法治中国的核心要义之一是“法律面前人人平等”,包含两层含义:其一,不允许任何人有超越法律的特权,作为执法者的人民警察如果违反法律也必须得到法律的公正审判和制裁;其二,任何公民包括人民警察在内的正当权益都应平等地受到法律的保护。随着我国经济社会的发展特别是法治中国的建设,“法律面前人人平等”的第一层含义已经为公众所接受和认可,但是,长期以来关于“法律面前人人平等”的第二层含义却少有人论述,这体现了一种错误观点的盛行,即人民警察为强势群体,无须保障其权益。人民警察首先是普通公民,应当享有我国法律赋予普通公民的一切一般性权利，这些权利不应因其取得人民警察的身份而有所减损或降低，相反，人民警察还是公务员，应当依法享有我国赋予人民警察的特定性权利，这部分权利是因其履行公务或职责而必须予以保障的。不管是谁也不管基于何种目的，只要侵犯了人民警察的合法权益，都应当依法追究其法律责任。社会主义法治建设要求，惩治一切违法的行为，真正做到“有法可依、有法必依、执法必严、违法必究”，而加强人民警察权益保障工作是其关键一环。

（三）保障警察权益是加强公安队伍建设的需要

警察是社会秩序的维护者，是公平正义的守护神，国家安危其系于一半，其重要性不言而喻。建设一支对党忠诚、服务人民、执法公正、纪律严明的，能够维护国家安全和社会稳定的有坚强战斗力的公安队伍是人民的需要、国家的需要和党的需要，也是法治中国建设的根本保障之一。然而，近年来，随着我国经济社会的发展，人民警察的执法环境发生了急剧变化，人民警察的执法难度和复杂程度前所未有，人民警察的权益保障也面临空前的挑战。人民警察在执法活动中遭受不法侵害的现象日趋突出，并且受警察权益保障工作不力的制约，人民警察流血又流泪的事件时有发生，极大地挫伤了人民警察的职业荣誉感和工作积极性，一定程度上导致人民警察不愿主动有效执法、不敢理直气壮执法的现象发生。这不仅极大地削弱了对违法犯罪分子的打击力度，而且严重损害了人民警察队伍的士气，成为制约和羁绊警察严格、公正、文明执法的一大隐患，影响了整个人民警察队伍的稳定和建设。可见，搞好警察权益保障工作是公安队伍建设的关键一环。

章后思考题

1. 简述公安法制的特征。
2. 试述公安法制的内容和要求。
3. 试述公安法制的作用和目标。
4. 公安执法有哪些特征？
5. 试述公安执法各原则的含义。
6. 试述公安机关在刑事诉讼中的职权。
7. 试述公安刑事执法的基本原则。
8. 公安行政执法有哪些特征？
9. 试述公安行政执法各原则的含义。
10. 试述警察权益的主要内容。
11. 试述警察权益保障的意义。

本章拓展阅读

第十八章　公安执法监督

第一节　公安执法监督概述

一、公安执法监督的概念和特征

公安执法监督，是指法定的监督主体对公安机关及其人民警察依法履行职责、行使职权和遵守纪律的情况所实施的监察和督促。公安执法监督具有以下基本特征：

（一）监督对象的特定性

公安执法监督的对象是公安机关及其人民警察。公安执法监督是对公安机关及其人民警察执行职务行为的监督，监督的内容是公安机关及其人民警察在执行职务活动中是否依法履行职责、行使职权，是否严格遵守和执行人民警察纪律。

（二）监督主体和内容的广泛性

根据有关法律、法规的规定，公安执法监督的主体十分广泛，既有国家权力机关的监督，又有行政机关、监察机关、检察机关和审判机关的监督，还有社会组织和公民个人的监督；既有来自公安机关外部的监督，又有公安机关内部的监督。这些来自不同方面的监督，形成了完整的公安执法监督体系。

（三）监督形式的多样性

公安执法监督是通过多种途径以多种形式进行的。监督主体的性质、地位不同，监督的形式也各异。各级权力机关、人民政府以及上级公安机关，可以通过检查、审查、调查等形式进行监督；检察机关可以通过法定程序对公安机关的立案、侦查、执行刑罚等活动进行监督；监察机关可以通过调查程序进行监督；督察机构则依照专门的督察程序监督；其他社会监督主体可以通过批评、建议、申诉、检举和控告等形式进行监督。

（四）监督过程的程序性

公安执法监督通常表现为依法进行的、可以产生某种法律效力和法律后果的法律行为。因此，无论何种主体、出于何种理由进行的监督，都必须符合法律的要求，遵循法定的程序。监督主体的性质、地位不同，以及监督内容的不同，法定的监督程序也各异。合法的程序，是使监督活动顺利进行，充分发挥监督作用和实现监督目的的重要保证。

二、公安执法监督的分类

依据不同的标准，对公安执法监督可以作不同的划分。

（一）按监督主体分类

根据监督主体的不同，公安执法监督可以分为国家权力机关的监督、行政机关的监督、监察机关的监督、检察机关的监督、审判机关的监督、公安机关内部的监督、公民和社会的监督等。其中,公民和社会监督的主体包括各民主党派、社会团体、群众组织、新闻媒体、公民个人等。这些主体的监督都是从权利出发的监督,实施监督的方式是提出批评意见、建议、检举、控告等,不直接处理权力,不能直接产生某种法律后果,但往往引发其他权力监督程序的启动,具有间接性特征。其他主体的监督形式则由有关国家机关行使监督的职权,是从权力出发的监督,往往直接引起某种法定程序或导致某种法律后果。实践中,只有不断建立与完善监督系统,坚持多元主体、互相补充,才能形成严密的公安执法监督网络。

(二) 按监督主体与监督对象的隶属关系分类

根据监督主体与监督对象的隶属关系不同,公安执法监督可以分为外部监督和内部监督。外部监督是指监督主体与监督对象之间不具有直接的行政隶属关系,这种监督主体是公安机关以外的其他机关、组织和公民个人,主要有国家权力机关监督、行政机关监督、监察机关监督、检察机关监督、审判机关监督和社会监督。内部监督是指监督主体与监督对象之间有着直接的行政隶属关系,这种监督主体是公安机关自身,主要有督察监督、法制部门监督和公安赔偿制度。外部监督和内部监督的划分如图 18-1 所示:

- 公安执法监督
  - 外部监督
    - 国家全力机关监督
    - 行政机关监督
    - 监察机关监督
    - 检察机关监督
    - 审判机关监督
    - 社会监督
  - 内部监督
    - 督察监督
    - 法制部门监督
    - 公安赔偿制度

图 18-1 公安执法监督的分类

(三) 按实施监督的时间分类

根据实施监督的时间不同,公安执法监督可以分为事前监督、事中监督和事后监督。事前监督是指监督主体在公安机关及其人民警察实施执法行为之前依法进行的监督,如上级公安机关对下级公安机关执法工作方案事前的审核,检察机关对公安机关提请逮捕犯罪嫌疑人的审查批准等。事前监督可以提前预防和避免违法现象的发生。事中监督是指监督主体在公安机关及其人民警察执法过程中进行的监督,如检察机关对公安机关侦查过程中存在的违法行为发出纠正违法通知书,督察机构对人民警察的执法活动进行现场督察等。事中监督具有控制作用,可以及时发现问题并及时纠正。事后监督是指监督主体在公安机关及其人民警察执法行为终结之后进行的监督,如行政复议、行政诉讼、行政赔偿等。事后监督是对执法行为的后果进行的监督,对于违法行使职权侵犯公民、法人和其他组织合法权益的,予以纠正和赔偿,具有救济作用。

(四) 按监督行为是否具有直接法律效力分类

根据监督主体的监督行为是否具有直接的法律效力,公安执法监督可以分为直接监督和间接监督。直接监督是指监督主体的监督行为具有直接的法律效力,能产生直接的法律后果的监督。例如,对于检察机关作出的批准或者不批准逮捕的决定,以及人民法院作出的撤销公安机关具体行政行为的判决,公安机关必须执行;监察机关、上级公安机关、本级公安机关的督察机构对有违法行为的人民警察,直接追究其政纪责任。间接监督是指监督主体的监督行为不具有直接的法律效力,不能直接产生某种法律后果的监督,如社会组织、公民和新闻媒体的监督,它们不具有直接的法律效力,不能直接产生某种法律后果,但可以按照法定程序向有权机关提出,通过有权机关对公安机关及其人民警察的违法违纪行为予以纠正。

三、公安执法监督的意义

(一)公安执法监督有利于提升公安工作法治化水平

党的十八大以来,全面推进依法治国成为党领导人民治理国家的基本方略。公安机关作为执法机关,必须坚持有法可依、有法必依、执法必严、违法必究,要全面提升公安工作法治化水平,严格规范公正文明执法,努力让人民群众在每一起案件办理中都感受到公平正义。公安执法监督通过制度化的约束,不仅有利于公安机关在执法过程中严格依照法律程序执行法律,还有利于公安队伍法治素养和法治能力的显著提高,有利于公安机关执法公信力持续提升,使法治公安建设取得长足进步。

(二)公安执法监督有利于实现公安机关的法定职能,保障公安机关及其人民警察依法履行职责、行使职权

公安执法监督是对公安机关及其人民警察履行职责、行使职权活动的合法性进行监督。公安机关担负着维护国家安全、社会治安秩序,保护公民人身财产安全的重要职能,其活动的效能直接关系着国家的安全和社会的稳定,关系到人民群众的切身利益。公安机关在国家和社会生活中的重要作用,决定了公安机关必须能够有效实现其法定职能,能够依法履行职责、行使职权。为此,必须建立完善的执法监督机制,使公安机关及其人民警察履行职责、行使职权的活动置于国家有效的监督和控制之下。这是实现公安机关职能的必要条件。

(三)公安执法监督有利于维护公民合法权益

公安机关性质、职责和权力的特殊性,决定了他们的执法活动直接涉及公民的人身权利和财产权利。为了防止权力滥用、发生侵犯公民合法权益的行为,保证公安机关及其人民警察正确履行职责、行使职权,必须对其权力加以制约。通过采取相应的监督制约措施,建立和完善执法监督制度,从而达到保护公民合法权益的目的。

(四)公安执法监督有利于加强公安队伍建设

公安执法监督是加强公安队伍建设,落实“从严治警、依法治警”方针的重要措施和途径,是严格公安队伍管理的内在要求,应当贯穿于队伍管理的全过程。通过执法监督,可以增强人民警察的责任感,促使其依法履行职责、行使职权。在新的历史条件下,如何使公安队伍保持公正廉洁是亟待解决的问题。应当看到,在少数人民警察中存在的不正之风和腐败现象还相当严重,一些违法违纪问题还相当突出,严重损害了公安机关的声誉和形象,破坏了警民关系,干扰了公安工作的正常开展。因此,迫切需要完善公安执法监督机制,强化对权力的制约,促进公安执法的规范化建设。

(五)公安执法监督有利于维护人民警察的权益

公安执法监督在约束人民警察行为的同时,也保护了人民警察的正当权益。公安执法

监督能够有效地预防公安队伍内的不正之风和违法违纪现象，使得人民警察队伍能够树立风清气正的廉政之风，杜绝“人情案”“关系案”和“金钱案”，杜绝本级政府和上级公安机关对本级公安机关执法办案的各类干预。在严格的执法监督下，人民警察能够最大限度地保持公正客观的执法，这有利于减少人民警察违法违纪现象，减少人民警察的职业风险，保护人民警察的正当权益。

第二节 公安机关内部执法监督

一、督察制度

督察制度，是指公安机关督察机构对公安机关及其人民警察依法履行职责、行使职权和遵守纪律的情况进行监督检查的制度。

督察制度是为完善公安机关自我约束机制而依法建立的一种公安内部监督制度。《人民警察法》第47条中关于“公安机关建立督察制度”的规定，是建立督察制度的法律依据。《公安机关督察条例》和《公安机关督察条例实施办法》对督察机构的设置、职责、权限以及督察的方式、程序等问题作了明确的规定。

督察以公安机关警务活动现场同步监督为基本履职方式，以强化上对下的系统监督为鲜明特点，具有随警作战、快速反应、动态运行的执法勤务职能特色，是公安机关最主动、最及时、最有效的内部监督，也是对公安机关各警种部门最直接、最有力的外部监督，是公安机关“不同于一般行政机关”的特有监督机制。督察制度的建立实施对于公安机关深入贯彻全面依法治国基本方略和依法从严治警方针，进一步健全公安执法权力运行监督机制，促进公安执法规范化和队伍正规化建设，具有十分重大的意义。

（一）督察机构的设置

1. 中央公安机关的督察机构设置

(1) 公安部督察委员会。公安部督察委员会领导全国公安机关的督察工作，负责对公安部所属单位和下级公安机关及其人民警察依法履行职责、行使职权和遵守纪律的情况进行监督。公安部督察委员会实行督察长负责制，督察长由公安部一名副职领导成员担任，对公安部部长负责并报告工作。公安部督察委员会由督察长、副督察长和委员组成。督察长、副督察长的人选由公安部部长提名，按照干部管理权限任免。公安部督察委员会委员的人选由督察长提名，报公安部部长批准。公安部督察委员会每季度召开一次工作会议，研究审定重大事项，由督察长召集。必要时，督察长可以随时召开工作会议，部署警务督察工作。公安部督察委员会每半年向部长报告全国公安机关警务督察工作的情况；对重大事项的督察情况随时向部长报告。以公安部督察委员会名义印发的重要文件，须经督察委员会会议讨论通过后，由督察长签发。不需要公安部督察委员会会议通过的文件，由督察长或副督察长签发。

(2) 公安部督察审计局。公安部督察审计局承担公安部督察委员会办事机构职能，负责指导协调全国公安机关的警务督察工作，实施对公安机关及其人民警察依法履行职责、行使职权和遵守纪律情况的监督，指导、协调公安机关维护人民警察执法权益工作，负责公安部督察专员和派驻督察队的日常协调管理工作。公安部督察审计局配备局长一名，副局长若干名，内设警务督察队和与督察工作相适应的处、室。

2. 地方公安机关的督察机构设置

县级以上地方各级人民政府公安机关督察机构，负责对本级公安机关所属单位和下级公安机关及其人民警察依法履行职责、行使职权和遵守纪律的情况进行监督，对上一级公安机关督察机构和本级公安机关行政首长负责。

县级以上地方各级人民政府公安机关设督察长，由公安机关行政首长兼任。督察机构为执法勤务机构，由专职人员组成，实行队建制。省、自治区、直辖市的公安厅、局设警务督察处，市（地、州、盟）公安局（处）设警务督察室，县（市、旗）公安局设警务督察队。各级公安机关必须按照《公安机关督察条例》规定的条件选配专职督察人员，培训合格后才准予上岗。

（二）督察机构的职责

《公安机关督察条例》第 4 条规定，督察机构对公安机关及其人民警察依法履行职责、行使职权和遵守纪律的下列事项，进行现场督察：(1) 重要的警务部署、措施、活动的组织实施情况；(2) 重大社会活动的秩序维护和重点地区、场所治安管理的组织实施情况；(3) 治安突发事件的处置情况；(4) 刑事案件、治安案件的受理、立案、侦查、调查、处罚和强制措施的实施情况；(5) 治安、交通、户政、出入境、边防、消防、警卫等公安行政管理法律、法规的执行情况；(6) 使用武器、警械以及警用车辆、警用标志的情况；(7) 处置公民报警、请求救助和控告申诉的情况；(8) 文明执勤、文明执法和遵守警容风纪规定的情况；(9) 组织管理和警务保障的情况；(10) 公安机关及其人民警察依法履行职责、行使职权和遵守纪律的其他情况。

在 2018 年开始的政府机构改革工作中，因消防工作已被划归到应急管理部门，《公安机关督察条例》中规定的督察事项也相应予以调整。

（三）督察机构的权限

根据《公安机关督察条例》的规定，督察机构拥有以下权限：

1. 派出督察权和指令督察权

督察机构可以向本级公安机关所属单位和下级公安机关派出督察人员进行督察，也可以指令下级公安机关督察机构对专门事项进行督察。县级以上地方各级人民政府公安机关督察机构查处违法违纪行为，应当向上一级公安机关督察机构报告查处情况；下级公安机关督察机构查处不力的，上级公安机关督察机构可以直接进行督察。

2. 警务参与权

督察机构可以派出督察人员参加本级公安机关或者下级公安机关的警务工作会议和重大警务活动的部署。

3. 责令执行权

督察机构对本级公安机关所属单位和下级公安机关拒不执行法律、法规和上级决定、命令的，可以责令执行。

4. 决定撤销或变更权

对本级公安机关所属单位或者下级公安机关作出的错误决定、命令，可以决定撤销或者变更，报本级公安机关行政首长批准后执行。

5. 违法违纪行为查处权

县级以上地方各级人民政府公安机关督察机构有权依法查处人民警察违法违纪行为，并向上一级公安机关督察机构报告查处情况；下级公安机关督察机构查处不力的，上级公安机关督察机构可以直接进行督察。

6. 当场处置权

督察人员在现场督察中发现公安机关人民警察违法违纪的，可以采取下列措施，当场处置：对违反警容风纪规定的，可以当场予以纠正；对违反规定使用武器、警械以及警用车辆、警用标志的，可以扣留其武器、警械、警用车辆、警用标志；对违法违纪情节严重、影响恶劣的，以及拒绝、阻碍督察人员执行现场督察工作任务的，必要时可以带离现场。

7. 实施停止执行职务和禁闭权

督察机构认为公安机关人民警察违反纪律需要采取停止执行职务、禁闭措施的，由督察机构作出决定，报本级公安机关督察长批准后执行。停止执行职务的期限为 10 日以上 60 日以下；禁闭的期限为 1 日以上 7 日以下。公安机关人民警察对停止执行职务和禁闭决定不服的，可以在被停止执行职务或者被禁闭期间向作出决定的公安机关的上一级公安机关提出申诉。由公安部督察机构作出的停止执行职务、禁闭的决定，受理申诉的机关是公安部督察委员会。受理申诉的公安机关对不服停止执行职务的申诉，应当自收到申诉之日起 5 日内作出是否撤销停止执行职务的决定；对不服禁闭的申诉，应当在收到申诉之时起 24 小时内作出是否撤销禁闭的决定。申诉期间，停止执行职务、禁闭决定不停止执行。受理申诉的公安机关认为停止执行职务、禁闭决定确有错误的，应当予以撤销，并在适当范围内为当事人消除影响，恢复名誉。

8. 移送处理权

督察机构认为公安机关人民警察需要给予处分或者降低警衔、取消警衔的，督察机构应当提出建议，移送有关部门依法处理。督察机构在督察工作中发现公安机关人民警察涉嫌犯罪的，移送司法机关依法处理。

（四）督察监督的主要方式

1. 现场督察

现场督察是指警务督察人员对公安机关及其人民警察在执法执勤活动中依法履行职责、行使职权和遵守纪律的情况进行的同步监督和检查。

2. 专项督察

督察机构紧紧围绕公安中心工作、重大警务部署，特别是针对普遍存在的突出问题集中时间、集中力量开展专门性、治理性督察活动。

3. 核查投诉

督察机构通过网络、电话、信件等各类渠道，受理群众投诉，及时查处公安机关人民警察违法违纪行为。督察机构对群众投诉的正在发生的公安机关及其人民警察违法违纪行为，应当及时出警，按照规定给予现场处置，并将处理结果及时反馈投诉人。投诉人的投诉事项已经进入信访、行政复议或者行政诉讼程序的，督察机构应当将投诉材料移交有关部门。

4. 警务评议

督察机构采取采访、回访、座谈、问卷调查等方式，广泛听取国家机关、社会团体、企业事业组织和人民群众对公安机关及其人民警察的意见建议，进行分析研判，服务领导决策，改进公安工作。

5. 信息督察

督察机构依托公安信息网络，通过查听查看音视频监控、调取执法办案数据信息、卫星定位等方式，对公安机关人民警察执法执勤活动进行实时监督。

二、法制部门监督制度

法制部门监督制度，是指公安机关的法制部门，对下级公安机关、本级公安机关所属业务部门、派出机构及其人民警察的执法活动实施监督、检查的制度。它对于保障公安机关及其人民警察依法正确履行职责，防止和纠正违法或不当的执法行为，保护公民、法人和其他组织的合法权益，维护国家法制的尊严和统一，具有重要的意义。1999 年 6 月公安部发布的《公安机关内部执法监督工作规定》(2020 年修正)、2000 年 6 月公安部发布的《公安部关于加强公安法制建设的决定》以及 2006 年公安部印发的《公安机关法制部门工作规范》等文件对公安机关法制部门的职责、权限以及执法监督工作机制，作出了明确规定。

（一）法制部门的职责

根据《公安机关法制部门工作规范》的规定，县级以上公安机关设立专门法制机构，并配备与法制工作任务相适应的工作人员。各级公安机关法制部门是公安机关法制工作和内部执法监督的主管部门。公安部法制部门领导全国公安法制工作，组织、规划、协调、推动全国公安法制建设。县级以上公安机关法制部门领导本辖区的公安法制工作，组织、规划、协调、推动本辖区公安法制建设。具体而言，公安机关法制部门的主要职责范围是：(1) 综合研究公安执法问题，提出加强和改进公安执法工作的方针、政策，组织、推动解决公安执法问题。(2) 编制公安立法和执法制度建设规划，组织或者协助起草、审核、清理、汇编有关公安工作的法律、法规、规章和规范性文件，对规范性文件进行备案审查。(3) 法律、法规解释与咨询。公安部法制部门办理重大执法问题的请示和答复，对公安法律、法规、规章作应用性解释；省级公安机关法制部门办理执法问题的请示和答复，对地方性公安法规、规章作应用性解释。(4) 办理听证、国家赔偿案件，代理行政诉讼案件。(5) 内部执法监督工作。组织、指导、开展执法质量考核评议、执法检查、个案调查、执法过错责任认定，依照规定对本辖区内有关案件进行法律审核，参与研究、处理重大、疑难案（事）件，提出法律意见和建议。(6) 管理公安法律文书。(7) 法制服务、培训、调研和宣传工作。(8) 处理涉港澳台、涉外法律事务。公安部法制部门参与内地（大陆）与港澳台警务合作协议的起草、磋商和重大案件处置等涉港澳台法律事务；参与引渡条约、刑事司法协助条约、国际警务合作协议的起草、谈判和重大涉外案件的处置等涉外法律事务。(9) 办理领导交办的其他法律事务。

（二）法制部门执法监督的主要方式

第一，法律审核。公安法制部门按照规定及时对本级公安机关发布的规范性文件及与有关部门会签的文件进行法律审核，提出法律审核意见；按照规定对下级公安机关备案的规范性文件进行备案审查，提出审查意见。在职权范围内做好有关法律、法规、规章具体应用问题的请示与答复工作，严格执行法规、规章和规范性文件的清理、汇编、备案制度。

第二，案件审核。公安法制部门在规定的案件审核范围内，重点对立案、管辖是否合法，事实是否清楚，证据是否确实、充分、合法，定性是否准确，处理意见是否适当，适用法律是否正确，程序是否合法，法律文书是否规范、完备以及其他与案件质量有关的事项进行审核，提出审核意见，报本级公安机关领导决定。审核案件主要通过审查案卷的方式进行，必要时可以要求办案部门就有关问题作出说明。对重大、疑难、复杂案件建立集体审议制度，落实工作责任，确保办案质量，有针对性地解决案件审核中发现的问题。审核案件后，应当根据不同情况，分别作出如下处理：(1)案件事实清楚、证据确实充分、定性准确、处理意见适当、适用法律正确、程序合法、法律文书完备的，签署审核意见，报本级公安机关主管领导审批；(2)案件事实不清、证据不足或者需要查清其他违法犯罪问题的，提出补充调查取证意见，报经本级公安机关主管领导批准后退回办案部门补充调查；(3)案件定性不准、处理意见不适当、违反法定程序或者相关法律手续、法律文书不完备的，提出处理意见，报经本级公安机关主管领导批准后退回办案部门依法处理。

第三，组织执法检查和专项、专案调查。公安法制部门通过查阅已办结的刑事、治安等案件案卷组织执法检查。对上级公安机关及其法制部门或者本级公安机关领导交办的复查案件，人民群众反映强烈的普遍性、倾向性的公安执法问题等，进行专案调查或专项调查，及时组织调查、核实情况，依法提出处理意见，并及时报告复查结论。发现本级或者下级公安机关的执法行为有错误的，应当按照规定进行查询、调阅案卷或者派员调查。

第四，组织执法质量考核和评议。公安法制部门根据《公安机关执法质量考核评议规定》，组织开展执法质量考核评议工作。向公安机关纪检、监察、信访、人事等有关部门和人民检察院、人民法院等相关单位了解到的被考评对象的执法情况，是执法质量考核评议的依据之一。对执法质量考核评议工作情况和结果，应及时向本级公安机关领导和上级公安机关法制部门报告，并向本级公安机关执法部门和下级公安机关通报。

第五，依照法律、法规组织进行听证、复核，办理公安赔偿案件。

第六，代理行政诉讼案件。公安法制部门代理或者协助出庭应诉、提出上诉和申诉，督促有关部门正确履行人民法院的生效判决及裁定，指导下级公安机关做好行政应诉工作。

第七，进行执法过错责任追究。公安法制部门发现本级或者下级公安机关的执法行为有错误的，按照规定进行查询、调阅案卷或者派员调查。对本级或者下级公安机关确有错误或者不适当的执法行为，依法提出撤销、变更或者责令限期纠正的处理意见，报本级公安机关负责人批准后，制发“纠正违法决定书”，由本级公安机关有关部门或者下级公安机关执行。存在过错的执法行为和案件，公安法制部门应及时认定执法过错责任，并制作《执法过错责任认定书》和《执法过错责任追究意见书》，报本级公安机关主管领导批准后，移送纪检监察部门处理。

第八，各级公安机关决定采取的其他执法监督方式。

三、公安赔偿制度

公安赔偿制度是国家赔偿制度的组成部分，是指公安机关及其人民警察行使职权时，有《国家赔偿法》规定的侵犯公民、法人和其他组织的合法权益的情形，并对其造成损害时，由国家承担赔偿责任的法律制度。公安赔偿的发生有两种情况：一是公安机关主动作出，二是法院判定公安机关履行赔偿责任。严格地说，后一种情况不应当属于公安机关内部监督范畴。

根据 2012 年修正的《国家赔偿法》和 2018 年修订的《公安机关办理国家赔偿案件程序规定》的规定，公安赔偿制度包括行政赔偿制度、刑事赔偿制度和刑事赔偿复议制度，赔偿的责任主体是国家，即由国家承担赔偿责任，而赔偿的义务主体则是具体实施侵权行为的公安机关。《公安机关办理国家赔偿案件程序规定》第 6 条规定，“公安机关及其工作人员行使职权侵犯公民、法人或者其他组织合法权益，造成损害的，该公安机关为赔偿义务机关。公安机关内设机构和派出机构及其工作人员有前款情形的，所属公安机关为赔偿义务机关。看守所、拘留所、强制隔离戒毒所等羁押监管场所及其工作人员有第二款情形的，主管公安机关为赔偿义务机关”。公安机关法制部门是办理国家赔偿案件的主管部门。实行公安赔偿制度，对于保障公民、法人和其他组织的合法权益，督促公安机关及其人民警察依法行使职权，维护社会稳定，具有重要的意义。

（一）公安赔偿的构成要件

公安赔偿的构成要件，是指公安赔偿发生所必须具备的条件。明确公安赔偿的构成要件，有利于准确地判定公安赔偿是否成立，是否需由国家承担赔偿责任，从而正确地解决国家赔偿问题。《国家赔偿法》第 2 条第 1 款规定：“国家机关和国家机关工作人员行使职权，有本法规定的侵犯公民、法人和其他组织合法权益的情形，造成损害的，受害人有依照本法取得国家赔偿的权利。”由此可见，构成公安赔偿必须同时具备以下四个要件：

1. 主体要件

构成公安赔偿的行为主体必须符合法律的要求，即必须是公安机关及其人民警察，非公安机关和人民警察的职务行为不能引起公安赔偿。

2. 行为要件

《国家赔偿法》确立了国家赔偿的归责原则主要是违法原则，同时兼有结果归责，即无论国家机关及其工作人员主观上是否存在过错，只要其行使职权的过程中存在法律规定的相关情形（主要是违法行使职权的情形）并造成损害后果，就可构成国家赔偿。公安机关及其人民警察违法行使职权侵犯公民、法人和其他组织合法权益，是构成公安赔偿的必要条件。合法行使职权的行为即使造成损害，也不会产生国家赔偿责任。

3. 后果要件

公安赔偿以行使职权的行为造成公民、法人和其他组织合法权益的客观损害后果为必要条件。并未造成对合法权益的损害后果的，不能构成公安赔偿。损害后果包括对人身权的损害和对财产权的损害，而且必须是客观上已经发生的实际损害，不包括仅仅可能造成损害或者仅仅造成危险状态的情形。

4. 因果关系要件

构成公安赔偿还要求公安机关及其人民警察违法行使职权的行为与损害后果之间存在因果关系。也就是说，损害后果必须与公安机关及其人民警察行使职权的行为有直接的因果关系，才能构成公安赔偿。

（二）公安赔偿的申请、受理、审查和决定

1. 行政赔偿和刑事赔偿的申请、受理、审查和决定

《公安机关办理国家赔偿案件程序规定》规定，赔偿请求人申请公安赔偿，应当向赔偿义

务机关提出。申请赔偿应当提交赔偿申请书。赔偿请求人书写确有困难的,可以口头申请。

若申请人材料齐全且没有不符合申请的条件,自赔偿义务机关法制部门收到申请之日起即为受理。

赔偿义务机关法制部门应当自赔偿申请受理之日起5个工作日内,将申请材料副本送赔偿请求所涉执法办案部门。执法办案部门应当自收到之日起10个工作日内向法制部门作出书面答复,并提供赔偿请求所涉职权行为的证据、依据和其他材料。赔偿义务机关应当全面审查赔偿请求的事实、证据和理由。

对受理的赔偿申请,赔偿义务机关应当自受理之日起两个月内,经本机关负责人批准作出决定。

2. 刑事赔偿复议的申请、受理、审查和决定

赔偿请求人申请刑事赔偿复议,应当向赔偿义务机关的上一级公安机关提出。赔偿义务机关是公安部的,向公安部提出。申请刑事赔偿复议应当提交复议申请书。赔偿请求人书写确有困难的,可以口头申请。

若申请人材料齐全且没有不符合申请的条件,自复议机关法制部门收到申请之日起即为受理。

复议机关法制部门收到复议申请后,应当在5个工作日内予以审查,并将申请材料副本送赔偿义务机关。赔偿义务机关应当自收到之日起10个工作日内向复议机关作出书面答复,并提供相关证据、依据和其他材料。复议机关应当全面审查赔偿义务机关是否依照《公安机关办理国家赔偿案件程序规定》对赔偿申请作出处理。

对受理的复议申请,复议机关应当自受理之日起两个月内,经本机关负责人批准作出决定。

(三)行政赔偿的赔偿范围

《国家赔偿法》第3条规定,行政机关及其工作人员在行使行政职权时有下列侵犯人身权情形之一的,受害人有取得赔偿的权利:其一,违法拘留或者违法采取限制公民人身自由的行政强制措施的;其二,非法拘禁或者以其他方法非法剥夺公民人身自由的;其三,以殴打、虐待等行为或者唆使、放纵他人以殴打、虐待等行为造成公民身体伤害或者死亡的;其四,违法使用武器、警械造成公民身体伤害或者死亡的;其五,造成公民身体伤害或者死亡的其他违法行为。

《国家赔偿法》第4条规定,行政机关及其工作人员在行使行政职权时有下列侵犯财产权情形之一的,受害人有取得赔偿的权利:其一,违法实施罚款、吊销许可证和执照、责令停产停业、没收财物等行政处罚的;其二,违法对财产采取查封、扣押、冻结等行政强制措施的;其三,违法征收、征用财产的;其四,造成财产损害的其他违法行为。

《国家赔偿法》第5条规定,属下列情形之一的,国家不承担赔偿责任:其一,行政机关工作人员与行使职权无关的个人行为;其二,因公民、法人和其他组织自己的行为致使损害发生的;其三,法律规定的其他情形。

(四)刑事赔偿的赔偿范围

《国家赔偿法》第17条规定,行使侦查、检察、审判职权的机关以及看守所、监狱管理机关及其工作人员在行使职权时有下列侵犯人身权情形之一的,受害人有取得赔偿的权利:其一,违反《刑事诉讼法》的规定对公民采取拘留措施的,或者依照《刑事诉讼法》规定的条件

和程序对公民采取拘留措施，但是拘留时间超过《刑事诉讼法》规定的时限，其后决定撤销案件、不起诉或者判决宣告无罪终止追究刑事责任的；其二，对公民采取逮捕措施后，决定撤销案件、不起诉或者判决宣告无罪终止追究刑事责任的；其三，依照审判监督程序再审改判无罪，原判刑罚已经执行的；其四，刑讯逼供或者以殴打、虐待等行为或者唆使、放纵他人以殴打、虐待等行为造成公民身体伤害或者死亡的；其五，违法使用武器、警械造成公民身体伤害或者死亡的。

《国家赔偿法》第 18 条规定，行使侦查、检察、审判职权的机关以及看守所、监狱管理机关及其工作人员在行使职权时有下列侵犯财产权情形之一的，受害人有取得赔偿的权利：其一，违法对财产采取查封、扣押、冻结、追缴等措施的；其二，依照审判监督程序再审改判无罪，原判罚金、没收财产已经执行的。

《国家赔偿法》第 19 条规定，属于下列情形之一的，国家不承担赔偿责任：其一，因公民自己故意作虚伪供述，或者伪造其他有罪证据被羁押或者被判处刑罚的；其二，依照《刑法》规定不负刑事责任的人被羁押的；其三，依照《刑事诉讼法》规定不追究刑事责任的人被羁押的；其四，行使侦查、检察、审判职权的机关以及看守所、监狱管理机关的工作人员与行使职权无关的个人行为；其五，因公民自伤、自残等故意行为致使损害发生的；其六，法律规定的其他情形。

（五）公安赔偿的方式和标准

1. 公安赔偿的方式

公安赔偿的方式即公安赔偿的义务机关承担赔偿责任所采用的形式。根据《国家赔偿法》规定，公安赔偿有两种形式：一是物质赔偿，二是名誉恢复与精神赔偿。《国家赔偿法》第 32 条规定："国家赔偿以支付赔偿金为主要方式。能够返还财产或者恢复原状的，予以返还财产或者恢复原状。"由此确立了国家赔偿的方式是以支付赔偿金为主，以返还财产和恢复原状为辅。这样规定既有利于保护受害公民、法人和其他组织的合法权益，又简便易行、利于操作，比较适合我国国情。这三种方式可以单独适用，某些情况下也可以并用。根据《国家赔偿法》第 35 条的规定，赔偿义务机关的行为致人精神损害的，应当在侵权行为影响的范围内，为受害人消除影响，恢复名誉，赔礼道歉；造成严重后果的，应当支付相应的精神损害抚慰金。

2. 公安赔偿的标准

《国家赔偿法》根据既要使受害人所受损失能够得到适当补偿，又要考虑国家经济发展状况和财政负担能力的原则，从国家机关及其工作人员侵犯公民人身自由造成损害、侵犯公民生命健康权造成损害和侵犯公民、法人和其他组织财产权造成损害三个方面，分别规定了赔偿的内容和计算标准，这是公安赔偿具体实施的依据。

(1) 国家赔偿以支付赔偿金为主要方式。能够返还财产或者恢复原状的，予以返还财产或者恢复原状。侵犯公民人身自由的，每日赔偿金按照国家上年度职工日平均工资计算。

(2) 侵犯公民生命健康权的，赔偿金按照下列规定计算：①造成身体伤害的，应当支付医疗费、护理费，以及赔偿因误工减少的收入。减少的收入每日的赔偿金按照国家上年度职工日平均工资计算，最高额为国家上年度职工年平均工资的 5 倍。②造成部分或者全部丧失劳动能力的，应当支付医疗费、护理费、残疾生活辅助具费、康复费等因残疾而增加的必要支出和继续治疗所必需的费用，以及残疾赔偿金。残疾赔偿金根据丧失劳动能力的程度，按照国家规定的伤残等级确定，最高不超过国家上年度职工年平均工资的20倍。造成全部丧失劳动能力的，对其扶养的无劳动能力的人，还应当支付生活费。③造成死亡的，应当支付死亡赔偿金、丧葬费，总额为国家上年度职工年平均工资的20倍。对死者生前扶养的无劳动能力的人，还应当支付生活费。生活费的发放标准，参照当地最低生活保障标准执行。被扶养的人是未成年人的，生活费给付至18周岁止；其他无劳动能力的人，生活费给付至死亡时止。

(3)《国家赔偿法》第36条规定："侵犯公民、法人和其他组织的财产权造成损害的，按照下列规定处理：(一)处罚款、罚金、追缴、没收财产或者违法征收、征用财产的，返还财产；(二)查封、扣押、冻结财产的，解除对财产的查封、扣押、冻结，造成财产损坏或者灭失的，依照本条第三项、第四项的规定赔偿；(三)应当返还的财产损坏的，能够恢复原状的恢复原状，不能恢复原状的，按照损害程度给付相应的赔偿金；(四)应当返还的财产灭失的，给付相应的赔偿金；(五)财产已经拍卖或者变卖的，给付拍卖或者变卖所得的价款；变卖的价款明显低于财产价值的，应当支付相应的赔偿金；(六)吊销许可证和执照、责令停产停业的，赔偿停产停业期间必要的经常性费用开支；(七)返还执行的罚款或者罚金、追缴或者没收的金钱，解除冻结的存款或者汇款的，应当支付银行同期存款利息；(八)对财产权造成其他损害的，按照直接损失给予赔偿。"

第三节 公安机关外部执法监督

一、国家权力机关监督制度

国家权力机关监督制度，是指各级人民代表大会及其常务委员会依法对公安机关及其人民警察的执法活动进行监督、检查的制度。

根据《宪法》的规定，全国人民代表大会是国家最高权力机关和立法机关，国家的行政机关、审判机关和检察机关均由它产生，对它负责，受它监督。它的常设机关是全国人民代表大会常务委员会。地方各级人民代表大会是地方国家权力机关，产生本级地方国家行政机关、审判机关和检察机关。各级人民代表大会及其常务委员会对公安机关及其人民警察执法活动的监督权属于国家监督权。这种监督以宪法和法律为依据，代表人民的意志，能够引起广大人民群众和社会舆论的广泛支持，因而具有极大的权威性。

根据《宪法》和《各级人民代表大会常务委员会监督法》的规定，国家权力机关对公安机关及其人民警察的监督，主要通过以下途径实现：(1) 制定相应法律、法规对公安机关及其人民警察行使职权的活动进行制约。(2)听取和审议公安机关的专项工作报告。各级人民代表大会常务委员会每年选择若干关系改革发展稳定大局和群众切身利益、社会普遍关注的重大问题，有计划地安排听取和审议公安机关的专项工作报告。(3)对各级政府制定的有关公安工作经费的预算、决算进行审查，作出批准与否的决定。(4)听取公安机关关于法律实施情况的报告，对法律实施的情况进行检查，有权要求公安机关进行汇报，提出批评、意见、建议或者作出决定。(5)对公安工作中的违法违纪行为提出议案，要求公安机关报告有关情况，改正错误的、不适当的行为。(6)依法办理有关公安机关的行政法规、地方性法规、自治条例和单行条例、规章的备案、审查和撤销，依法改变、撤销受监督机关制定或批准的不适当的法律、法规、决定和命令。(7) 县级以上各级人民代表大会常务委员会，享有受理人民群众对公安机关及其人民警察提出的申诉和意见的监督权。

二、行政复议制度

行政复议制度，是指公民、法人或者其他组织认为行政机关的行政行为侵犯其合法权益，向行政复议机关提出行政复议申请，由行政复议机关办理行政复议案件并作出处理决定的法律制度。行政复议制度建设的目的是防止和纠正违法的或者不当的行政行为，保护公民、法人和其他组织的合法权益，监督和保障行政机关依法行使职权。行政复议制度是化解行政争议的主渠道。实行这一制度，对于监督、促进公安机关及其人民警察依法行使权力，保证公安机关依法行政，维护公民、法人和其他组织的合法权益，具有重要的意义。

2023 年修订的《中华人民共和国行政复议法》取消了地方各级人民政府工作部门的行政复议职责，明确县级以上各级人民政府以及其他依照该法履行行政复议职责的行政机关是行政复议机关，行政复议机关办理行政复议事项的机构是行政复议机构。自此，原公安机关拥有的行政复议职责被统一收归政府，行政复议制度也由公安执法内部监督制度转为外部监督制度。

根据《行政复议法》的规定，公民、法人或者其他组织对公安机关的下列具体行政行为不服的，可以提起行政复议：一是对公安机关作出的警告、罚款、没收违法所得、没收非法财物、责令停产停业、暂扣或者吊销许可证或者执照，以及行政拘留等行政处罚不服的；二是对公安机关作出的限制人身自由或者查封、扣押、冻结财产等行政强制措施决定不服的；三是对公安机关作出的有关许可证、执照、资质证、资格证等证书变更、中止、撤销的决定不服的；四是认为公安机关侵犯其合法经营自主权的；五是认为公安机关违法集资、征收财物、摊派费用或者违法要求履行其他义务的；六是认为符合法定条件，申请公安机关颁发许可证、执照、资质证、资格证等证书，或者申请公安机关审批、登记有关事项，公安机关没有依法办理的；七是申请公安机关履行保护人身权利、财产权利的法定职责，公安机关没有依法履行的；八是认为公安机关的其他具体行政行为侵犯其合法权益的。但对公安机关作出的行政处分或者其他人事处理决定，不能提起行政复议；对公安机关作出的民事纠纷调解或者参与的其他民事活动纠纷，也不能提起行政复议。

三、监察监督制度

监察监督制度，是指各级监察组织行使监察权依法对公安机关及其人民警察进行监察，调查职务违法和职务犯罪，开展廉政建设和反腐败工作的监督制度。

（一）监察制度的建立与发展

监察监督制度的前身是行政监察监督制度。行政监察监督，是政府中行使监察职能的行政监察机关对国家行政机关、国家公务员和国家行政机关任命的其他人员执行法律、法规、政策、决定、命令以及行政纪律的情况进行监督、检查，对出现的违法违纪行为进行查处的制度。1993 年 2 月，根据中共中央、国务院的决定，监察部与中国共产党中央纪律检查委员会的机关合署办公，机构列入国务院序列，编制列入中共中央直属机构。国家预防腐败局列入国务院直属机构序列，在监察部加挂牌子。2018年3月，中共中央印发了《深化党和国家机构改革方案》，决定组建国家监察委员会，将监察部、国家预防腐败局的职责与最高人民检察院查处贪污贿赂、失职渎职以及预防职务犯罪等反腐败相关职责整合。国家监察委员会同中央纪律检查委员会合署办公，履行纪检、监察两项职责，实行一套工作机构、两个机关名称，实现党内监督和国家机关监督、党的纪律检查和国家监察的有机统一，实现对所有行使公权力的公职人员监察全覆盖。2018年3月20日，第十三届全国人民代表大会第一次会议通过了《监察法》，该法规定了监察机关建立的目的，监察机关的性质、职责、监察范围、管辖、权限、程序、反腐败国际合作，以及对监察机关和监察人员的监督。

（二）监察机关的机构设置

1. 国家监察委员会

国家监察委员会是最高监察机关。国家监察委员会由全国人民代表大会产生，负责全国监察工作，对全国人民代表大会及其常务委员会负责，并接受其监督。国家监察委员会领导地方各级监察委员会的工作，上级监察委员会领导下级监察委员会的工作。

2. 地方各级监察委员会

省、自治区、直辖市、自治州、县、自治县、市、市辖区设立监察委员会。地方各级监察委员会由本级人民代表大会产生，负责本行政区域内的监察工作。地方各级监察委员会对本级人民代表大会及其常务委员会和上一级监察委员会负责，并接受其监督。

3. 监察委员会的派出机构

各级监察委员会可以向本级中国共产党机关、国家机关、法律法规授权或者委托管理公共事务的组织和单位以及所管辖的行政区域、国有企业等派驻或者派出监察机构、监察专员。监察机构、监察专员对派驻或者派出它的监察委员会负责。派驻或者派出的监察机构、监察专员根据授权，按照管理权限依法对公职人员进行监督，提出监察建议，依法对公职人员进行调查、处置。

（三）监察机关的职责

监察委员会依照《监察法》和有关法律规定履行监督、调查、处置职责：(1)对公职人员开展廉政教育，对其依法履职、秉公用权、廉洁从政从业以及道德操守情况进行监督检查。(2)对涉嫌贪污贿赂、滥用职权、玩忽职守、权力寻租、利益输送、徇私舞弊以及浪费国家资财等职务违法和职务犯罪进行调查。(3)对违法的公职人员依法作出政务处分决定；对履行职责不力、失职失责的领导人员进行问责；对涉嫌职务犯罪的，将调查结果移送人民检察院依法审查、提起公诉；向监察对象所在单位提出监察建议。

（四）监察机关的职权

从监察机关的职责来看，监察机关具有检查权、调查权、处分权和监察建议权等职权。《监察法》对监察机关的调查权作了详细的规定，包括：

1. 收集、调取证据权

监察机关行使监督、调查职权，有权依法向有关单位和个人了解情况，收集、调取证据。有关单位和个人应当如实提供。

2. 讯问被调查人权

在调查过程中，对涉嫌职务违法的被调查人，监察机关可以要求其就涉嫌违法行为作出陈述,必要时向被调查人出具书面通知。对涉嫌贪污贿赂、失职渎职等职务犯罪的被调查人,监察机关可以进行讯问,要求其如实供述涉嫌犯罪的情况。

3. 询问证人权

在调查过程中,监察机关可以询问证人等人员。

4. 留置权

被调查人涉嫌贪污贿赂、失职渎职等严重职务违法或者职务犯罪,监察机关已经掌握其部分违法犯罪事实及证据,仍有重要问题需要进一步调查,经监察机关依法审批,可以将其留置在特定场所。

5. 查询、冻结财产权

监察机关调查涉嫌贪污贿赂、失职渎职等严重职务违法或者职务犯罪,根据工作需要,可以依照规定查询、冻结涉案单位和个人的存款、汇款、债券、股票、基金份额等财产。

6. 搜查权

监察机关可以对涉嫌职务犯罪的被调查人以及可能隐藏被调查人或者犯罪证据的人的身体、物品、住处和其他有关地方进行搜查。在搜查时,应当出示搜查证,并有被搜查人或者其家属等见证人在场。搜查女性身体,应当由女性工作人员进行。监察机关进行搜查时,可以根据工作需要提请公安机关配合。公安机关应当依法予以协助。

7. 调取、查封、扣押权

监察机关在调查过程中,可以调取、查封、扣押用以证明被调查人涉嫌违法犯罪的财物、文件和电子数据等信息。

8. 勘验检查权

监察机关在调查过程中,可以直接或者指派、聘请具有专门知识、资格的人员在调查人员主持下进行勘验检查。

9. 鉴定权

监察机关在调查过程中,对于案件中的专门性问题,可以指派、聘请有专门知识的人进行鉴定。

10. 技术调查权

监察机关调查涉嫌重大贪污贿赂等职务犯罪,根据需要,经过严格的批准手续,可以采取技术调查措施,按照规定交有关机关执行。

11. 通缉权

依法应当留置的被调查人如果在逃,监察机关可以决定在本行政区域内通缉,由公安机关发布通缉令,追捕归案。通缉范围超出本行政区域的,应当报请有权决定的上级监察机关决定。

12. 限制出境权

监察机关为防止被调查人及相关人员逃匿境外,经省级以上监察机关批准,可以对被调查人及相关人员采取限制出境措施,由公安机关依法执行。

(五)监察机关的监督方式

监察机关进行监察监督的主要方式有:一是经常性的一般检查,即通过对监察对象依法履职、秉公用权、廉洁从政从业以及道德操守情况进行经常性的监督检查或抽查,促使监察对象严格执法,改进工作;二是专项检查,即根据本级人民代表大会和上级监察机关的部署,或根据本地区、本部门工作的需要,在一定时期内针对监察对象存在的带有普遍性、倾向性的问题进行专门检查,揭露和查处各种违法违纪行为,提出改进意见,以避免和消除类似问题的发生;三是立案调查,即监察机关对在一般检查、专项检查中发现的,单位或个人检举、控告的,以及本级人民代表大会和上级监察机关交办的违法违纪案件,经过立案程序开展的调查。

(六)监察监督的结果与处置

监察机关根据监督、调查结果,依法作出如下处置:(1)对有职务违法行为但情节较轻的公职人员,按照管理权限,直接或者委托有关机关、人员,进行谈话提醒、批评教育、责令检查,或者予以诫勉;(2)对违法的公职人员依照法定程序作出警告、记过、记大过、降级、撤职、开除等政务处分决定;(3)对不履行或者不正确履行职责负有责任的领导人员,按照管理权限对其直接作出问责决定,或者向有权作出问责决定的机关提出问责建议;(4)对涉嫌职务犯罪的,监察机关经调查认为犯罪事实清楚,证据确实、充分的,制作起诉意见书,连同案卷材料、证据一并移送人民检察院依法审查、提起公诉;(5)对监察对象所在单位廉政建设和履行职责存在的问题等提出监察建议。监察机关经调查,没有证据证明被调查人存在违法犯罪行为的,应当撤销案件,并通知被调查人所在单位。

另外,监察机关经调查,对违法取得的财物,依法予以没收、追缴或者责令退赔;对涉嫌犯罪取得的财物,应当随案移送人民检察院。

四、检察监督制度

检察监督制度,是指人民检察院通过行使检察权依法对公安机关及其人民警察遵守和执行法律的情况进行监督、检查的法律制度。根据我国《宪法》的规定,人民检察院是国家的法律监督机关,独立行使检察权,对国家法律实施的情况负有检察监督之责。人民检察院对公安机关及其人民警察的监督,主要是在刑事诉讼活动中通过法定程序实现的,对于督促公安机关及其人民警察依法履行职责和行使职权,保障公民的合法权益不受非法侵犯,维护国家法制的统一,具有十分重要的意义。人民检察院对公安机关及其人民警察实施法律监督的主要内容及形式包括:

(一)立案监督

立案监督即人民检察院对公安机关的刑事立案活动是否合法进行的监督。根据《刑事诉讼法》的规定,人民检察院可以主动行使监督职权,或者接受被害人请求,或者受理其他机关人员的报案、控告、举报而行使监督权,对公安机关的刑事立案活动进行监督。监督的主要内容是公安机关作出的不立案决定,形式是要求公安机关说明不立案的理由和通知公安机关立案。人民检察院认为公安机关对应当立案侦查的案件而不立案侦查的,或者被害人认为公安机关对应当立案侦查的案件而不立案侦查,向人民检察院提出的,人民检察院应当要求公安机关说明不立案的理由。人民检察院认为公安机关不立案理由不能成立的,应当通知公安机关立案,公安机关接到通知后应当立案。

(二)审查批捕

逮捕是一项严厉的刑事强制措施,直接涉及公民的人身自由。为保障这一措施的正确适用,《刑事诉讼法》在规定了严格的逮捕条件的同时,也规定了严格的审查批准和执行程序。《刑事诉讼法》第 80 条规定:“逮捕犯罪嫌疑人、被告人,必须经过人民检察院批准或者人民法院决定,由公安机关执行。”人民检察院通过对公安机关提请的逮捕活动行使审批权,依法审查公安机关提请逮捕的案件是否符合法定条件,并作出批准或者不批准逮捕的决定。

(三) 审查起诉

审查起诉即人民检察院依法对公安机关侦查终结移送起诉的案件进行审查,作出提起公诉或者不起诉决定的活动。根据《刑事诉讼法》的规定,人民检察院应当按照法定程序和期限审查起诉,审查的主要内容是:犯罪事实、情节是否清楚,证据是否确实、充分,犯罪性质和罪名的认定是否正确;有无遗漏罪行和其他应当追究刑事责任的人;是否属于不应追究刑事责任的情形;有无附带民事诉讼;侦查活动是否合法。人民检察院应当根据起诉的条件分别作出提起公诉或者不起诉的决定。认为应当补充侦查的案件,有权退回公安机关补充侦查。

(四) 侦查活动的合法性监督

人民检察院依法对公安机关的侦查活动是否合法实行监督,主要内容是发现和纠正下列违法行为:对犯罪嫌疑人刑讯逼供、诱供的;对被害人、证人以体罚、威胁、诱骗等非法手段收集证据的;伪造、隐匿、销毁、偷换或者私自涂改证据的;徇私舞弊,放纵、包庇犯罪分子的;故意制造冤、假、错案的;在侦查活动中利用职务之便谋取非法利益的;在侦查活动中不应当撤案而撤案的;贪污、挪用、调换所扣押、冻结的款物及其孳息的;违反《刑事诉讼法》关于决定、执行、变更、撤销强制措施规定的违反羁押和办案期限规定的;在侦查中有其他违反《刑事诉讼法》有关规定的行为的。

对公安机关侦查活动中的违法行为,人民检察院有权根据情节和后果,分别采用口头或书面形式提出纠正意见。对于以非法的方法收集的证据,应当依法予以排除;构成犯罪的,依法追究刑事责任。接到人民检察院纠正违法的口头或书面通知,公安机关应当及时纠正,并将纠正情况及时通知人民检察院。

(五) 执行监督

执行监督即人民检察院依法对公安机关负责执行的刑事判决、裁定活动实行监督,以保障刑事判决、裁定的正确执行。其内容主要有:(1) 对看守所收押、监管、释放犯罪嫌疑人、被告人的活动实行监督;(2) 对看守所暂予监外执行的执法活动实行监督;(3) 对判处剥夺政治权利罪犯的监督管理活动实行监督。

人民检察院在上述监督活动中,发现公安机关有违法情形的,应当依法提出纠正意见。此外,人民检察院还通过参与行政诉讼对公安机关行使行政职权的活动是否合法进行监督。

五、行政诉讼制度

行政诉讼制度,是指人民法院通过依法行使行政审判权对行政机关(包括公安机关)具体行政行为的合法性进行审查并作出裁决,以促使行政机关依法行政,保护公民、法人和其他组织合法权益的法律制度。

根据我国《行政诉讼法》的规定,人民法院审理行政案件,对具体行政行为的合法性进行审查。所以,行政诉讼实际上是人民法院对行政机关具体行政行为的司法审查,是对行政机关执法活动的司法监督。建立行政诉讼制度,保障公民、法人和其他组织最终能够通过诉讼的途径来维护自己的合法权益,对于保障人民民主,实现社会主义民主制度化、法律化,促进行政机关依法行政和加强廉政建设,提高行政效能和政府威信,从而实现依法治国和建设社会主义法治国家的目标,具有重要的意义。

行政诉讼是与民事诉讼、刑事诉讼并列的三大诉讼之一,作为一种独立的诉讼制度,它具有以下特征:第一,行政诉讼的主要目的是防止行政机关违法、越权和滥用权力,保护行政管理相对人的合法权益。第二,行政诉讼的内容是解决行政争议,即解决行政机关在进行行政管理活动中与管理相对人之间出现纠纷,管理相对人因不服具体行政行为(包括作为和不作为)而引起的争议。第三,行政诉讼的双方当事人是特定的,具有平等的法律地位。原告只能是行政管理相对人,被告只能是行政机关,它们的诉讼地位不能互换。因此,行政诉讼制度又被通俗地称为"民告官制度"。第四,主管审理行政诉讼的机关是人民法院,提起和审理行政诉讼必须符合法定的受案条件和程序。第五,行政诉讼的结果是对具体行政行为的合法性作出裁判。对于合法的行政行为,判决予以维持;对于违法的行政行为,判决予以撤销;对于显失公正的不当行政行为,判决予以变更。第六,行政诉讼期间不停止该具体行政行为的执行,不适用调解和反诉。

根据我国《行政诉讼法》的规定,人民法院受理公民、法人和其他组织对行政机关下列具体行政行为不服而提起的诉讼:一是对拘留、罚款、吊销许可证或执照、责令停产停业、没收财物等行政处罚不服的;二是对限制人身自由或者对财产的查封、扣押、冻结等行政强制措施不服的;三是认为行政机关侵犯法律规定的经营自主权的;四是认为符合法定条件申请行政机关颁发许可证和执照,行政机关拒绝颁发或者不予答复的;五是申请行政机关履行保护人身权、财产权的法定职责,行政机关拒绝履行或者不予答复的;六是认为行政机关没有依法发给抚恤金的;七是认为行政机关违法要求履行义务的;八是认为行政机关侵犯其他人身权、财产权的。此外,人民法院还受理法律、法规规定可以起诉的其他行政案件。

根据我国《行政诉讼法》的规定,人民法院不受理公民、法人或者其他组织对下列事项提起的行政诉讼:一是国防、外交等国家行为;二是行政法规、规章或者行政机关制定、发布的具有普遍约束力的决定、命令;三是行政机关对行政机关工作人员的奖惩、任免等决定;四是法律规定由行政机关最终裁决的具体行政行为。

六、社会监督制度

社会监督制度,是指国家机关以外的社会组织、团体和公民个人等,依法对公安机关及其人民警察的执法活动进行监督的制度。

社会监督是一种非国家性质的监督,是根据我国《宪法》和有关法律、法规的规定,通过对公安机关及其人民警察提出批评、建议和意见,进行申诉、控告和检举等形式来实施。与各种国家机关的监督相比,社会监督一般不具有法律上的强制性,不产生直接的法律后果。但这种监督具有道义上、舆论上的压力,是国家机关监督的重要来源和重要补充,因而也是公安执法监督体系中十分重要的监督形式,对于保障人民群众直接参加国家管理和行使当家做主的权利,使公安机关的工作建立于广泛的群众基础之上,具有重要意义。

(一) 社会监督的主要内容和形式

1. 人民政协的监督

人民政协的监督,是指人民政协的各党派、团体和各界人士依法对公安机关及其人民警察、公安机关任用的其他人员履行职责、行使职权和遵守纪律情况进行的监察、督促。

公安机关作为政府领导下的一个职能部门,应当主动、真诚地接受人民政协的监督,其方式主要有:一是认真办理人民政协有关公安工作的提案;二是接受人民政协委员视察公安工作和公安队伍建设;三是主动向人民政协汇报公安工作情况;四是建立联系制度,及时听取意见和建议。

2. 社会组织的监督

社会组织的监督,即各种人民团体、企事业单位等对公安机关及其人民警察、公安机关任用的其他人员履行职责、行使职权和遵守纪律的情况进行的监督,主要通过提出批评、意见和建议,进行申诉、检举和控告等方式实施。

3. 公民的监督

公民的监督即公民个人对公安机关及其人民警察、公安机关任用的其他人员履行职责、行使职权和遵守纪律的情况进行的监督。我国《宪法》第 41 条规定,“中华人民共和国公民对于任何国家机关和国家工作人员,有提出批评和建议的权利;对于任何国家机关和国家工作人员的违法失职行为,有向有关国家机关提出申诉、控告或者检举的权利,但是不得捏造或者歪曲事实进行诬告陷害。对于公民的申诉、控告或者检举,有关国家机关必须查清事实,负责处理。任何人不得压制和打击报复”。该规定体现了我国人民当家做主的原则和要求。所以,公民个人对公安机关及其人民警察、公安机关任用的其他人员的执法活动有权提出批评、建议;对于违法或不当行为有权进行检举、控告,要求对责任人进行惩处;对于自己受到的不公正处理有权提出申诉、申请复议、提起诉讼,要求恢复自己的权利,补偿自己的损失。

4. 媒体舆论的监督

媒体舆论的监督,是指监督主体借助各种新闻媒体、各种舆论工具,通过对公安机关及其人民警察、公安机关任用的其他人员履行职责、行使职权和遵守纪律的情况进行公开报道和评论而实施的监督。

媒体舆论监督的主要形式是新闻报道、公开披露和表达民意。它具有包含信息量大、传播速度快、覆盖面广的特点,能够形成广泛的影响和巨大的社会冲击效应。特别是在网络信息技术快速发展的今天,其传播速度快和影响范围广的特点更为突出,能够使各种违法违纪和腐败行为得以快速地公开和曝光,充分反映广大民众的意愿和要求,从而引起社会、相关部门的注意和迅速介入处理。所以,媒体舆论的监督可以收到意想不到的效果,已经成为现代社会越来越重要的监督形式。在整个公安监督体系中,媒体舆论的监督同样居于重要地位,发挥着重要的作用。

随着信息化和网络技术的发展,媒体舆论监督日益成为一种新的发展趋势。广大民众可以通过互联网了解国家和社会公共事务,评价国家政治、经济、文化和社会生活,监督国家机关的各项活动,揭露公职人员的腐败行为,由此形成了一种新的媒体舆论监督形式,即网络舆论监督。它是现代信息技术与我国社会主义民主相结合的产物,并已成为社会主义民主和人民当家做主的重要途径之一，得到了越来越多的关注。

网络舆论监督的优点是：其一，范围更广。它跨越了地域和时空的限制，延伸了传播范围，使得民众对事件的关注和评论更加广泛。其二，效率更高。它以互联网作为公共论坛，不同思想和观点的人可以在这里方便地直抒己见，相互交流，既扩大了舆论参与的主体，也成为政府了解民间真实声音的有效途径，从而增强了舆论监督的有效性。其三，内容更生动，方式更灵活。网络技术的发展引领了传播内容、方式的飞跃，使得传播内容能够十分生动、形象，方式愈加灵活，以至于形式多样的舆论监督报道更为形象、直观、立体化，增强了感染力和影响力。其四，信息交互更充分。网络媒体的信息传播极具交互性，网民在网络上不仅可以自行选择新闻传播的内容，而且可以通过网络媒体开设的电子论坛、电子邮件、网上民意调查、讨论等平台进行交流、评论，直接参与新闻报道，自由方便地发表自己的意见和观点，实现沟通与交流。

（二）公安机关主动自觉接受社会监督

《人民警察法》第 44 条规定，“人民警察执行职务，必须自觉地接受社会和公民的监督”。这体现了《人民警察法》的立法宗旨和原则。完善社会监督机制，使公安机关及其人民警察自觉、有效地接受人民群众和社会各界的监督，对于改善和加强公安执法工作，切实保障公安机关及其人民警察依法履行职责、行使职权，及时发现和纠正公安队伍中的问题，树立人民警察的良好形象，密切警民关系等，具有十分重要的作用。

1. 建立警务公开制度

为了更好地接受社会监督，加强公安队伍建设，1999 年 6 月 10 日，《公安部关于在全国公安机关普遍实行警务公开制度的通知》发布，决定在全国公安机关普遍建立警务公开制度。警务公开是指依法公开警务活动的依据、过程和结果，把各项警务活动置于广泛的社会监督之下，以促进和保障公安机关依法办事，严格、公正地执法。按照警务公开的要求，公安机关的执法办案和行政管理工作，除法律法规规定不能公开的事项外，都要予以公开。警务公开的内容有：(1) 通过报刊、电台、电视台等新闻媒介和其他现代化信息传播手段公布。(2) 在公共场所和对外办公的场所设置公示栏、牌匾，或通过印发“警务公开手册”等形式公布警务公开的内容，向社会各界广泛宣传公安机关的性质、任务和职权，宣传有关公安工作和队伍建设的法律、法规和规章、制度。(3) 公安机关基层单位要将群众的常办事项所需手续、程序、时限等印成“警民联系卡”“便民卡”或“明白卡”，还可以通过邮电部门设立电话查询服务，有条件的地方可在对外办公的场所设立电脑触摸屏，方便群众查询和办事。(4) 看守所、治安拘留所、强制戒毒所等监管场所要将被监管对象依法享有的权利和义务以及生活卫生管理制度等张榜公布。(5) 通过口头告知的办法，使到公安机关办事的社会各界群众及时了解办事程序和要求，使被传唤对象或犯罪嫌疑人知道依法享有的权利。

2. 完善电话和网络等形式接受群众投诉制度

公安机关的“110”电话，本是接受群众报警、求助的电话。但为了便于社会各界和人民群众更加快捷、有效地监督公安工作，2000 年 3 月 11 日，公安部发布的《关于加强公安队伍建设的十二项措施》赋予了 110 报警服务台受理人民群众投诉公安机关和民警违法违纪问题的新职能。2000 年 2 月 26 日发布的《公安部关于认真做好 110 报警服务台受理人民群众电话投诉工作的通知》规范和完善了这项制度。按照规定，凡群众发现公安机关及其人民警察有违法违纪或失职行为的，可以直接拨打“110”进行投诉。各级公安机关110报警服务台接到群众投诉后，应当区别情况迅速进行调查、处理。具体承办群众投诉的公安机关应当在3日内将查处情况告知投诉人，同时抄送110报警服务台备查。3日内难以办结的，应当告诉投诉人办理进展情况。对上级公安机关交办的投诉，要将查处情况及时上报，上级公安机关对上报的处理情况要认真审查，如果发现在认定事实、办理程序上确有错误，应限期予以纠正。公安机关及其工作人员对投诉内容及投诉人的情况应严格保密，严禁泄露给被投诉对象，严禁对投诉人进行打击报复，违者将依照法律和有关规定追究法律和纪律责任。随着互联网时代的不断发展，公安机关不断拓宽群众举报投诉的新渠道。2013年12月24日，公安部开通了“12389”公安机关和民警违纪违法举报电话和互联网举报平台（简称“12389”举报平台），受理信访举报投诉。建设开通“12389”举报平台，是顺应时代发展、加强党的执政能力的迫切需要，是回应群众关切、密切警民关系的民心工程，是整合信息资源、提升工作水平的重要抓手，是前移监督关口、强化民警自律的创新之举。

3. 广泛开展特邀监督员监督工作

为了进一步强化监督，提高广大人民警察遵纪守法的自觉性，确保公安机关及其人民警察依法履行职责，密切警民关系，公安部根据《人民警察法》的有关规定，决定建立聘请特邀监督员制度。1998年7月25日颁布的《公安部聘请特邀监督员办法》具体规定了特邀监督员的条件、职责、职权和监督工作要求，同时要求各地公安机关把聘请特邀监督员工作作为健全公安外部监督制约机制的一件大事来抓，切实抓出成效。各级公安机关通过聘请特邀监督员，进一步强化了监督制约机制，对加强公安队伍党风廉政建设和纪律作风建设，增强广大人民警察的法律意识发挥了重要的作用。2003年4月27日，公安部颁布了《公安部特邀监督员工作规定》。

根据新的规定，特邀监督员的职责主要有四项：一是对各级公安机关和人民警察履行职责、执法执勤和遵纪守法等情况实施监督；二是反映、转递人民群众对公安机关和人民警察违法违纪行为的检举、控告；三是反映人民群众对公安工作和队伍建设的建议、意见和要求；四是对公安工作和队伍建设情况进行调查研究和评议。与其职责相适应，特邀监督员有下列五项职权：一是根据工作需要可以向公安机关了解公安工作及队伍建设的有关规定；二是参加公安机关召开的队伍建设的有关会议，听取情况通报；三是可以向公安机关和人民警察了解所反映和转递的检举、控告和建议、意见等事项的办理情况；四是参加公安部组织的对地方公安机关工作和队伍建设情况的视察活动；五是在履行监督职责过程中，有权要求有关公安机关和人民警察予以协助、配合。

特邀监督员在履行职责、行使监督职权过程中，各级公安机关和人民警察应予以积极的协助、配合和支持。对特邀监督员提出的意见和建议，要虚心诚恳地接受，认真纠正和改进，并将情况及时向特邀监督员反馈；对特邀监督员反映、转递的人民群众对公安机关和人民警察违法违纪行为的检举、控告要认真进行查处；对特邀监督员就公安工作和公安队伍建设的有关具体问题提出的质询要认真负责地作出答复或解释；对阻挠特邀监督员履行职责、行使监督职权，拒不接受监督或打击报复特邀监督员的，要依照有关法律和纪律予以严肃处理。

章后思考题

1. 试述公安执法监督的分类及各自的特点。
2. 公安执法监督各监督主体的监督方式有哪些?
3. 试述监察监督的适用范围与监督难题。
4. 试述公安法制部门监督面临的难题。
5. 试述 2023 年修订的《行政复议法》对实施公安行政复议制度的影响。
6. 试述自媒体时代社会监督形式的新变化及对公安执法工作的影响。

本章拓展阅读

第四编即测即评

第五编　公安改革

第十九章　公 安 改 革

第一节　公安改革概述

公安改革是国家政治改革及行政改革的重要组成部分,是指党和政府以及公安机关为适应经济社会的发展而进行的调整与经济基础及上层建筑等方面不相适应的各种公安关系,革除公安工作中陈旧落后的思想观念和体制机制,创新与经济社会发展相适应的公安工作理念和制度,不断改进和提高公安工作效率的各种活动的总称。

党的十一届三中全会以来,我国公安机关稳步推进公安改革,包括公安工作思想理念改革、公安职能调整、机构改革、人事制度改革和公安工作机制改革等内容,有力地提高了公安执法水平和战斗力。2015 年 2 月,中央审议通过了《关于全面深化公安改革若干重大问题的框架意见》及相关改革方案,掀起了全面深化公安改革的序幕,表明了党中央对公安工作提出的新要求,为进一步加强和改进新形势下的公安工作和队伍建设指明了奋进方向。

一、全面深化公安改革是新时代党对公安工作提出的新要求

党的十八大以来,以习近平同志为核心的党中央从坚持和发展中国特色社会主义全局出发,提出并形成了全面建成小康社会、全面深化改革、全面依法治国、全面从严治党的战略布局。这一战略布局对公安工作和公安队伍建设都提出了新的要求。要推动公安事业在新的历史起点上开创新局面、取得新发展,必须抓住机遇、深化改革。党的十九大提出,要统筹考虑各类机构设置,科学配置党政部门及内设机构权力、明确职责。统筹使用各类编制资源,形成科学合理的管理体制,完善国家机构组织法。转变政府职能,深化简政放权,创新监管方式,增强政府公信力和执行力,建设人民满意的服务型政府。党的十九届三中全会审议通过了《中共中央关于深化党和国家机构改革的决定》和《深化党和国家机构改革方案》。文件指出,按照军是军、警是警、民是民原则,深化武警部队、民兵和预备役部队跨军地改革,推进公安现役部队改革。这是新时代党对公安改革提出的新要求。在二十届中央国家安全委员会第一次会议上,习近平总书记进一步指出“当前我们所面临的国家安全问题的复杂程度、艰巨程度明显加大。国家安全战线要树立战略自信、坚定必胜信心,充分看到自身优势和有利条件。要坚持底线思维和极限思维,准备经受风高浪急甚至惊涛骇浪的重大考验”。新时代要实现高质量发展和高水平安全良性互动,推进国家安全体系和能力现代化,要“健全国家安全体系、完善公共安全治理机制、健全社会治理体系、完善涉外国家安全机制”。

随着我国经济社会的快速发展,社会动态化、信息化带来了巨大变化,公安工作和公安队伍建设出现一些不适应的问题,既有思想理念上的滞后,也有能力素质上的差距,既有体制机制上的制约,也有警务保障上的不足。要破解这些长期困扰和影响公安工作发展进步的难题,必须迎难而上、改革创新。

全面深化公安改革，是适应时代新发展和人民新期待的必然要求，是促进社会公平正义、维护社会和谐稳定的必然要求，是激发公安队伍生机活力、提升公安机关战斗力的必然要求，事关国家长治久安，事关广大人民群众切身利益，事关国家治理体系和治理能力现代化，对于建设平安中国、法治中国具有重大的现实意义和深远的历史意义。

2019 年新时代全国公安工作会议上，习近平总书记深刻指出，公安机关要“坚持政治建警、改革强警、科技兴警、从严治警，履行好党和人民赋予的新时代职责使命”，为加强新时代公安工作、进一步深化公安改革指明了前进方向、提供了根本遵循。改革是强警必由之路，随着全面深化公安改革的不断推进，影响和制约公安事业发展的体制性障碍、结构性矛盾、深层次问题正在不断得到解决，符合新时代要求、适应国家治理体系和治理能力现代化的现代警务管理体制和警务运行机制正在稳步建立健全。在不断发现问题中去解决问题，是新时代改革强警之路的题中要义。新时代改革强警之路，要更加重视制度建设在推进改革中的作用，推动改革向常态、长效迈进。

二、全面深化公安改革的本质

全面深化改革应坚持法治思维和法治方式，就是明确全面依法治国在全局工作中的坐标定位；就是完善以宪法为核心的中国特色社会主义法律体系，立好法治之“规”；就是加快建设法治社会，做到全体人民信仰法治、厉行法治。公安改革是公安系统的组织架构、管理体系等方面的改革，不仅仅是公安工作模式和立法的改革，而且是涉及公安工作和公安队伍建设的系统性改革，公安改革是一场革命性变革，必须牢牢把握党中央关于加强新时代公安工作的战略意图，牢牢把握新时代公安工作的基本原则和思路方向，始终坚持党对公安工作绝对领导这一根本政治原则，坚持以人民为中心的发展思想，坚持稳中求进工作总基调，着力锻造一支革命化、正规化、专业化、职业化的高素质过硬公安队伍。而衡量公安改革是否成功的标准是实践，关键要看是否提高了警务效能，是否提高了人民群众的获得感、幸福感、安全感，能否经得起历史和人民群众的检验。

三、全面深化公安改革的总体目标和主要任务

全面深化公安改革的总体目标是：完善与推进国家治理体系和治理能力现代化，建设与中国特色社会主义法治体系相适应的现代警务运行机制和执法权力运行机制，建立符合公安机关性质、任务的公安机关管理体制，建立体现人民警察职业特点、有别于其他公务员的人民警察管理制度。

全面深化公安改革共有七个方面的主要任务：一是健全维护国家安全工作机制，二是创新社会治安治理机制，三是深化公安行政管理改革，四是完善执法权力运行机制，五是完善公安机关管理体制，六是健全人民警察管理制度，七是规范警务辅助人员管理。七个方面的任务涉及 100 多项改革措施。

全面深化公安改革坚持以问题为导向，将改革的指向聚焦在三个方向：一是着力完善现代警务运行机制，提高社会治安防控水平和治安治理能力，提高人民群众的安全感。二是着力推进公安行政管理改革，提高管理效能和服务水平，从政策上、制度上推出更多惠民、利民、便民新举措，提高人民群众的满意度。三是着力建设法治公安，确保严格、规范、公正、文

明执法，提高公安机关执法水平和执法公信力，努力让人民群众在每一项执法活动、每一起案件办理中都能感受到社会公平正义。

四、全面深化公安改革的特点

与以往改革相比，全面深化公安改革主要有以下几个特点：

第一，这是一次全面、系统的改革。根据中央关于全面深化改革的部署要求，经深入调研论证出台了一揽子改革举措，包括七个方面的主要任务、100多项具体措施，几乎涵盖了公安工作和公安队伍建设的各个层面、各个领域，既有公安管理体制的改革，又有警务运行机制的完善；既回应了人民群众的期待，又回答了基层关注的问题；既务实解决当前突出问题，又注重推动公安事业长远发展。

第二，这是一次综合配套的改革，是中央全面深化改革的一项重要内容，是深化司法体制和社会体制改革的重要组成部分。改革的一个重要特点，是更加注重从维护国家安全和社会稳定、促进经济社会发展的战略全局高度进行宏观思考、顶层设计，更加注重与相关部门、相关领域的改革统筹配套、协同推进，确保各项改革举措良性互动、相互促进。

第三，这是一次触及根本的改革。这次改革聚焦问题、触及根本，对一些多年积累下来的制约公安工作发展进步的深层次、老大难问题进行了破题，不仅是对管理体制、运行机制、警务保障的改进和完善，也是对各级公安机关和广大公安民警责任、权利、义务的规范和调整。

第二节　全面深化公安改革的主要内容

根据《关于全面深化公安改革若干重大问题的框架意见》和《深化党和国家机构改革方案》的部署，公安改革的内容主要涉及八个方面。

一、健全维护国家安全工作机制

2013年11月12日，党的十八届三中全会决定成立国家安全委员会，它是中国共产党中央委员会下属机构。国家安全委员会作为中共中央关于国家安全工作的决策和议事协调机构，向中央政治局、中央政治局常务委员会负责，统筹协调涉及国家安全的重大事项和重要工作。国家安全委员会的设立有利于提高国家在面临各种安全危机和挑战时的应变能力，也代表着我国在捍卫国家安全和国家利益方面的决心和意志。设立国家安全委员会是维护外部安全的重要内容。国家安全委员会既有对内职能，也有对外职能，与国家的外部安全休戚相关，具有统筹国内和国际两个大局，整合对内对外事务的内外兼顾特点。

2015年7月1日，第十二届全国人民代表大会常务委员会第十五次会议通过了新的《国家安全法》，对政治安全、国土安全、军事安全、文化安全、科技安全等11个领域的国家安全任务进行了明确。新《国家安全法》进一步明确了公安机关在国家安全中的职责和任务，健全完善了公安机关维护国家安全的工作机制。

新《国家安全法》首次在法律中明确了国家安全的概念，将传统国家安全与非传统意义上的国家安全进行了有机结合，确定了坚持中国共产党对国家安全工作领导的总体原则，要求建立集中统一、高效权威的国家安全领导体制，制定了坚持预防为主、标本兼治，专门工作与群众路线相结合,充分发挥专门机关和其他有关机关维护国家安全的职能作用,广泛动员公民和组织,防范、制止和依法惩治危害国家安全行为的基本方针。

新《国家安全法》还明确了公安机关在维护国家安全中的任务、职责和职权,新增了公安机关维护国家经济安全、文化安全的重要职责,提出了维护国家网络空间主权的新概念,明确了公安机关依法搜集涉及国家安全的情报信息,在国家安全工作中依法行使侦查、拘留、预审和执行逮捕以及法律规定的其他职权。

在国家安全制度方面,新《国家安全法》规定中央国家安全领导机构实行统分结合、协调高效的国家安全制度与工作机制,建立国家安全重点领域工作协调机制、国家安全工作督促检查和责任追究机制、跨部门会商工作机制,建立中央与地方之间、部门之间、军地之间以及地区之间关于国家安全的协同联动机制,建立国家安全决策咨询机制。公安机关要协调好与其他维护国家安全的部门之间的关系,共同维护好国家安全。

新《国家安全法》还在情报信息,风险预防、评估和预警,审查监管,危机管控和国家安全保障方面作了详细的规定。

党的二十大报告指出,"中国共产党的中心任务就是团结带领全国各族人民全面建成社会主义现代化强国、实现第二个百年奋斗目标,以中国式现代化全面推进中华民族伟大复兴"。 概括提出并深入阐述中国式现代化理论,是党的二十大的一个重大理论创新,是科学社会主义的最新重大成果。公安机关必须深刻把握中国式现代化的中国特色、本质要求、重大原则,聚焦中国式现代化发展目标,紧扣高质量发展主题,忠实履职尽责,积极担当作为,增强推动高质量发展本领、服务群众本领、防范化解风险本领。紧紧围绕中国式现代化谋划推进公安工作现代化,坚定维护国家政权安全、制度安全、意识形态安全和重点领域安全,努力以新安全格局保障新发展格局、以高水平安全保障高质量发展,为推进中国式现代化贡献公安智慧。

二、创新社会治安治理机制

此次改革从完善治安管理防控机制,创新惩防犯罪工作机制,完善国际警务合作机制,健全情报信息主导警务机制等方面,提出了创新治安治理方式,提高治安治理水平的若干措施。围绕创新立体化社会治安防控体系,建立健全更加注重源头预防、综合治理的社会治安治理模式。加快建立以居民身份证号码为基础的公民统一社会信用代码制度,推动建立违法犯罪记录与信用、相关职业准入等挂钩制度。健全社会治安组织动员机制,推动社会治安社会化治理。健全涉众型经济犯罪、涉电信诈骗犯罪侦查工作机制。健全同有关部门密切协作、高效顺畅的海外追逃追赃、遣返引渡工作机制。

为有效应对影响社会安全稳定的突出问题,创新立体化社会治安防控体系,依法严密防范和惩治各类违法犯罪活动,全面推进平安中国建设,2015 年 4 月,中共中央办公厅、国务院办公厅印发了《关于加强社会治安防控体系建设的意见》。该意见指出,加强社会治安防控体系建设要形成党委领导、政府主导、综治协调、各部门齐抓共管、社会力量积极参与的社会治安防控体系建设工作格局,健全社会治安防控运行机制,编织社会治安防控网,提升社会治安防控体系建设法治化、社会化、信息化水平,增强社会治安整体防控能力,努力使影响公共安全的暴力恐怖犯罪、个人极端暴力犯罪等得到有效遏制,使影响群众安全感的多发性案件和公共安全事故得到有效防范，人民群众安全感和满意度明显提升，社会更加和谐有序。为达到该项目标，就要加强社会治安防控网建设，提高社会治安防控体系建设科技水平，完善社会治安防控运行机制，运用法治思维和法治方式推进社会治安防控体系建设，建立健全社会治安防控体系建设工作格局。为全面贯彻党的二十大精神，深入贯彻落实习近平法治思想特别是习近平总书记关于新时代公安工作的重要论述，公安部于2023年3月印发《加强新时代公安派出所工作三年行动计划（2023—2025年）》（以下简称《行动计划》），牢固树立大抓基层、大抓基础的鲜明导向，持续推动重心下移、警力下沉、保障下倾，全力夯实国家安全和社会稳定基层基础。

《行动计划》明确，坚持把派出所工作置于战略性、基础性地位来抓，牢牢把握对党忠诚、服务人民、执法公正、纪律严明总要求，紧紧围绕加强基层组织、基础工作、基本能力建设的整体思路，以落实派出所工作标准化建设为牵动，坚持分类指导、实战导向、预防警务、科技支撑，组织实施基层提振、基础提质、基本能力提升三大行动。通过三年不懈努力，进一步增强派出所实力、激发活力、提升战斗力，到2025年，在更高水平上实现基础牢、出事少、治安好、党和人民满意的工作目标。《行动计划》要求，实施基层提振行动。要坚持把加强派出所工作置于全面深化公安改革全局中统筹谋划、推动落实，采取更有力的政策措施，进一步增强派出所实力，营造活力迸发的派出所工作新生态。要加强派出所党支部标准化、规范化建设，坚持“支部建在所上”，提升派出所党支部政治功能和组织力，更好发挥派出所党支部战斗堡垒作用。要进一步优化警力布局，进一步推动市县公安机关警力向派出所下沉、派出所警力向社区前置，全面落实派出所和社区民警警力配置“两个40%以上”要求，鼓励在市辖区公安分局推行“两个50%以上”。要全面深化“两队一室”改革，围绕落实责任制，建立健全社区警务、案件办理和综合指挥工作规范，固化完善两队互为协同、一室支撑两队的警务运行机制，完善值班备勤制度。要推进“一村（格）一警”2025年年底前实现全覆盖。要活跃城乡社区警务团队，发展壮大群防群治力量，依法健全城乡村（社区）治保会组织，积极培育“义警”等平安类社会组织，推进群防群治力量红色化、组织化、信息化、年轻化。建立健全110报警服务台与12345政务服务便民热线等平台高效对接联动机制，科学布建社会面巡逻防控网，加强对派出所处置警情的勤务支援。要完善落实经费、装备、基础设施保障标准，推动落实爱警暖警措施。要完善派出所等级评定制度和“枫桥式公安派出所”创建命名标准，建设更多的高等级、枫桥式派出所。要积极融入基层社会治理，在党委和政府领导下，加强协作配合，推动落实监管责任、主体责任，推进问题联治、工作联动、平安联创。

《行动计划》要求，实施基本能力提升行动。要坚持把民警练兵比武和作风养成作为派出所队伍建设的重要抓手，强化思想淬炼、政治历练、实践锻炼、专业训练，不断提高派出所民警矛盾化解、要素管控、处警办案、群众工作“四种能力”。要打造思想政治工作生命线工程，加强忠诚教育、宗旨教育、传统教育，培养更多扎根基层、爱岗敬业、忠诚履职、深受百姓信赖的优秀派出所民警。要健全完善派出所工作培训体系，组织派出所民辅警职业技能练兵比武，开展派出所民辅警岗位标兵专业能手选树活动。要落实警种部门支援派出所机制，明确响应程序和时限，加强对派出所警情处置、基础管控、案件办理工作的支援，推动形成机关围着基层转的支援体系。要推进数字化赋能派出所实战，提高派出所警务智能化水平。要锚定“四个铁一般”标准，加强派出所民警斗争精神和斗争本领养成，健全完善常态化监督管理机制,建设一支党和人民满意的派出所队伍。

坚持强基导向,强基固本、大抓基层,全面提升基层公安机关的战斗力,把矛盾纠纷和隐患消除在基层,把平安的基础打得更实,推动公安工作高质量发展,为建设更高水平平安中国、法治中国提供坚实保障。

三、深化公安行政管理改革

简政放权、放管结合、优化服务,简称“放管服”。党的十八大以来,党中央国务院提出“放管服”改革。党的二十大报告对“深化简政放权、放管结合、优化服务改革”再次作出强调,并以全面建设社会主义现代化国家的新任务为基础,对新征程中进一步深化“放管服”改革作出了战略安排。公安行政管理改革,在“放管服”的基础上,从“严进宽管”转向“宽进严管”,转变监管理念,创新监管方式,强化公正监管,维护公平公正的社会秩序。

公安机关作为重要的国家行政机关,在我国行政管理中承担重要职能。按照《人民警察法》等法律规范的规定,公安机关行使多种重要国家权力,公安机关不仅是国家行政机关,行使行政权力,而且行使重要的司法职能,在维护社会稳定、促进经济社会发展中发挥重大作用。“放管服”对公安机关提出的要求是全方位的:第一,转变理念,加强服务意识,提高管理水平,不断加强公安警务治理体系和治理能力现代化建设。第二,缩减行政许可项目,按照“放管服”改革的精神要求,按照“非必要不许可”的原则,最大限度减少不必要的行政许可项目,优化许可审批流程,缩短审批权限。第三,减少管理范围,按照市场化原则,将一些社会性服务职能转交给市场主体,减少公安机关行政管理事项的范围。第四,提高服务能力,按照数字政府发展要求,加强智慧警务建设,使公安工作融入更多现代科学技术。

深化公安行政管理改革从深化行政审批制度改革,扎实推进户籍制度改革,创新人口服务管理,健全完善外国人在中国永久居留制度和改革边防出入境、交通、消防监督管理制度等方面,提出了一系列服务改革开放、促进经济发展和便民利民的政策性措施、制度性安排。建立行政审批事项定期清理和行政审批权力清单制度。扎实推进户籍制度改革,取消暂住证制度,全面实施居住证制度,建立健全与居住年限等条件相挂钩的基本公共服务提供机制。落实无户口人员落户政策。建立户口迁移网上流转核验制度和居民身份证异地受理制度,方便异地办理户口和身份证。改革内地往来港澳边检查验模式,提高通关效率。向县级公安机关下放出入境证件受理审批权限。健全完善统一规范、灵活务实的外国人在中国居留制度。改革驾驶人培训考试,推行驾驶人自主预约考试、异地考试等制度。深化机动车检验改革,全面实施省内异地验车,逐步推行跨省异地验车。加快建立跨省异地处理交通违法和缴纳罚款制度。缩小建设工程消防审批范围。全面落实报警求助首接责任制、群众办事一次告知制、窗口单位弹性工作制,大力推行“预约服务”“绿色通道”和“一站式”等服务模式。积极搭建综合性网络服务平台和新媒体移动终端,推行行政审批事项全程网上流转,方便群众咨询、办事和查询、监督等。目前,已经出台具体措施的改革有户籍制度改革、居民身份证制度改革、出入境管理改革、交通管理改革和窗口单位规范化建设。

(一)户籍制度改革

2014 年 7 月,《国务院关于进一步推进户籍制度改革的意见》出台,该意见指出户籍制度改革的发展目标是进一步调整户口迁移政策,统一城乡户口登记制度,全面实施居住证制度,加快建设和共享国家人口基础信息库,稳步推进义务教育、就业服务、基本养老、基本医疗卫生、住房保障等城镇基本公共服务覆盖全部常住人口。到2020年,基本建立与全面建成小康社会相适应,有效支撑社会管理和公共服务,依法保障公民权利,以人为本、科学高效、规范有序的新型户籍制度,努力实现1亿左右农业转移人口和其他常住人口在城镇落户。这就要求进一步调整户口迁移政策,创新人口管理,切实保障农业转移人口及其他常住人口合法权益。

改革的主要举措有:第一,进一步调整户口迁移政策。全面放开建制镇和小城市落户限制,有序放开中等城市落户限制,合理确定大城市落户条件,严格控制特大城市人口规模,有效解决户口迁移中的重点问题。第二,创新人口管理。建立城乡统一的户口登记制度,建立居住证制度,健全人口信息管理制度。第三,切实保障农业转移人口及其他常住人口合法权益。完善农村产权制度,扩大基本公共服务覆盖面,加强基本公共服务财力保障。第四,切实加强组织领导。要抓紧落实政策措施,充分认识户籍制度改革的重大意义。积极做好宣传引导,准确解读户籍制度改革及相关配套政策,为进一步推进户籍制度改革营造良好的社会环境。

2020年3月,《中共中央、国务院关于构建更加完善的要素市场化配置体制机制的意见》指出,要深化户籍制度改革,推动超大、特大城市调整完善积分落户政策,探索推动在长三角、珠三角等城市群率先实现户籍准入年限同城化累计互认。放开放宽除个别超大城市外的城市落户限制,试行以经常居住地登记户口制度。建立城镇教育、就业创业、医疗卫生等基本公共服务与常住人口挂钩机制,推动公共资源按常住人口规模配置。

此外,户籍制度改革还进一步在互联网环境下优化了户政管理服务,如完善单位和社区集体户制度,利用互联网开展流动人口暂住登记在线申报,为企业用工落户和暂住登记提供便利条件。实行“互联网 + 户政服务”,企业和群众可以登录各地公安机关网上办事大厅、政务网、移动终端等平台,在线咨询户籍政策、预约户政业务、查询业务办理进度等。

2023年8月3日,公安部发布公安机关服务保障高质量发展26条措施。这些措施涵盖行政许可、户籍准入、审批改革等事项,进一步创新公安行政管理服务工作,加大制度供给、优化管理服务、提升安全水平,更好服务保障高质量发展。这些措施中,包括大力推进以人为核心的新型城镇化:健全以常住地登记户口制度,进一步放宽落户条件、降低落户门槛,促进有能力在城镇稳定就业和生活的农业转移人口举家进城落户;调整优化超大、特大城市落户政策,完善积分落户制度,更好地解决进城普通劳动者的落户问题;进一步放宽集体户设立条件,鼓励有条件的地方取消人才市场、众创空间等单位设立集体户限制,推行乡镇(街道)或村(社区)设立公共集体户,便利各类人员落户。探索户籍准入同城化:支持具备条件的都市圈或城市群探索实行户籍准入年限同城化累计互认、居住证互通互认。试点实施灵活落户政策:农村籍大学生、科技人才、退伍军人因实际居住、就业创业等申请落户的,可以迁入原籍地或就业创业地,助力城乡融合发展。

(二)居民身份证制度改革

2015年11月,公安部印发了《关于建立居民身份证异地受理挂失申报和丢失招领制度的意见》,建立居民身份证异地受理、挂失申报和丢失招领制度。改革的目标在于大力推进人口信息管理技术创新,拓展人口信息系统应用,依托部级人口管理业务支撑信息平台、全国居民身份证信息数据库和居民身份证异地受理、挂失申报和丢失招领系统，加快建立居民身份证异地受理、挂失申报和丢失招领制度，提高工作效率和水平，逐步实现居民身份证办理经济便利、使用高效安全。

2018 年 12 月，为进一步推动落实中央户籍制度改革要求，着力构建新型户籍制度，维护社会秩序，保护公民合法权益，提高社会治理能力和水平，公安部经深入调研论证、反复修改完善、多次征求有关部门和地方公安机关的意见，形成了《户口居民身份证管理工作规范（公开征求意见稿）》，向社会公开征求意见。公安部于 2021 年 7 月印发的《户口居民身份证管理工作规范（试行）》对居民身份证的申领、换领、补领，审核、签发和发放以及异地受理、挂失申报和丢失招领等工作都作了详尽的规定。

（三）出入境管理改革

出入境管理改革主要集中于简化台胞来往大陆出入境手续和加强外国人管理两个方面。2015 年 6 月 14 日，《国务院关于修改〈中国公民往来台湾地区管理办法〉的决定》发布，决定从 2015 年 7 月 1 日起，公安机关实施取消台胞签注政策，台胞持有效台湾居民来往大陆通行证（简称台胞证）即可经开放口岸来往大陆并在大陆停居留，无须办理签注。同时，为了进一步便利台湾居民来往大陆以及在大陆居留、生活，提高证件的签发和查验效率，增强证件防伪性能，公安机关还决定启用电子台胞证。县级以上公安机关出入境管理部门自 2015 年 9 月 21 日起开始受理电子台胞证的申请，同时停止签发现行本式台胞证。

在外国人管理方面，根据《外国人在中国永久居留审批管理办法》的有关规定，公安部决定扩大申请在华永久居留外国人工作单位范围。在国家实验室、国家重点实验室、国家工程实验室、国家工程研究中心、国家认定企业技术中心、国家工程技术研究中心、外商投资研发中心 7 类企业、事业单位任职，且符合相关条件的外国人，可申请在中国永久居留。取得永久居留资格的外国人，在中国居留期限不受限制，可以凭有效护照和外国人永久居留证出入中国国境，无须另外办理签证等手续，在中国境内工作免办外国人工作许可，在投资、购房、办理金融业务、申领驾照、子女入学、交通出行、住宿登记等方面享受中国公民相应的权利，履行相应的义务。同时，公安部还推出了支持上海科技创新中心建设的系列出入境政策措施，将在加大海外高层次人才吸引力度、加大对创业初期人员孵化支持力度、促进国内人才流动、提高出入境专业化服务水平等方面，为上海科技创新中心建设提供最便捷的出入境环境、最优良的外籍人才居留待遇、最高效的出入境服务。

为推进移民和出入境领域“放管服”改革，优化营商环境，国家移民管理局运用现代科技建设了出入境证件身份认证平台，向社会提供出入境证件身份认证。为确保认证服务有章可循、有规可依、安全有序，2019 年，国家移民管理局制定了《出入境证件身份认证管理办法（试行）》，规定了出入境证件身份认证提供方、服务对象、服务内容、资质条件、申请材料、办理流程、违规处理措施、安全管理责任等事项。

2023 年，公安部发布公安机关服务保障高质量发展 26 条措施，落实为外籍商贸人员来华办理口岸签证并提供换发多次签证便利。来华商务洽谈、商贸交流、安装维修、参展参会、投资创业等的外国人，来不及在境外办理来华签证的，可凭企业邀请函件和证明材料申请办理口岸签证入境。因商贸业务需要多次往返的，入境后可以换发 3 年内多次入境有效商贸签证。同时，外国人申办居留证件免于留存护照。外国人申请办理居留许可，在按规定核验本人有效护照后，可不留存护照原件，方便外国人在此期间持护照办理有关事项。

（四）交通管理改革

公安部积极构建面向公众的互联网交通安全综合服务管理平台，通过网页、手机 APP、短信、语音电话等多种方式，提供 10 大类 130 余项在线服务。互联网交通安全综合服务管理平台的应用，通过实现服务流程再造，提供在线服务，适应差别化服务需求，打造统一服务品牌等措施，改变现有工作模式，推进交通安全服务管理向更高效、更惠民、更绿色方向发展。

在驾驶人培训考试制度改革方面，2016 年公安部、交通运输部发布了《关于推进机动车驾驶人培训考试制度改革的意见》，提出了促进驾驶培训市场开放竞争、驾驶考试公平公正、服务管理便捷高效，不断满足人民群众驾驶培训考试需求，不断提高驾驶培训考试质量，着力维护道路交通安全、文明、有序的改革目标。该意见明确了创新培训方式，加强培训管理，利用社会资源，改进考试组织，严格监督问责，提升服务水平 6 个方面 27 项主要任务。具体任务有：第一，创新培训方式，建立开放有序培训新格局。包括实行驾驶人分类教育培训，实行计时培训计时收费，试点小型汽车驾驶人自学直考等举措。第二，加强培训管理，促进驾驶培训行业健康发展。包括进一步开放驾驶培训市场，强化驾驶培训机构培训责任，着力提升驾驶培训专业化水平，建立健全驾驶培训行业诚信体系，加强教练员队伍管理等举措。第三，利用社会资源，提高考试供给能力。包括鼓励建设使用社会考场，拓宽考试员选用渠道，优化考点布局等举措。第四，改进考试组织，保障考试公开公平公正。包括实行自主报考，严格执行考试评判规定，实行考试随机安排，实行考务公开，优化考试程序等举措。第五，严格监督问责，保证培训考试规范廉洁。包括健全驾驶培训监督机制，完善考试监督机制，严格违规培训责任追究，严格违规考试责任追究，严格执行政府机构不准经办驾驶培训机构的规定等举措。第六，提升服务水平，便利群众学驾领证。包括保护学员合法权益，完善驾驶人体检制度，实施驾驶证异地申领和审验，允许重新申领驾驶证直接考试，逐步放宽残疾人驾车条件，提高驾驶证国际认可度等举措。

公安部在 2019 年继续推出 10 项深化公安交管“放管服”改革便民利民服务措施：推行小型汽车驾驶证全国“一证通考”；实行小型汽车驾驶证异地分科目考试；试行大中型客货车驾驶证省内异地申领；扩大车辆转籍信息网上转递试点；实行摩托车全国通检和 6 年免检；简化机动车抵押登记手续；扩大使用原号牌号码范围；实行机动车销售企业代发临时行驶车号牌；全面推行车辆购置税信息联网；推行 12123 交管语音服务热线和互联网平台建设。

2020 年，公安部推出服务“六稳”“六保”、深化公安交管“放管服”改革、优化营商环境等方面的 12 项措施情况，涉及机动车登记、二手车出口、机动车安全技术检验、驾驶证申领以及“互联网 + 交管”等内容。

（五）窗口单位规范化建设

2016 年 1 月，公安部出台《关于加强公安机关窗口单位规范化建设的指导意见》，提出积极适应建设法治政府和服务型政府要求，从解决群众反映强烈的突出问题着手，进一步提升窗口单位管理服务水平，着力实现场所设置合理化、内部管理制度化、办事流程规范化、管理服务精细化、工作方法多样化，努力把公安机关窗口单位打造成展示良好形象、人民群众满意的窗口。

公安部要求，各级公安机关的报警服务台、接待室、信访办、办证大厅和派出所、交警队、车管所等直接面向社会、接待服务群众的窗口单位，要坚持以人为本，强化服务意识，始终把人民利益放在第一位，不断提升人民群众的满意度。坚持问题导向，着力改进不足，努力以实际行动取信于民，不断提升公安机关的公信力。坚持因地制宜，加强分类指导，注重制度规范、服务质量、能力素质等软件建设，不断提升窗口单位的作风形象。坚持优良传承、锐意改革创新，把“面对面”与“键对键”有机结合起来，不断提升窗口单位的服务效能。

公安部要求，要加强窗口单位服务设施建设，统一外观标志标识，合理划分功能区域，完善基本服务设施，保持环境整洁有序。昼夜为群众提供服务的窗口单位，应当设置明显的指示灯箱或警示红灯。设立警民联系箱、意见簿，并尽可能安装服务评价器、录音录像电子监控设备等，方便群众评价和监督。要加强窗口单位作风形象建设，强化教育管理，规范服务用语、行为举止和警容风貌，确保告知准确，避免办理差错。工作人员要牢固树立宗旨意识、法治意识，坚持严格、规范、公正、文明，自觉做到依法办事、热情服务，努力营造立足本职、无私奉献、创先争优、干事创业的浓厚氛围。

公安部强调，要加强窗口单位制度机制建设，建立健全岗位责任制、首接负责制、警务公开制和责任追究制，明确在接待群众报警、求助、咨询和办证、办事等工作中的首接责任，依法公开窗口单位的工作职责、办事程序、收费标准等，加大问责追责力度，严肃追究违法违规人员和部门领导的责任。建立健全一次性告知制、限时办结制，对群众办理的事项，提供办事指南提示单，明确告知、指导群众完备所有手续；对群众仍有疑问或手续不全的，应当予以一次性明确告知；对群众办理的事项，应当在规定的时限内办结并向群众提供办理进度查询渠道。建立健全预约办理和上门服务制度、弹性工作制。尽可能开通微信、微博等载体，方便群众提出预约申请；对确有特殊困难不能到窗口单位办理的，且根据法律规定必须由本人办理的群众，尽最大可能提供上门服务；除 24 小时服务窗口外，其他窗口单位应当视当日办证、办事群众多寡情况及时调整工作时间。

公安部强调，要深化窗口单位信息系统建设，积极整合内外资源，推进信息互联共享，让信息多跑路，让群众少跑腿。搭建网上服务平台，开设网上派出所、车管所、警务室和博客、微博、微信等，大力推行网上受理、审批和办公，努力让群众足不出户就可理解办理流程，打开电脑就能办理事项，鼠标一点就能查询办理结果。建立网上监督系统，逐步在窗口单位设立“现场评警系统”，在互联网开通“在线评警系统”，在公安网上加快建设“网上督察系统”，自觉接受公安机关内部监督和群众及社会各界的外部监督。

四、完善执法权力运行机制

2022 年 8 月 9 日召开的全面深化公安改革推进会强调，要深入学习贯彻习近平总书记重要指示精神和党中央决策部署，增强“四个意识”、坚定“四个自信”、做到“两个维护”，按照全面深化政法改革推进会部署要求，坚持政治导向、民意导向、实战导向、强基导向、法治导向，加快推进同警务体制改革相适应、相衔接、相配套的机制制度改革，推动各项公安改革系统集成、高度融合、协同高效，推动公安工作高质量发展，更好服务党和国家工作大局。要进一步明晰职能定位，加快构建符合实战化要求的公安机关职能体系。要按照“党委领导、部级抓总、省级主责、市县主战、派出所主防”的思路，明确不同层级的职能定位，构建职能科学、事权清晰、指挥顺畅、运行高效的职能体系。要制定不同层级的权责清单，对各层级“干什么、怎么干、干成什么样”作出进一步规范，做到职责法定、以责定权、权责一致。要坚持因地制宜、因情施策，在市县两级公安机关积极稳妥推进大部门大警种制改革，优化职能配置、规范机构设置、完善制度机制、整合力量资源，使有限的警力发挥最大的效能。

在完善执法权力运行机制方面，改革从完善执法办案制度、执法司法衔接机制、执法责任制、人权保障制度等方面，提出了规范执法权力运行，促进社会公平正义的一系列改革举措。探索实行受案立案分离和立案归口管理制度。健全行政裁量基准制度，细化量化裁量标准。深化执法公开，落实执法告知制度。围绕推进以审判为中心的诉讼制度改革，完善适应证据裁判规则要求的证据收集工作机制，完善严格实行非法证据排除规则和严禁刑讯逼供、体罚虐待违法犯罪嫌疑人的工作机制，建立健全讯问犯罪嫌疑人录音录像制度和对违法犯罪嫌疑人辩解、申诉、控告认真审查、及时处理机制，完善侦查阶段听取辩护律师意见的工作制度。规范查封、扣押、冻结、处理涉案财物程序，实行涉案财物集中管理。完善执法责任制，健全执法过错纠正和责任追究制度，建立冤假错案责任终身追究制。探索建立主办侦查员制度，落实办案质量终身负责制等。

上述措施标志着我国已经过了执法规范化建设的初级阶段，进入了全面、深入发展的新阶段。执法不规范的生态基础已经不复存在，法律规范、执法制度与机制等规范与制度架构已基本成型，执法主体素质与能力的全国平均水平已有较大提升，执法监督、执法保障、执法信息化的水平都已经在全国范围内逐步完善，可以说我国已建立起执法规范化的全国体系，下一阶段的主要问题是公安机关执法规范化建设中发展不平衡、成效不巩固等问题。

（一）受案立案制度改革

为有效解决群众反映强烈的受案立案工作中存在的突出问题，2015 年 11 月，《公安部关于改革完善受案立案制度的意见》印发。改革着眼建设法治公安目标，进一步规范受案立案工作流程，提高信息化应用水平，强化监督管理，使受案立案工作更加规范、高效、便民、公开，不断提升公安机关执法公信力和人民群众对公安工作的满意度。改革的主要内容涉及四个方面：

第一，规范工作流程。包括健全接报案登记，及时审查办理，紧急情况处置等方面。第二，强化监督管理。包括明确主管部门，形成监督合力，改进考评机制，严格追究责任等方面。第三，提高信息化水平。包括完善系统功能，深化执法公开等内容。第四，完善刑事案件立案标准。各级公安机关应当按照刑事案件立案标准与人民检察院、人民法院的追诉、定罪标准相协调原则，提高刑事执法效能。要严格执行和不断完善最高人民检察院、公安部联合下发的有关刑事案件立案追诉标准。依法可由省级公安机关制定、细化的刑事案件立案标准，省级公安机关要与同级人民检察院、人民法院协商一致后确定。

目前，各省级公安机关均制定了配套实施意见，18 个省级公安机关增设了案件管理机构，有效减少了受案立案环节的执法不作为、不规范问题。对人民群众反映强烈的报案不接、接案后不受案不立案、违法受案立案等问题，各省级公安机关在规范工作流程、强化监督管理、提高信息化水平、完善刑事案件立案标准四个方面已初步改革完善受案立案制度。

2021 年 5 月，公安部印发了《关于深入推进公安执法监督管理机制改革的意见》，对构建公安执法权力运行全流程、全要素管理体系作出全面规定，为深化执法规范化建设提供了重要切入点和有力抓手。

（二）网警执法机制改革

为进一步加强网络社会治理，切实维护网上治安秩序，公安部在认真总结“网络社区警务”“网格化综合巡控”等安全监管方式，并组织部分地区开展公开巡查执法试点工作的基础上，部署全国公安机关普遍建立网警常态化公开巡查执法机制。

公安部部署建立的网警公开巡查执法机制，将在全国公安机关普遍推开，在全网运行并常态化运作。该机制将通过建设网警公开巡查执法平台，建立完善网上公开巡查执法、警示教育、犯罪预防、打击控制等各项子机制，网警由幕后走向台前，全面提高网上见警率，实行依法、公开、主动管理，同时开展网上群众工作，提供网络便民服务。一是通过24小时巡查，及时发现网络上各种违法犯罪信息和有害信息；二是依法震慑制止网络违法犯罪和网上不良言行，对情节轻微的网民进行教育警示，对涉嫌违法犯罪的，依法追究相应法律责任；三是发布典型网络犯罪案例和警示防范信息，协助网民提升网上安全防范意识和防范能力；四是接受网民举报网上违法犯罪线索，开展网上法治宣传教育等。公安部有关部门还就建立网警常态化公开巡查执法机制，专门制定下发了相应工作规范和工作流程，确保取得实实在在的效果。

建立网警常态化公开巡查执法机制，是公安部党委贯彻落实全面深化公安改革，依法加强网络社会管理的具体举措，有利于依法维护网络社会治安秩序，促进互联网健康有序发展。各级公安机关要充分发挥公安机关互联网管理的职能作用，以建立网警常态化公开巡查执法机制为契机，深入推进网络社会管理创新，不断提高打击网络违法犯罪、维护网络社会治安秩序的能力，不断提高服务发展、服务群众、服务社会的水平和人民群众的安全感、满意度。

五、完善公安机关管理体制

《关于全面深化公安改革若干重大问题的框架意见》提出，要建立符合公安机关性质、任务的公安机关管理体制。目前，我国的公安机关管理体制为“统一领导，分级管理，条块结合，以块为主”。在具体实践中，最大的问题就是如何协调上级公安机关的领导和地方政府的领导之间的关系。完善公安机关管理体制的改革方向，就是在继续加强党和政府对公安机关统一领导的前提下，探索“条块结合”模式的创新尝试，努力协调好上级公安机关和地方政府之间的关系。

2019年召开的新时代全国公安工作会议上，习近平总书记指出，要坚定信心、乘势而上，把新时代公安改革向纵深推进。要推行扁平化管理，把机关做精、把警种做优、把基层做强、把基础做实，加快构建职能科学、事权清晰、指挥顺畅、运行高效的公安机关机构职能体系。要树立大抓基层、大抓基础的导向，推动重心下移、警力下沉、保障下倾，增强基层实力、激发基层活力、提升基层战斗力。要深化同机构改革配套的相关政策制度改革，优化职能配置、机构设置、力量资源配置，加强机构人员职能整合、业务工作融合、机制流程衔接。

六、健全人民警察管理制度

《关于全面深化公安改革若干重大问题的框架意见》及相关改革方案明确提出，根据人民警察的性质、特点，建立有别于其他公务员的人民警察管理制度和保障机制。按照职位类别和职务序列，对人民警察实行分类管理。适应正规化、专业化、职业化建设要求，建立健全人民警察招录培养机制。贯彻落实人民警察生活待遇“高于地方、略低于军队”的原则，建立符合人民警察职业特点的工资待遇保障体系。完善人民警察抚恤优待制度，建立健全人身意外伤害保险等职业风险保障制度。

（一）人民警察分类管理制度改革

人民警察分类管理制度改革将坚持党要管党、从严治党、从严管理干部队伍原则，遵循干部管理基本制度，完善人民警察分类管理制度，增强警察的职业荣誉感和使命感。

2015 年 12 月 9 日，中央全面深化改革领导小组审议通过了《公安机关执法勤务警员职务序列改革试点方案》和《公安机关警务技术职务序列改革试点方案》。这两个方案充分考虑了人民警察武装性、实战性、高强度、高风险等职业特点，以及公安队伍规模大、层级多、主要集中在基层一线等实际情况，大力推行完善执法勤务警员职务序列，建立警务技术职务序列，目的在于拓展执法勤务警员和警务技术人民警察职业发展空间，完善激励保障机制，激发队伍活力，并要求注重向基层一线倾斜。

2018 年 3 月 28 日，习近平总书记主持召开中央全面深化改革委员会第一次会议。会议审议通过了《公安机关执法勤务警员职务序列改革方案（试行）》《公安机关警务技术职务序列改革方案（试行）》等文件。两个文件的出台标志着在试点基础上全面推开公安机关执法勤务警员和警务技术职务序列改革。

（二）人民警察招录培养制度改革

2015 年，《人力资源社会保障部、公安部、国家公务员局关于加强公安机关人民警察招录工作的意见》和《人力资源社会保障部等六部门关于公安院校公安专业人才招录培养制度改革的意见》印发，提出以打造忠诚可靠、纪律严明、素质过硬的公安队伍为核心，建立健全体现人民警察职业特点、有别于其他公务员的人民警察招录培养机制，为加强新形势下公安工作和公安队伍建设提供组织保障和人才支持。

1. 公安机关人民警察招录制度改革的主要内容

(1) 在招警权限方面，实现从分级组织到规范统一转变。要求招警工作应当以省、自治区、直辖市为单位统一组织实施，市、县两级不得自行招警。

(2) 在招警模式方面，实现从单一型向多元化转变。突出表现为建立面向公安院校公安专业毕业生单独招录和面向社会公开招录的“双轨”招警机制。

(3) 在招警方法方面，实现从“粗放型”向“精细化”转变。公安机关招警职位将划分为综合管理、执法勤务、警务技术三大职位类别，分别采取不同的考试内容和测评方式手段。

(4) 从政策重心来看，充分体现对特殊职位、特殊人才和艰苦边远地区的政策倾斜。

2. 公安院校公安专业人才招录培养制度改革的主要内容

(1) 明确公安院校人才培养定位。建立全国公安院校统筹规划和协调发展机制，树立公安教育资源“一盘棋”思想，逐步建立完善统一领导、布局合理、资源共享、管理规范的部、省两级公安院校体系，进一步明确公安院校人才培养定位。

(2) 严格公安院校招生管理。公安院校公安专业招生规模要与公安机关招警需求相衔接，招生计划要按照定向原则编制，并严格执行公安院校招生政策。

(3) 提高公安院校人才培养质量。公安院校要以提高人才培养质量为核心任务，进一步调整办学理念,深化教学改革,提高教学质量。要突出忠诚警魂培育,强化纪律作风养成,加强警务能力培养,完善质量监控体系。

(4) 规范公安院校公安专业毕业生招录工作。公安院校公安专业毕业生(含研究生)招考工作实行全国统一考试,分省(区、市)录用的办法。每年定期统一组织笔试,分省(区、市)确定录用计划,划定分数线,组织面试、体检、考察和录用。

(5) 做好特殊公安专业人才定向招录培养工作。国内安全保卫、技术侦查、反恐怖等涉密性较强的特殊公安专业人才,试行定向招录培养的办法。

在公安招录制度改革后的实践中,基本做到了公安院校公安专业招生规模与公安机关招警需求相衔接,同公安院校培养能力相适应。各省级公安机关会同编制、人力资源社会保障、教育、财政、公务员局等部门,根据公务员录用有关规定,以 4 年为周期测算本地公安机关年度警力需求及录用人民警察计划,综合考虑自然减员、职位空缺以及公务员录用考试的淘汰人数情况,按照公安专业学生毕业时公安机关年度录用人民警察计划的一定比例编制公安院校生源计划,每年招生规模保持相对稳定。

(三) 人民警察保障制度改革

《关于全面深化公安改革若干重大问题的框架意见》提出要贯彻落实人民警察生活待遇“高于地方、略低于军队”的原则,建立符合人民警察职业特点的工资待遇保障体系。

在工资制度改革方面,首先结合人民警察生活待遇“高于地方、略低于军队”的原则,从整体上提高人民警察的工资水平。其次是根据 2018 年修订的《公务员法》的规定,贯彻落实人民警察职务与职级并行制度,从制度上解决由于公安机关内部压职压级现象造成的基层人民警察收入低的问题,从而激发基层公安工作的活力。为落实从优待警的要求,2016 年国家大幅度提升了人民警察的警衔津贴标准,调整后的各级警衔津贴标准每月分别为:总警监 2 250 元,副总警监 2 000 元,一级警监 1 800 元,二级警监 1 600 元,三级警监 1 400 元,一级警督 1 250 元,二级警督 1 100 元,三级警督 960 元,一级警司 860 元,二级警司 760 元,三级警司 660 元,一级警员 610 元,二级警员 560 元。

根据国务院有关规定,从 2017 年 1 月 1 日起调整人民警察法定工作日之外补贴政策,具体为:第一,法定工作日之外加班是指在一周工作 5 个工作日的基础上,在正常休息日或法定节假日加班。日工作时间在 2 个小时以上、4 个小时以内的,按加班半天计算;日工作时间在 4 个小时以上的,按加班 1 天计算。对一周工作不满 5 个工作日而在正常休息日或法定节假日加班的,不发放补贴。人民警察因公出国、脱产学习培训以及参加会议占用正常休息日和法定节假日的,不视为法定工作日之外加班。第二,人民警察法定工作日之外加班补贴由国家统一规定标准调整为实行总量管理。各级人力资源社会保障、财政部门按照月人均 710 元和本级各相关单位的国家政法专项编制内人民警察实有人数,分别核定下达本级公安机关、国家安全机关、监狱、强制隔离戒毒机关和法院、检察院的年度法定工作日之外加班补贴数量。第三,人民警察法定工作日之外加班补贴,依据法定工作日之外加班考勤情况发放,不搞“普惠制”和“平均主义”,向一线实战单位倾斜。法定工作日之外加班补贴应在各系统本级机关的年度总量内统筹调剂使用。第四,法定工作日之外不加班的,不得领取加班补贴。要保障人民警察正常公休权利,每月发放加班补贴的天数一般不超过 6 天。

从 2016 年 7 月 1 日起调整的人民警察值勤岗位津贴政策,具体如下:第一,值勤是指人民警察外出执行执法、办案任务。公安机关中承担维护稳定、行使治安行政管理和履行刑事执法等职能的人民警察外出执行执法、巡逻、办案、保卫、突发事件处置、抢险救援、大型活动安保和履行取证、鉴定任务,以及与室外同步开展工作提供技术支持保障等任务期间,视为值勤。第二,人民警察值勤岗位津贴标准调整为:县(市)级公安机关和直辖市公安分局的人民警察值勤时,值勤岗位津贴标准为:一类津贴每人每天 50 元,二类津贴每人每天 40 元;市(地)级公安机关的人民警察值勤时,值勤岗位津贴标准为:一类津贴每人每天 40 元,二类津贴每人每天 30 元。省级及以上公安机关的人民警察值勤时,值勤岗位津贴标准为:一类津贴每人每天 30 元,二类津贴每人每天 20 元。第三,各级公安机关执行一类津贴标准的人数,不得超过本级值勤总人数的 40%。根据人民警察承担的工作职能、执行任务的危险程度、工作条件的艰苦程度及对身体的危害程度、工作劳累强度等因素,公安部可以制定人民警察执行一类津贴标准和二类津贴标准的警种划分指导意见,向特殊警种倾斜。第四,人民警察根据本人所在机构层级和警种,执行相应的值勤岗位津贴标准,纳入工资统一发放范围,按照实际值勤天数计算,按月发放,每月发放天数不得超过法定工作日 22 天。

在人民警察职业风险保障制度方面,继续贯彻落实 2014 年 11 月发布的《公安部、财政部关于为全国公安民警办理人身意外伤害保险的通知》,在全国范围内为公安民警办理人身意外伤害保险,进一步加强民警职业安全与健康保护工作,强化民警执法防护意识教育和实战训练,深入推进完善民警职业风险保障制度。

七、规范警务辅助人员管理

2016 年 11 月,国务院办公厅印发《关于规范公安机关警务辅助人员管理工作的意见》,这是我国第一部规范警务辅助人员的全国性文件,也是我国公安机关警务辅助人员管理制度改革迈出的重要一步。

该意见首先界定了警务辅助人员的概念,并将其划分为文职、辅警两类从事警务辅助工作的人员。同时,明确了公安机关招聘从事膳食、保洁、保卫等工作的后勤服务人员,社会志愿者以及其他群防群治性质的社会治安辅助力量,不纳入公安机关警务辅助人员管理范围。该意见还规定了两类警务辅助人员的职责、义务与权利,并规范了警务辅助人员的招聘、待遇保障、日常管理和奖惩等制度。

近年来,全国各地纷纷出台警务辅助人员管理法律法规,不断提高警务辅助人员管理的法制化和规范化水平。例如,2016 年广东省人民政府颁布《广东省公安机关警务辅助人员管理办法》。2017 年深圳市第六届人民代表大会常务委员会第十九次会议通过了《深圳经济特区警务辅助人员条例》。2019 年山东省人民政府颁布《山东省公安机关警务辅助人员管理办法》和《山东省公安机关辅警招聘工作实施细则》。2019 年山西省第十三届人民代表大会常务委员会第十三次会议通过了《山西省警务辅助人员条例》。2019 年 10 月,公安部及其下属单位相继出台文件,对辅警人员职权范围、辅警执法权益维护、工作安全防护、职业保障等工作作出了进一步规定。同年,在中央政法委召开的政法领域改革推进会上,再次讨论了健全法官、检察官、司法辅助人员、司法行政人员分类管理制度,深化人民警察分类管理制度改革等议题,研究出台加强和规范警务辅助人员管理的指导意见。2022 年 8 月,公安部在全面深化公安改革推进会上提出，推动派出所警务规范化，厘清派出所和专业警种的职责边界，提高全天候服务群众和保障安全能力。要推动基层社会治理精细化，推动城区“一区、一警、两辅”、农村“一村一辅警”全覆盖，加大“一村（格）一警”的推广力度。

八、公安现役部队改革

为全面贯彻落实党的十九大部署的各项任务，根据中共中央印发的《深化党和国家机构改革方案》，原来属于公安机关的公安边防部队、公安消防部队、公安警卫部队改制，不再列武警部队序列，全部退出现役。该方案对公安现役部队改革进行了明确部署，贯彻落实了“军是军、警是警、民是民”原则，目标是理顺武警部队领导管理和指挥使用关系。

（一）公安边防部队改制

公安边防部队改制作为此次改革中深化跨军地改革的重要组成部分，是全面贯彻落实党对军队的绝对领导，贯彻落实党中央关于调整武警部队领导指挥体制的决定，彻底理顺武警部队领导管理和指挥使用关系的重要部署。根据该方案要求，公安边防部队现役官兵集体退出现役，不再列为武警部队序列，现有在编人员全部转为人民警察编制，公安边防部队转到地方后，成建制划归公安机关，并结合新组建的国家移民管理局进行适当调整整合，其担负职责暂不发生变化。同时根据改革方案，海警队伍转隶武警部队，按照先移交、后整编的方式，将国家海洋局（中国海警局）领导管理的海警队伍及相关职能全部划归武警部队。深化公安机关所属武警部队改革，是全面落实党对全国武装力量的绝对领导、建设现代化武装警察部队的战略举措。

（二）公安消防部队改制

原公安消防部队是公安机关行政执法和刑事司法力量的组成部分，是在公安机关领导下同火灾作斗争的一支实行军事化管理的部队，执行解放军的三大条令和兵役制度，纳入武警序列。实行公安机关领导，条块结合，分级管理的管理体制。按照《深化党和国家机构改革方案》要求，公安消防部队不再列武警部队序列，全部退出现役。公安消防部队转到地方后，现役编制全部转为行政编制，成建制划归应急管理部门，承担灭火救援和其他应急救援工作，充分发挥应急救援主力军和国家队的作用。自 2018 年 10 月 10 日零时起，原公安消防部队、武警森林部队等停止使用武警部队制式服装和标识服饰。应急管理部同时发布了国家综合性消防救援队伍人员标识牌式样及佩戴规则。公安消防部队成建制划归应急管理部门，更加有利于其发挥应急救援主力军和国家队的作用，更加有利于加强国家应急救援体系建设，符合新时代消防工作职业化发展方向，符合新时代党和国家事业发展大局。

（三）公安警卫部队改制

公安部警卫局下辖的原中国人民武装警察部队警卫部队属于公安现役部队序列，佩挂武警警衔。公安部警卫局负责对党和国家领导人中的“四副两高”（中华人民共和国副主席，全国人民代表大会常务委员会副委员长，国务院副总理、国务委员，中国人民政治协商会议全国委员会副主席，最高人民法院院长，最高人民检察院检察长）以及访华要人的安保工作。公安警卫部队转到地方后，警卫局（处）由同级公安机关管理的体制不变，承担规定的警卫任务，现役编制全部转为人民警察编制。目前，各级警卫部门已更名为特勤部门。

章后思考题

1. 简述全面深化公安改革的意义。
2. 简述人民警察分类管理的意义。
3. 简述人民警察招录培养制度改革的意义。

本章拓展阅读

第五编即测即评

主要参考文献

1. 公安部政治部编 . 公安基础知识 . 北京:中国人民公安大学出版社,2013.

2.《公安学基础教程》编写组编著 . 公安学基础教程 . 北京:中国人民公安大学出版社,2012.

3. 马建文 . 公安学基础理论 . 北京:中国人民公安大学出版社,2007.

4. 石启飞 . 公安工作概论(第 2 版). 北京:清华大学出版社,2014.

5. 冯德文编著 . 警察学概论 . 北京:中国人民公安大学出版社,2005.

6. 王明生主编 . 公安学基础新论 . 北京:中国人民公安大学出版社,2015.

7. 中国人民警察简史编写组 . 中国人民警察简史 . 北京:警官教育出版社,1989.

8. 张建明,蔡炎斌,张丽园主编 . 公安学基础理论 . 北京:中国人民公安大学出版社,2007.

9. 蔡炎斌主编 . 公安学基础理论 . 北京:中国人民公安大学出版社,2020.

10. 韩延龙,苏亦工等 . 中国近代警察史 . 北京:社会科学文献出版社,2000.

11. 安政 . 中国警察制度研究 . 北京:中国检察出版社,2009.